（京）新登字 041 号

图书在版编目（CIP）数据

深圳统计年鉴. 2004/深圳市统计局编. —北京:中国统计出版社,2004
ISBN 7-5037-4406-5

Ⅰ. 深... Ⅱ. 深... Ⅲ. 统计资料—深圳市—2004—年鉴 Ⅳ. C832.653-54

中国版本图书馆 CIP 数据核字(2004)第 055520 号

深圳统计年鉴—2004

作　　者 / 深圳市统计局
责任编辑 / 蔡启新
E-mail: yearbook@stats.gov.cn
责任校对 / 吴　冰　李立红
封面设计 / 丁美跃
出版发行 / 中国统计出版社
通信地址 / 北京市西城区三里河月坛南街 75 号　中国统计出版社
邮　　编 / 100826
电　　话 / (010)63262295
印　　刷 / 利丰雅高印刷(深圳)有限公司
经　　销 / 新华书店
开　　本 / 890×1240 毫米　1/16
字　　数 / 75 万字
印　　张 / 25 印张
印　　数 / 1-1400
版　　别 / 2004 年 8 月第 1 版
版　　次 / 2004 年 8 月第 1 次印刷
书　　号 / ISBN 7-5037-4406-5/F.1865
定　　价 / 250.00 元

《深圳统计年鉴—2004》编委会名单

1990-2003年本市生产总值(亿元)
Gross Domestic Product from 1990 to 2003 (100 million yuan)

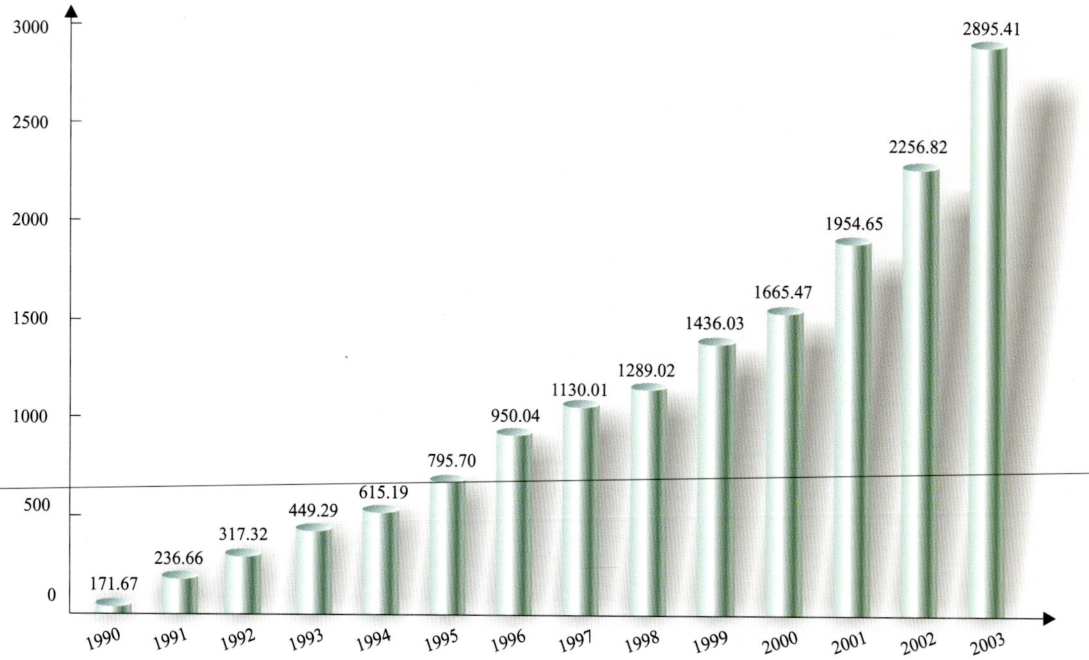

1990-2003年人均本地生产总值(元/人)
Per Capita GDP from 1990 to 2003(yuan)

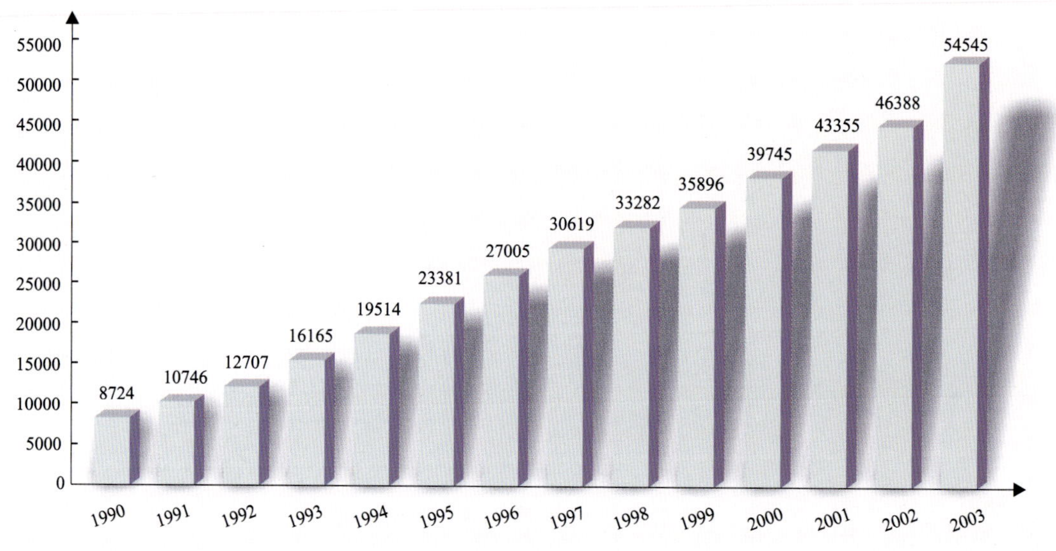

经济总量
Total Value of Economy

1990-2003年地方预算内财政收入(亿元)
Total Municipal Financial Revenue from 1990 to 2003(100 million yuan)

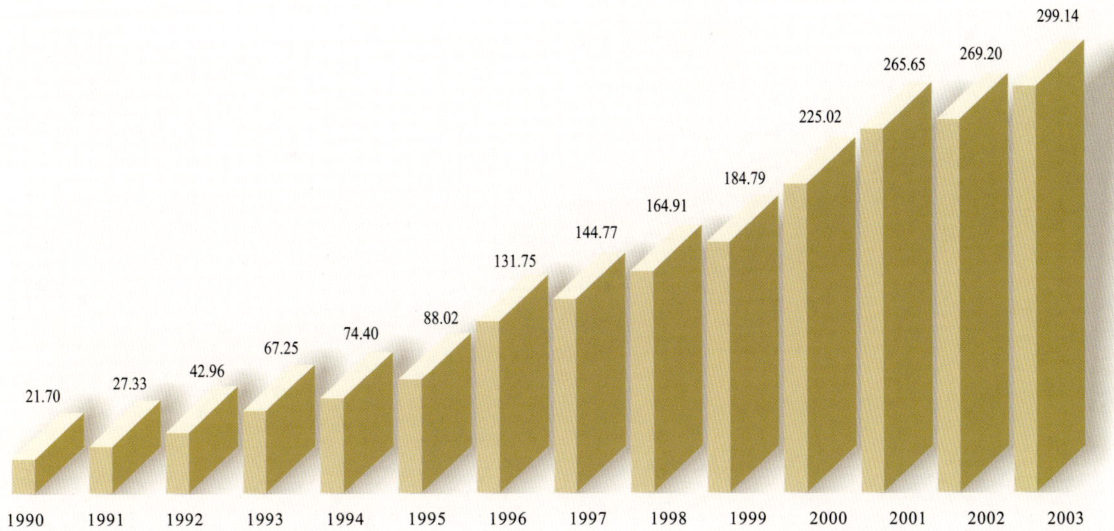

1990-2003年进出口总额(亿美元)
Total Value of Foreign Trade imports and Exports from 1990 to 2003(100 million USD)

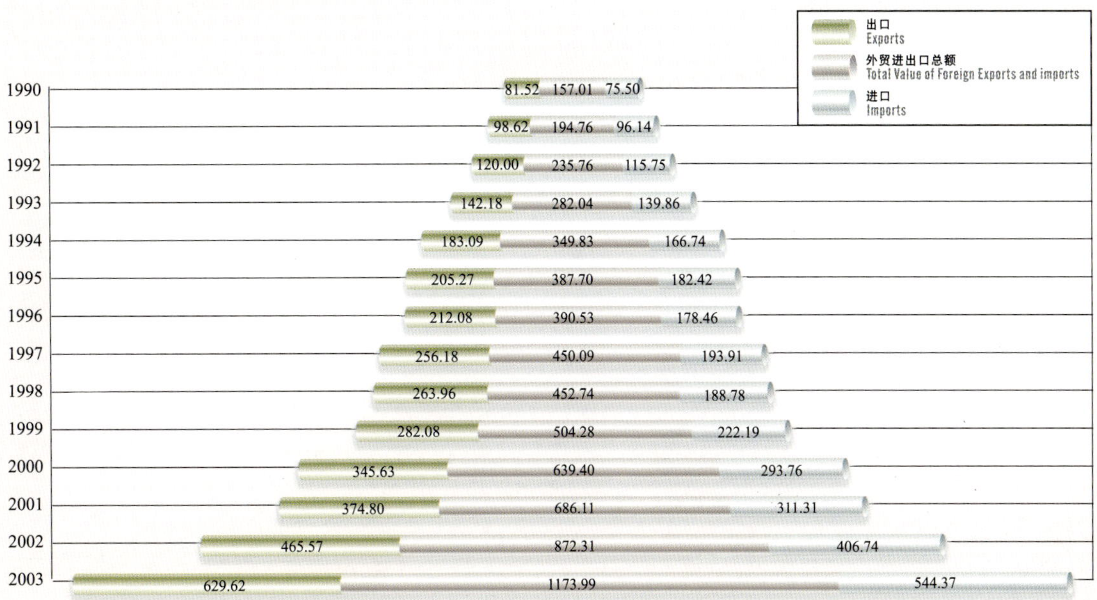

1990-2003年全社会固定资产投资(亿元)
Total Investment in Fixed Assets from 1990 to 2003 (100 million yuan)

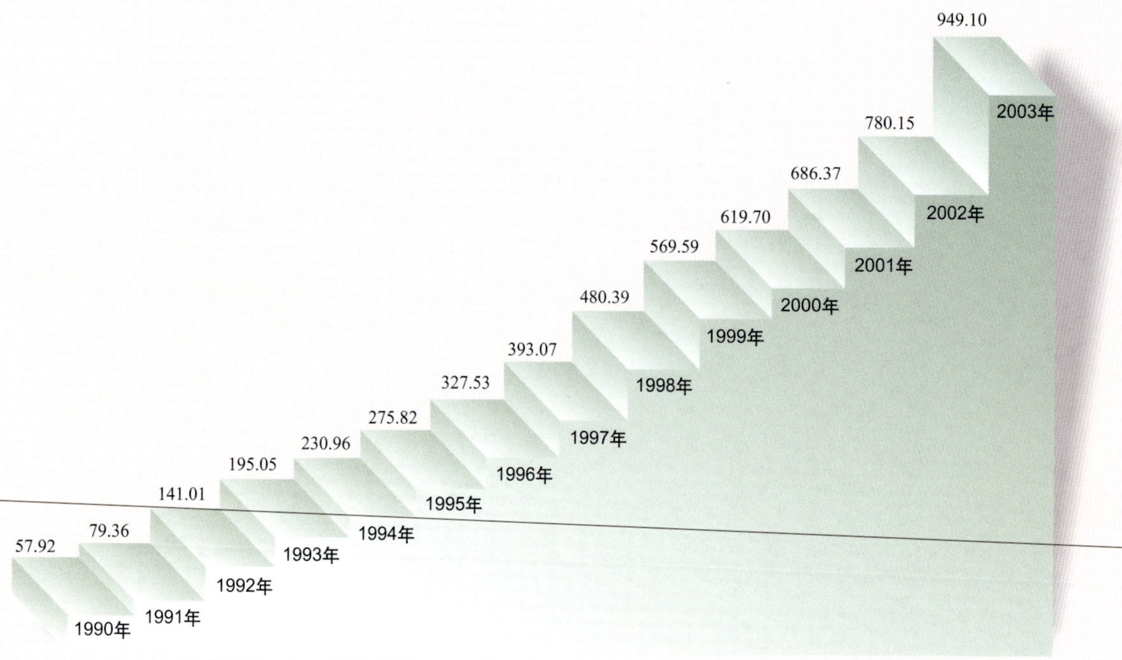

1990-2003年基础设施建设(亿元)
Total Investment in Urban Infrastructure from 1990 to 2003 (100 million yuan)

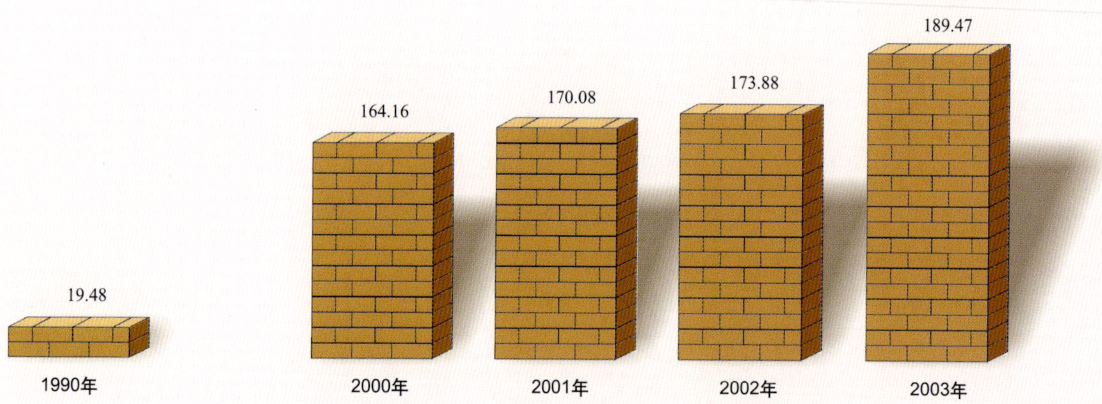

经济总量
Total Value of Economy

1990-2003年实际利用外资(亿美元)
Total Value of Foreign Capital Used in shenzhen from 1990 to 2003(100 million USD)

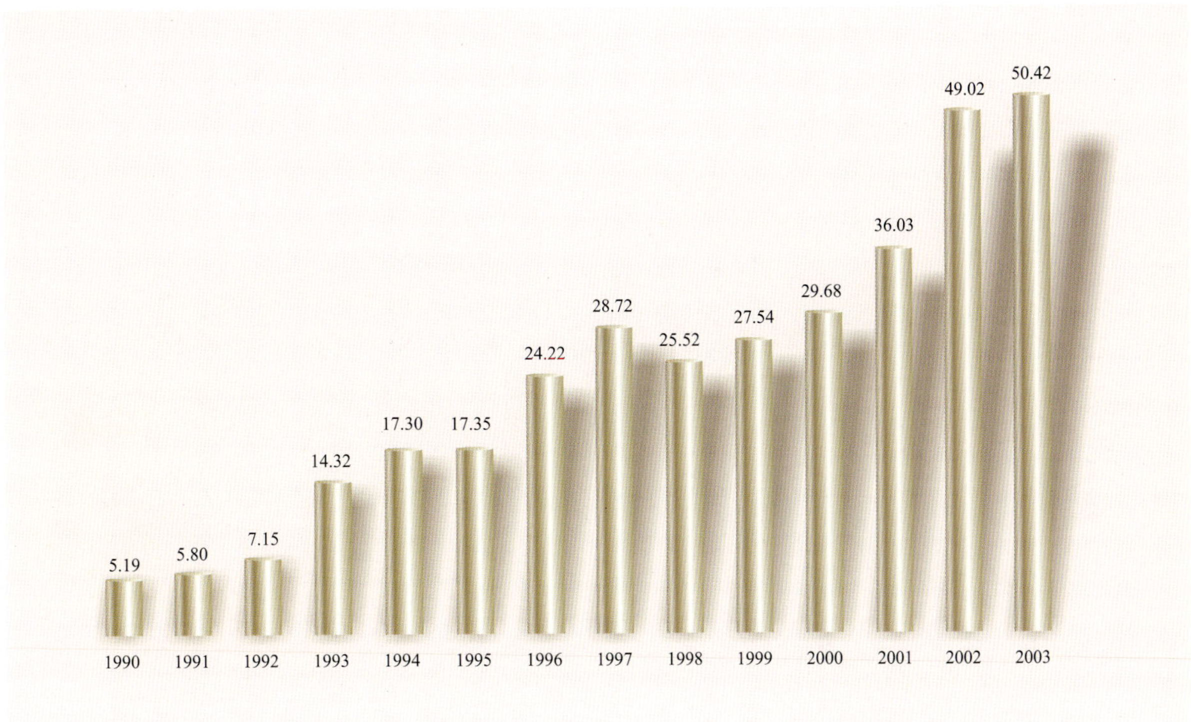

1994-2003年港口集装箱吞吐量(万标箱)
Container Handling Capacity at Ports from 1994 to 2003(10000 TEU)

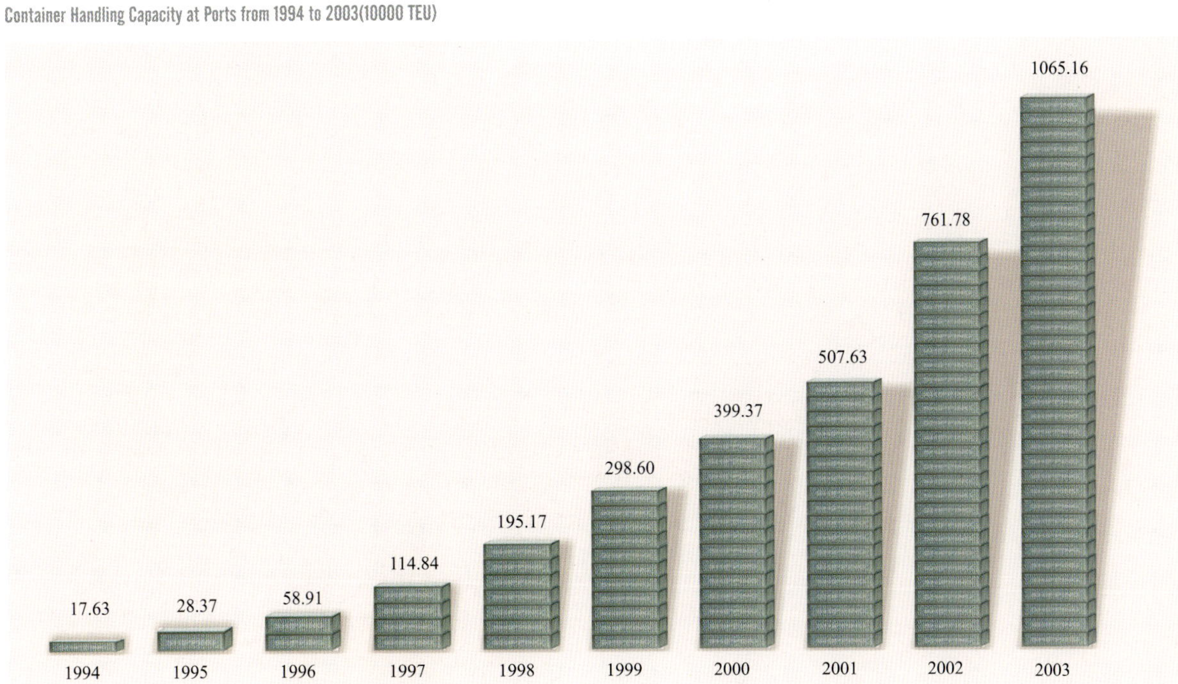

1990年、2003年本市生产总值三次产业构成(%)

Composition of Gross Domestic Product in 1990 and 2003(%)

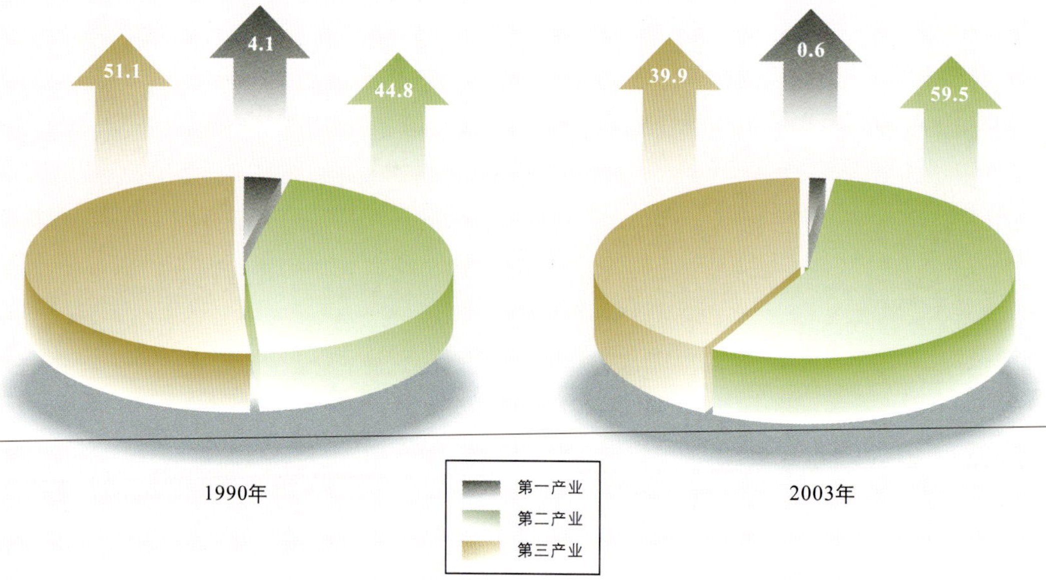

2003年本市生产总值第三产业构成(%)

Composition of Tertiary Industry in 2003(%)

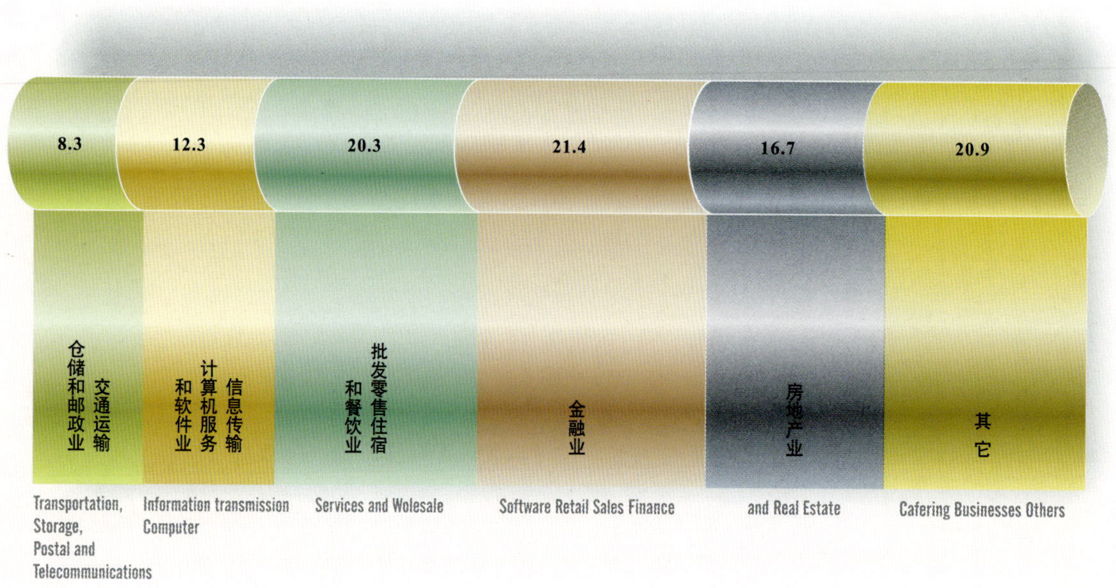

1990-2003年工业总产值(亿元)

Gross Output Value of industry from 1990 to 2003(100 million yuan)

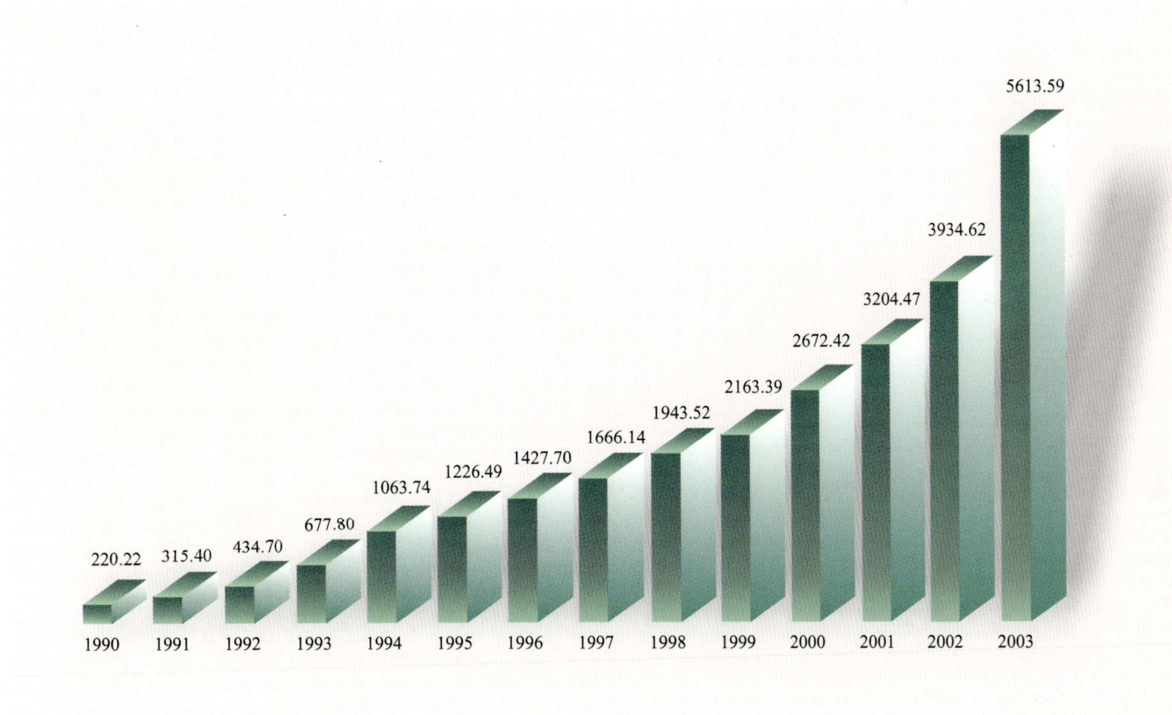

2003年规模以上工业总产值占工业总产值构成(%)

Composition of Gross Output Value of Gross Output Value of industry over Levels(%)

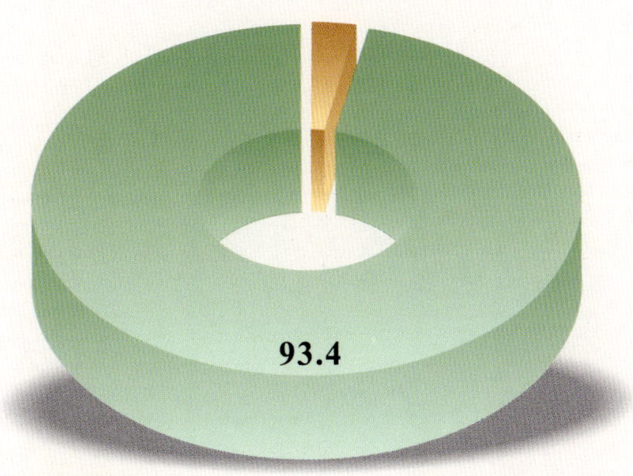

规模以上工业总产值
Gross Output Value of industry over levels

工业总产值
Gross Output Value of industry

在规模以上工业总产值中

Amony the Gross Output Value Above the Set Acale

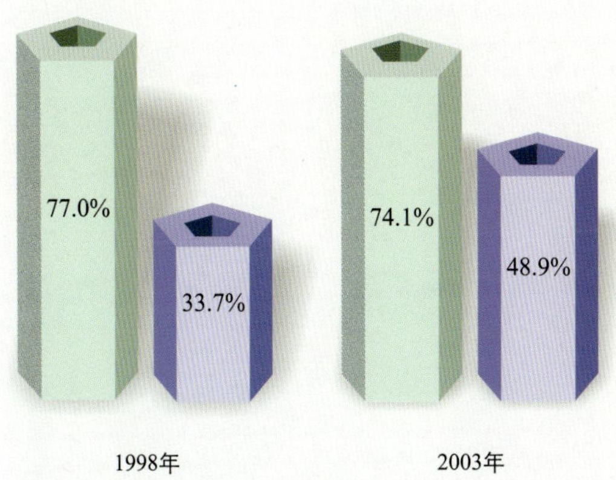

高新技术产品产值
Output Value of High and New Technology Industry

外商及港奥台投资
Output Value of Foreign-Invested and Hong Kong,Macao and Taiwan Funded

1990-2003年人均可支配收入(元／人)

Per Capita Annua Disposable Income of Urban Household from 1990 to 2003(yuan)

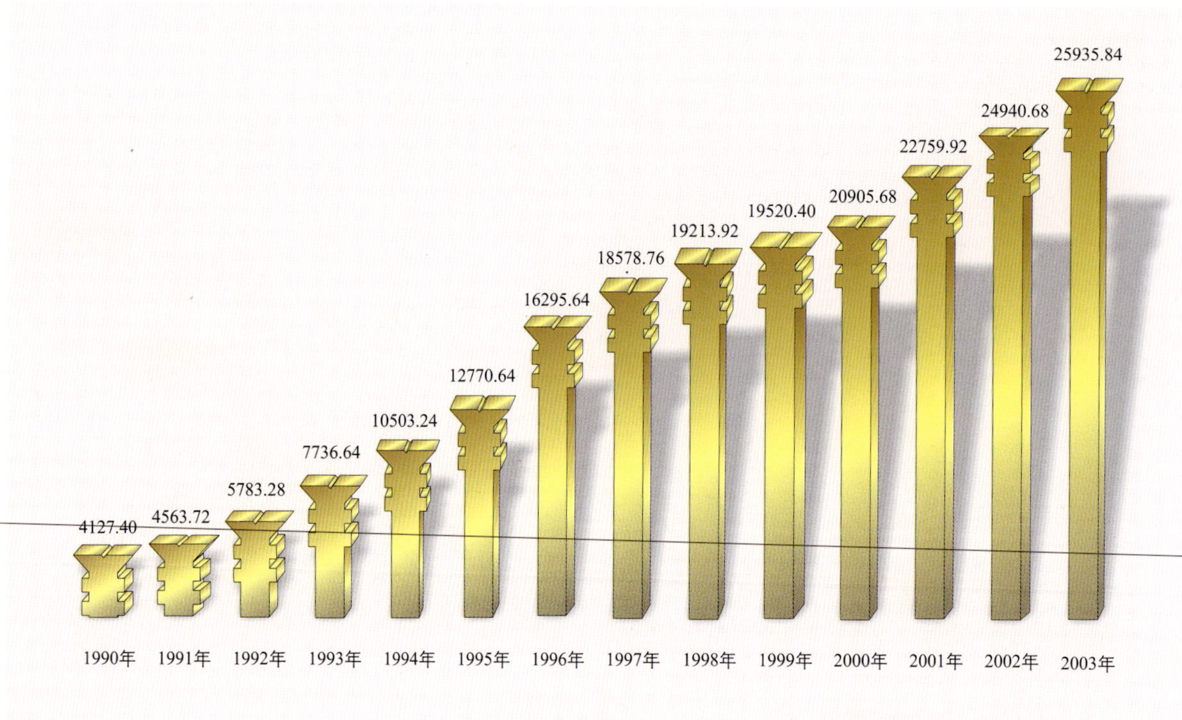

1990-2003年人均消费性支出(元／人)

Per Capita Annual Consumption Expenditures of Urban Household from 1990 to 2003(yuan)

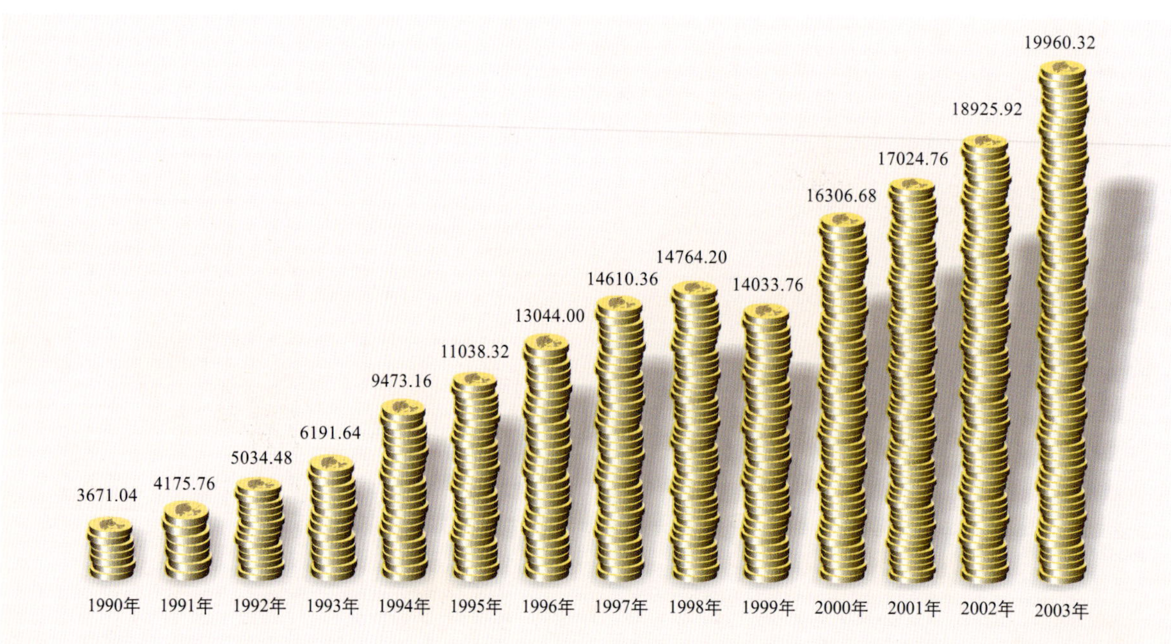

人均生活
Living Standards

1990-2003年人均住房使用面积(平方米)
Per Capita of Urban Dwelling Area from 1990 to 2003(sq.m)

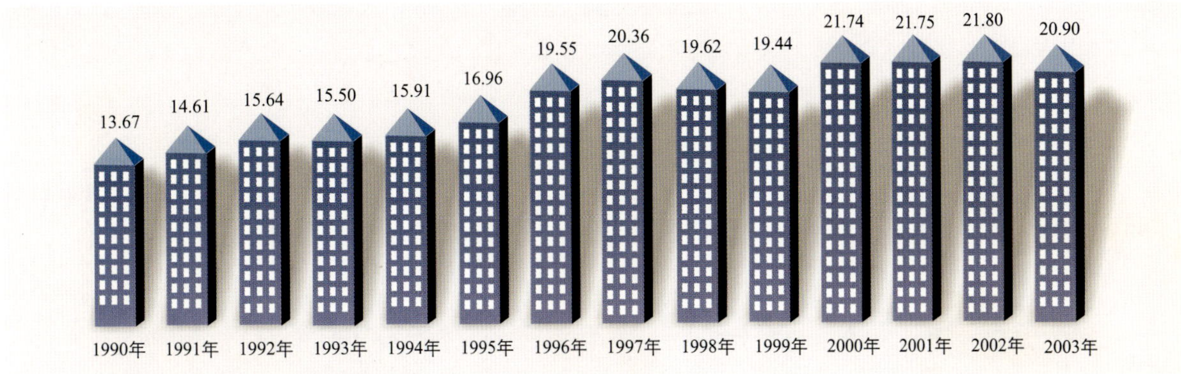

1990-2003年恩格尔系数(%)
Engel Coefficient from 1990 to 2003(%)

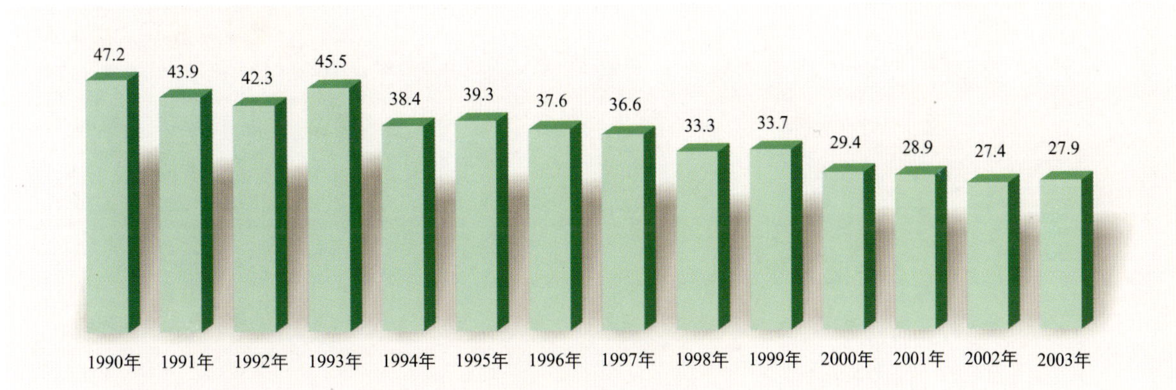

城镇居民家庭平均每百户拥有耐用消费品
Per 100 Urban Households Year-End Possession of Durable Consumer Goods

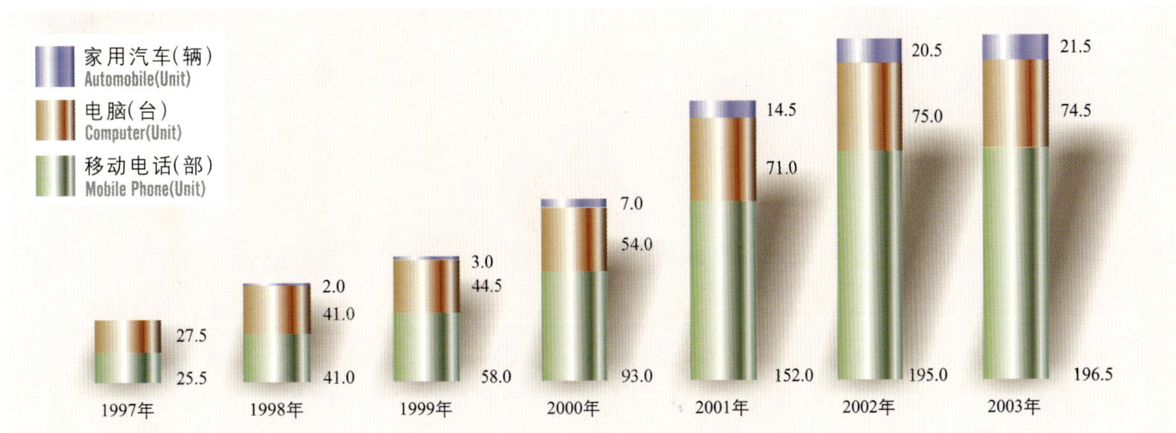

编辑说明

1. 为方便国外读者查阅，本年鉴在目录、统计图表等内容上按中英文对照编辑。

2. 本年鉴全面系统地介绍了深圳市国民经济和社会发展情况，主要指标着重反映了2003年深圳市经济和社会各方面所取得的成就，也反映了深圳建市以来历年统计数据。统计资料内容分为16个部分，即：(1)综合；(2)人口和劳动力；(3)工业；(4)建筑业(5)运输、邮电、能源；(6)农业；(7)固定资产投资；(8)商业、物价；(9)财政、金融；(10)对外经济贸易和旅游；(11)劳动工资；(12)科学、教育、文化、卫生；(13)环境保护和城市建设及公用事业；(14)人民生活；(15)企业景气状况；(16)各区概况。为了便于读者正确使用资料，还附上了主要统计指标解释。

3. 本年鉴中的"全市"包括经济特区和宝安区、龙岗区，"特区"只包括罗湖区、福田区、南山区和盐田区。由于2003年深圳尚未实施在地统计，各区公报中的统计数据在口径范围、计算方法等方面尚不统一，故各区之间不可比。

4. 根据最新掌握到的统计资料以及国家新的统计制度之规定，本期年鉴对过去发表的一些重要统计资料重新予以核实，对部分历史数据进行了调整。因此，读者在使用历史资料时，凡与本年鉴有出入的，均以本年鉴为准。

5. 本年鉴中的部分数据由于单位取舍不同产生的计算误差均未作机械调整。

6. 为便于读者使用，本年鉴特编制了主要指标的定基指数、环比指数和年平均增长速度。本年鉴中所列指数和年平均增长速度均按可比口径计算。

7. 本年鉴使用的符号说明："空白"表示该项统计指标无数据或数据不详；"#"表示其中项；"*"表示另有注解。

8. 限于我们的水平，本年鉴仍存在不足乃至错漏，希望读者不吝批评指正，帮助我们改进编辑工作，以期更好地为广大读者服务。

目　　录
CONTENTS

特　载
SPECIAL ARTICLES

一、综合

GENERAL SURVEY

二、人口和劳动力

POPULATION AND LABOR FORCE

三、工业

INDUSTRY

四、建筑业

CONSTRUCTION

五、运输、邮电、能源

TRANSPORTATION AND POSTAL TELECOMMUNICATION SERVICES AND ENERGY

六、农业
AGRICULTURE

七、固定资产投资
INVESTMENT OF FIXED ASSETS

八、商业、物价

DOMESTIC TRADE AND PRICE

九、财政、金融

PUBLIC FINANCE AND BANKING

十、对外经济贸易和旅游

FOREIGN TRADE AND TOURISM

十一、劳动工资

LABOR FORCE AND WAGE

十四、人民生活

PEOPLE'S LIVELIHOOD

十五、企业景气状况

ENTERPRISES PROSPERITIES

十六、统计公报

STATISTICAL COMMUNIQU

指标解释
EXPLANATORY NOTES OF INDICATORS

特　　载

政 府 工 作 报 告

—2004年2月24日在深圳市第三届人民代表大会第六次会议上

深圳市代市长　李鸿忠

各位代表：

现在，我代表深圳市人民政府向大会作工作报告，请予审议，并请各位政协委员和其他列席人员提出意见。

一、2003年的工作回顾

2003年，在党中央、国务院、省委、省政府和市委的正确领导下，我们以邓小平理论和“三个代表”重要思想为指导，全面贯彻党的十六大和十六届三中全会精神，认真落实胡锦涛总书记、温家宝总理视察深圳的重要指示，按照省委对深圳提出的建设国际化城市的目标定位，把握机遇，扎实工作，克服了非典疫情带来的预想不到的困难，经济建设和社会发展取得了出人意料的好成绩，圆满完成了市三届人大五次会议确定的各项任务。

（一）沉着应对，果断决策，夺取了防治非典阶段性重大胜利

面对突如其来的非典疫情，坚决贯彻中央、省和市委的指示精神和工作部署，把防治非典作为当时的头等大事，及时启动应急处理机制，全市人民万众一心、众志成城，广大医护人员恪尽职守、舍生忘死，有效控制了疫情的蔓延，取得了发病人数少、治愈率高、死亡率低、没有一名医护人员感染的好成绩。大力支持科研机构和企业开展抗非典疫苗、药物、试剂、检测仪器的研究开发，在我市及全国的抗非典斗争中发挥了积极作用。加强对外来劳务工的保护，果断处置有关突发事件，保持了社会的稳定。坚持防治非典和经济建设两手抓，及时采取一系列有针对性的应对措施，保障了经济平稳快速发展。

（二）经济增长速度加快，综合经济实力和发展后劲进一步增强

经济增长率创8年以来新高。据初步核算，全年实现本市生产总值2860.51亿元，比上年增长17.3%，人均5.39万元，增长7.5%。工业增加值1500.13亿元，增长23.5%。本市生产总值和工业增加值增速为8年来最高。全社会固定资产投资额946.49亿元，增长20.1%。社会消费品零售总额801.77亿元，增长16.3%。地方财政收入337.27亿元，同口径比增长15.6%。

实现了“五个1000”的重大突破。外贸进出口总额突破1000亿美元，达到1173.99亿美元，增长34.6%；港口集装箱吞吐量1065.16万标箱，增长39.8%，跃居世界集装箱枢纽港第四位；机场旅客吞吐量1084.28万人次；年度新增工业总产值超过1000亿元；金融机构新增本外币存、贷款余额分别突破1000亿元。

三大支柱产业进一步发展壮大。高新技术产品产值2482.79亿元，增长45.2%，占规模以上工业总产值48.93%。自主知识产权产品产值占高新技术产品产值55.85%。软件业实现产值291亿元，出口5.9亿美元，同比增长45%以上。研制成功世界首例获准生产的基因抗癌药物。以海港和空港为龙头的现代物流业蓬勃发展，深圳港货物总吞吐量突破1亿吨，深圳机场货邮行吞吐量40.66万吨。六大物流园区建设加快，物流业信息化水平不断提高，第三方物流服务初具规模，物流企业总数达到2538家。银行、证券、保险等金融产业稳健发展，金融机构本外币存款余额7070亿元，贷款余额5434亿元，分别比年初增长 19.5%和 23.4%。货币市场、资本市场、外汇市场交易活跃，黄金加工和交易两旺。

商贸、旅游、会展等服务业健康发展。市场流通畅旺，重点商贸企业销售额的平均增幅达 30%，连锁经营销售额占社会消费品零售总额比重超过40%。以创建“中国最佳旅游城市”为契机，大力开展广深珠旅游联合促销，开通个人港澳游，全年接待游客 4284 万人次，实现旅游总收入 295 亿元，旅游外汇收入 13 亿美元。成功举办第五届高交会、第二届中国(深圳)消费商品采购大会、第八届中国(深圳)国际电机电子零部件采购展及一大批专业展。

重大基础设施建设步伐加快。东江水源工程铁石泵站及管道工程建成，北线引水工程按期动工。保供电输变电工程、西部电厂 6 号机组及一批以大代小机组如期建成投入运行，保障了电力供应。广东液化天然气一期试点工程开工。地铁一期、会展中心、盐田港区集装箱码头三期、蛇口港区集装箱码头二期等一批重大基础设施建设进展顺利。盐坝高速公路 B 段、107 国道宝安段改造竣工通车。完成了贯通特区内外的“一横八纵”城市干线路网规划，若干骨干项目已开工建设。机场老候机楼改造完工投入使用。

制定实施一批事关经济长远发展的重大政策。以完善区域科技创新体系为切入点，制定了《关于完善区域创新体系，推动高新技术产业持续快速发展的决定》，提出加快高新技术产业发展的 54 条具体措施。出台了《支持金融业发展若干规定》及其实施细则，中国国际期货经纪公司等一批重要金融机构迁址深圳或在深设立。制定了《关于支持发展产业集聚基地的若干意见》，服装、钟表、模具、家具、黄金珠宝等产业集聚基地已完成选址和初步规划。出台《关于加快民营经济发展的意见》，全市新增私营企业 2.27 万户，比上年增长 33.6%，民营经济已经成为我市经济的重要组成部分。制定实施了为大企业提供便利“直通车”服务的制度，加大了清费减负力度，切实降低企业营商成本，投资发展环境进一步优化。

（三） 以国有企业改革为重点的各项改革加快，对外开放迈出新步伐

在国有经济布局战略调整、产权主体多元化、完善国有资产监督管理体制和企业内部管理机制等方面取得新进展。能源集团等 5 家大型国企完成国际招标招募工作，引进一批境内外战略投资者。出台加快市属企业调整与改组的“1+7”文件，东部集团等 14 家市属一级国企完成整体改制，机场集团等 5 家国企全面完成国有资产授权经营，市属上市公司重组工作稳步推进。出台“经营者年薪制实施办法”、“建立长效激励机制的指导意见”和“十条禁令”，建立重大失误追究制度，强化激励与约束机制。市属国有企业资产质量和经济效益进一步改善。

文化体制、行政体制、投融资体制等各项改革继续深化。认真落实“文化立市”战略，制定文化体制改革综合试点工作方案，改革文化管理体制，加大公益性文化事业的投入力度，培育文化市场体系。完善深圳报业集团管理运行机制，组建深圳广电集团和发行集团，积极筹备“深圳(国际)文化产业博览会”。继续深化行政审批制度改革，优化审批程序，提高审批效率。推进事业单位改革。交通、环保、教育等领域的投融资体制改革取得新成绩，与香港地铁公司签定了轨道交通 4 号线建设管理的原则性协议，创造了国内地铁建设新模式。

外贸和外资工作不断加强，外源型经济快速增长。外贸出口总额 629.62 亿美元，增长 35.2%。其中高新技术产品出口 251.55 亿美元，增长 60.3%，占全市出口总额的 40%。出台《深圳市应对入世行动纲要》，建立反倾销预警机制，积极组织企业应对境外贸易诉讼。全面推进“大通关”工作，口岸通关效率进一步提高。全年实际利用外资 50.42 亿美元，其中外商直接投资 36.23 亿美元，增长 13.6%。宜家、欧倍德、塔吉特、汤姆逊等世界知名跨国企业来深投资。保税区和大工业区发展态势良好。

深港合作走向深入，与内地合作更加密切。皇岗口岸旅检 24 小时通关顺利实施。深港西部通道工程正式开工，皇岗、罗湖、沙头角等一线口岸改造工程全面展开。抢抓内地与香港更紧密经贸关系安排的机遇，早做工作，3 家香港中小银行正式申请在深设立分支机构，一批香港服务业开始登陆深圳，深港两地在服务领域的合作取得新进展。积极参与珠三角城市群规划，参与西部大开发和振兴东北老工业基地建设，扎实开展对口帮扶工作，与国内其他地区的合作更加密切。

（四）“净畅宁工程”取得初步成效，城市规划建设管理工作得到加强

大力实施“净畅宁工程”，切实解决群众关心的热点难点问题。认真落实市人大一、二号议案，制定实施标本兼治、责任明晰的“净畅宁工程”实施方案。全面启动了水环境综合整治工作，加大机动车尾气污染防治力度，基本实现了工业污染源达标排放，市容环境有所改善。出台了近期解决交通拥堵问题八项举措，交通组织管理明显加强，在机动车辆大幅增加的情况下，交通不畅的问题有所缓解。完善群防群治体系，深入开展严打整治专项斗争，狠抓打团伙、破大案的工作，强化流动人口、出租屋和娱乐场所管理，加大打击“黄、赌、毒”的力度。完成玉龙坑重大安全隐患整治，加强交通事故预防，安全生产形势平稳，全年未发生重特大恶性安全事故。深入排查矛盾纠纷，重视群众来信来访，落实党政领导接访日制度，及时化解不安定因素，确保社会稳定。

按照建设国际化城市的要求，不断加强城市规划建设管理工作。召开全市规划工作南山现场会，强化规划的龙头地位、指导地位和调控地位。编制《深圳市城市近期建设规划》和《深圳市干线道路网规划》，修订《深圳市城市规划标准与准则》。加强城市环境景观和建筑设计，规划深圳湾海滨景观长廊，加大对城市公园的保护力度，通过“国家绿化模范城市”验收和“国家园林城市”复查。严格控制土地开发规模。认真落实市人大“两个规定”，历史遗留违法建筑处理率超过50%。基本完成二线“插花地”行政管理权属移交工作。加快推进宝安、龙岗两区城市化，龙华、龙岗撤镇设街试点工作进展顺利。

（五）人民生活进一步改善，各项社会事业全面进步

居民收入和保障水平稳步提高。城镇居民人均可支配收入2.59万元，增长4.0%，农民人均纯收入1.13万元，增长6.2%。居民消费结构升级加快，汽车、住房等大宗商品及休闲度假、保健、文体等服务类消费持续增长。社会保险扩面征缴工作继续加强，基本养老、基本医疗和企业年金参保人数有较大增长。建立了宝安、龙岗两区城市化人员养老和医疗保险制度，两区原村民纳入全市统一社保体系。失业员工保险金、离退休人员养老金100%按时足额发放。完善就业服务体系，努力做好就业和再就业工作，12000多名失业员工实现再就业，城镇居民登记失业率2.6%。打击劳务诈骗和欠薪等违法行为，为劳动者追发工资等1.35亿元。大力落实“民心工程”。继续实施“同富裕工程”，加强困难群众的帮扶工作。降低了法律援助门槛，扩大法律援助覆盖面。住房社会保障体系进一步完善，为60户特困家庭提供了廉租房。

教育、文化、卫生、体育等各项社会事业全面发展。全市6区全部建成省教育强区，90%的镇建成教育强镇，增加45所省一级学校，新增8万多个中小学学位，提供1.5万个优质高中学位，多渠道解决非户籍人口接受义务教育问题。高等教育加快发展，深圳大学新增硕士点20个，并开始招收博士生。深圳职业技术学院办学质量稳步提高，深圳信息职业技术学院获国家批准试办示范性软件学院。大学城西校区竣工启用，清华、北大、哈工大正式入城办学，在校全日制研究生近2000人。大力引进海内外各类人才，全年共引进户籍人才3万余人，海外留学生1200多人。文化事业成果丰硕，共获国际级奖项71个，国家级奖项186个。成功举办“深圳读书月”、“大剧院艺术节”、“鹏城金秋社区文化艺术节”等一批大型群众文化活动，取得社会效益和经济效益双丰收。积极推进公共卫生体系建设，完善疾病防控体系。办医体制改革取得突破。新增社区健康服务中心35家。广泛开展全民健身体育活动，成功举办第六届市运会，在第五届全国城运会上金牌数进入前10名。全面稳妥地推行计划生育综合改革，各项指标创建市以来最好成绩。加强国民经济和社会发展监测服务，推行“在地统计”改革初见成效。档案工作信息化水平不断提高。民族宗教事务、外事、对台、侨务等工作取得新成绩。

精神文明建设取得新成果。在全社会掀起学习“三个代表”重要思想的新高潮。大力弘扬伟大的抗非典精神，深入学习抗非典英雄和黄联明、熊木春等英模的先进事迹，深圳精神得到进一步弘扬。贯彻《公民道德建设实施纲要》和《深圳市民行为道德规范》，在全社会启动“深圳关爱行动”，城市文明程度进一步提高。实施固本强基工程，基层组织、社区建设得到加强。连续三次被评为“全国双拥模范城”，国防教育、国防后备力量建设继续加强。

民主法制建设稳步推进。办理人大议案2件、建议383件和政协建议案3件、提案528件。配合市人大加强立法工作，提请市人大常委会审议法规议案8件，颁布市政府规章5件。提高依法行政水平，进一步完善政府法律顾问制度，严格实行政府重大决策法律论证。增加政府工作的透明度，坚持向市人大报告工作制度，自觉接受政协、民主党派和群众监督，支持鼓励新闻媒体加强舆论监督。主动听取市人大、政协对政府工作的意见和建议，积极支持政协履行职能，加强同各民主党派、工商联、人民团体、无党派人士的联系与合作。

（六）狠抓政府自身建设，提质提效提神，办实事求实效抓落实

大力弘扬负责任的精神、自强不息的精神和再创业的精神，提升干部队伍精神状态。强化责任制和协调机制，实行市领导主办工作制度和职能部门主办责任制，理顺部门职责，明确行政责任，提高行政效率。加强行政责任追究和行政效能监察，严肃查处作风涣散、铺张浪费、推诿扯皮、有令不行的行政过失，对几个重大项目进行绩效审计，并鼓励新闻媒体曝光和监督，力求做到“功必赏、过必罚，绩必奖、错必纠”。大力推进反腐保廉工作，积极开展清退违规借贷和逾期借款工作，加大监察、审计部门的监督查处力度。进一步转变政府职能，提高工作标准，降低行政成本。

各位代表，过去一年我们能够取得经济社会发展的较好成绩，是全市人民在党中央、国务院、省委、省政府和市委的正确领导下，直面困难，团结一心，奋力拼搏的结果。在此，我代表市人民政府，向奋斗在各行各业的广大干部群众，向中央和各省驻深单位，向驻深解放军、武警官兵和各民主党派、人民团体、社会各界人士及外地来深建设者致以崇高的敬意！向所有参与、关心和支持深圳建设的港澳台同胞、海外侨胞、国际友人表示衷心的感谢！

我们清醒地看到，我市经济社会发展还存在一些亟待解决的问题和困难。一是城市发展空间与经济社会发展和人口快速增长的矛盾越来越突出，水、电资源短缺。二是产业结构调整有待加强，第三产业比重持续下降，制造业过于偏向轻型、外向型和加工型，结构性风险较大。三是国有企业改革发展的任务还很艰巨，投融资体制改革相对滞后。四是随着各地招商引资力度加大，深圳吸引外资的竞争优势有所削弱。五是城市规划和管理水平还远不适应国际化城市要求，环境、交通问题仍比较突出。六是社会治安形势依然严峻，人民群众对此反映强烈。七是交通等安全事故时有发生，安全生产隐患仍很严重。八是城市应急反应机制不够完善，应对突发事件的能力有待提高。九是部分政府公务人员的素质、责任心、工作效率和服务水平还不够高、不够强，个别甚至还很差，政府职能需要进一步转变。这些问题，都必须高度重视并在今后的工作中切实加以解决。

二、2004 年的主要工作

市委三届八次全会提出了 2004 年全市工作的总体要求：以邓小平理论和“三个代表”重要思想为指导，认真贯彻落实党的十六大、十六届三中全会、中央经济工作会议和省委九届四次全会精神，按照建设国际化城市的目标要求，抓住实施内地与香港更紧密经贸关系安排的契机，以发展为主题，以完善社会主义市场经济体制为动力，以人民群众的根本利益为出发点和归宿，坚持能快则快、好中求快，坚持以人为本，全面、协调、可持续发展，团结一心，奋力拼搏，实现经济持续快速协调健康发展和社会全面进步，把深圳的改革开放和现代化建设事业不断推向前进。

根据这个总体要求，综合考虑各种因素和各方面意见，建议我市今年的主要经济预期目标定为：本市生产总值比上年增长 13%，城镇居民登记失业率控制在 3%以内，居民消费价格总指数 102%，工业增加值增长 17%，高新技术产品产值增长 23%，进出口总额及出口总额增长 8%，全社会固定资产投资增长 15%，社会消费品零售总额增长 13%，地方财政收入同口径增长 12%。

为完成以上目标任务，要着重抓好九个方面的工作：

（一）贯彻新发展观要求，加强环境建设，继续推进“净畅宁工程”，提高可持续发展能力和经济社会发展承载力

把贯彻新发展观作为今年政府工作的一条主线。要按照新发展观的要求，转变政府职能，调整政府抓工作的思路。改变传统的重增长、轻保护，先污染、后治理的模式，实现人与自然和谐发展。把财力更多地用于社会管理和公共服务，实现社会全面进步。今年政府直接用于落实新发展观的投资达 120 亿元，占政府投资计划 65%左右，是历年来最高的。今后我们考核各区、各部门的工作，都要把环境指标、社会指标、人文指标与经济增长和引进外资等置于同等重要甚至更为优先的位置。

完善城市基础设施建设，努力解决经济社会发展瓶颈问题。水、电等基础设施是城市生存发展的基本要素，是承载经济社会发展的基本平台，要把解决好水、电问题摆在优先位置。大力完善供水水源保障体系，启动东江水源工程二期，建设梅林、笔架山、大鹏支线工程，完成龙口—茜坑供水工程一期，新建扩建一批水库，提高制配水能力。要努力争取南方电网增加深圳电力供应，搞好电源电网建设，加快电厂、输变电设施和以大代小技改工程建设，保障电力供应。推广节能技术，科学用电。加强电力设施保护，确保电力安全生产。结合城市总体规划，完善中长期电力规划。

加大环境保护和污染防治力度，净化美化城市环境。进一步落实环保目标责任制，优先保证环保建设资金，加快环境基础设施建设。制定科学合理、切实可行的规划，通过截污、清淤、引水等办法，整体推进“五河四库两湾一口”综合治理，下力气解决河流黑臭问题，确保饮用水源水质达标率。要大手笔研究制定解决我市资源性、景观性缺水的战略方案，认真做好前期论证。继续抓好工业污染防治，提高生活垃圾、生活污水收集处理率。切实搞好污水处理净化后的中水综合利用，大力发展循环经济、清洁生产、绿色消费，提高环境对发展的承载力。加强机动车尾气污染防治，改善大气环境。强化监督检查，进一步整治噪声污染。做好生态城市规划，保障生态安全，大力开展植树造林，启动 18 个市政及郊野、森林公园建设，力争用 3-5 年的时间完成。做好城市绿化美化工作，加快城市裸露山体和水土流

失治理。发展生态农业、景观农业。高质量建成园博园,办好园博会。高标准做好大鹏半岛的规划设计,使其成为实践新发展观的重要载体。加强市容环境综合整治,狠抓辖区管理责任制,认真解决“城中村”脏乱差问题。坚决制止乱摆卖、乱张贴、乱搭建行为。全力以赴做好“国家环保模范城”和“国家卫生城市”复查的迎检工作。

加快交通综合整治和道路建设,缓解城市交通压力。开展“交通教育年”活动,增强全社会交通法规和安全意识。全面落实解决交通拥堵问题的八项措施,进一步提高交通组织和管理水平,加快交通瓶颈改造,打通交通微循环。抓紧“一横八纵”城市干线路网和城市轨道交通建设,确保地铁一期、南坪快速路一期主线工程今年建成通车,实现全市交通状况的整体好转。加快轨道交通1、4号线延长段建设和2、3号线的前期工作,加强东西港区疏港交通规划建设。适度降低中心城区开发强度,合理安排城市功能布局,改善城市空间结构,方便居民就近消费娱乐,缓解中心城区交通压力。建设覆盖全市的公交线网,加快客运枢纽建设,为群众提供安全、舒适的公交服务。尽快建立预防道路交通事故的长效机制,使预防工作责任到人、工作到基层。

深入开展社会治安综合治理,确保社会稳定、安宁。大力开展严打整治专项斗争,进一步完善网格化布警,加强路面巡逻,重点打击路面“两抢”等多发性犯罪、严重暴力性犯罪和带黑社会性质的犯罪。加强出租屋和流动人口管理,落实出租屋业主治安责任和案件倒查制度。按照“打防结合,预防为主”的方针,全面加强社会治安防控体系建设,建立单位、企业、社区、村镇领导的治安责任制,完善警民联动的防控网络和群防群治机制。推进公安专业化、公安管理体制和警务运行机制改革,合理设置派出所,加快社区警务建设,强化基层治安管理能力。今年新增3000名警力,充实一线。加强公安队伍建设,坚持从严治警,从优待警,进一步清理整顿保安队伍。建立完善维护社会稳定预警工作机制,加大人民调解工作力度,创新工作方式,培育专业性民间调解组织,及时发现和消除各种不安定因素,高度重视和及时解决群众信访问题,有效防止群体性事件。加强安全生产体系建设,加快调整危险品及油气库布局,消除安全隐患,力争全年不发生重特大安全生产事故。

(二)优化结构、提高效益,大力推动产业建设,增创产业发展新优势

加快三大支柱产业发展,把高新技术产业、现代物流业和金融服务业做得更强。抢抓国际产业转移的机遇,完善现有高新技术产业链,加快发展新一代互联网、数字视听、平板显示、集成电路、第三代移动通信等前沿技术和产品,抓住数字多媒体技术主导的影视产品升级与家电信息化的商机,巩固电子信息产业优势。加快生物医药产业、新材料、新能源等新兴产业的发展。进一步完善区域创新体系,整合全市科技经费资源,提高资金使用效益。建设高水平的公共技术平台和高新技术孵化基地。积极支持企业技术创新,重点支持一批科技企业、重大创新项目、重点实验室、工程中心、企业技术中心和科技信息网库建设。加强高新技术产业带的规划、建设和项目引进,加强土地控制,盘活土地存量,分步分片开发。大力实施“厂房再造、产业置换”工程,改造老厂房,主要用于发展软件产业和科技孵化器。

大力发展现代物流业。新建成深水泊位5个,新增集装箱吞吐能力130万标箱。加快盐田港区集装箱码头扩建工程、蛇口港区集装箱码头三期工程、大铲湾港区集装箱码头一期工程和铜鼓航道等重大项目的前期准备及建设进度。发展海铁联运,加强与西南等地区的经济互动,增强深圳港辐射功能,进一步提升国际枢纽港地位。推动保税区扩区和港区联动,强化口岸贸易、转口贸易和国际物流服务功能。加快六大物流园区建设,培育一批骨干型第三方物流企业和国际货代市场。继续引进国际国内知名的大企业、大集团来深圳设立采购中心和配送中心。推进“大通关”电子口岸建设,构筑“统一、共享、安全、高效”的物流信息平台,提高物流业信息化水平。

积极推动金融产业集聚,促进金融发展。完善金融发展和创新环境,把深圳建设成为金融理念创新、体制创新、产品创新的高地。进一步落实支持金融业发展的18条政策措施,吸引国内外金融机构落户深圳。加强与香港金融业的合作,积极配合香港银行开办个人人民币业务,鼓励支持香港中小银行在深发展。加快推进以资本市场为重点的现代金融服务体系建设,全力推动深交所开设中小企业板。促进货币市场、资本市场、保险市场有机结合,健康发展,强化深圳区域金融中心的地位。配合协助中央驻深金融监管机构加强监管,进一步防范化解金融风险,为建设金融运行安全区服务。

积极推动商贸、旅游、会展、中介、信息等服务业发展,提高第三产业在经济结构中的比重。构建“总量平衡、布局合理、辐射力强、活跃繁荣、竞争有序”的现代城市商业网点体系,积极引进现代流通方式,加快华南国际原料城、华润中心万象城等大型商贸项目的建设,加快人民南、华强北等商业片区环境改造,优化宝安、龙岗两区的商业环境,努力建设具有国际水平、代表城市商业形象的标志性商圈。抓好旅游规划和旅游项目建设，整顿规范旅游市场，努力创建"中国最佳旅游城市"。积极推进与香港旅游业的合作，加大国际旅游市场开拓力度，强化深圳作为全国最大的过境游客集散地的地位。以新的会展中心投入使用为契机，全力办好第六届高交会，精心组织培育一批高水平的知名展会，构建与国际衔接、市场化运作的运行模式，逐步形成具有国际竞争力的会展业。培育、规范和加快发展本地中介服务机构和行业协会，积极吸引香港和国内外知名的法律、会计、咨询、经纪、代理、评估等中介机构来深执业和开展合作，全面提升我市专业服务水平。大力发展文化体育产业，培育和完善文化市场，支持音像、影视动画、平面设计业加快发展。

发展资本密集、技术密集、清洁环保的装备制造业和基础工业，改造提升传统产业，增创产业发展新优势。充分利用我市区位、市场、经济实力等有利条件，在人力、财力和土地资源等方面采取一些相对倾斜的政策，不失时机地引进一批污染少、能耗低、技术先进、带动作用强的高端装备制造业和基础工业项目，调整、改变我市制造业结构偏轻的状况。抓紧规划建设精细化工基地，有针对性地引进国内外著名的精细化工企业。充分利用我市信息产业发达等优势，力争在机电一体化装备、医疗器械、环保设备等领域取得新的突破。加快用高新技术和先进适用技术改造提升传统产业的步伐，积极引导珠宝、钟表、家具、玩具、服装、印刷、皮革、工艺礼品等行业向加工与设计相结合转变，不断提高设计、工艺水平，提高产品的科技含量、附加值和市场竞争力。继续实施精品名牌带动战略，大力培育深圳本地品牌，加快公共服务平台和产业集聚基地建设。

调整优化区域结构，强化"南软北硬"、"南高北重"、"东西两翼旅游港口"的产业分工布局。按照比较优势的原则，自觉主动地强化六个区业已形成的"南软北硬"、"南高北重"、"东西两翼旅游港口"的产业特色。南面特区内的几个区要积极引导、推动产业转移和升级，向二次开发要空间、要效益，在寸土寸金的黄金宝地集中发展金融、物流、高新技术研发、软件、商贸等"软产业"，规划建设新型的都市产业园区，大力发展总部经济、会展经济，体现出高新技术、高端产业和高附加值的"三高"特点。北面宝安、龙岗两区要以"硬产业"为主，加快发展制造业。两区要留足土地，完善政策，抓紧引进一批关乎全市经济发展前途的大项目、基础工业项目，积极承接特区内转移出来的制造业和加工工业。东西两翼利用山海等资源优势集中发展港口经济和旅游经济。

（三）围绕建设国际化城市的目标，加强城市功能建设，提升城市综合竞争力

按照国际化城市的功能要求，提高城市的规划建设和管理水平。抓好2030城市发展策略研究，完善城市发展总体规划，做好分区规划和专项规划，提高法定图则覆盖率。全面推行规划的环境影响评价，按照环境评价的要求重新审视、修订既有的规划。全面启动国民经济和社会发展"十一五"规划的编制工作。按照新发展观的要求组织实施城市建设规划，确保拿出更多空间给群众提供公共产品，最大限度地满足人民群众教育、文化、医疗卫生、休闲娱乐的需求。加强城市设计和建筑精品建设，开放和规范建筑设计市场，吸引一流的建筑设计师来深执业。城市发展要从建设为主向建设与管理并重转变，认真学习借鉴香港的城市管理经验，以国际化城市的标准提升城市管理水平。大力整顿土地市场秩序，加强征地拆迁管理和违法违章建筑清理工作，坚决制止新的违法违章建筑产生，积极稳妥地推进"城中村"改造。加大社区建设管理力度，健全公共服务体系，提高社区服务水平。

最大限度地增强城市的综合服务和辐射功能。加快国际港口、机场、大型客货场站、口岸等交通枢纽设施和铁路、公路、轨道交通网络的建设，做好机场二跑道的前期规划，大力开拓国际海运、空运航线，形成辐射国内、衔接国际的现代立体交通网络体系。认真做好京广和东南沿海高速铁路客运专线在深圳交汇的筹备工作，努力将我市建设成为重要的铁路枢纽城市。充分发挥区域金融中心的融资平台功能，放大深圳金融产业的服务和辐射作用。不断强化和拓展城市商贸物流功能，进一步增强辐射华南、服务全国的能力。抓住我市36家市属上市公司重组和国内外大企业重组的机会，吸引大产业、大公司来我市发展。创造条件，吸引更多的跨国公司地区总部落户深圳，发展总部经济。

加快城市化进程，提升和完善特区外城市功能。兼顾国家、集体和个人利益，加快制定完善土地、户籍、劳动就业、文化教育、医疗卫生、计划生育等配套政策措施，抓好城市化人员养老保险和医疗保险改革，确保城市化的有关工作如期完成。统一特区内外规划建设管理标准，完善两区市政及公共设施投资机制，提高特区外的发展水平，提升城市整体功能。

积极推进城市信息化战略，建设"数字深圳"。大力推进以服务公众为核心的电子政务建设，完善部门和专业信息网络，加快基础性战略数据库开发，促进政府信息资源共享，建设全市统一的电子政务网络平台，积极推行网上审批和政府信息网上公开。加快以服务市场主体为核心的电子商务建设，建立行业公共信息服务平台，推进信息技术在企业研发、生产、管理、营销中的应用。加强信息基础设施建设和信息网络安全工作，完善社区信息服务网络，提高社会公共领域和社区信息化水平。

（四）按照高品位文化城市的标准，加强城市素质建设，提高城市文明程度

实施“文化立市”战略，加强文化建设，促进对外文化交流。积极稳妥地做好文化体制改革综合试点工作，努力建设文化强市。抓好经营性文化事业单位的转制工作，加快集团化建设步伐，做大做强报业、广电、发行集团。抓紧制定文化发展纲要和配套文化产业政策，鼓励社会力量兴办文化产业和资助文化事业。规划建设一批国际水准的文化基础设施，完成新图书馆、音乐厅、新博物馆工程和大剧院改造，做好歌剧院、现代艺术馆等文化设施的前期准备工作。继续办好“深圳读书月”、“深圳社会科学普及周”等常设文化节庆活动，高水平举办首届“深圳(国际)文化产业博览会”。发挥移民城市优势，积极打造开放包容、兼收并蓄的新时代的城市文化。着力营造文化艺术氛围，聚集多层次文化人才，推动文艺精品生产。丰富和发展广场文化、社区文化等各种形式的文化普及活动，全面提高市民的文化素质。加强对外文化交流与合作，扩大城市知名度。提高外语在公共服务中的普及率，完善英语咨询、导向服务，办好英文报纸、广播和电视节目，提高公务员和市民的外语交往能力。

发展教育事业，努力建设教育强市。积极推动教育综合改革试点工作，促进基础教育均衡发展，扩大优质教育资源，抓好教师队伍建设，全面推进素质教育。大力发展高等教育，增强深大、深职院、信息技术学院及民办高校的办学实力和特色。创新办学机制，进一步办好大学城。发展职业教育，强化职业技能培训和劳务工素质教育，鼓励创办社区学院和企业学院，构建终身教育体系，建设学习型城市。牢固树立教育是投资而非开支的理念，继续加大教育投入。建立符合深圳实际的多元教育投资办学体制，鼓励发展和规范管理民办教育。加快引进国外著名高校合作办学，加强深港教育合作与交流，继续办好国际学校和港澳台胞子弟学校，提升教育国际化水平。大力推进科普事业，提高市民的现代文明意识和科学素质。

大力实施人才战略，建设人才高地。认真落实全国人才工作会议精神，树立人才是第一资源的观念和科学的人才观，坚持培养、引进和使用并重，完善育才、引才、聚才和用才机制，建立科学的人才评价、使用机制，为各类人才脱颖而出创造良好的环境，促使深圳成为全国精英人才汇聚的高地。继续加强企业博士后工作站建设，办好留学生创业园。充分发挥深圳机制灵活、创新活跃、环境较好的优势，发挥用人单位引进、培养、使用人才的主体作用，大力引进海内外高素质人才、创业型人才和适应国际化城市需要的人才，建设一支高素质的专业人才队伍和以高级技工、技师为骨干的产业工人队伍。

积极推进“诚信深圳”建设，整顿规范市场经济秩序。建设诚信政府，发挥政府在诚信建设中的表率作用。加强诚信道德教育，形成以道德为支撑、产权为基础、法律为保障的社会信用制度，降低城市经济社会活动交易成本。进一步完善企业和个人征信系统，建立信用监督和失信惩戒制度，开展“守信企业”创建活动。整顿规范市场秩序，坚决打击偷、逃、骗税、恶意逃废金融债务、制假售假、走私贩私、不正当竞争、传销和变相传销等违法行为。加强部门联动配合，争取用一年左右时间基本解决无证无照经营问题。大力整治非法诊所。全面实施食品药品放心工程，加强食品安全和药品、医疗器械监督检查，提高农产品的质量安全水平。加强知识产权保护，严厉打击各类侵犯知识产权的行为。

（五）以改革为动力，促进多种所有制经济共同发展

大力发扬改革精神，为发展注入强大动力。改革创新是深圳特区的标志、优势和灵魂，是下一步继续发展的动力、继续领先的法宝，是深圳发展永恒的主题。特区之特，最重要的经验就是敢闯敢干、勇于创新，这种精神永远都不能丢。改革问题关系到深圳的发展后劲和出路，在新形势下我们更要继续全力推进各项改革，向改革要空间、要潜力、要动力，发扬改革的精神，加大改革的力度，拓宽、深化改革的路子，书写改革的新篇章。

积极推进国资管理体制和国有企业改革。坚持政府公共管理职能和国有资产出资人职能分开，积极探索创建既符合国家总体要求，又有深圳特色的国有资产管理和监督体制。剥离机关事业单位经营性国有资产，统一纳入国有资产监管和营运体系，加强对非经营性国有资产的清理和监管。以产权改革为核心，大力推进国有企业改革，发展混合所有制经济，加快实现国有企业产权主体的多元化和社会化，使股份制成为公有制的主要实现形式。推动更多的国有企业股权向国内外有实力的公司招标招募。继续试行管理层收购产权和员工持股等形式的企业整体改制，积极探索国有企业管理层和员工在产权层面与企业形成命运共同体的机制。认真做好竞争性领域劣势国有企业的有序快捷安全退出工作。加大市属国有上市公司重组力度，整合现有资源，培育做大一批具有国际竞争力的企业集团。按照现代企业制度的要求，完善公司法人治理结构，落实企业领导人员聘任制度，改进出资人对经营管理者的考核评价体系。切实执行"十条禁令"，进一步完善国有企业经营者的监督和约束机制。以明晰产权为重点深化集体企业改革，发展多种形式的集体经济。加强对股份合作公司的管理，引导其按照现代企业制度进行改制，规范发展。

大力扶持民营经济和中小企业发展。全面贯彻实施《中小企业促进法》，落实《关于加快民营经济发展的意见》，清理和废止限制民营经济发展的行政规章和政策，放宽市场准入，鼓励非公有资本进入法律法规未禁入的基础设施、公用事业及其他行业和领域，为民营经济和中小企业营造公平、宽松的创业发展环境。落实民营及中小企业发展专项资金，完善以信用担保为重点的服务体系建设。实施"民营企业50强"计划，支持民营及中小企业进行管理创新、技术创新和机制创新，提高民营及中小企业的整体素质和核心竞争力。

（六）加大固定资产投资力度，实现投融资体制改革的新突破

力促固定资产投资再上新台阶。今年计划安排重大建设项目205个，总投资2330亿元，年度投资238亿元，比上年增长19%。要继续完善政府投资项目分类指导体系，条件成熟的项目不受年度投资计划、投资规模和资金安排的限制，成熟一个上一个，充分发挥投资对经济的拉动作用。积极扩大投资项目储备库，重点在"净畅宁工程"和枢纽型、功能性、网络化基础设施，以及产业结构调整优化方面挖掘项目源。加快光明高新技术产业园区、大工业区、保税区新扩区域的开发建设和重大项目引进，适应宝安、龙岗城市化需要，加大两区水、电、路和环保等基础设施建设力度。

全力推进投融资体制改革。加快以市场为导向的投融资体制改革，是满足我市国际化城市建设需要，力促固定资产投资再上新台阶的重要保障。要在总结以往经验的基础上，抓紧制定政府投资项目融资整体方案，今年务必要在投融资改革方面取得更大的突破，显著提升政府投资对社会投资的杠杆作用和放大效应。切实推进投资主体多元化和融资方式多样化，进一步缩小政府财政投资的范围和领域，把财政资金挤占的信用空间让出来，充分发挥金融资本、社会资本的作用，努力改变我市银行业存贷比过高的现状。全力推进交通、环保、水务、高新技术产业带、区镇城市化及社会事业等领域的投融资体制改革。推广引进香港地铁公司参与轨道交通4号线建设和南开深圳金融工程学院利用社会资金建设大学的经验，积极探索利用多种融资形式，多渠道筹集建设资金。充分利用资本市场，切实用好世界银行、国家开发银行等的中长期贷款，积极争取开展发行地方政府建设债券、设立产业投资基金、改革社保基金运营方式等试点工作。探索政府项目建设的市场化新路子，将项目融资与项目建设结合起来。加快组建基础设施投资公司。加强政府投资项目的科学论证和前期准备工作，建立重大投资项目公示制度，完善全过程跟踪审计监督，确保政府投资效益最大化。

（七）扩大对内对外开放，加强区域经济合作

大力发展开放型经济，提高招商引资的质量和水平。改变"坐商"、"等商"的传统意识和做法，主动出击，切实推动引进外资方式的转变。通过产业链招商、园区整体招商、以商引商、代理招商等方式，大力吸引国内外各类企业投资深圳。以产业结构调整为导向，引进大规模集成电路制造、整机制造和软件等创新型高科技产业，实现汽车和汽车电子及零配件、精细化工等行业引进内外资的突破。着力吸引跨国公司把核心制造环节、研发机构和采购中心转移到深圳，进一步吸引、扩大世界500强在深投资。积极引导加工贸易优化升级和落地生根，向深度加工、研发、营销等复合型功能转变。

积极应对出口退税政策的调整，继续保持外贸出口的增长态势。凡是在深圳投资生产并出口的企业，要百分之百、一分不少地确保地方承担的退税得到落实。坚持以质取胜和市场多元化战略，提高出口商品的技术含量和附加值，扩大海外销售网络，巩固欧美等发达国家市场，拓展东盟、中东、独联体、东欧和非洲等地区市场。加强对世贸知识的学习、研究和培训，有效应对国际贸易摩擦，组织好本地企业的反倾销应诉工作。积极支持有条件的企业"走出去"，到国外设立研发中心、生产基地、销售网络，开展跨国经营，带动产品、技术和劳务出口。进一步完善对外投资服务体系，加强海外推介活动，培育一批深圳的跨国企业和著名品牌。

紧紧抓住内地与香港更紧密经贸关系安排实施的机遇，在粤港合作的框架下，进一步加强深港合作。积极推进建立双方领导人的定期磋商机制，加强深港政府间的沟通协商，鼓励和支持民间交流。密切与香港在口岸管理方面的合作，进一步整治口岸通关环境，促进通关便利化。加快推进西部通道、铜鼓航道、一线口岸改造等跨境基础设施工程，推进两地轨道交通网的接驳，实现两地城市功能的顺利对接。加大城市基础设施领域对港资开放,做好与香港地铁公司合作建设轨道交通4号线工作。积极吸引和承接香港服务业,组织好双向互动式的招商推介活动,拓展两地在金融、物流、商贸、会展、旅游、专业服务等领域的合作,促进我市现代服务业迈向更高水平。加强两地在高科技领域的合作,共同商讨河套地区的开发建设问题。

大力推进区域经济合作,努力开拓国内市场。加强与大珠三角各地区的合作,做好规划、产业、基础设施等方面的衔接,共同构筑一个分工合作、相依相通、共存共荣的区域经济体系。积极融入泛珠三角经济合作,增强深圳作为内地各省区引进外资和对外经济联系的出海通道和窗口作用。继续组织企业参加各地举办的商贸洽谈会,完善内销网络,提高国内市场占有率。积极参与西部大开发和东北老工业基地振兴,鼓励我市企业到中西部地区和东北地区,结合开拓市场投资办厂、兼并收购企业、拓展服务业,形成以深圳为基地、辐射全国的生产和营销服务体系。积极做好对口扶贫工作,创新扶贫工作的机制和方法,完成好国务院和省政府下达的对口帮扶任务。

(八) 加强社会主义民主法制和精神文明建设,推动各项社会事业全面进步

扎实推进民主法制建设。政府的一切权力都是人民赋予的,必须对人民负责,为人民谋利,自觉接受人民的监督,在监督下开展工作,在阳光下运用权力。有了人民监督,政府才不会懈怠,才能保持高效。各级政府要坚持向人大及其常委会报告工作制度,充分尊重和发挥人民政协、各民主党派、人民团体在政治协商、民主监督和参政议政中的作用,切实做好人大、政协各项议案、建议、提案的办理工作,充分发挥新闻媒体的舆论监督作用。大力推进政务公开法定化,增强政府工作透明度。改革和完善行政决策机制,提高决策的公众参与程度,推进决策的科学化、民主化和程序化。配合市人大做好立法工作。坚持依法行政,按照政府法定权限和程序行使权力、履行职责,善于依法处理经济社会事务,严格执法、公正执法、文明执法。落实行政执法责任制和过错追究制,强化行政复议的层级监督职能,认真对待行政诉讼。改进法律服务,支持仲裁事业发展。加大普法力度,提高公民法律素质。继续加强社区基层组织建设和民主法制建设。

切实加强精神文明建设。加强邓小平理论和"三个代表"重要思想的学习教育,弘扬"开拓创新、诚信守法、务实高效、团结奉献"的深圳精神和民族传统美德,增强广大干部群众热爱深圳、热爱家园、关心社会的责任感、归属感,提高城市凝聚力。贯彻《公民道德建设实施纲要》和《深圳市民行为道德规范》,进一步提高市民的思想道德水平。深入实施"深圳关爱行动",推进"绿色社区"、"青年文明号"、"巾帼文明示范岗"等创建活动和志愿者行动,培育良好的社会风尚,力争深圳进入全国首批文明城市行列。

大力发展各项社会事业。加大社会事业投入,促进经济社会协调发展。加强基础研究和应用研究,实施专利战略、标准战略,促进科技与经济的紧密结合。繁荣发展哲学社会科学。按照中央和省的统一部署,坚持疫情防治和经济建设两手抓,防非典、防高致病性禽流感和发展、稳定三兼顾,加强公共卫生体系建设,落实防控工作责任制,提高应对突发性公共卫生事件的能力。抓紧建设新的疾病预防控制中心和传染病医院,改造急救中心,新建、改扩建一批专门和综合医院。深化医疗卫生体制改革。深入开展爱国卫生运动,加强健康教育,广泛开展全民健身运动。加快公共体育设施规划建设,做好6–8万人大型体育场馆项目的前期研究论证。抓紧备战第十二届省运会,争创竞技体育新佳绩。制定科学的人口政策,优化人口结构,提高人口整体素质。抓好计划生育工作,强化流动人口的计生管理和服务,全面落实计划生育优待优惠政策。加强统计工作,按全国统一部署搞好第一次经济普查。做好征兵、民兵预备役、双拥共建和优抚安置工作,提高市民国防意识,巩固发展军政、军民团结。重视民族宗教事务,发挥外事、侨务、港澳台务等在对外交往和扩大开放中的积极作用,进一步加强边防、档案、保密等各项工作。

不断改善人民群众生活。落实"十项民心工程"。实施就业优先战略,完善市、区、街道(镇)三级就业服务网络,强化就业和再就业技能培训,加强职介机构管理,积极开发公益性岗位,扩大再就业。完善社会保障制度,扩大社保覆盖面,加强社保基金管理。关心困难群众,帮助他们解决生活、就业、医疗、住房、子女就学等方面的实际困难。及时发现和解决实施救助管理体制中出现的新问题。健全完善劳动安全、劳动仲裁和法律援助制度,加强劳动关系协调与劳动监察,切实保障劳动者合法权益。立法解决欠薪问题,坚决清退拖欠的工程款项和劳务工工资。积极支持老龄工作和残疾人事业,切实保障妇女和未成年人合法权益。继续实施"同富裕工程",促进我市欠发达地区早日脱贫致富。

(九)求真务实,努力建设负责任、有权威、廉洁高效的服务型政府

办实事求实效抓落实,切实履行政府职责。抓落实是政府工作的职能定位,是政府的首要职责,是实现今年工作目标,完成各项任务的前提、基础和关键。对市委三届八次全会和本次人大会议确定的工作思路和部署，市政府就是要在抓落实的行动上下功夫、做文章，讷于言而敏于行。要大力弘扬负责任的精神，真抓实干，言而有信，知难而进。要按照新修订的《深圳市人民政府工作规则》的要求，进一步理顺政府工作流程。强化职能部门的主办责任制和抓落实的工作机制。要坚持正确的政绩观，顾全大局，统筹兼顾，立足当前，着眼长远，不急功近利，绝不搞短期行为，一切从实际出发，按客观规律办事，使我们的工作经得起实践、历史和群众的考验。要深入基层，深入实际，深入群众，反对文牍主义，反对形式主义。完善经济运行监测和预警体系，提高市场经济条件下政府驾驭经济工作的能力。把抓落实的能力和负责任的精神作为考核公务员和政府部门工作的重要标准，将政绩考评与群众公议挂钩，使各级政府真正做负责任的政府，全体公务员真正做负责任的公务员。

大力整饬政风，确保政令畅通。公务员队伍素质决定政府管理水平和效率，代表政府的形象。要大力加强政风建设和公务员队伍建设，从严治政，进一步整顿机关作风，戒除骄惰散漫之气，从领导干部入手，从细微之处入手，推动公务员队伍提质提效提神，建设一支政治坚定、业务精通、作风优良、纪律严明、恪尽职守、能打硬仗、善于服务、甘于奉献的公务员队伍。要敢抓敢管，敢于碰硬，敢负责任，真正树立政府权威。要想人民群众所想，急人民群众所急，不畏压力，不徇私情，不迁就，不推诿，有一种一抓到底，不达目的不罢休的胆识和魄力。对有令不行、有禁不止、行政不作为，或超越法定权限、违背法定程序行事，在群众中造成恶劣影响的部门、单位和个人，要坚决追究当事人及直接领导的责任，决不手软。行政监察部门要切实加大监督检查力度，对于违纪部门和责任人，不论涉及到谁，都要一查到底，绝不姑息，使我市政风有显著改善。

贯彻落实《行政许可法》，大力推进行政体制改革创新，全面建设服务型政府。今年7月1日《行政许可法》将正式施行，这是规范政府行为的一部重要法律，其所确立的一系列行政许可制度，对进一步规范政府行为，提升政府依法行政的能力和水平，形成与社会主义市场经济体制相适应的新的行政管理机制和管理方式，都具有重大而深远的意义。各级政府和每个公务员都必须认真学习、准确理解、熟练掌握行政许可法的各项规定，树立设权应法定、有权必有责、用权受监督、侵权须赔偿的法治观念。要抓紧做好对行政许可规定和实施机关的清理工作，改革行政许可实施的方式。结合行政许可法的实施，加快第三轮行政审批制度改革，认真组织实施省委、省政府批准的行政管理体制改革方案，加快机构职能调整，实现政府职责、机构和编制的法定化，强化政府经济调控、市场监管、社会管理和公共服务的职能，建立有限政府、服务型政府。要牢固树立"群众是主人，公务员是公仆"、"企业就是顾客，客户至上"的理念，正确处理依法规范行政和优质高效服务的关系，主动围绕市民与企业的需求开展工作，以方便市场主体为导向调整安排工作程序，借鉴现代企业的运作理念，不断推出新的服务产品和服务方式。在完善大企业"直通车"服务的基础上，进一步建立政府职能部门与企业间定期沟通机制。

艰苦奋斗，厉行节约，建设清正廉洁、高效低耗的政府。要本着为纳税人负责的态度，精打细算，厉行节约，努力提高财政资金的使用效益，严厉查处把政府财政当"唐僧肉"，狮子大开口，大手大脚，不负责任的行为。继续深入开展清收各类违规和逾期借款工作。加大政府财力的整合力度，分步将政府性基金纳入到国库集中支付的范围，集中财力办大事。进一步完善政府采购制度，加强部门预算管理，逐步实现部门预算与综合业绩挂钩，硬化预算约束。坚持依法独立审计，强化财政资金的绩效审计，扩大绩效审计范围，完善责任追究制度。降低政府运作成本，将财力更多地投向公共服务和公共产品。要大力加强廉政建设和反腐败斗争，坚决查处违纪违法案件，"廉"字当头，干净干事，廉洁从政。

各位代表，深圳的发展已处于一个较高的平台上，现在上上下下对我们期望很高，方方面面对我们特别关注，全国各地都在加快发展，已成百舸争流的态势，竞争十分激烈，不进则退，慢进亦退。我们面临的挑战是严峻的，压力是巨大的，我们只能自强不息，顽强拼搏，自己不倒谁也打不倒，自己不垮谁也搞不垮，自己不沉沦谁也不能使我们沉沦！

各位代表，深圳是一个干事创业的好地方，是一个能干事、能干大事、能干成大事的地方，我们具备很多进一步开拓发展的有利条件和优势。我们既要有忧患意识、危机意识，更要有自信心，要有一种大气、豪气，有一种藐视困难、战胜困难的勇气。只要我们继续保持改革开放之初的那种敢闯敢试、敢为天下先的精神，保持谦虚谨慎、不骄不躁的作风，心齐劲足实干，我们的目标就一定能够实现。让我们高举邓小平理论伟大旗帜，努力实践"三个代表"重要思想，全面贯彻党的十六大和十六届三中全会精神，在党中央、国务院、省委、省政府和市委的正确领导下，心稳神定，心无旁骛，努力完成全年各项工作，为率先基本实现现代化，建设国际化城市的宏伟目标而努力奋斗！

狠抓落实　全面完成
我市统计改革和第一次全国经济普查任务

深圳市统计局局长　邓平

（2004 年 3 月 24 日）

同志们：

这次会议的主要议题是：以邓小平理论和“三个代表”重要思想为指导，认真贯彻落实市委三届八次会议和全国统计工作会议暨第一次全国经济普查工作座谈会以及全省统计工作会议精神，总结2003 年的统计工作，部署 2004 年全市统计改革与全市第一次全国经济普查的主要任务。

一、2003 年统计工作回顾

2003 年是极不平凡的一年。我市经济增长创 8 年来新高，综合经济实力进一步增强。全市各级统计部门和广大统计人员按照市委“年初讲思路，全年抓落实”的要求，开拓进取，真抓实干，顺利地完成了全年各项工作任务，统计改革和建设迈出了坚实的一步。

（一）加强组织协调，在地统计改革取得明显成效

积极稳妥地推进在地统计改革。在地统计改革涉及统计管理体制和统计方法制度等一系列问题，情况复杂，难度很大。在市委、市政府和市在地统计领导小组的正确领导下，去年 1 月在地统计工作正式启动。各区成立了由区政府领导任组长的在地统计领导机构，相继制定了在地统计方案，召开了辖区在地统计动员大会，开展了有效的宣传活动。目前，已建立在地统计单位名录库；业务骨干完成了初步轮训；年报和定期统计报表“双轨制”已顺利过渡；一个统一标准、责任明确、市区联动、分工协作的在地统计业务规范正在形成。我市在地统计取得了成功。

政府统计机构建设实现了历史性突破。根据市政府常务会议和市编委的决定，落实了我市区、镇(街道办事处)统计人员编制和城市调查扩户工作的编制；福田区 8 个街道办事处已成立统计站，每个站配置 2 至 4 名统计员；罗湖区不仅各街道办事处成立了统计站，还在社区居委会配置了 96 名助理统计员。去年，全市 6 区面向全国公开招聘及选调统计人员 79 人，编制、经费和人员基本落实到位，初步建立起区级统计体系。

（二）强化质量意识，统计数据质量进一步提高

控制数据质量的责任制基本落实。按照国务院副总理曾培炎关于准确、科学、及时提供统计数据的指示，全市各级统计部门坚持把搞准统计数据作为立身之本、服务之基，始终贯穿到统计各项业务全过程。数据质量控制意识明显增强，分级分层控制数据质量，全程全员管理数据质量，形成了人人有责的数据质量控制管理制度，从而有力地提高了统计数据的及时性、准确性和完整性。

控制数据质量的审核评估制度逐渐完善。市、区统计局深入开展了以 GDP 核算为龙头的专业综合数据评估和按照国民经济整体运行进行多角度、多层面的制约性评估，开展了分专业的统计“百分制”评比活动，实现了各专业现实数据与历史数据相互衔接。经济、社会、科技等综合指标和各产业总量、结构、效益等重点指标，以及投入产出等各项重大统计调查数据，真实、客观地反映了全市和各区经济运行实际，为市、区党政领导科学决策提供了可靠依据。

部门统计数据质量得到有效协调。部门统计是

统计工作的一个重要组成部分。市和各区统计局严格按照统一管理、科学分工、信息共享、协调发展的原则，进一步理顺了政府综合统计与部门统计的关系，加强了对部门统计调查工作的指导、检查和协调，建立了政府部门统计资料的报送制度，保证了统计信息的全面采集和高效传递。

（三）加强统计监督和服务力度，统计信息的效用性不断增强

着力宏观经济运行与社会环境的监测。各级统计部门准确把握经济运行中出现的新问题和新情况，抓住经济运行中一些苗头性、倾向性问题，为各级领导提供了大量及时、快捷、价值较高的统计决策报告。市、区统计局按月向各级党政领导报送国民经济发展的最新情况等统计报告，编印《统计月报》、《统计快讯》、《统计报告》、《统计年鉴》等资料刊物等 20 多种，建立起快速反应的统计监测反馈机制，对“非典”突发事件、“净畅宁”工程的实施、社会治安满意度等重大社会问题和系统工程进行监测统计，受到了社会各界的关注，反应良好。

抓紧重大课题和专题的统计分析。紧密围绕经济发展战略和领导决策的需求，深入开展重点课题研究和专题分析，形成了一批有较高质量的统计分析报告。如市统计局“关于深圳市基本实现现代化中期统计监测报告及进一步完善基本现代化统计监测的建议”，市领导高度重视，并作了重要批示；市政府领导对市统计局的“统计报告”系列给予了好评。

统计业务交流和统计宣传工作取得新进展。组织召开了第三届“5+1”即海南、深圳、厦门、珠海、汕头和浦东新区的统计信息交流会；进一步扩大了与 34 个大中城市的统计信息交流活动的内容；罗湖区召开了第二届全国副省级以上城市中心城区统计工作研讨会。统计交流和服务领域进一步拓展。

（四）健全和完善统计体系，统计制度方法改革稳步推进

推行新的国民经济核算体系。根据国家统计局的部署，从 2003 年起实施新国民经济核算体系。我市就贯彻执行新体系提出了具体实施意见，制定了《深圳市 GDP 核算所需主要统计指标及指标数据质量控制和评估办法》；开展了分辖区生产总值的测算，并制定了《深圳市生产总值分辖区测算办法》，统一规范了深圳市生产总值的测算工作；组织了深圳市生产总值核算培训。

改进 GDP 核算和数据发布制度。根据国务院常务会议批准并由国家统计局统一部署，我国 GDP 核算采用新的口径和办法。去年我市进一步健全年度和季度 GDP 定期修正和调整机制，在发布 GDP 数据时同时发布与其相关的重要数据等。我市 GDP 核算工作进一步与国际接轨，透明度和可信度进一步提高，得到了政府和社会各界的认同。

改善了现行统计指标体系。2003 年我市定期报表已全面执行新的《国民经济行业分类》标准，并积极做好新、旧不同分类标准所引致的协调工作；进一步修订完善了反映我市率先基本实现现代化的统计指标体系；按照市委三届六次全会提出“文化立市”的发展战略，配合市委宣传部、市文化局开展了“深圳市文化产业统计指标体系”调研，取得了阶段性成果，并制定实施了相关报表制度。

扩充和规范了现行的统计调查制度。积极落实我市城市住户调查由 200 户扩大到 600 户的方案，先后进行了随机分层等距抽样和扩户业务培训。统一规范了限额以下批发零售贸易、餐饮业抽样调查方法；改进了规模以下工业企业抽样调查方法，将调查频率由一年 2 次改为一年 4 次；进一步完善了企业家信心指数、企业景气指数、房地产景气指数的调查、编制和公布，论证了消费者信心指数方案；对城镇劳动力调查、按单位进行固定资产投资统计等进行了尝试和探索。

全面实施新的工业生产发展速度计算方法，通过试算取得了工业发展速度新老计算方法误差在 3%以内的阶段性成果。初步建立私营企业固定资产投资统计制度；建立房屋租赁统计制度；建立与房地产物业管理部门统计报表数据的交换关系；加强民营经济统计和物流业统计等。

（五）坚持依法治统，统计法制建设得到加强

深入开展统计“四五”法制宣传教育。以纪念《统计法》颁布 20 周年为契机，在全市范围内开展了统计法律知识竞赛和“12.4”法制宣传周活动。通过广播电视、报刊杂志的宣传介绍，统计执法培训检查，普法文艺表演，印制统计普法宣传品，巡回出动普法宣传车等形式多样的活动，使统计法律意识进一步深入人心。市统计局法规处、投资处、城调队、罗湖区统计局以及 9 名市区统计工作者受到省统计局的表彰。

加大统计执法检查和查处案件力度。去年我们开展了多种形式的统计执法检查，重点查处虚报、瞒报、拒报、屡次迟报等违法行为。到目前为止，市统计局累计立案 14 件，处罚 14 件；福田区统计局按照执法程序送达《统计报表催报通知书》200 多份；罗湖区制定了统计执法约谈办法，发出催报通知书 526 份；南山区统计局对 5 起轻微的统计违法行为给予了警告。进一步震慑了统计违法行为，捍卫了统计法律尊严，为统计调查活动提供了强有力的法律保障。此外，经审批备案和网上公布的统计调查项目 13 项；统计登记和年审服务质量明显提高，已完成登记单位 59322 个。

（六）全面落实规划纲要，统计信息化建设取得新进展

加快了统计信息化建设的步伐。制定了《深圳市统计信息化建设规划纲要》，市、区两级统计信息化软、硬件环境建设明显进步。克服和解决统计信息化基础差、资金短缺的矛盾和困难，推进统计“三网一库”建设，为统计数据直报和数据处理做了大量艰苦细致的工作。通过启动“基建计划投资统计信息系统建设项目”，促进了市局其它专业网上数据采集系统建设，保证了 2003 年年报正常运行。加快市、区网上直报系统建设，福田、南山、宝安区统计信息网开通使用，各街道办的计算机应用水平普遍提高。

提高了政府统计电子政务管理水平。贯彻落实温家宝总理关于政府电子政务统计先行一步的指示精神，着力加强了市、区统计信息网的建设。已建成深圳市统计内、外网网站并向市委决策网提供信息。制定和实施了《深圳市统计信息上网管理办法》，加强了统计信息的发布管理和为社会公众服务的工作。落实《深圳市统计信息系统平滑迁移方案》，完成了市统计信息应用系统平滑迁移市民中心的模拟测试、2002 年全国投入产出调查数据处理以及 2002 年统计年报、2003 年定期统计报表的数据处理和上报工作。

（七）大型统计调查、年报、定期报表和专项统计调查取得新成果

顺利地开展了全国投入产出调查工作。根据国家和省统计局的统一部署，去年我市已完成涉及国民经济各行业 1087 家企业的投入产出调查，以及“企业景气调查”、“个体和小型工业企业调查”、“广东省人口抽样调查”、“商品交易市场调查”、“国家机关公务员满意度调查”等 24 项专项统计调查任务。

完成了 2002 年统计年报和 2003 年定期统计报表任务。按照在地统计原则，去年年报和定期统计报表执行“双轨制”。由于我们采取主要领导、分管领导、年报协调办和各专业层层抓落实责任制的办法，年报和定期报表任务顺利完成。2003 年全省统计年报评比中，市统计局被评为先进单位，9 个专业分别被评定为省级优秀。

开发利用了第二次基本单位普查资料。及时发布了深圳市第二次全国基本单位普查公报和第二次全国基本单位普查深圳基本单位状况概述；撰写了一批有份量的普查分析报告；编印了深圳市第二次全国基本单位普查资料汇编。

（八）以人为本，全面加强统计队伍建设

加强统计队伍思想、组织、作风建设。去年全市广大统计人员认真学习贯彻党的十六大和十六届三中全会精神，贯彻落实国务院领导关于统计工作的重要指示，按照市委、市政府的部署，积极开展文明机关创建活动和党风廉政建设，机关党委、纪检、工会、共青团和妇委会的思想政治建设进一步加强，广大统计人员热爱统计工作、献身统计事业的责任感和使命感进一步增强，埋头苦干，默默奉献的统计文化和精神得到弘扬。

加强统计队伍的教育和培养。实行处级领导干部竞争上岗制度，2003 年市、区统计局有 27 名科级干部参加了处级领导干部竞争上岗的笔试和面试；由市人事部门主持，组织各区统计局面向全国公开招聘职员 44 名。2003 年底，全市政府统计机构有统计人员 267 人，其中市统计局为 123 人，各区统计局 144 人。统计专业队伍中，研究生毕业 43 人，占 16.1%；大学本科毕业 118 人，占 44.2%；大学专科毕业 71 人，占 26.6%；中专文化程度的 32 人，占 12.0%。相继开展了统计在职学历教育、统计职业道德教育以及公务员英语、GDP 核算、计算机知识、依法行政、统计软件 SARP 等培训。工会、妇委会、共青团组织开展了篮球、游泳、爬山、长跑等有益的群众活动，形成了热爱集体，敬业爱岗的好风尚。

回顾过去的一年，是市委、市政府不断关心重视、大力支持统计事业的一年；是统计改革和建设取得明显成效的一年。总结去年的工作，我们深深体会到：

——只有强化忧患意识，大局意识，竞争意识，创新意识和服务意识，深圳统计工作才能适应市委、市政府科学决策和市场经济发展的需要，才能让社会各界和人民群众满意，才能使统计的整体功能得到更好的发挥。

——只有坚持与时俱进、勇于开拓、团结拼搏、知难而进和艰苦奋斗，才能不失时机地拓展统计改革和建设的新局面。

——只有坚持求真务实，领导亲自动手，深入调查，狠抓落实，科学管理和依靠群众，才能提高数据质量和统计水平。

过去一年，在形势复杂多变、统计工作任务十分艰巨的情况下，我们取得了优异成绩。这成绩来之不易，是各级党委政府正确领导的结果，是全市各级统计部门和广大统计工作者团结拚搏、开拓进取、勤奋工作、艰苦努力的结果，也是社会各界关心和支持统计工作的结果。在此，我代表市统计局向关心支持统计工作的各级领导，向全市广大统计工作者表示崇高敬意和衷心感谢！

二、2004年统计工作任务

2004年,是全面落实党的十六大和十六届三中全会精神、实现"十五"计划目标的关键一年,也是深圳建设国际化城市的重要一年。统计改革和发展面临的任务十分繁重。继续做好我市今年的各项统计工作,对于加强宏观调控和科学决策,对于深圳建设国际化城市,具有重要意义。当前,统计工作面临的形势正发生着全面而深刻的变化,这种变化突出表现在三个方面:

第一,我国经济发展的指导思想发生了重大变化。党的十六届三中全会提出了坚持以人为本,树立全面、协调、可持续的科学发展观。在科学发展观指导下,我国经济的发展将更加注重统筹兼顾、协调发展,注重城乡之间、区域之间、经济与社会之间、人与自然之间以及国内经济与对外开放之间的协调发展,更加关注财富的增加和经济机能的优化,注重政府的社会管理和公共服务功能,注重把握宏观调控的目标,注重人民的物质文化生活和健康需求。经济和社会发展将呈现出新的态势和新的特点。

第二,我市城市发展正处于提升综合竞争力的关键时期。去年省委九届四次会议提出,深圳要以国际竞争力为核心,努力建设中国特色、中国风格、中国气派的国际化城市。围绕落实科学的发展观,面对我市建设高科技城市,现代物流枢纽城市、区域性金融中心城市、美丽的海滨旅游城市、高品位的文化生态城市的目标,面对经济发展的新形势,各级党政领导更加需要全面准确的统计信息来调控方向、把握力度、制定政策,宏观调控的难度加大,调控的手段和方式发生了重大的变化。

第三,全国统计工作进入了一个新的重要发展阶段。党的十六届三中全会通过的《中共中央关于完善社会主义市场经济体制若干问题的决定》,第一次在党的纲领性文件中将完善统计体制作为提高宏观调控水平的重要内容之一,明确了统计在完善宏观调控体系中的地位和作用。中央经济工作会议提出"要抓紧完善统计制度和方法,提高统计数据的准确性、科学性、及时性和统计工作的权威性"。党中央的重大决定和重要部署,给统计工作者以巨大的鼓舞,指出了统计体制和制度方法改革的总体方向和重点,标志着统计事业进入了一个新的重要发展阶段。

因此,全市各级统计部门特别是领导干部以及广大统计人员,都要充分认识和深刻理解面临的新形势、新要求,必须进一步拓展职能,为宏观调控服务;必须充分发挥职能作用,体现和反映科学的发展观;必须与时俱进,解决好当前存在的问题和困难。切实解决当前统计制度方法难以适应日益增长的统计需求,统计服务的领域、质量和方式难以适应宏观调控和社会经济发展需要的问题;解决统计任务增加与基层基础相对薄弱的矛盾与统计数据源头质量仍然不高的问题;解决统计信息技术水平和统计手段较为落后,统计工作抗干扰能力不够强的问题;解决政府统计部门的综合协调职能还未充分发挥的问题。进一步增强政治责任感和事业紧迫感,明确工作方向和思路,加快统计改革步伐,加大统计建设力度,推动全市统计事业在新的阶段取得新的发展。

根据当前的形势和要求,今年全市统计工作总体思路是:坚持以邓小平理论和"三个代表"重要思想为指导,全面贯彻市委三届八次会议和全国、全省统计工作会议的精神,坚持科学的发展观,坚持改革创新,求真务实,以建设国际化城市所必需的国民经济核算中心、统计数据交换中心、宏观经济监测中心为目标,进一步提高统计数据的准确性、科学性和及时性,努力把深圳各项统计改革和建设事业推向前进,更好地为政府决策、宏观调控和社会公众提供优质服务,为实现国民经济持续快速协调健康发展和建设国际化城市做出新贡献。

按照这一总体思路,为实现上述目标和要求,2004年要着力抓好以下各项工作。

(一)贯彻落实科学的发展观,协调推进统计事业发展

统一思想,牢固树立科学的发展观。党的十六届三中全会提出了"坚持以人为本,树立全面、协调、可持续的发展观,促进经济社会和人的全面发展"的科学发展观。这一科学发展观的提出,是根据马克思主义辩证唯物主义和历史唯物主义的基本原理,总结了国内外在发展问题上的经验教训,吸收人类文明进步的新成果,站在历史和时代的高度,进一步明确了新世纪新阶段我国要发展、为什么发展和怎样发展的重大问题。因此,牢固树立科学发展观是全面贯彻"三个代表"重要思想和党的十六大精神的要求,关系党和国家工作的大局,关系中国特色社会主义事业的前途。我们一定要把思想认识统一到科学发展观上来,统一到党中央和市委、市政府的重大决策和要求上来,自觉运用科学发展观来指导我们的统计工作,推进统计事业健康发展。

落实科学的发展观,统计部门责任重大。认真落实科学发展观,统计部门有许多事情要做。首先,它要求有一套评价指标体系对什么是科学发展加以界定;其次,要根据建立的指标体系研究如何才能及时得到准确的统计数据;再次,按照指标体系得到统计数据，如何开展评价和发挥统计监督作用，这又是统计部门需要研究的重大课题。今年我们将进一步调整和健全统计指标体系，增加反映科技进步、人民生活、文化产业和可持续发展等方面的统计内容，加强环境和自然资源的核算研究。同时着手做好建设国际化城市统计指标体系的研究和建立工作，加强社会经济协调发展的数量关系和量化规律的课题研究及国际比较研究。

运用科学的发展观，必须正确看待GDP。科学发展观的提出，使人们开始更全面地理解GDP增长的内涵。从“以GDP论英雄”到更科学全面地看待发展，这是我们发展观重大进步。树立和落实科学发展观同保持GDP的增长是内在统一的。GDP是世界通用的重要的宏观经济指标，虽然GDP也有着不容忽视的缺陷，但在我国整个现代化建设进程中，保持一定的发展速度，防止经济大起大落都是至关重要的。我们一定要用科学精神、科学态度和科学的思想方法去看待GDP。“惟GDP论”不符合科学的发展观，忽视GDP同样也不符合科学的发展观。我们要树立科学的发展观，正确的政绩观，实事求是的对待统计数据，把统计数据是否准确作为贯彻落实科学发展观的硬指标，确保统计数据真实可信。

（二）坚持与时俱进，确立适应建设国际化城市需要的统计发展目标

去年，深圳市委做出了建设国际化城市的重大战略决策。这是深圳在新世纪实现新跨越的重大战略举措，对于深圳今后的发展具有十分重大的意义。这一重大举措必然对发展我市统计事业的观念、体制、方法与手段产生深刻的影响。我们必须审时度势，把握未来统计事业发展趋势，以改革的精神来研究和探索建设国际化城市所必需的统计发展目标。

建设深圳国际化城市的国民经济核算中心。建立国民经济核算中心，要不断完善《中国国民经济核算体系（2002）》的实施，并在执行过程中向国际新标准、新规则靠拢。要借我国加入国际货币基金组织的数据公布通用系统（GDDS）之东风，不仅从数据生产上向国际靠拢（接轨），还从数据公布上向国际靠拢（接轨）。要在数据生产和公布上符合SNA和GDDS的要求。要以SNA和GDDS的要求来规范统计工作，以此带动整个统计体系与国际接轨，达到国际先进水平。

建设深圳国际化城市的统计数据交换中心。在基本实现统计业务全过程的网络化和统计政务管理电子化的条件下，整合不同行业和部门的各类社会经济统计数据，建立以社会经济指标体系、电子政务标准为基础的我市统计数据中心。并以此为基础，注意与国家以及国内外其他城市数据应用系统相衔接，逐步建立与深圳国际化城市地位相匹配的统计数据交换中心，形成一个省内外、国内外统计数据交换的集散地。为市委、市政府和各经济管理部门提供安全高效的决策支持，为社会公众提供及时方便的信息服务。

建设深圳国际化城市的宏观经济监测中心。就是以社会再生产过程为对象，以社会总供给、总需求，工业发展指数，景气指数，物价指数，生活消费指数等一系列国民经济发展监测指标以及基本现代化、国际化和社会人文指标为主体，以整合相应指标群为纽带，形成对深圳国民经济和社会发展乃至全球经济互动过程的预警监测的功能序列和体系。

构建一套反映深圳国际化城市发展的指标体系。科学地反映深圳建设国际化城市的基本特征，必须选择一些反映城市经济社会发展的、具有代表性的指标，建立一套既能满足国家要求又能满足深圳需要，并与国际接轨的统计指标体系。

造就一支建设深圳国际化城市的统计人才队伍。必须用战略的眼光，采取有力的措施，加快培养、建立深圳统计人才队伍，特别是培养一批品德好、业务扎实，懂得宏观经济、统计技术、信息技术的复合型骨干人才。

市统计局党组提出的上述统计战略发展目标，已经市委、市政府领导同意。市统计局决定从今年起着手推进，争取3年形成框架和体系。

（三）加快统计制度方法改革，建立科学的统计体系

组织实施新的工农业生产发展速度计算方法。各级统计部门要学懂弄通和实施新的工农业发展速度计算方法，准确及时地反映工农业生产发展的变化情况；要认真研究解决好新旧计算方法的平滑衔接，确保工农业产值数据的可靠性和分行业价格指数的准确性。

改进和规范地区GDP核算与人口统计中用常住人口计算人均GDP。按照国家统计局的要求，将地区GDP的中文名称改为“本市生产总值”，要做好指标名称变更后的宣传工作；要增加反映科技进步、人民生活、文化产业和可持续发展等方面的统计内容，加强环境和自然资源的核算研究；进一步研究常住人口的统计方法，做好GDP数据与专业数据的衔接。

广泛采用和完善抽样调查方法。要组织进行规模以下工业企业按行业分类抽样的试点；继续完善限额以下批发零售贸易和餐饮业抽样调查方法；研究建立重点经营性服务业企业定期（滚动）抽样调查制度，认真搞好星级旅馆以外的住宿业抽样调查和固定资产投资专项调查；做好2005年1%人口抽样调查的各项准备工作；完善我市住户调查、人口和劳动力调查、企业景气调查等抽样调查制度；并做好我市所有制结构专项调查、人力资源调查、房地产物业管理和房地产中介服务企业统计调查等。

（四）加强指导协调，继续巩固和完善在地统计管理体制改革成果

开展在地统计的质量评估。针对我市在地统计试行阶段的实际情况及出现的问题，组织有关专家、部门进行调查研究和分析评估，并开展统计数据横向与纵向的对比和变化趋势与经济发展情况的对比，通过评估进一步完善在地统计的各项措施。适时组织开展统计巡查，确保统计数字真实可信。

加强在地统计工作的指导与协调。按照在地统计工作要统一管理、理顺关系、科学分工、信息共享、协调发展的思路，指导各区对所在地各类单位的协调，避免重复劳动；建立健全部门间统计资料的共享制度，保障统计信息的有效采集和高效传递；继续做好部门统计调查项目的审批、备案管理，杜绝重复和不必要的调查，同时开展非法报表清理工作，切实减轻基层填报负担，避免数出多门。

高质量的完成我市统计年报和定期报表工作。从今年起全市在地统计工作正式推行，各区统计部门组织基层统计工作，搜集报表、数据把关的责任更加重大。各级统计部门要高度重视，继续做好2003年统计年报后续工作和2004定期报表工作；注意加强专业之间、市区之间的沟通和协调，加强数据质量控制，提高统计数据的准确性。

（五）加强分析研究，不断提高统计服务水平

加强为政府和市场决策服务力度。各级统计部门要紧紧围绕市委三届八次会议的部署开展分析研究，重点抓好我市经济结构调整、经济增长质量和效益的提高、现代物流业发展、高新技术产业、区域协调发展、就业和社会保障、人口发展及人才政策、深港合作、泛珠江三角洲合作等重大课题的分析研究。要进一步加强对我市宏观经济形势的分析，紧密跟踪我市社会经济形势运行情况和各项综合指标，及时发现经济发展的新变化和捕捉带有苗头性、趋势性的问题，正确分析和判断经济发展趋势，为各级党政领导及时、果断和有效地进行决策提供科学依据。

建立和健全有效的快速反应和应急机制。市、区统计部门要按照国务院领导的要求，紧紧抓住各级党政领导和社会各界关心的改革、发展、稳定的"热点"、"难点"问题，大力开展统计专项调查研究。市城市和企业两支调查队，要充分发挥机动灵活、反应快捷的优势，适时开展调查，提供一批短、快的决策信息和建议。

积极培育和发展统计信息咨询服务市场。要进一步加强与香港、澳门和国外统计机构的联系与合作，建立联系机制和沟通渠道；按照有关规定，尽可能的为社会公众提供丰富、及时、方便和有价值的统计信息。提高对市场主体和社会公众的服务意识，充分发挥统计信息对经济发展、社会进步和提高人民生活水平的作用。

（六）坚持依法治统，切实加强统计法制建设

深入开展统计"四五"法制宣传教育活动。要加大《统计法》的宣传力度，通过开展多种形式的统计法制宣传活动，不断提高各级领导干部、统计执法人员和广大统计人员的法律素质，进一步把统计法律意识深入传播到全社会。

加快地方统计法规的修改和制定。要根据修订后的国家《统计法实施细则》，尽快组织力量，与有关部门配合，按照法定程序，对现行的《深圳经济特区统计条例》进行修订和送审。并做好规范性文件的制定和审核。

加大统计执法检查和查处违法行为的力度。要加强对各区查办统计违法案件工作的指导和检查，敢于和善于执法，坚决查处统计违法行为，维护《统计法》的严肃性和权威性。力争消除区一级统计执法的空白。

认真贯彻执行《行政许可法》。2004年7月1日，国家《行政许可法》将正式实施。《行政许可法》是规范政府行为，切实维护公民、法人和其他组织合法权益的一部重要法律。各级统计部门要严格按照法律规定和国务院、省、市政府的有关要求，认真清理行政许可项目。要组织参加《行政许可法》的学习和培训，增强依法行政、执政为民的意识和能力。

（七）继续以应用开发为中心，大力推进统计信息化建设

抓好统计信息系统的建设与推广。要配合我市在地统计的正式实施，加强统计数据网上直报系统的建设、推广和管理，建立统计数据仓库以及ASP在线服务系统；利用多元统计分析原理和模型，挖掘和提供深层次的综合统计数据；改善统计信息咨询服务的方式，更好地为宏观调控、经济建设和社会公众服务。

确保市统计局统计信息系统平滑迁移市民中心。要按照《深圳市统计信息系统平滑迁移工作方案》，精心组织力量实施，确保这一系统工程平滑迁移。通过政府网络资源加快统计与工商、地税、国税、质监、编制、民政等行政管理部门数据资源共享，为建立政府宏观经济数据库奠定基础。

（八）开展统计教育和培训，努力提高统计队伍的素质

深入开展统计业务技能与职业道德的教育。要不断提高和弘扬各级统计人员的职业道德水平与敬业爱岗精神，针对不同层次和岗位的人员开展多渠道、多形式的统计岗位培训和在职教育。今年的重点是开展新国民经济核算体系和价格指数缩减法知识的培训，对于现代经济理论、调查技能、外语、统计基础、计算机知识等方面的培训要加大力度。同时，要采取适当方式，加强统计知识、统计技术的普及工作。

加快统计人才队伍的培养和建设。各级统计部门要认真学习和领会党的十六届三中全会精神和全国人才工作会议精神，牢固树立人才资源是第一资源的观念。加快统计人才队伍的培养和建设，造就一批建设国际化城市急需的政治素质高、业务能力强，善于研究解决实际问题的复合型人才。

进一步完善人才培养和使用的激励机制。要采取公开招聘、岗位交流和进修培训等方式铨选、锻炼和培养人才，不拘一格选拔人才。对于优秀人才要在政治上给予充分信任，以感情凝聚人，以待遇留住人，形成适宜人才发展的优良环境。

（九）努力创建具有时代精神的统计文化

加强统计部门的自身建设。要以创建学习型、创新型、竞争型、责任型、服务型的统计文化为切入点，深入学习贯彻党的十六大、十六届三中全会和市委三届八次会议精神，认真贯彻执行《中国共产党党内监督条例》和《中国共产党纪律处分条例》，进一步加强党内廉政建设和反腐败工作，开展“立党为公，执政为民”的教育，引导广大统计人员牢固树立正确的世界观、人生观和价值观；以管理和激励为手段，对统计人员严管善待，思想上教育、生活上关心、制度上约束、精神上鼓励，使之具备良好的精神状态，严明的组织纪律和过硬的工作作风。

重塑具有时代精神的统计文化。创建统计文化是各级统计部门实践“三个代表”重要思想，建设社会主义精神文明，落实深圳建设高品位文化城市的具体要求。统计文化指的是统计部门特有的一种优秀品格，一种精神特质，一种先进的价值观和一种高尚的思想境界，是统计职业道德规范的具体体现。要重点打造团队精神，培养团队的凝聚力；要以人为本，为人才成长提供实现人生价值的平台；要创造统计品牌，用文化提升统计队伍形象。要通过构建统计文化来鼓舞、凝聚、激励广大统计工作者干事创业，使各项统计工作建立在坚实可靠的人文基础之上。同时，要加强统计系统党务管理、纪检监察和工会、共青团、妇委会工作，努力为统计事业发展提供政治保障。

三、迅速行动起来，精心组织好我市第一次全国经济普查

2003年11月，国务院第28次常务会议决定，在2004年开展将工业普查、第三产业普查、基本单位普查和以前尚未开展过的建筑业普查合并在一起的经济普查。随后，国务院下发了国发[2003]29号《国务院关于开展第一次全国经济普查的通知》。这次经济普查的主要特点：一是难度大。它要涉及国民经济行业分类中除农业外的19个行业门类、90个行业大类、378个行业中类、875个行业小类的所有企业、机关事业单位和个体工商户。二是任务重。这次经济普查相当于工业、三产、基本单位和建筑业四项普查。普查所占经济总量大，从深圳来看，这次经济普查所占GDP的比重达到99.4%左右。经济普查的调查对象既有企业、机关事业单位，又有个体工商户，涉及到的调查单位对象总量超过15万个；调查工作既要全面部署，又要与年报衔接；既要组织好地方各部门共同负担的普查任务，又要做好与中央直属系统各部门的工作衔接及数据衔接。三是时间紧。调查时点是2004年12月31日，时期是2004年度，这样大规模的一项普查留给我们的准备时间已不足一年，任务之紧迫可想而知。

（一）要进一步提高对经济普查重要意义的认识

从国家和政府来看，搞好经济普查，对研究制定国民经济和社会发展规划，优化经济结构，改进宏观调控，开拓新的就业渠道，提高人民生活水平，全面建设小康社会，具有重要意义；对改革统计调查体系，完善国民经济核算制度，健全统计监测和预警、预报系统，将发挥重要作用。

从统计部门来看，搞好经济普查，一是可以建立起在时间和空间上与二、三产业经济主体及其经济活动完全吻合的基本单位名录库，使以“周期性普查为基础，以经常性抽样调查为主体，多种方法综合运用”的国家统计调查体系改革目标能真正落到实处。二是由此我们可以建立起统一调查时期、时点、指标、分类标准，覆盖全社会二、三产业所有企业、机关事业单位和个体工商户的数据库。这不仅使我们能为全社会提供统一配套的、完整的社会经济统计资料，对我们深化统计分析的深度，提高把握程度和健全统计监测和预警、预报系统也都有莫大的好处。这还会为我们拓宽统计服务的领域，包括建立基于经济普查资料的经济地理信息系统，提供了可能。三是以往由于二、三产业普查在不同年份而且指标和分

类标准不统一，因而增加了搞准核算的难度。统一起来后将会明显提高核算的水平与质量。四是通过普查，我们将进一步完善和加强与各主要经济管理部门间的统计信息交换制度和网络建设。五是通过这次高强度、高难度普查的磨练，各级统计部门的干部素质和队伍的业务素质必将有大的提高。

（二）明确责任，各司其职，迅速开展经济普查的动员和组织实施工作

普查组织实施的原则。根据国务院和市政府文件规定，我市经济普查按照“全市统一领导，部门分工协作，市区分级负责，各方共同参与”的原则，认真做好此项重大市情市力普查的宣传动员和组织实施工作。

普查工作的领导。普查工作要在各级政府统一领导下进行。市政府决定成立深圳市第一次全国经济普查工作领导小组，负责普查的组织和实施。普查领导小组下设办公室，具体负责普查工作的日常组织和协调，办公室设在市统计局。

普查工作的部门分工。涉及普查宣传动员方面的事项，请市委宣传部负责协调；涉及普查经费和物质保障方面的事项，请财政局和发展计划局负责协调；涉及企业和个体工商户名录方面的事项，请工商局和地税局、国税局负责协调；涉及机关和事业单位名录方面的事项，请市编办负责协调；涉及组织机构代码方面的事项，请质量技术监督局负责协调。市直其他各部门都要按照全市的统一部署，各司其职，各负其责，通力协作，密切配合，完成有关的工作任务。

当前，要迅速落实的事项。第一，各区、镇（街道办）要迅速组建经济普查领导机构及办公室，工作人员要尽快到位。市经济普查办公室拟定于4月中旬召开全市普查办公室主任会议，讨论经济普查工作方案。第二，要迅速落实普查工作经费，列入今年财政预算。第三，各级普查办公室要着手制定本区、本镇（街道办）的普查工作方案和工作计划，组织开展各项普查准备工作。

（三）各级统计部门要把经济普查作为重中之重，科学有效地做好工作

统计部门要摆正位置，积极主动地工作。虽然，经济普查是政府的一项重要工作，但它是在政府统一领导下，有关部门共同参与，由统计部门具体承办、组织和实施的工作任务。我们不能等政府领导来催我们。统计部门要争取主动，负起责任，把普查工作作为今明两年工作的重中之重，切实抓好。

统计部门要投入重兵，承担重任。从我市的具体普查任务来看，各级统计部门一把手除担任领导小组副组长外，一般应兼任办公室主任。这样更有利于协调普查工作和正常的统计工作。统计部门要选派最强的力量投入到普查中去。鉴于统计任务和普查任务都十分繁重，市、区统计部门领导班子要统筹协调，科学安排，确保全市普查工作和统计工作两不误、双丰收。

统计部门要紧紧依靠各级政府、各有关单位、基层政权组织和统计局的全体同志。开展第一次全国经济普查是国务院的决定，是各级政府的一项重要工作任务。所以，担负具体组织实施的各级统计部门必须紧紧依靠各级政府，依靠政府的权威和整体力量开展工作。特别是在社会动员、经费筹措和物质保障及部门协调等方面必须紧紧依靠各级政府。各有关单位、基层政权组织既是我们的普查对象，又是我们普查所依靠的重要力量，必须沟通好，协调好，处理好与他们的各种关系。要主动沟通，要通过建立制度来固化沟通，要通过我们勤奋的工作态度、实事求是的精神和胸怀大局的坦荡胸怀去深化沟通。统计局的干部、员工是普查的中坚力量，我们要调动好、发挥好、组织好、保护好他们的积极性和创造性。我们要通过主动地争取，制定科学的工作规划，建立严格的岗位责任制，把这些方面的工作做好，不能偏废。

（四）要做好广泛的宣传、发动工作

这次经济普查的调查对象既多，分布面又广，工作强度和难度都很大，需要全社会的广泛理解和配合。各区、镇（街道办）必须高度重视宣传教育工作，要充分利用广播、电视、报纸、互联网、广告、标语等多种形式开展宣传、发动工作。要借鉴以往大型普查的经验，采取群众喜闻乐见的形式，开展灵活多样的宣传活动。如在媒体上发专稿、出专刊、制作专门节目，在街头贴标语横幅、进行现场咨询等。但我们注重的是实际效果，不搞那些不切实际的形式主义的东西。

同志们，我市的统计事业正处于一个新的起点，建立科学、可靠、高效的现代统计体系的任务光荣而艰巨。我市统计工作在新世纪新阶段将做出重大历史性抉择，这对深圳广大统计工作者又提出新的考验。我们坚信，有市委、市政府的坚强领导，有全市广大统计工作者的共同努力和社会各界的密切配合，我们一定能全面夺取我市统计改革和第一次全国经济普查工作的新胜利。

谢谢大家！

第一部分　综合

General Survey

CHAPTER 1

总量快速增长，经济协调发展

—2003年经济运行简析

2003年，在市委、市政府的正确领导下，经过全市人民的共同努力，深圳市国民经济持续快速健康发展，深圳市生产总值增长水平创出近8年新高；内外需求不断扩张；工业生产增势强劲、效益改善；投资、外贸对经济增长的作用增强；居民收入、消费水平提高；物价平稳，经济步入新的扩张阶段的特征较为明显。

一、国民经济增长创近8年新高

初步核算，2003年全市完成本市生产总值2895.41亿元，比上年增长19.2%，增幅比上年提高4.2个百分点，创近8年来的新高。其中，第一产业增加值16.47亿元，同比下降14.3%；第二产业1723.66亿元，同比增长26.1%；第三产业1155.28亿元，同比增长10.3%。三次产业中工业的比重进一步提高，由2002年的47.7%上升为2003年的53.2%。2003年，深圳市三次产业的比重为0.6:59.5:39.9。

二、工业生产增长强劲，效益持续提高

2003全市规模以上工业企业全年累计完成现价工业总产值5245.1亿元，比上年增长34.5%，其中，新增现价总产值1191.69亿元，是历年新增产值最多的一年。重工业增长速度加快，完成现价总产值3597.58亿元，增幅达到40.8%，比轻工业增幅高出18.9个百分点；重点行业对工业增长支撑作用增强，电子及通信设备制造业全年完成现价工业总产值3053.73亿元，占规模以上工业的58.2%，同比增长35.0%，比重比上年提高了3.9个百分点，对工业总产值增长的贡献率为71.2%，拉动工业总产值增长24.6个百分点。

工业企业经济效益明显提高，亏损额减少。2003年，规模以上工业企业经济效益综合指数为194.9%，比上年提高13.9个百分点；工业全员劳动生产率为139479元/人，同比增长14.7%；总资产贡献率和成本费用利润率同比也分别提高1.4和0.3个百分点，全年规模以上工业企业产品销售收入增长25.4%，实现利税总额和利润总额分别比上年同期增长27.6%和32.7%，增速比上年提高3.2和17.9个百分点；而亏损企业亏损额则同比下降21.7%。

工业对国民经济主导作用进一步提高，2003年其对本市生产总值增长的贡献率为74.5%，拉动增长14.3个百分点，比上年高出5.1个百分点。

三、固定资产投资整体保持较高增速

2003年全市完成全社会固定资产投资949.1亿元，同比增长20.4%，增速比上年提高5.6个百分点。其中基本建设和更新改造投资大幅增长，累计完成投资359.92亿元和56.17亿元，分别增长25.8%和45.9%，房地产开发投资在政策调控下，速度明显回落，累计完成投资412.66亿元，增长6.2%，增速比上年回落16.9个百分点。按注册登记类型看，国有经济投资增速较快，比重提高，完成投资增长25.9%，比非国有投资快出9.9个百分点，占全社会投资的比重从2002年的41.0%提高到2003年的43.0%。

在房地产开发投资增速回落的同时，2003年完成商品房施工面积2838.22万平方米，同比增长2.3%；商品房竣工面积1020.31万平方米，同比增长14.4%。

四、进出口贸易再创历史新高，利用外资有所增长

在世界经济复苏加快，内需扩大的背景下，入

世效应继续显现，2003年深圳市进出口总额大幅增长，连续11年居全国23个大中城市之首，外贸进出口总额首次突破1000亿美元，达1173.99亿美元，同比增长34.6%，其中出口629.62亿美元，增长35.2%，进口544.37亿美元，增长33.8%，实现顺差85.25亿美元，比上年多26.42亿美元，增长44.9%。外贸出口结构继续优化，机电产品和高新技术产品出口保持快速增长，全年机电产品出口461.34亿美元，占出口总值73.3%，同比增长43.1%，比重比上年提高4.1个百分点，增速提高13.0个百分点；以IT产品为主的高新技术产品出口251.55亿美元，占出口总值40.0%，同比增长60.3%，比重比上年提高6.3个百分点，增速比上年提高22.3个百分点。

利用外资继续增长。2003年全市实际利用外资50.42亿美元，同比增长2.9%，其中外商直接投资36.23亿美元，增长13.6%；合同外资金额58.29亿美元，增长12.4%。

五、物流、港口快速发展，客运、旅游恢复增长

2003年，深圳市物流发展迅速，海空港口吞吐能力快速增长，全年货运量完成6761.08万吨，比上年增长15.0%；货物周转量完成370.24亿吨公里，同比增长23.6%。工业和外贸的快速增长，带动港口吞吐量创出新高。全年港口货物吞吐量11219.54万吨，同比增长28.0%，其中，港口集装箱吞吐量首次超过1000万标准箱(万TEU)，达到1065.16万标箱，比上年增长39.8%。由于机场建设规模不断扩大，吞吐能力不断提高，全年民航货物吞吐量完成40.66万吨，比上年增长21.7%。

"非典"期间，旅客运输受到很大的冲击，上半年累计完成客运量、旅客周转量和民航旅客吞吐量同比分别下降8.5%、2.4%和7.3%。第三季度以来，旅客运输逐步恢复，全年完成客运量1.05亿人，仅比上年下降1.8个百分点，旅客周转量完成145.15亿人公里，同比增长10.7%；全年民航旅客吞吐量首次超过1000万人次，达到1084.28万人次，同比增长15.9%。

旅游业是"非典"重灾区。进入第二季度，入境国际游客同比大幅下降，旅行社一度处于歇业状态，全市旅游住宿设施接待过夜游客同比逐月下降，相关产业的营业额大幅减少，旅游过夜总人数累计同比分别下降9.8%、18.9%和20.7%；旅游外汇收入分别同比下降9.4%、19.1%和22.7%。第三季度以后旅游及相关产业恢复很快，入境旅客基本已回复到正常水平，全市接待过夜旅游者人数逐步回升，全年共接待过夜旅游人数1448.82万人次，比上年同期下降4.9%，但比上半年回升15.8个百分点，其中港澳同胞的旅游过夜人数2003年达到331.45万人次，同比增长3.6%，比上半年提高20.9个百分点。国内游、出境游重新启动，经营逐步走上正轨。

六、商贸活跃、餐饮复苏，物价基本稳定

随着经济发展和人民生活水平的不断提高，消费结构不断升级，消费热点突出。2003年全市实现社会消费品零售总额801.77亿元，比上年同期增长16.3%，增幅提高3.1个百分点。其中，限额以上批发零售贸易业零售额同比增长51.6%，在社会消费品零售总额中的比重由2002年的34.9%提升到2003年的45.5%，提高了10.6个百分点。汽车类、家用电器和音像器材类、文化办公用品类的销售总额分别增长150.8%、48.7%和117.1%。

餐饮业逐步恢复。全年实现零售额133.91亿元，虽比2002年下降0.2%，但比上半年增速提高了0.8个百分点。

物价保持平稳。2003年全年居民消费价格累计平均总指数始终在99.9%至100.7%之间波动，其中，5月至11月，居民消费价格累计平均总指数都保持在100.5%，到12月，居民消费价格累计平均总指数为100.7%，高出前期0.2个百分点。主要原因是食品和燃料价格的上涨；本市房地产销售价格累计平均总指数为102.2%，比上年提高2.2个百分点。

七、财政收支平稳，金融存贷增长较快

2003年地方财政一般预算收入290.84亿元，按可比口径计算增长15.8%。其中，各项税收252.55亿元，同比增长16.7%；地方财政一般预算支出348.95亿元，增长13.4%，其中，基本建设支出96.75亿元，同比微跌0.8%。金融存款快速增长，人民币新增存款余额首次突破1000亿元。至年底，金融机构人民币各项存款余额6079.48亿元，比年初增加1126.15亿元，增长22.7%；金融机构人民币各项贷款余额4525.05亿元，比年初增加893.03亿元，增长24.6%。存差1554.43亿元，比上年同期增加114.18亿元，存差同比增长7.9%。

八、经济景气明显回升，居民收入有所增长

四季度企业家信心指数和企业景气指数双双

上升，分别为145.00和151.78点，比三季度上升0.66和10.04点；比上年同期上升3.99和9.41点，创下近两年来的新高。

据抽样调查,2003年居民年平均可支配收入25936元,同比增长4.0%,扣除物价上涨因素后实际增长3.3%。居民人均消费性支出19960元,同比增长5.5%,2003年因住房装修支出和耐用消费品购买减少，二项居民消费性支出分别同比下降33.0%和3.5%。

（撰稿:袁旬）

2003年深圳市生产总值增长轨迹及2004年展望

2003年，在市委、市政府的正确领导和科学决策下，全市人民共同努力，克服了“非典”疫情的负面影响，使深圳经济实现了较快增长，增长速度创1996年以来的新高，经济结构得到进一步调整。

一、深圳市生产总值增长总体概述

2003年，全年实现本市生产总值(GDP)2895.41亿元，按可比口径计算，比上年增长19.2%，其中第一次产业增加值16.47亿元，比上年下降14.3%，第二次产业增加值1723.66亿元，增长26.1%，第三次产业增加值1155.28亿元，增长10.3%。三次产业结构为0.6:59.5:39.9，第一次产业增加值和第三次产业增加值占GDP的比重分别比上年下降了0.2和4.1个百分点，而第二次产业增加值占GDP的比重则上升了4.3个百分点。GDP高速增长的主要特点是：

（一）农业生产进一步萎缩

第一次产业受农业耕地面积萎缩和主要农副产品产量下降的影响，增加值仅为16.47亿元，按不变价格计算，比上年下降14.3%，对GDP增长的贡献率为-0.6%，比上年降低1个百分点，表明第一次产业对深圳市国民经济的推动作用减弱。

（二）工业增速加快，依然是深圳经济增长的主导力量

2003年深圳工业增加值1540.71亿元，按可比口径计算，比上年增长27.9%，增速比上年快8.3个百分点，高出GDP增速8.7个百分点。工业的持续快速增长，对经济的推动作用显著增强，工业对GDP增长的贡献率高达74.5%，比上年提高近13.2个百分点，即在19.2%的经济增长中，有14.3个百分点是由工业增长带来的。这表明，工业依然是带动深圳经济快速增长的主导力量。工业增加值占GDP的比重也由上年47.9%提高到53.2%，工业已占据深圳经济半壁江山。

深圳工业高速增长的原因：首先从产业结构上看得益于高新技术产业快速增长。2003年全市高新技术产业实现工业总产值2482.79亿元，比上年增长45.2%，高新技术产业产值增速高于全部规模以上工业总产值增速10.7个百分点，占全市工业总产值的47.3%，对工业经济的贡献率达到54.1%，直接推动工业经济增长18.7个百分点。其次从行业结构上看，主要是由电子信息业、电气机械及专用设备制造业、石油化工制造业三大新兴支柱产业直接带动的。2003年这三大新兴支柱产业实现工业总产值3908.63亿元，占规模以上工业总产值74.5%，比上年增长36.9%。再次从所有制结构来看，外商及港澳台投资企业起主导作用。2003年外商及港澳台投资企业实现工业总产值4057.01亿元，比上年增长34.3%，增幅比上年提高了7.2个百分点，占全市规模以上工业总产值77.3%，对工业经济增长的贡献率为76.1%，直接推动工业增长26.3个百分点。

与此同时，工业经济效益也稳步提高。2003年工业经济效益综合指数194.9%，比上年提高13.9个百分点；工业企业利润总额336.96亿元，增长32.7%。说明工业在快速增长的同时，生产效益也在稳步提高。

（三）固定资产投资快速增长带动建筑业的较快增长

2003年深圳市全社会固定资产投资完成949.10亿元，比上年增长20.4%，增幅比上年提高9.4个百分点。全社会固定资产投资快速增长的主要原因是基本建设投资和更新改造投资的快速增长。固定资产投资的快速增长为深圳经济增长增强了后劲，同时也直接促进了当年建筑业的增长，2003年建筑业增加值182.95亿元，比上年增长11.5%，增幅比上年提高6.1个百分点，对GDP增长的贡献率达到3.9%，推动GDP增长0.8个百分点。

（四）第三次产业增长速度相对较慢，各行业发展不平衡，第三产业增加值在GDP中所占比重持续下降

2003年，深圳市第三次产业增加值1155.28亿

元，比上年增长10.3%。，增长速度有所趋缓，增幅比上年降低了1.6个百分点，对GDP增长的贡献率由2002年的34.2%降低到2003年的22.2%，降低了12个百分点，仅推动GDP增长4.3个百分点，表明第三次产业对国民经济增长的推动作用减弱。第三次产业占GDP的比重为39.9%，比上年降低了4.1个百分点，这是近年的新低点。

第三次产业内部各行业发展也不平衡，其中交通运输邮电业、批发零售贸易餐饮业和房地产业发展较快，增加值分别比上年增长14.2%、12.0%和15.2%，金融保险业和服务业发展有所减缓，同比分别增长3.7%和9.3%。

第三次产业比重下降的深层原因值得深入地调研和分析。但从国民经济核算的角度看，除后面问题中提到的金融业的影响外，下面的原因也有重大影响，这就是：深圳在全国是个相对发达的地区，但由于人口及劳动力的流动与全国一样，没有任何限制，这就带来了庞大的、素质相对较低的劳动力后备军，这支后备军只能从事一些简单劳动，劳动力价格相对较低(尤其是特区外)。这支后备军无论是从事什么劳动，他们除了单位提供的衣食住行外，基本上不享受第三次产业的服务，尤其是生活性的服务。由于第三次产业中的许多劳动成果是生产和消费同步进行，这也就使第三次产业的发展受其市场的影响，难以象第二次产业，特别是工业那样同步发展起来。

从2003年年末从业人员数的结构也可以得到这样的证明。2003年年末深圳市从业人数的三次产业结构为1.0:57.0:42.0。按经济发展规律，当第二次产业高度发达时，第三次产业应得到同步发展，更何况第三次产业，尤其是生活服务业能容纳大量劳动力的行业，但由于前述原因，深圳的第三次产业没有获得相应的发展。

二、深圳市生产总值各季度走势

从2003年深圳市生产总值的全年走势看，呈盘旋上升的趋势，除二季度受“非典”疫情影响、GDP增速较低外，其余各季累计增长率均高于16%，而且各季的增长速度均快于上年。第一季度承接了上年的发展势头，GDP累计同比增长16.5%，实现经济“开门红”，为全年经济的快速增长打下基础。第二季度受“非典”疫情扩散的影响，交通运输业、餐饮业、旅游业受到重创，GDP增速有所回落，累计同比增长15.9%。下半年，随着“非典”疫情得到有效控制，受影响行业得到全面恢复，GDP增速明显加快，第三季度GDP累计同比增长16.7%，国民经济开始在一个新高点上起步。第四季度国民经济状况继续好转，速度加快，GDP累计同比增长19.2%，比上年同期提高4.2个百分点，实现较大幅度的飞跃。(详见图和表1—表3)

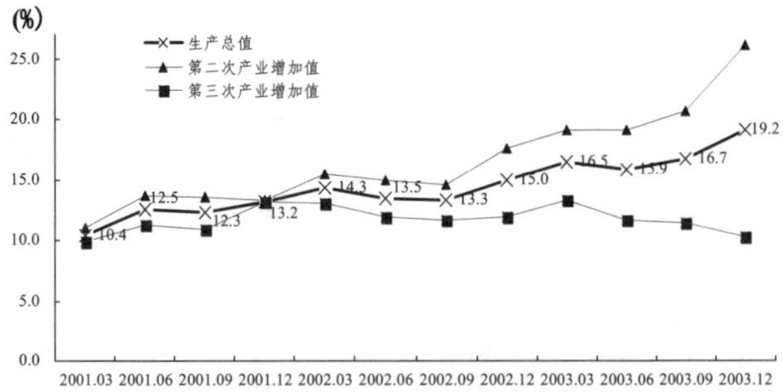

2001-2003年GDP及第二、三次产业增加值增长率

表1　2003年GDP累计增长率分季度表

单位：%

	一季度	二季度	三季度	四季度
本市生产总值（GDP）	16.5	15.9	16.7	19.2
第一次产业增加值	4.3	4.6	-0.5	-14.3
第二次产业增加值	19.1	19.2	20.6	26.1
#工业增加值	19.8	20.1	21.7	27.9
第三次产业增加值	13.3	11.6	11.4	10.3

表2　2003年各产业对GDP增长累计贡献率分季度表

单位：%

	一季度	二季度	三季度	四季度
本市生产总值（GDP）	100.0	100.0	100.0	100.0
第一次产业增加值	0.2	0.2	--	-0.6
第二次产业增加值	65.6	69.5	72.3	18.4
#工业增加值	62.1	64.1	66.7	74.5
第三次产业增加值	34.2	30.3	27.7	22.2

表3　2003年各产业增加值占GDP比重分季度表

单位：%

	一季度	二季度	三季度	四季度
本市生产总值（GDP）	100.0	100.0	100.0	100.0
第一次产业增加值	0.7	0.7	0.7	0.6
第二次产业增加值	57.1	57.8	58.4	59.5
#工业增加值	51.5	50.9	51.4	53.2
第三次产业增加值	42.2	41.5	40.9	39.9

第一季度GDP同比增长16.5%，比上年全年速度提高1.5个百分点，表明深圳国民经济沿着上年的运行轨迹，继续保持了快速增长的势头，其中第一次产业增加值比上年同期增长4.3%，增速比上年同期提高4.4个百分点；第二次产业增加值比上年同期增长19.1%，增速比上年同期提高3.6个百分点，其中工业经济保持快速增长，第一季度完成工业增加值269.77亿元，同比增长19.8%，增速比上年同期提高4个百分点，其主要原因是，世界经济回升，外贸出口快速增长，工业出口产品产值同比

增长 24%，出口产品产值占规模以上工业总产值的比重为 58.4%。工业在生产快速增长的同时，工业经济效益也有较大幅度的提高，一季度规模以上工业企业实现利润总额 50.42 亿元，比上年同期增长 50.1%，亏损企业亏损额为 8.11 亿元，比上年同期下降 30.3%。工业增加值对 GDP 增长的贡献率为 62.1%，比上年同期提高 8 个百分点，推动 GDP 增长 10.2 个百分点，工业对国民经济增长的推动作用比上年同期增强；一季度，第三次产业平稳发展，实现增加值 221.17 亿元，比上年同期增长 13.3%，增速与上年同期基本持平，增加值对 GDP 增长的贡献率达到 34.2%，推动 GDP 增长 5.6 个百分点。同时各行业均保持较快的发展势头，各行业增加值的增速均超过 10%，其中运输邮电业、商业饮食业、金融保险业增加值的增速均比上年有所提高，在第三产业中发展较快。

第二季度受"非典"疫情扩散的影响，交通运输业、餐饮业、旅游业受到重创，GDP 增幅在第一季度的基础上有所趋缓，累计同比增长 15.9%，但增速依然高于上年同期 2.4 个百分点。第一次产业平稳发展，增加值累计同比增长 4.6%，与一季度和上年同期基本持平。工业继续保持快速增长的势头，上半年工业增加值累计增长 20.1%，比上年同期提高 4.8 个百分点，工业增加值对 GDP 增长的贡献率为 64.1%，比上年同期提高 8.7 个百分点，推动 GDP 增长 10.2 个百分点，工业对国民经济增长的依然产生较强的推动作用；建筑业在基本建设投资和更新改造投资快速增长的带动下，增加值保持了较快的增长势头，累计同比增长 12.5%，比上年同期提高 1.1 个百分点，对 GDP 增长的贡献率达到 5.3%，增长率和贡献率均比第一季度有所提高，表明建筑业对经济增长的推动作用逐渐增强。第三次产业方面，增加值同比增长 11.6%，增速比上年同期有所减缓，增加值对 GDP 增长的贡献率为 30.3%，比上年同期降低了 8.4 个百分点，表明第三次产业对国民经济增长的推动作用比上年同期减弱。其中交通运输邮电业受"非典"疫情影响，上半年旅客运输周转量比上年同期下降 2.4%，货物运输周转量和邮电业务量增速也比第一季度有所减缓，交通运输邮电业增加值上半年增速仅为 10.8%，比第一季度的增速降低 3.2 个百分点；商业饮食业中虽然饮食业受"非典"影响较大，但饮食业占的比重较小，而且批发零售业依然保持平稳增长，因此商业饮食业增加值保持平稳增长；金融保险业受证券业不景气的影响，增加值增速有所减缓；房地产业保持平稳发展，商品房销售状况良好，增加值同比增长 17.6%，增速比第一季度有所减缓，但仍比上年同期提高 1.8 个百分点；其他服务业中由于旅游业等行业同样受"非典"影响，发展减慢，增加值同比仅增长 10.6%，增速比第一季度和上年同期均降低 1.7 个百分点。

第三季度，随着"非典"疫情得到有效控制和世界经济快速回升，深圳经济又进入了发展的快车道，GDP 累计同比增长 16.7%，比上年同期提高 3.4 个百分点，比上半年提高 1.8 个百分点。第一次产业受农业耕地面积萎缩和部分农副产品产量下降的影响，增加值同比下降 0.5%，增速比上年同期降低 6 个百分点，表明第一次产业有所萎缩。第二次产业增加值增长 20.6%，占 GDP 的比重和对 GDP 增长的贡献率在上半年的基础上进一步提高，其中工业增加值保持平稳增长，累计同比增长 21.7%，比上年同期提高 6.3 个百分点，对 GDP 增长的贡献率为 66.7%，比上年同期提高 10 个百分点，表明工业增长速度逐渐加快，对经济增长的推动作用逐渐增强。建筑业增加值继续保持较快的增长势头，累计同比增长 13%，比上年同期提高 3.6 个百分点，对 GDP 增长的贡献率达到 5.5%，增长率和贡献率均比上半年有所提高，表明建筑业对经济增长的推动作用继续增强。第三次产业累计增长 11.4%，增速与上年同期和上半年基本持平。其中交通运输邮电业摆脱"非典"疫情的影响，旅客运输周转量比上年同期增长 5.2%，邮电业务量比上年同期增长 21.5%，增速比上半年提高，交通运输邮电业增加值同比增长 15%，比上半年的增速提高 4.2 个百分点；商业饮食业摆脱"非典"疫情的负面影响，得到恢复性发展，而批发零售业继续保持快速发展的态势，因此，社会消费品零售总额同比增长 17.2%，为全年的最高点，商业饮食业增加值同比增长 14.5%，增速分别比上年同期和上半年提高 1.3 和 1.9 个百分点；房地产业中商品房销售面积增长缓慢，房地产企业销售收入减少，增加值增速比上半年降低，对国民经济增长的推动作用有所减弱；金融保险业和其他服务业基本保持上半年的发展状况。

第四季度，深圳市经济发展继续加快，GDP 累计增长 19.2%，达到全年的最高点，增速比第三季度累计提高 2.5 个百分点。第一次产业继续保持下降的趋势，增加值同比下降 14.3%。第二次产业增长 26.1%，比上年同期提高 8.5 个百分点，增速比第三季度加快，其中工业增加值增长 27.9%，比第三季度提高提高 6.2 个百分点，表明对经济增长的推动作用进一步增强。主要原因是世界经济下半年增长速度加快，国外需求增长，工业出口产品产值和外贸出口总额增长较快，带动了工业生产加快。第三次产业增加值增长 10.3%，增速比第三季度和上年同期分别降低了 1.1 和 1.6 个百分点，对国民经济的推动作用有所减弱。

三、深圳经济发展中存在的主要问题及建议

2003 年深圳国民经济运行比预期的要好，取得了较快的增长速度，但也要看到经济发展中存在的矛盾和问题：

（一）农业生产萎缩，农业总产值和增加值双双下降。为此，在农业耕地面积下降的情况下，有关部门要制定有关措施，大力推进农业产业化经营，大力发展“三高”农业和外向型农业，促进深圳农业现代化。

（二）金融保险业发展减缓，占 GDP 的比重下降，影响了第三次产业整体的发展。自 2000 年以来，深圳金融保险业增加值的增长速度和占 GDP 的比重均呈下降的趋势，2000 年至 2003 年金融保险业增加值的增长速度和占 GDP 的比重分别为 9.3%、9.0%、3.0%、3.7% 和 12.7%、11.7%、10.5%、8.6%，这既有国家对金融保险业宏观调控的原因，也有深圳自身发展的原因，其中国家暂停深圳发行新股和近年证券业的不景气是很重要的影响因素。政府宏观调控部门要切实将有关促进深圳金融业发展的措施落实到位，使深圳金融业走出低谷。

四、2004 年经济展望

展望 2004 年，世界经济将继续保持逐步回升的态势，国内总体形势正朝着宏观调控的预期方向发展，因此，深圳经济发展的国际国内环境总体上比较乐观，深圳经济将承接上年的发展势头，保持较高的增长速度。

（撰稿：谢春敏）

1-1 行 政 区 划

ADMINISTRATIVE DIVISION

(2003)

单位:个 (unit)

地 区 Region		镇 Town	街道办事处 Urban Subdistrict Office	居民委员会 Neighbourhood Committees	村民委员会 Village Committees
全 市	**Total**	**18**	**32**	**372**	**218**
罗湖区	Luohu		10	115	
福田区	Futian		8	85	
南山区	Nanshan		8	80	
盐田区	Yantian		4	17	
宝安区	Baoan	8	2	43	127
龙岗区	Longgang	10		32	91

1-2 分区土地面积、人口及人口密度

TOTAL LAND AREA, POPULATION AND DENSITY OF POPULATION IN DISTRICTS

(2003)

地 区 Region		土地面积 (平方公里) Land Area (sq.km)	年末常住人口 (万人) Year-end population (10 000pesons)	户籍人口 Population with Residence Cards	暂住人口 Population with Temporary Residence Cards	人口密度 (人/平方公里) Density Of Population (person/sq.km)
全 市	**Total**	**1952.84**	**5 574 092**	**1 509 301**	**4 064 791**	**2854**
特 区	**District**	**395.81**	**2 489 246**	**950 037**	**1 539 209**	**6289**
罗湖区	Luohu	78.89	766 602	314 307	452 295	9717
福田区	Futian	78.04	947 421	388 020	559 401	12 140
南山区	Nanshan	167.05	621 902	218 694	403 208	3 723
盐田区	Yantian	71.83	153 321	29 016	124 305	2 134
宝安、龙岗区	**Baoan and Longgang**	**1 557.03**	**3 084 846**	**559 264**	**2 525 582**	**1 981**
宝安区	Baoan	712.95	1 827 302	308 715	1 518 587	2 563
龙岗区	Longgang	844.08	1 257 544	250 549	1 006 995	1 490

1-3 主要年份国民经济和社会发展总量与速度指标

指 标	Item	1979	1980	1985	1990	1995
人口	**Population**					
年末常住人口(万人)	Year-end Resident population(10 000 persons)	31.41	33.29	88.15	201.94	345.12
户籍人口	Population with Residence Cards	31.26	32.09	47.86	68.65	99.16
暂住人口	Population with Temporary Residence Cards	0.15	1.20	40.29	133.29	245.96
就业	**Employment**					
年末从业人员数(万人)	Total Employed (year-end)(10 000 persons)	13.95	14.89	32.61	109.22	244.92
#职工	Staff and Workers	4.02	4.86	22.66	55.41	88.75
私营个体劳动者	Urban Self-Employment	0.41	0.38	0.64	3.36	45.66
镇村劳动者	Laborers of Town and Village	9.52	9.65	9.31	50.43	110.04
国民核算	**National Accounting**					
本市生产总值(万元)	Gross Domestic Product (10 000 yuan)	19 638	27 012	390 222	1 716 665	7 956 950
第一产业	Primary Industry	7 273	7 803	26 111	70 220	129 243
第二产业	Secondary Industry	4 017	7 036	163 586	769 319	4 169 346
第三产业	Tertiary Industry	8 348	12 173	200 525	877 126	3 658 361
人均 GDP(元)	Gross Domestic Product Per Capita (yuan)	606	835	4 809	8 724	23 381
固定资产投资	**Investment in Fixed Assets**					
全社会固定资产投资总额(万元)	Total Investment in Fixed Assets(10 000 yuan)	5 938	13 801	333 235	579 222	2 758 243
#基本建设	Capital Construction	4 988	12 487	276 125	427 134	1 401 235
房地产开发	Investment in Commodity Houses				67 842	1 030 368
更新改造	Technical Updates and Transformation	90	390	2 105	24 661	70 484
竣工住宅建筑面积(万平方米)	Floor Space of Residence Completed (10 000 sq.m)				183.24	485.23
财政	**Public Finance**					
地方预算内财政收入(万元)	Local Financial Revenue (10 000 yuan)	1 721	3 043	62 894	217 037	880 174
地方预算内财政支出(万元)	Local Financial Expenditure (10 000 yuan)	2 971	4 003	58 651	198 073	934 041
物价指数(上年=100)	**Price Indices (preceding year=100)**					
居民消费价格总指数	General Consumer Price Index		105.0	122.5	101.6	112.4
农业	**Agriculture**					
耕地面积(万亩)	Areas under Cultivation(10 000 mu)	53.21	49.01	33.94	28.01	6.58
农业总产值(万元)	Gross Output Value of Agriculture(10 000 yuan)	13 106	16 938	45 821	119 205	232 653

PRINCIPAL AGGREGATE INDICATORS ON NATIONAL ECONOMIC AND SOCIAL DEVELOPMENT AND THEIR RELATED INDICES IN MAIN YEARS

总量指标 Aggregate Data				指数(2003 年为下列各年%) Index (2003 as percentage of the following years)(%)							
2000	2001	2002	2003	1979	1980	1985	1990	1995	2000	2001	2002
432.94	468.76	504.25	557.41	1 774.6	1 674.4	632.3	276.0	161.5	128.7	118.9	110.5
124.92	132.04	139.45	150.93	482.8	470.3	315.4	219.9	152.2	120.8	114.3	108.2
308.02	336.72	364.80	406.48	270 986.7	33 873.3	1 008.9	305.0	165.3	132.0	120.7	111.4
308.54	332.80	359.28	422.29	3 027.2	2 836.1	1 295.0	386.6	172.4	136.9	126.9	117.5
93.36	94.88	101.76	108.20	2 691.5	2 226.3	477.5	195.3	121.9	115.9	114.0	106.3
84.38	97.48	107.87	130.57	31 846.3	34 360.5	20 401.6	3 886.0	286.0	154.7	133.9	121.0
129.98	139.64	148.77	182.55	1 917.5	1 891.7	1 960.8	362.0	165.9	140.4	130.7	122.7
16 654 652	19 546 539	22 568 222	28 954 070	40 513.5	24 900.7	3 242.6	1 178.0	312.6	155.2	137.1	119.2
173 374	181 096	190 618	164 744	346.1	336.0	175.9	115.9	117.0	98.2	91.6	85.7
8 740 081	10 556 758	12 346 851	17 236 554	260 404.6	148 125.5	6 491.9	1 553.7	365.5	168.0	148.3	126.1
7 741 197	8 808 685	10 030 753	11 552 772	29 022.9	13 853.4	1 871.4	883.2	254.7	139.7	123.4	110.3
39 745	43 355	46388	54 545	2 428.1	1 489.6	486.5	428.7	196.7	120.2	114.3	107.3
6 196 993	6 863 749	7 801 459	9 491 016	159 835.2	68 770.5	2 848.1	1 638.6	344.1	153.2	140.9	127.0
2 779 690	2 844 010	2 861 079	3 599 182	72 156.8	28 823.4	1 303.5	842.6	256.9	129.5	126.6	125.8
2 609 694	3 156 364	3 884 445	4 126 636				6 082.7	400.5	158.1	130.7	106.2
316 008	338 886	385 050	561 722	624 135.6	144 031.3	26 685.1	2 277.8	796.9	177.8	165.8	145.9
755.59	852.58	1 000.19	1 290.61				704.3	266.0	170.8	151.4	129.0
2 250 212	2 656 532	2 691 998	2 991 419	173 818.7	98 304.9	4 756.3	1 378.3	339.9	132.9	112.6	111.1
2 292 096	2 600 790	3 121 929	3 591 471	120 884.2	89 719.5	6 123.5	1 813.2	384.5	156.7	138.1	115.0
102.8	97.8	101.2	100.7	656.6	625.3	392.7	198.2	112.4	99.7	101.9	100.7
6.03	5.65	5.77	5.27	9.9	10.8	15.5	18.8	80.1	87.4	93.3	91.3
311 359	327 111	340 757	337 406	422.0	494.1	319.9	159.2	163.1	121.8	117.5	109.8

指　　标	Item	1979	1980	1985	1990	1995
工业	**Industry**					
工业总产值(万元)	Gross Output Value of Industry	7 128	10 632	246 662	2 202 180	12 264 893
#轻工业	Light Industry	6 307	9 265	194 108	1 657 859	6 651 811
重工业	Heavy Industry	821	1 367	52 554	544 321	5 613 082
运输、邮电	**Transportation, Post and Telecommunications**					
货运量(万吨)	Freight Traffic(10 000 tons)				1 349	3 541.6
客运量(万人)	Passenger Traffic(10 000 persons)				8 833	8 261
机场货物吞吐量(万吨)	Cargo Handled at Airport (10 000 tons)					7.9
机场旅客吞吐量(万人)	Passenger Departing at Airport (10 000 persons)					412
港口货物吞吐量(万吨)	Cargo Handled at Seaport (10 000 tons)	10	30	327	1 292	3 080
邮电业务总量(万元)	Revenue from Postal and Communications Services (10 000 yuan)	138	190	1 761	55 356	368 945
固定电话交换机容量(万门)	Capacity of Telephone Exchanges (line)				25.24	140.92
电话机(万部)	Number of Telephone Sets(unit)				19.01	81.30
国内商业	**Domestic Trade**					
社会消费品零售总额(万元)	Retail Sales of Consumer Goods(10 000 yuan)	11 259	19 615	265 642	667 580	2 593 269
对外经济贸易和国际旅游	**Foreign Trade and International Tourism**					
进出口总额(万美元)	Total Imports and Exports (USD 10 000)	1 676	1 751	130 632	1 570 136	3 876 960
出口总额	Exports	930	1 124	56 340	815 165	2 052 736
进口总额	Imports	746	627	74 292	754 971	1 824 224
利用外资签订协议(合同)项目(项)	Number of the Signed Agreements and Contracts for Utilization of Foreign Capital (unit)	169	303	1 203	796	1 638
协议利用外资额(万美元)	Amount of Foreign Capital to be Utilized in the Signed Agreements and Contracts (USD 10 000)	2 984	27 122	102 647	69 344	359 654
实际利用外资额(万美元)	Amount of Foreign Capital Actually Used(USD 10 000)	1 537	3 264	32 925	51 857	173 545
国际游客数(万人)	Number of International Tourists(10 000 persons)			77.85	148.24	185.37
金融	**Finance**					
金融机构各项存款(万元)	Deposits of National Banking System (10000 yuan)	10 125	20 284	302 567	1 946 923	12 029 322

continued

总量指标 Aggregate Data				指数(2003 年为下列各年%) Index (2003 as percentage of the following years)(%)							
2000	2001	2002	2003	1979	1980	1985	1990	1995	2000	2001	2002
26 724 181	32 044 685	39 346 219	56 135 915	685 669.7	459 872.4	17 935.9	2621.6	546.1	212.6	180.7	141.7
11 947 124	11 852 213	13 304 159	17 721 188	294 060.7	200 177.5	8 292.3	1376.3	395.7	179.5	165.3	128.4
14 777 057	20 192 472	26 042 060	38 414 727	3 550 567.0	2 133 754.2	59 694.5	5643.2	684.0	230.5	188.3	148.3
4 696.7	5 147.3	5 877.7	6 761.1				501.2	190.9	144.0	131.4	115.0
9 346	9 868	10 644	10 452				118.3	126.5	111.8	105.9	98.2
20.3	24.7	33.4	40.66					514.7	200.3	164.6	121.7
642	778	935	1 084					263.1	168.8	139.3	115.9
5 697	6 643	8767	11 220	112 200.0	37 400.0	3 431.2	868.4	364.3	196.9	168.9	128.0
1 336 000	1 419 000	1 644 200	1 980 300	1 121 791.5	814 663.4	87 907.8	4792.6	719.2	198.6	139.5	120.4
267.52	350.89	358.02	447.56				1773.2	317.6	167.3	127.5	125.0
188.33	230.59	286.76	367.42				1932.8	451.9	195.1	159.3	128.1
5 381 652	6 092 629	6 895 928	8 017 726	59 122.8	33 939.6	2 505.8	997.1	256.7	149.0	131.7	116.3
6 393 982	6 861 055	8 723 148	11 739 941	243 707.3	233 212.7	3 126.7	746.6	302.8	183.6	171.1	134.6
3 456 333	3 747 955	4 655 704	6 296 208	248 630.5	205 649.7	4 104.1	771.8	306.3	182.0	167.9	135.2
2 937 649	3 113 100	4 067 444	5 443 733	239 281.9	284 859.4	2 402.7	721.1	298.7	185.4	174.9	133.8
1 835	1 860	2 191	2 573	1 522.5	849.2	213.9	323.2	157.1	140.2	138.3	117.4
263 996	400 393	518 626	582 896	19 534.0	2 149.2	567.9	840.6	162.1	220.8	145.6	112.4
296 839	360 277	490 220	504 213	32 805.0	15 447.7	1 531.4	972.3	290.5	169.9	140.0	102.9
397.34	423.87	449.35	435.13			558.9	293.5	234.7	109.5	102.7	96.8
31 690 000	40 925 700	49 527 300	60 794 800	600 442.5	299 718.0	20 093.0	3122.6	505.4	191.8	148.5	122.8

指 标	Item	1979	1980	1985	1990	1995
金融机构各项贷款(万元)	Loans of National Banking System(10000 yuan)	7 523	13 452	537 014	2 386 157	7 863 364
教育	**Education**					
专任教师数(人)	Full-time Teachers (person)					
普通高等学校	Institutions of Higher Education			288	484	629
中等专业学校	Specialized Secondary Schools	22	25	154	272	334
普通中学	Regular Secondary Schools	752	625	1 902	2 915	4 675
小 学	Primary Schools	1 588	1 763	2 749	4 221	6 429
在校学生数(人)	Students Enrollment (person)					
普通高等学校	Institutions of Higher Education			3 206	3 964	5 291
中等专业学校	Specialized Secondary Schools	80	142	1 661	2 897	3 490
普通中学	Regular Secondary Schools	13 686	12 296	35 334	46 473	71 540
小 学	Primary Schools	47 022	49 168	70 277	111 711	157 210
卫生	**Health Care**					
医院数(个)	Number of Hospitals (unit)	25	24	31	38	63
医疗机构床位数(张)	Beds in Health Care Institutions	597	643	1 885	3 192	6 724
# 医院病床	Hospital Beds			1 885	3 108	6 640
卫生技术人员数(人)	Medical Technical Personnel (person)	988	1 088	3 857	6 996	12 449
# 医生	Doctors	364	438	1 863	3 426	6 050
工资	**Wages**					
职工工资总额(万元)	Total Wage of Staff and Workers (10 000 yuan)	2 952	4 366	51 912	227 392	1 076 083
# 国有单位	State-Owned Units	2 505	3 691	38 465	140 935	545 013
生活	**People′ s Livelihood**					
职工年平均货币工资(元)	Average Money Wage of Staff and Workers (yuan)	769	979	2 418	4 304	12 276
农民年人均纯收入(元)	Per Capita Net Income of Rural Residents (yuan)	152	209	750	1 954	4 517
城市居民人均可支配收入(元)	Per Capita Disposable Income of Urban Residents(yuan)			1 915	4 127	12 771
城乡居民储蓄存款余额(万元)	Saving Deposits of Urban and Rural Residents (10 000 yuan)	3 713	5 338	79 989	574 474	4 664 222

continued

总量指标 Aggregate Data				指数(2003 年为下列各年%) Index (2003 as percentage of the following years)(%)							
2000	2001	2002	2003	1979	1980	1985	1990	1995	2000	2001	2002
22 921 800	28 607 500	351 24 800	45 250 500	601 495.4	336 384.9	8 426.3	1 896.4	575.5	197.4	158.2	128.8
1 114	1 295	2 080	2 341			812.8	483.7	372.2	210.1	180.8	112.5
454	445	445	584	2 654.5	2 336.0	379.2	214.7	174.9	128.6	131.2	131.2
6 596	7 224	8 643	9 989	1 328.3	1 598.2	525.2	342.7	213.7	151.4	138.3	115.6
11 550	13 254	15 763	17 920	1 128.5	1 016.4	651.9	424.5	278.7	155.2	135.2	113.7
14 123	18 556	26 778	32 106			1 001.4	809.9	606.8	227.3	173.0	119.9
3 707	3 720	3 797	5 624	7 030	3 960	338.6	194.1	161.1	151.7	151.2	148.1
106 996	126 190	150 654	179 628	1 312.5	1 460.9	508.4	386.5	251.4	167.9	142.3	119.2
313 852	363 657	415 097	469 684	998.9	955.3	668.3	420.4	298.8	149.7	129.2	113.2
72	75	77	85	340.0	354.2	274.2	223.7	134.9	118.1	113.3	110.4
10 294	11 159	12 404	13 588	2 276.0	2 113.3	720.8	425.7	202.1	132.0	121.8	109.5
9 616	10 542	11 808	12 607			668.8	405.6	189.9	131.1	119.6	106.8
15 720	17 135	18 615	21 234	2 149.2	1 951.7	550.5	303.5	170.6	135.1	123.9	114.1
7 418	8 097	8 260	9 439	2 591.8	2 155.0	506.7	275.5	156.0	127.2	116.6	114.3
2 113 366	2 441 713	2 832 799	3 259 896	111 018.8	75 063.4	6 313.3	1 441.2	304.6	154.3	133.5	115.1
805 421	968 330	1 035 092	1 213 966	48 835.9	33 154.0	3 180.5	868.0	224.5	150.7	125.4	117.3
23 039	25 941	28 218	30 611	3 946.4	3 100.1	1 255.2	705.1	247.2	132.9	118.0	108.5
9 270	9 869	10 610	11 346	7 464.5	5 456.5	1 512.9	580.7	251.2	122.4	115.0	106.9
20 906	22 760	24 941	25 936			1 354.4	628.4	203.1	124.1	114.0	104.0
10 826 400	13 733 900	17 564 900	21 994 500	592 364.7	412 036.3	27 496.9	3 828.6	471.6	203.2	160.1	125.2

1-4 各时期国民经济和社会发展主要指标年平均增长速度

ANNUAL AVERAGE GROWTH RATE OF MAIN NATIONAL ECONOMIC AND SOCIAL DEVELOPMENT INDICATORS OF EACH PERIOD

单位:% (%)

指标 Item		年末常住人口 Year-end Resident Population	户籍人口 Population with Residence Cards	暂住人口 Population with Temporary Residence Cards	年末从业人员 Total Employed (year-end)	职工 Staff and Workers	私营个体劳动者 Urban Self-Employment
"六五"时期	"Sixth Five-year" Period	21.5	8.3	101.9	17.0	36.1	11.0
"七五"时期	"Seventh Five-year" Period	18.0	7.5	27.0	27.3	19.6	39.3
"八五"时期	"Eighth Five-year"Period	11.3	7.6	13.0	17.5	9.9	68.5
"九五"时期	"Ninth Five-year"Period	4.6	4.7	4.6	4.8	1.3	13.1
1980-2003		12.7	6.8	39.0	15.3	14.8	27.1

1-4 续表 1 continued

指标 Item		镇村劳动者 Laborers of Town and Village	本市生产总值 Gross Domestic Product	第一产业 Primary Industry	第二产业 Secondary Industry	第三产业 Tertiary Industry	人均本市生产总值 Gross Domestic Product Per Capita
"六五"时期	"Sixth Five-year" Period	-0.7	50.3	13.8	86.9	49.2	25.1
"七五"时期	"Seventh Five-year" Period	40.2	22.4	8.7	33.1	16.2	2.6
"八五"时期	"Eighth Five-year"Period	16.9	30.4	-0.2	33.6	28.2	16.9
"九五"时期	"Ninth Five-year"Period	3.4	15.0	3.6	16.8	12.8	10.4
1980-2003		13.1	28.4	5.3	38.8	26.7	14.2

1-4 续表 2 continued

指　　标 Item		固定资产投资额 Investment in Fixed Assets	竣工住宅建筑面积 Floor Space of Residence Completed	地方预算内财政收入 Local Financial Revenue	地方预算内财政支出 Local Financial Expenditure	耕地面积 Areas under Cultivation	农业总产值 Gross Output Value of Agriculture
"六五"时期	"Sixth Five-year" Period	91.7	50.8	833	71.1	-7.1	9.1
"七五"时期	"Seventh Five-year" Period	11.7	5.6	28.1	27.6	-3.8	14.9
"八五"时期	"Eighth Five-year"Period	36.6	21.5	39.1	36.4	-25.2	-0.4
"九五"时期	"Ninth Five-year"Period	17.6	9.3	20.7	19.7	-1.7	6.0
1980-2003		36.0		36.5	34.4	-9.2	6.2

1-4 续表 3 continued

指　　标 Item		工业总产值 Gross Output Value of Industry	轻工业 Light Industry	重工业 Heavy Industry	货运量 Freight Traffic	客运量 Passenger Traffic
"六五"时期	"Sixth Five-year" Period	91.3	89.0	104.5		
"七五"时期	"Seventh Five-year" Period	46.9	43.2	60.3		
"八五"时期	"Eighth Five-year"Period	36.9	28.3	52.5	21.3	-1.3
"九五"时期	"Ninth Five-year"Period	20.8	17.1	24.3	5.8	2.5
1980-2003		44.5	39.5	54.7		

1-4 续表 4 continued

指 标 Item		港口货物吞吐量 Cargo Handled at Seaport	邮电业务总量 Revenue from Postal and Communica-tions Services	社会消费品零售总额 Retail Sales of Consumer Goods	进出口总额 Total Imports and Exports	出口总额 Exports	进口总额 Imports
"六五"时期	"Sixth Five-year" Period	61.2	56.1	68.4	136.9	118.8	159.9
"七五"时期	"Seventh Five-year" Period	31.6	78.9	20.2	33.2	39.7	27.2
"八五"时期	"Eighth Five-year"Period	19.0	46.1	31.2	19.8	20.3	19.3
"九五"时期	"Ninth Five-year"Period	13.1	29.4	11.5	10.5	11.0	10.0
1980-2003		34.0	45.7	30.5	38.4	38.5	38.3

1-4 续表 5 continued

指 标 Item		实际利用外资额 Amount of Foreign Capital Actually Used	金融机构各项存款 Deposits of National Banking System	金融机构各项贷款 Loans of National Banking System	医院数 Hospital	医疗机构床位数 Beds in Health Care Institutions	# 医院病床 Hospital Beds
"六五"时期	"Sixth Five-year" Period	58.8	71.7	109.0	5.3	24.0	
"七五"时期	"Seventh Five-year" Period	9.5	45.1	34.8	5.6	11.1	
"八五"时期	"Eighth Five-year"Period	27.3	43.9	26.9	10.6	16.1	10.5
"九五"时期	"Ninth Five-year"Period	11.3	21.4	23.9	2.7	8.9	16.4
1980-2003		27.3	43.7	43.7	5.2	13.9	13.6

1-4 续表 6 continued

指　标 Item		卫生技术人员数 Medical Technical Personnel	# 医　生 Doctors	在校学生数 Students Enrollment: 普通高等学校 Institutions of Higher Education	中等专业学校 Specialized Secondary Schools	普通中学 Regular Secondary Schools	小　学 Primary Schools
"六五"时期	"Sixth Five-year" Period	29.5	33.4		63.5	23.5	7.4
"七五"时期	"Seventh Five-year" Period	17.4	18.2	4.3	11.8	5.6	9.7
"八五"时期	"Eighth Five-year"Period	12.4	12.0	5.9	3.8	9.0	7.1
"九五"时期	"Ninth Five-year"Period	4.9	4.2	21.7	1.2	8.4	14.8
1980-2003		13.6	14.5		19.4	11.3	10.1

1-4 续表 7 continued

指　标 Item		职工工资总　额 Total Wage of Staff and Workers	职工年平均货币工资 Average Money Wage of Staff and Workers	职工年平均实际工资 Average Real Wage of Staff and Workers	农民年人均纯收入 Per Capita Net Income of Rural Residents	城镇居民可支配收入 Per Capita Disposable Income of Urban Residents	城乡居民储蓄存款余额 Saving Deposits of Urban and Rural Residents
"六五"时期	"Sixth Five-year" Period	64.1	19.8	9.2	29.1		71.8
"七五"时期	"Seventh Five-year" Period	34.4	12.2	-2.1	21.1	16.6	48.3
"八五"时期	"Eighth Five-year"Period	36.5	23.3	10.1	18.2	25.9	52.0
"九五"时期	"Ninth Five-year"Period	14.6	13.2	10.5	15.5	10.6	18.3
1980-2003		33.9	16.5	7.8	19.7		43.6

1-5 主要年份国民经济主要指标比例关系

PERCENTAGE OF MAIN NATIONAL ECONOMIC INDICATORS IN MAIN YEARS

单位:% (%)

年 份 Year	以从业人员为100 Employment=100			以本市生产总值为100 Gross Domestic Product=100			以工农业总产值为100 Gross Output Value of Industry and Agriculture=100		
	第一产业 Primary Industry	第二产业 Secondary Industry	第三产业 Tertiary Industry	第一产业 Primary Industry	第二产业 Secondary Industry	第三产业 Tertiary Industry	农 业 Agriculture	轻工业 Light Industry	重工业 Heavy Industry
1979				37.0	20.5	42.5	64.8	31.2	4.0
1980				28.9	26.0	45.1	61.4	33.6	5.0
1985				6.7	41.9	51.4	15.7	66.4	17.9
1990	6.1	69.8	24.1	4.1	44.8	51.1	5.1	71.4	23.5
1995	1.8	66.0	32.2	1.6	52.4	46.0	1.9	53.2	44.9
1996	1.6	64.6	33.8	1.7	50.3	48.0	1.9	55.0	43.1
1997	1.6	61.6	36.8	1.4	49.3	49.3	1.6	55.0	43.4
1998	1.6	59.8	38.6	1.3	50.0	48.7	1.5	50.9	47.6
1999	1.4	58.1	40.5	1.2	50.6	48.2	1.4	50.0	48.6
2000	1.3	57.0	41.7	1.0	52.5	46.5	1.2	44.2	54.6
2001	1.1	55.7	43.2	0.9	54.0	45.1	1.0	36.6	62.4
2002	1.1	55.8	43.1	0.8	54.7	44.5	1.0	33.4	65.6
2003	1.0	57.0	42.0	0.6	59.5	39.9	0.6	31.4	68.0

1-5 续表 1 continued

年 份 Year	以工业总产值为100 Gross Output Value of Industry=100		以固定资产投资总额为100 Total Investment in Fixed Assets=100				以基本建设投资为100 Investment in Capital Construction=100	
	轻工业 Light Industry	重工业 Heavy Industry	#基本建设 Capital Construction	#更新改造 Technical Updates and Trans-formation	#房地产投资 Investment in Commodity Houses	#集体单位 Collective -owned Units	工 业 Industry	交通运输、仓储和邮政业 Transportation, Storage and Post Services
1979	88.5	11.5	84.0	1.5		14.5	31.9	5.7
1980	87.1	12.9	90.5	2.8		6.7	43.1	12.0
1985	78.7	21.3	82.9	0.6		11.7	21.4	7.9
1990	75.3	24.7	73.7	4.3	11.7	4.5	56.0	17.6
1995	54.2	45.8	50.8	2.6	37.4	6.7	23.0	22.1
1996	56.1	43.9	47.9	3.5	38.1	8.0	26.3	23.1
1997	55.9	44.1	51.3	4.2	34.8	7.1	26.4	24.4
1998	51.6	48.4	49.9	4.2	34.9	7.9	17.1	21.4
1999	50.7	49.3	47.8	4.8	37.8	7.0	22.6	12.8
2000	44.7	55.3	44.9	5.1	42.1	6.5	27.1	16.3
2001	37.0	63.0	42.2	5.0	44.9	6.4	29.1	13.4
2002	33.8	66.2	38.3	5.2	47.6	7.5	36.9	11.3
2003	31.6	68.4	37.9	5.9	43.5	6.0	29.9	22.9

1-5 续表 2 continued

年 份 Year	以货运量为 100 Freight Traffic=100				地方财政收入相当于国内生产总值 Local Financial Revenue as Percentage of GDP	固定资产投资总额相当于国内生产总值 Total Investment in Fixed Assets as Percentage of GDP
	铁路 Railway	公路 Highway	水运 Waterway	民航 Civil Aviation		
1979					8.8	30.2
1980					11.3	51.1
1985					16.1	85.4
1990	10.9	78.2	10.9		12.6	33.7
1995	6.2	76.8	16.9	0.1	11.1	34.7
1996	5.8	77.1	17.0	0.1	13.9	34.5
1997	7.0	76.8	16.1	0.1	12.8	34.8
1998	6.4	79.3	14.2	0.1	12.8	37.3
1999	6.0	81.5	12.3	0.1	12.9	39.7
2000	6.0	81.4	12.5	0.1	13.5	37.2
2001	5.7	82.9	11.3	0.1	13.6	34.4
2002	4.7	83.4	11.7	0.1	11.9	33.1
2003	4.7	80.4	14.8	0.1	10.3	32.8

1-5 续表 3 continued

年 份 Year	以地方财政支出为 100 Local Financial Expenditure=100					
	#基建支出 Expenditure for Capital Construction	#企业挖潜改造资金 Expenditure for Innovation Enterprises	#城市维护费 Expenditure for City Maintenance	#科教文卫事业费 Operating Expenses for Department of Science, Education, Culture and Public Health	#行政管理费 Expenditure for Government Administration	#公检法支出 Expenditure for Public Security Agency, Procuratorial Agency and Court of Justice
1979	30.0	1.1	2.8	16.9	11.5	
1980	45.3	1.1	5.5	17.5	15.1	
1985	53.4	2.1	9.9	16.2	3.6	3.1
1990	39.3	7.0	3.8	12.8	4.3	4.6
1995	32.2	4.6	4.0	18.1	5.6	9.7
1996	38.2	4.9	3.5	16.6	5.1	8.9
1997	31.6	5.0	4.3	17.3	5.3	9.7
1998	33.4	6.8	5.0	15.5	4.9	9.2
1999	34.3	4.9	4.3	14.0	4.8	8.1
2000	31.8	2.7	4.9	16.2	5.3	8.2
2001	33.3	2.1	4.6	16.8	5.3	8.1
2002	31.3	2.4	3.7	16.5	5.9	7.8
2003	26.9	1.9	3.7	17.2	7.4	9.2

1-6 主要年份国民经济和社会发展主要指标平均每人水平

PER CAPITA MAIN NATIONAL ECONOMIC AND SOCIAL DEVELOPMENT INDICATORS IN MAIN YEARS

单位:元 (yuan)

年 份 Year	本 市 生产总值 Gross Domestic Product	农业总产值 Gross Output Value of Agriculture	工业总产值 Gross Output Value of Industry	地方预算内 财政收入 Local Financial Revenue	社会消费品 零售总额 Retail Sales of Consumer Goods	职工年平均 货币工资 Average Money Wage of Staff and Workers	城市居民可 支配收入 Per Capita Disposable Income of Urban Residents	农民年均 纯收入 Per Capita Net Income of Rural Residents	城乡居民 储蓄存款 Saving Deposits of Urban and Rural Residents
1979	606	405	220	53	348	769		152	118
1980	835	524	329	94	606	979		209	160
1985	4 809	565	3 040	775	3 274	2 418	1 915	750	907
1990	8 724	606	11 192	1 103	3 393	4 304	4 127	1 954	2 845
1995	23 381	684	36 039	2 586	7 620	12 276	12 771	4 517	13 515
1996	27 005	777	40 583	3 745	8 443	14 507	16 293	5 415	16 242
1997	30 619	734	45 145	3 923	8 846	16 531	18 579	6 256	18 641
1998	33 282	770	50 181	4 258	10 923	18 381	19 214	7 350	21 822
1999	35 896	749	54 078	4 619	11 685	20 714	17 713	8 131	23 498
2000	39 745	743	63 775	5 370	12 843	23 039	20 906	9 270	25 007
2001	43 355	726	71 076	5 892	13 514	25 941	22 760	9 869	29 298
2002	46 388	700	80 874	5 533	14 174	28 218	24 941	10 610	34 834
2003	54 545	636	105 751	5 635	15 104	30 611	25 936	11 346	39 458

1-6 续表 continued

年 份 Year	人均住房使用面积(平方米) Per Capita Dwelling Area (sq.m)	生活用电量(千瓦时) Electricity for Residential Consumption (kwh)	每百人拥有电话(部) Number of Telephone Sets Per 100 Persons (unit)	每万人拥有 Per 10 000 persons			★人均公共绿地面积(平方米) Urban Public Green Areas (sq.m)
				公共交通车辆(辆) Public Vehicles of Urban Areas	医生(人) Number of Doctors (person)	医院病床(张) Number of Beds in Hospital (unit)	
1979					12		
1980					13		
1985	14.73				21	21	
1990	13.67	237	6		17	15	
1995	16.96	370	24	39	18	19	12.73
1996	19.55	431	29	38	20	20	12.81
1997	20.36	473	37	37	19	21	13.89
1998	19.62	688	46	35	18	22	13.89
1999	19.44	725	64	35	17	22	14.55
2000	21.74	796	93	34	17	23	14.17
2001	21.75	782	130	32	17	23	14.70
2002	21.80	664	174	32	16	23	14.10
2003	20.90	772	220	30	17	23	15.10

注:2002 年以前为特区数,2002-2003 为全市数。

The data before the year 2002 are calculated from urban,the data from 2002 to 2003 are calculated from the whole city.

1-7 主要年份国民经济和社会发展主要指标平均每天水平

AVERAGE DAILY LEVEL OF MAIN NATIONAL ECONOMIC AND SOCIAL DEVELOPMENT INDICATORS IN MAIN YEARS

年 份 Year	本 市 生产总值 (万元) Gross Domestic Product (10 000yuan)	工业总产 值(万元) Gross Output Value of Industry (10 000yuan)	农业总产 值(万元) Gross Output Value of Agriculture (10 000yuan)	固定资产 投资总额 (万元) Total Investment in Fixed Assets (10 000yuan)	地 方 财政收入 (万元) Local Financial Revenue (10 000yuan)	货运量 (万吨) Freight Traffic (10 000 tons)	客运量 (万人次) Passengers Traffic (10 000 person- times)	特快专递 (份) Express Mail	电报 (份) Teleg- raphs	长途电话 (万张) Long Distance Telephone Calls (10 000pcs)
1979	54	20	36	16	5					
1980	74	29	46	38	8					
1985	1 069	676	126	913	172					
1990	4 703	6 033	327	1 587	595	3.70	24.20	1 025	7 822	15
1995	21 800	33 602	637	7 557	2 441	9.70	22.63	4 158	6 727	117
1996	26 029	39 115	749	8 973	3 610	10.00	22.69	5 659	5 778	145
1997	30 959	45 648	742	10 769	3 966	10.56	23.33	6 123	5 173	190
1998	35 316	53 247	817	13 161	4 518	11.09	23.24	6 711	5 395	233
1999	39 343	59 271	821	15 605	5 063	11.71	23.98	7 989	5 097	276
2000	45 629	73 217	853	16 978	6 165	12.87	25.61	9 173	3 609	272
2001	53 552	87 794	896	18 449	7 278	14.01	27.00	9 573	375	343
2002	61 831	107 798	934	20 470	7 375	15.83	29.16	9 345	177	360
2003	79 326	153 797	924	26 003	8 196	18.52	28.64	12 323	115	383

1-7 续表 continued

年 份 Year	自来水 供水量 (万吨) Tap Water Supply (10 000tons)	用电量 (万千瓦时) Electricity Consump- tion (10 000kwh)	公共大巴 客运人数 (万人次) Bus Passengers (10 000 person- times)	住 宅 竣工面积 (平方米) Floor Space of Residence Completed (sq.m)	社会消费品 零售总额 (万元) Retail Sales of Consumer Goods (10 000yuan)	出生人数 (人) Births (person)	死亡人数 (人) Deaths (person)	结婚 (对) Marriages (couple)	离婚 (对) Divorces (couple)
1979					31	22	5		
1980					54	19	5	6	
1985			14.20		728	15	4	18	
1990		985	60.13	5 020	1 829	29	5	28	1
1995	157	2 503	96.96	13 294	7 105	35	5	36	3
1996	177	2 779	97.25	15 483	8 137	36	6	33	4
1997	192	3 084	99.18	14 034	8 945	37	6	33	4
1998	218	3 546	102.05	19 986	11 497	36	6	37	4
1999	237	4 106	111.23	21 934	12 807	40	10	40	5
2000	252	5 215	117.26	20 701	14 744	49	9	39	6
2001	267	5 816	128.96	23 358	16 692	49	6	39	6
2002	296	7 120	141.6	27 402	18 893	62	5	40	6
2003	336	8 861	264.3	35 359	21 966	44	6	53	9

1-8 本市生产总值

GROSS DOMESTIC PRODUCT

(1979—2003)

单位:万元 (10 000 yuan)

年 份 Year	本市生产总值 Gross Domestic Product	第一产业 Primary Industry	第二产业 Secondary Industry	工业 Industry	建筑业 Construction	第三产业 Tertiary Industry	人均 GDP(元) Gross Domestic Product Per Capita(yuan)
1979	19 638	7 273	4 017	2 313	1 704	8 348	606
1980	27 012	7 803	7 036	3 726	3 310	12 173	835
1981	49 576	13 343	16 019	8 311	7 708	20 214	1 417
1982	82 573	18 960	31 439	9 540	21 899	32 174	2 023
1983	131 212	22 614	55 848	22 466	33 382	52 750	2 512
1984	234 161	25 932	106 606	51 802	54 804	101 623	3 504
1985	390 222	26 111	163 586	102 137	61 449	200 525	4 809
1986	416 451	32 907	163 185	106 606	56 579	220 359	4 584
1987	559 015	46 519	220 463	164 445	56 018	292 033	5 349
1988	869 807	57 005	359 230	274 787	84 443	453 572	6 477
1989	1 156 565	68 615	505 361	400 579	104 782	582 589	6 710
1990	1 716 665	70 220	769 319	644 947	124 372	877 126	8 724
1991	2 366 630	80 836	1 126 084	928 846	197 238	1 159 710	10 746
1992	3 173 194	105 914	1 522 432	1 176 087	346 345	1 544 848	12 707
1993	4 492 889	110 089	2 455 282	1 832 121	623 161	1 927 518	16 165
1994	6 151 933	137 817	3 365 175	2 648 856	716 319	2 648 941	19 514
1995	7 956 950	129 243	4 169 346	3 262 764	906 582	3 658 361	23 381
1996	9 500 446	157 036	4 781 274	3 823 872	957 402	4 562 136	27 005
1997	11 300 133	157 952	5 566 344	4 476 048	1 090 296	5 575 837	30 619
1998	12 890 190	164 544	6 445 832	5 174 495	1 271 337	6 279 814	33 282
1999	14 360 267	165 327	7 271 146	5 874 637	1 396 509	6 923 794	35 896
2000	16 654 652	173 374	8 740 081	7 279 529	1 460 552	7 741 197	39 745
2001	19 546 539	181 096	10 556 758	9 051 843	1 504 915	8 808 685	43 355
2002	22 568 222	190 618	12 346 851	10 765 489	1 581 362	10 030 753	46 388
2003	28 954 070	164 744	17 236 554	15 407 054	1 829 500	11 552 772	54 545

1-9 本市生产总值三次产业构成

COMPOSITION OF GROSS DOMESTIC PRODUCT BY THREE INDUSTRIES

(1979—2003)

单位:% (%)

年 份 Year	本市生产总值 Gross Domestic Product	第一产业 Primary Industry	第二产业 Secondary Industry			第三产业 Tertiary Industry
				工业 Industry	建筑业 Construction	
1979	100.0	37.0	20.5	11.8	8.7	42.5
1980	100.0	28.9	26.0	13.8	12.2	45.1
1981	100.0	26.9	32.3	16.8	15.5	40.8
1982	100.0	23.0	38.1	11.6	26.5	38.9
1983	100.0	17.2	42.6	17.1	25.5	40.2
1984	100.0	11.1	45.5	22.1	23.4	43.4
1985	100.0	6.7	41.9	26.2	15.7	51.4
1986	100.0	7.9	39.2	25.6	13.6	52.9
1987	100.0	8.3	39.4	29.4	10.0	52.3
1988	100.0	6.6	41.3	31.6	9.7	52.1
1989	100.0	5.9	43.7	34.6	9.1	50.4
1990	100.0	4.1	44.8	37.6	7.2	51.1
1991	100.0	3.4	47.6	39.2	8.4	49.0
1992	100.0	3.3	48.0	37.1	10.9	48.7
1993	100.0	2.5	54.6	40.8	13.8	42.9
1994	100.0	2.2	54.7	43.1	11.6	43.1
1995	100.0	1.6	52.4	41.0	11.4	46.0
1996	100.0	1.7	50.3	40.2	10.1	48.0
1997	100.0	1.4	49.3	39.6	9.7	49.3
1998	100.0	1.3	50.0	40.1	9.9	48.7
1999	100.0	1.2	50.6	40.9	9.7	48.2
2000	100.0	1.0	52.5	43.7	8.8	46.5
2001	100.0	0.9	54.0	46.3	7.7	45.1
2002	100.0	0.8	54.7	47.7	7.0	44.5
2003	100.0	0.6	59.5	53.2	6.3	39.9

1-10 本市生产总值指数

INDICES OF GROSS DOMESTIC PRODUCT

(1980—2003)

(以 1979 年为 100) (1979=100)

年 份 Year	本市生产总值 Gross Domestic Product	第一产业 Primary Industry	第二产业 Secondary Industry	工业 Industry	建筑业 Construction	第三产业 Tertiary Industry	人均 GDP Gross Domestic Product Per Capita
1980	162.7	103.0	175.8	163.3	197.0	209.5	163.0
1981	250.2	132.0	445.6	406.5	512.1	307.9	231.8
1982	396.4	182.2	730.5	415.5	1 266.1	504.9	314.7
1983	627.5	192.8	1 181.7	869.2	1 713.0	873.5	389.3
1984	1 003.3	198.8	2 347.6	2 003.6	2 932.6	1 392.7	486.6
1985	1 249.4	196.8	4 011.2	4 383.4	3 378.4	1 550.9	499.1
1986	1 283.1	231.8	4 269.3	4 825.1	3 324.3	1 537.1	457.7
1987	1 609.0	242.0	5 767.9	7 226.5	3 287.7	1 882.1	499.0
1988	2 186.6	225.1	8 306.0	10 603.7	4 398.9	2 547.1	527.7
1989	2 595.5	280.0	11 472.9	15 030.4	5 423.9	2 678.4	488.0
1990	3 439.1	298.5	16 760.4	22 789.5	6 508.7	3 286.1	566.4
1991	4 677.1	312.8	23 700.4	31 743.9	10 023.4	4 358.6	688.2
1992	6 229.9	313.7	30 607.2	38 297.6	17 530.9	6 090.4	808.6
1993	8 098.9	318.1	43 079.0	52 846.0	26 471.7	7 310.3	944.3
1994	10 536.7	300.3	58 366.2	74 928.7	30 204.2	9 124.2	1 083.2
1995	12 960.1	295.8	71 248.7	92 642.5	34 871.6	11 396.1	1 234.2
1996	15 085.6	303.5	83 076.0	110 244.6	36 789.5	13 276.5	1 389.7
1997	17 499.3	305.3	96 617.4	129 316.9	40 983.5	15 387.5	1 537.0
1998	20 036.7	315.1	112 655.9	151 171.5	47 008.1	17 218.6	1 676.9
1999	22 861.9	339.4	130 680.8	176 719.5	52 414.0	19 216.0	1 853.0
2000	26 108.3	352.3	154 987.4	214 360.8	54 091.2	20 772.5	2 019.8
2001	29 554.6	377.7	175 600.7	246 514.9	56 200.7	23 514.5	2 124.8
2002	33 987.8	403.8	206 506.4	294 831.8	59 235.5	26 312.7	2 262.9
2003	40 513.5	346.1	260 404.6	377 089.9	66 047.6	29 022.9	2 428.1

1-11 本市生产总值指数

INDICES OF GROSS DOMESTIC PRODUCT

(1980—2003)

(以上年为 100) (Preceding Year=100)

年 份 Year	本市生产总值 Gross Domestic Product	第一产业 Primary Industry	第二产业 Secondary Industry	工业 Industry	建筑业 Construction	第三产业 Tertiary Industry	人均 GDP Gross Domestic Product Per Capita
1980	162.7	103.0	175.8	163.3	197.0	209.5	163.0
1981	153.8	128.2	253.5	248.9	259.9	146.9	142.2
1982	158.4	138.0	163.9	102.2	247.2	164.0	135.8
1983	158.3	105.8	161.8	209.2	135.3	173.0	123.7
1984	159.9	103.1	198.7	230.5	171.2	159.4	125.0
1985	124.5	99.0	170.9	218.8	115.2	111.4	102.6
1986	102.7	117.8	106.4	110.1	98.4	99.1	91.7
1987	125.4	104.4	135.1	149.8	98.9	122.4	109.0
1988	135.9	93.0	144.0	146.7	133.8	135.3	105.8
1989	118.7	124.4	138.1	141.7	123.3	105.2	92.5
1990	132.5	106.6	146.1	151.6	120.0	122.7	116.1
1991	136.0	104.8	141.4	139.3	154.0	132.6	121.5
1992	133.2	100.3	129.1	120.6	174.9	139.7	117.5
1993	130.0	101.4	140.7	138.0	151.0	120.0	116.8
1994	130.1	94.4	135.5	141.8	114.1	124.8	114.7
1995	123.0	98.5	122.1	123.6	115.5	124.9	113.9
1996	116.4	102.6	116.6	119.0	105.5	116.5	112.6
1997	116.0	100.6	116.3	117.3	111.4	115.9	110.6
1998	114.5	103.2	116.6	116.9	114.7	111.9	109.1
1999	114.1	107.7	116.0	116.9	111.5	111.6	110.5
2000	114.2	103.8	118.6	121.3	103.2	108.1	109.0
2001	113.2	107.2	113.3	115.0	103.9	113.2	105.2
2002	115.0	106.9	117.6	119.6	105.4	111.9	106.5
2003	119.2	85.7	126.1	127.9	111.5	110.3	107.3

1-12 主要年份本市生产总值(按三次产业分)

GROSS DOMESTIC PRODUCT IN MAIN YEARS (CLASSIFIED BY THREE INDUSTRIES)

单位:万元　　(10 000 yuan)

指标名称	Item	1990	1995	2000	2002	2003
本市生产总值	**Gross Domestic Product**	**1 716 665**	**7 956 950**	**16 654 652**	**22 568 222**	**28 954 070**
第一产业	Primary Industry	70 220	129 243	173 374	190 618	164 744
第二产业	Secondary Industry	769 319	4 169 346	8 740 081	12 346 851	17 236 554
#工　业	Industry	644 947	3 262 764	7 279 529	10 765 489	15 407 054
建筑业	Construction	124 372	906 582	1 460 552	1 581 362	1 829 500
第三产业	Tertiary Industry	877 126	3 658 361	7 741 197	10 030 753	11 552 772
#农林牧渔服务业	Services of Farming,Forestry,Animal Husbandry and Fishery	3 508	19 789	26 005	31 467	3 797
地质勘探、水利管理业	Geological Prospecting and Water Conservancy	5 807	33 392	45 490	68 223	71 995
交通运输、仓储、邮电通信业	Transportation, Storage, Post and Telecommunications	139 807	567 166	1 315 477	1 922 661	2 138 892
#交通运输业和仓储业	Transportation and Storage	102 015	344 449	546 851	622 185	794 472
邮电通信业	Post and Telecommunications	37 792	222 717	768 626	1 300 476	1 344 420
批发和零售贸易、餐饮业	Wholesale & Retail Trade and Catering Services	190 186	885 934	1 563 469	1 966 232	2 203 061
#商　业	Commerce	152 877	677 256	1 247 443	1 590 758	1 835 754
餐饮业	Catering Services	37 309	208 678	316 026	375 474	367 307
金融保险业	Banking and Insurance	240 157	874 259	2 126 009	2 362 415	2 476 485
#金融业	Banking	227 815	837 644	2 051 023	1 960 366	1 953 771
保险业	Insurance	12 342	36 615	74 986	402 049	522 714
房地产业	Real Estate Trade	91 396	587 430	961 042	1 249 623	1 928 631
社会服务业	Social Services	114 079	359 376	887 376	1 263 078	1 391 929
卫生、体育、社会福利事业	Health Care,Sports and Social Welfare	13 508	100 630	248 099	326 115	381 341
教育、文艺、广播电影电视事业	Education,Culture,Art,Radio, Film and Television	21 840	74 625	244 491	420 816	474 144
科学研究和综合技术服务业	Scientific Research and Polytechnical Services	4 736	31 454	68 943	94 101	95 364
国家机关、政党机关、社会团体	Government Agencies, Party Agencies and Social Organizations	38 681	73 651	189 989	246 891	305 852
其他行业	Others Industry	13 421	50 655	64 807	79 131	81 281

1-13 2003年本市生产总值(按三次产业分)

GROSS DOMESTIC PRODUCT IN MAIN YEARS (CLASSIFIED BY THREE INDUSTRIES)

单位:万元 (10 000 yuan)

指 标 名 称	Item	2003
本市生产总值	**Gross Domestic Product**	**28 954 070**
第一产业	Primary Industry	168 541
第二产业	Secondary Industry	17 236 554
#工 业	Industry	15 407 054
建筑业	Construction	1 829 500
第三产业	Tertiary Industry	11 548 975
交通运输、仓储和邮政业	Transportation,Storage and Post Services	954 516
信息传输、计算机服务和软件业	Information Transfer,Computer and Software Services	1 424 934
批发和零售业	Wholesale and Retail Sales	1 835 754
住宿和餐饮业	Accommodation and Catering Trade	511 671
金融业	Banking	2 476 485
房地产业	Real Estate Trade	1 928 631
租赁和商务服务业	Leasing Industry and Commercial Services	446 882
科学研究、技术服务和地质勘查业	Scientific Research,Technical Services and Geological Prospecting	98 338
水利、环境和公共设施管理业	Water Conservancy,Environment Management and Public Amenities	421315
居民服务和其他服务业	Resident Services and Other Services	289 112
教育	Education	355 531
卫生、社会保障和社会福利业	Health Care,Social Insurance and Welfare	332 034
文化、教育和娱乐业	Culture ,Education and Entertainment	167 920
公共管理和社会组织	Public Services and Social Organizations	305 852
国际组织	International Organizations	

注:此表按国民经济(GB/T4754-2002)分类。

The list is grouped by National Economy Classification(GB/T4754-2002).

第二部分 人口和劳动力

Population Labour Force

CHAPTER 2

2003年深圳人口发展现状、趋势、问题及政策建议

2003 年，是深圳发展史上具有重大意义的一年，是深圳经济发展跃上新台阶、社会发展迈出新步伐、政治文明踏上新里程的一年。在这一年里，全市人民在市委、市政府领导下，团结奋斗，扎实工作，全市经济发展和各项建设克服了非典疫情所带来的料想不到的困难，取得了出人意料的好成绩。伴随着经济的快速增长，深圳市人口规模也进一步扩大，人口、人才政策发挥了积极效应，出生人口得到有效控制，人口素质逐步提高，成为深圳市人口发展新的特征。

一、人口发展规模与结构的基本特征

（一）常住人口总量继续增加，增幅较大

2003 年末，深圳市常住人口为 557.41 万人，比上年增加 53.16 万人，增长 10.5%，增幅较大，增速自 1994 年以来再次突破两位数。造成人口增速较高的主要原因是“内力拉动”因素：深圳保持了社会经济的持续繁荣和稳定，创造了较多的创业机会和就业机会，良好的投资与生活环境吸引了大量的外来投资者和劳动力，人口机械增长是人口总量增长的主要形式。

（二）新增人口以暂住人口为主，增幅高于户籍人口

2003 年深圳市常住人口中，暂住人口 406.48 万人，比上年增加 41.68 万人，增长 11.4%；而户籍人口为 150.93 万人，比上年增加 11.48 万人，增长 8.2%。在年末新增常住人口中，暂住人口占 78.0%，而户籍人口仅占 22.0%，新增暂住人口是新增户籍人口的 3.6 倍，暂住人口的增长速度比户籍人口高 3.2 个百分点(详见表 1)。

（三）户籍人口以机械增长为主，出生率和自然增长率平稳

2003 年全市新增户籍人口中，自然增长人口 1.37 万人，占新增人口的 11.9%，而机械增长人口 10.11 万人，占新增人口的 88.1%，比自然增长人口所占的比重高 76.16 个百分点。全年户籍人口出生率为 10.6‰，比全国和全省的出生率分别低 1.8 和 3 个千分点。人口自然增长率为 9.1‰，分别比全国和全省的人口自然增长率高 3.1 和 0.8 个千分点。

表 1　　深圳市 2003 年年末常住人口数

（单位：人）

区别＼项目	二〇〇三年			二〇〇二年			2003 年比 2002 年+ -%			人口密度（人/平方公里）
	常住人口	户籍人口	暂住人口	常住人口	户籍人口	暂住人口	常住人口	户籍人口	暂住人口	
全市合计	5574092	1509301	4064791	5042523	1394494	3648029	10.5	8.2	11.4	2854
1、特区内小计	2489246	950037	1539209	2322142	875877	1446265	7.2	8.5	6.4	6289
福田区	947421	388020	559401	885886	356062	529824	6.9	9.0	5.6	12140
罗湖区	766602	314307	452295	718101	299311	418790	6.8	5.0	8.0	9717
南山区	621902	218694	403208	576042	192938	383104	8.0	13.3	5.2	3723
盐田区	153321	29016	124305	142113	27566	114547	7.9	5.3	8.5	2134
2、特区外小计	3084846	559264	2525582	2720381	518617	2201764	13.4	7.8	14.7	1981
宝安区	1827302	308715	1518587	1606154	288819	1317335	13.8	6.9	15.3	2563
龙岗区	1257544	250549	1006995	1114227	229798	884429	12.9	9.0	13.9	1490

人口死亡率明显较低，2003 年全市户籍人口死亡率只有 1.5‰，死亡率比全国和全省的死亡率分别低 4.9 和 3.8 个千分点。

（四）人口性别比有所提高，但不同户籍性质人口性别比差异较大

全市年末常住人口性别比为 97.96:100（女性=100，下同），比上年提高 0.07 个百分点，这一性别比值用人口理论来衡量仍属正常范围。但从户籍人口与暂住人口的性别比值来看，两者差异较为显著，表现在户籍人口是男多女少，性别比为 111.94:100；暂住人口是男少女多，性别比为 93.23:100，不同户籍性质人口间的性别比相差 18.71 个百分点，但总体人口性别比基本平衡。

（五）人口年龄结构以劳动适龄人口为主

在 2003 年末常住人口中，0—14 岁人口占 12.5%，比上年减少 0.5 个百分点。60 岁以上人口占 4.5%，与上年对比基本持平，略降 0.3 个百分点。15~59 岁劳动适龄人口占 83.0%。人口年龄结构反映出深圳市常住人口以劳动适龄人口为主(详见表 2)。

表 2　1999—2003年常住人口年龄构成

（单位：%）

年龄别（岁）	1999 年	2000 年	2001 年	2002 年	2003 年
0-14 岁	15.0	12.5	12.5	13.0	12.5
15-59 岁	79.9	82.8	82.6	82.2	83.0
60 岁及以上	5.1	4.7	4.9	4.8	4.5

（六）人口受教育程度进一步提高

以每十万人中拥有各种受教育程度人口的比例来考察深圳市年末常住人口文化素质的变化情况，呈现如下特征：

1、受过大专及以上高等教育人口的比例仍继续增加，增幅平稳。2003 年每十万人中受过大专及以上教育程度人口为 10970 人，比上年增加 215 人。

2、占常住人口绝大部分的高中和初中受教育程度人口均稳定增加，2003 年每十万人中受过高中、初中教育的人口达 69140 人，比上年增加 759 人。而每十万人中只有小学及以下受教育程度的人口为 14978 人，比上年减少 156 人。(详见表 3)

表 3　1999-2003 年常住人口受教育程度

单位：(人/十万)

受教育程度	1999 年	2000 年	2001 年	2002 年	2003 年
大专及以上	10397	10479	10538	10755	10970
高　中	22583	24139	24715	25102	25702
初　中	40730	42807	43642	43279	43438
小　学	17902	17662	14737	14265	14123
15 岁以上不识字或识字很少	2912	892	874	869	855

以上特征表明深圳市常住人口的整体受教育程度不断提高，其主要原因一是随着深圳市产业结构的不断调整，企业高科技含量不断增加，就业的教育程度“门槛”相应抬高；二是 2003 年深圳经济发展迅猛，提供了良好的创业环境；在构筑人才高地的战略思想指导下，深圳 2003 年加大了人才引进力度，使大批高学历的人才聚集深圳。

（七）人口地区分布

人口增长速度 “外高内平” 的特征更加显著。2003 年特区外年末常住人口 308.48 万人，比上年增长 13.4%，而特区内年末常住人口为 248.92 万人，比上年增长 7.2%，特区外年末常住人口增长速度比特区内高出 6.2 个百分点。在特区外，宝安区年末常住人口达 182.73 万人，比上年增长 13.8%，龙岗区年末常住人口达 125.75 万人，比上年增长 12.9%，两区占全市常住人口的比重达 55.3%。

二、人口发展存在的突出问题及对策建议

（一）人口规模急剧扩大，构成对城市承载力的冲击，有效控制人口规模是当务之急

目前深圳市土地总面积仅有 1952.84 平方公里，人口的承载量十分有限。近年来，关于深圳市未来适度的人口规模的研究有较多的成果，综合起来，深圳市 2010 前较为适度的常住人口规模应控制在 585 万人之内，而 2003 年全市常住人口已达 557.41 万人，据此，深圳市人口发展的空间已十分狭窄，换句话说，当前人口发展的“警戒线”实际上已被突破，人口形势十分严峻。人口发展对资源、环境的压力在近两年已在某些领域凸显出来，引发了交通、环境、治安等一系列问题的出现，供水、排水、供电、供气、医疗、教育、住宅、保险、福利、公共卫生、减灾防灾、劳动就业、社会保障、文化设施、城市管理等方面也承受了不同程度的压力。如果人口规模得不到有效控制，可以预见，在未来的几年内，人口发展的压力将在更多的领域中显现出来，并产生连锁反应，对深圳市的整体发展将构成重大威胁。因此要正视深圳的人口发展现状，强化危机感和急迫感，完善人口发展战略与人口政策，摸清资源家底，调整移民门槛，把好入户闸门，达到有效控制人口规模的目的。

（二）人口结构不合理，制约了城市的发展，加大了政府的管理难度，合理调节人口结构是人口控制的核心

深圳市人口结构的不合理，突出体现在两方面：户籍人口与暂住人口的比例倒挂；高素质人口所占比重总体偏低。

2003 年深圳市户籍人口和暂住人口分别占常住人口总量的 27.1%和 72.9%，暂住人口是户籍人口的 2.7 倍，这种结构在全国各大中城市中是独一无二的。户籍人口过小，严重影响住宅消费、教育消费、医疗消费、文化消费、体育消费、休闲消费，客观上制约深圳第三产业发展；暂住人口过多，流动人口过大，凸显政府管理力量配置的严重不足（当前政府管理力量是按照户籍人口配备的），二元社会管理削弱了城市社会稳定，给政府部门造成了管理上的困难。

应该说经过20多年的发展，深圳已形成了一支较为稳定的人才队伍，但是整体文化素质和人才结构并不理想。2003年每十万人拥有大专以上文化程度的人数为10970人，仅相当于上海市2000年（10940人/十万人）的水平；初中及以下文化程度的比例为58.42%，相对北京、上海等城市，深圳的这一比例仍然较高。人才发展面临的主要问题是人才总量不足和高级人才队伍规模偏小，与国内许多城市相比都存在较大差距，与深圳建设国际化城市的要求不相适应。

因此控制人口规模应与提高人口素质、优化人口结构相结合。要加大户籍管理改革力度，变行政审批的入户管理为核准制的入户管理，通过技术移民、投资移民、纳税移民、特长移民、文体移民、美德移民等手段，制定一个科学的人口调控机制，编制人口"筛子"，在控制人口规模的同时，逐步增加户籍人口比重，将优秀人才留下来，达到控制人口、不控制人才的最终目的。

三、二〇〇四年人口发展趋势

（一）人口规模将进一步扩大

深圳市近几年经济保持了良好的发展势头，2003年经济更是实现了重大突破，业内人士预测，新一轮经济发展浪潮将随之而来；而随着新的发展观的实施和新的发展目标的确立，也将使社会发展获得重大的发展机遇，城市的吸引力进一步加大。经济和社会的全面发展将创造更多的就业机会，劳动力人口的大量迁入将成为必然趋势，人口规模的发展速度将进一步加大。

（二）暂住人口的比例将有所放大

近年来深圳市出台了户籍制度改革的有关措施，新政策将促进户籍人口的增加，但暂住人口增速将大于户籍人口的增速，暂住人口在常住人口的比例将进一步放大。

（三）特区外人口增长将更明显

2003年深圳市委市政府作出了加快宝安、龙岗城市化的战略部署，深圳将成为全国第一个没有农村，走出二元结构的城市，特区外两区的经济社会将快速发展，深圳市人口增长的区域性转移的特征将日趋明显。

（四）人口素质将进一步提高

随着深圳市占领人才"制高点"政策的推进，产业结构调整力度的加强，企业高新技术含量的增加，以及大专以上毕业人数的逐年增加，深圳市新迁入人口的文化素质将进一步得到提高。

注：2003年末常住人口年龄构成、性别构成、受教育程度数据按照2000年人口普查资料、2003年暂住人口情况抽样调查资料及公安、计生等统计资料推算。

（撰稿：华琼辉）

2003年深圳市就业状况及2004年展望

2003年，随着深圳市国民经济快速增长，就业规模持续扩大，就业渠道不断拓宽，总体上深圳市就业形势保持着稳定发展的态势。

一、就业基本状况

（一）就业总量不断扩大，增幅创近年新高

2003年，深圳市从业人员达到422.29万人，比上年增加了63.01万人，增长17.5%。1990年－2003年，深圳市共增加从业人员313.07万人，平均每年新增24.08万人，年平均增长率为11.0%。2003年劳动力参与率为87.4%，比上年上升了0.7个百分点。

1990年至2003年深圳市从业人员数量变化图

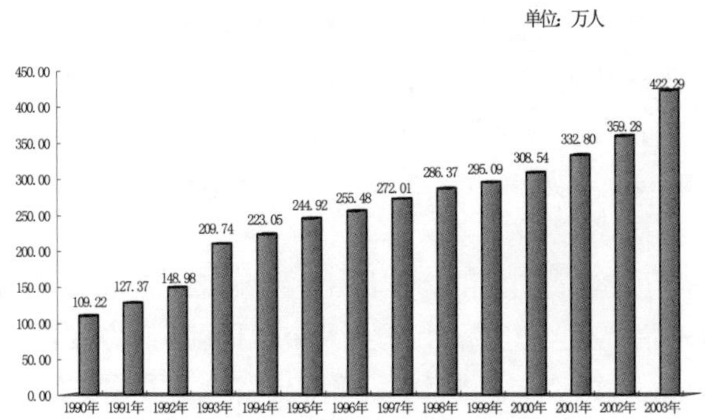

（二）就业结构发生变化，其特征表现在：

1、第二产业从业人员增长最快，其所占比重继续上升

近年来，深圳市加快农村城市化进程的步伐，向国际化城市迈进，第二产业特别是工业的快速增长，依然是拉动深圳市经济的主力军，第三产业虽然也在平稳地发展，但是，由于人口结构、体制等诸多原因，制约了第三产业的发展，使第三产业所占的比重持续下降。2003年，第二产业从业人员为240.82万人，增长20.2%，所占比重稳步提高，由2002年的55.8%提高到2003年的57.0%；第一产业从业人员为4.23万人，增长7.4%，所占比重略有下降，由2002年的1.1%下降到2003年的1.0%；第三产业从业人员为177.24万人，增长14.4%，所占比重有所下降，由2002年的43.1%下降到2003年的42.0%。三次产业从业人员结构比重为1:57:42，与经济结构（0.6:59.5:39.9）基本相一致。这充分表明了经济增长带动着就业增长，深圳市的产业结构调整还需要加大力度，使产业结构和就业结构向现代化、国际化城市标准迈进。

2002年三次产业就业结构图

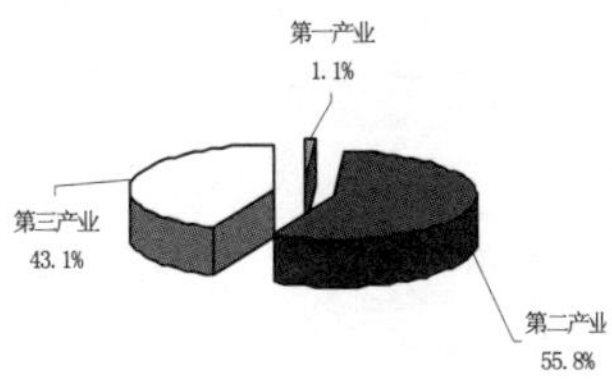

2003年三次产业就业结构图

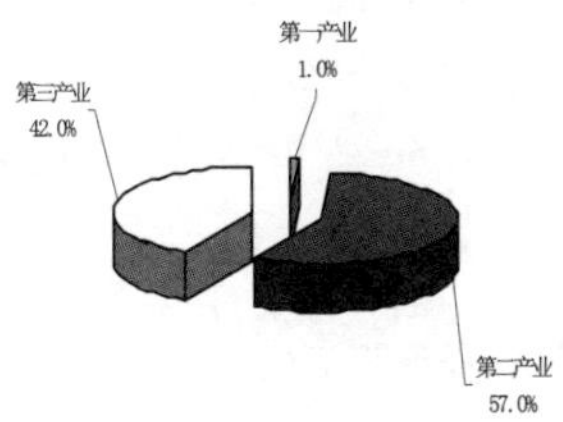

2、非公有制经济中的就业队伍继续壮大，已经占据了大半江山

2003年，深圳市对外开放迈出了新步伐，外贸和外资工作不断加强，外源型经济快速增长，对国有企业的各项改革进程不断加快，民营经济发展突飞猛进，使得非公有制经济不仅在优化产业结构、促进市场竞争等方面对深圳市经济发展发挥着越来越大的作用，而且在创造就业岗位、吸纳下岗失业人员、促进社会稳定等方面也发挥着非常重要的作用。2003年底，非公有制单位从业人员已达到260.77万人，增长22.3%，比重由上年的59.3%提高到61.8%，上升了2.5个百分点，其中，外商投资和港、澳、台投资单位的从业人员达130.10万人，增长23.6%；私营个体单位从业人员达130.57万人，增长21.0%。近年深圳市非公有制经济持续快速增长，使其从业人员所占的比重逐年上升，反之，公有制单位从业人员所占的比重逐年下降。由此可见，非公有制单位是深圳市扩大就业的主要渠道。

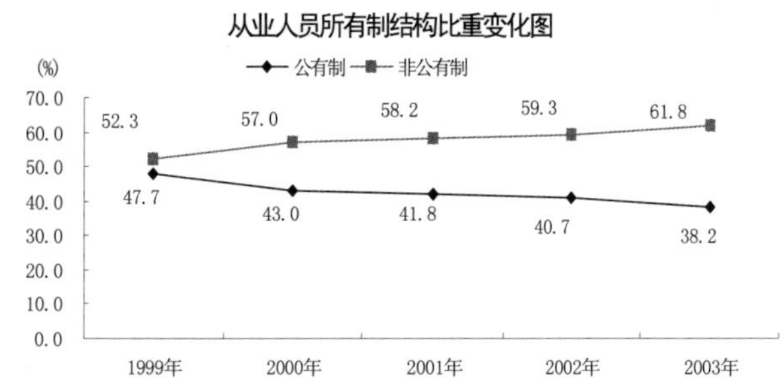

注：非公有制经济包括私营经济、个体经济、外商经济和港、澳、台经济。

（三）城镇登记失业率有所上升，就业仍面临较大的压力

近年来，市委、市政府对就业和再就业工作高度重视，采取了多种措施控制，制定有关就业和再就业政策，如出台了再就业优惠证、再就业资金管理、困难失业人员托底安置、小额贷款担保等9个方面的配套政策文件；抓好社区就业服务平台建设；成立了深圳市居民就业委员会，初步形成了跨部门的再就业工作联动机制，想方设法促进居民就业。但是，就业压力还是持续加大，深圳市的失业总量继续增加，城镇登记失业率有所上升。2003年，共有15206名失业人员实现了就业和再就业，增长9.7%；年末累计登记失业人员为21914人，增长11.3%；城镇登记失业率2.61%，比上年提高0.16个百分点，是近年的新高（见下图）。

二、2004年就业形势展望

2004年1季度末，深圳市从业人员已达428.95万人，比上年末增加6.66万人，其中，第一产业从业人员4.23万人，与上年末持平；第二产业从业人员243.00万人，比上年末增加2.18万人；第三产业从业人员181.72万人，比上年末增加4.48万人。一、二、三次产业从业人员结构为1:56.6:42.4。落实就业和再就业政策力度继续加大，努力打造深圳市就业和再就业服务工作品牌，已经启动“关爱·自立”行动，已经和即将实施“阳光”、“春雨”、“金桥”、“彩虹”四大计划。2004年1季度，全市共有4878名失业人员实现了就业和再就业，比上年同期增加了1961名，增幅达67.2%。城镇居民登记失业率为2.60%，比去年同期上升了0.14个百分点。

从2004年第一季度基本情况看，预测2004年劳动就业的主要情况特点如下：

（一）就业总量继续扩大，增幅达6.0%--8.0%

经济学家认为，就业增长取决于经济增长和就业弹性。在就业弹性一定的情况下，经济增长对就业增长则起决定性的作用。虽然就业总量是受人口基数、人口年龄结构、人口迁移以及社会经济发展进程等诸多因素影响，但是，从深圳市历史资料来看，已经充分证明了就业总量主要受经济增长影响。2004年，深圳市国民经济将沿着良性的轨道上快速协调健康地发展，因此，深圳市就业形势总体上还是比较乐观的，基本上可以保持稳定发展的态势，增幅达6%--8%。

（二）第三产业从业人员所占比重有望上升

2004年，CEPA的正式实施，将第二次掀起港资进入深圳市的新浪潮，为深圳市的金融、商贸、物流、旅游、会展、中介服务等行业的发展全面注入新的活力，同时，围绕建设国际化城市的目标，增强城市功能建设，提升城市综合竞争力，使深圳市第三产业的快速增长，比重有所回升，从而带动第三产业从业人员的增长和比重的回升。

（三）城镇居民登记失业率将有所上升，力争控制在3%以内

虽然与全国和全省相比，深圳市的就业和再就业包袱较轻，但是，由于深圳市国企改革力度的加大，全市国有企业将继续分流出富余人员；其次，今年是大中院校扩大招生后应届毕业生进入就业市场的第二年；再次，宝安、龙岗两区农村城市化后，两区将有有求职愿望的农村未就业劳动力转为城镇居民。因此，2004年，全市失业总量比上年将有所增加，城镇居民登记失业率将有上升趋势，就业和再就业压力将会逐渐增大。

（撰稿：刘丽莲）

2-1 户数、人口、出生、死亡及自然增长

HOUSEHOLDS, POPULATION,BIRTH, DEATH AND NATURAL GROWTH

(1979-2003)

年　份 Year	年末户籍人口户数(万户) Households with Residence Cards (year-end) (10 000 households)	农业户 Agriculture	非农业户 Non-Agriculture	年末常住人口数 (万人) Year-end Resident Population (10 000 persons)	户籍人口 Population with Residence Cards	暂住人口 Population with Temporary Residence Cards
全市　Total						
1979	7.62	6.06	1.56	31.41	31.26	0.15
1980	7.82	5.95	1.87	33.29	32.09	1.20
1981	8.20	6.16	2.04	36.69	33.39	3.30
1982	8.61	5.95	2.66	44.95	35.45	9.50
1983	9.25	5.83	3.42	59.52	40.52	19.00
1984	10.32	5.88	4.44	74.13	43.52	30.61
1985	11.27	5.84	5.43	88.15	47.86	40.29
1986	12.41	5.92	6.49	93.56	51.45	42.11
1987	13.88	6.06	7.82	115.44	55.60	59.84
1988	15.30	5.92	9.38	153.14	60.14	93.00
1989	16.51	6.12	10.39	191.60	64.82	126.78
1990	18.19	6.52	11.67	201.94	68.65	133.29
1991	19.56	6.65	12.91	238.53	73.22	165.31
1992	21.81	5.67	16.14	260.90	80.22	180.68
1993	24.32	6.43	17.89	294.99	87.69	207.30
1994	26.74	6.86	19.88	335.51	93.97	241.54
1995	28.67	7.70	20.97	345.12	99.16	245.96
1996	30.35	8.06	22.29	358.48	103.38	255.10
1997	32.15	8.16	23.98	379.64	109.46	270.18
1998	34.07	8.26	25.81	394.96	114.60	280.36
1999	36.15	8.29	27.86	405.13	119.85	285.29
2000	38.87	8.52	30.35	432.94	124.92	308.02
2001	41.14	9.16	31.98	468.76	132.04	336.72
2002	44.73	10.98	33.75	504.25	139.45	364.80
2003	47.55	11.34	36.21	557.41	150.93	406.48
特区　Urban						
1980	1.87	0.88	0.99	9.41	8.41	1.00
1981	2.49	1.04	1.45	13.13	9.83	3.30
1982	2.87	0.99	1.88	19.86	12.86	7.00
1983	3.41	0.98	2.43	28.50	16.50	12.00
1984	4.21	0.96	3.25	33.75	19.14	14.61
1985	5.23	0.99	4.24	46.98	23.19	23.79
1986	6.06	1.08	4.98	48.87	25.74	23.13
1987	7.16	1.13	6.03	59.96	28.69	31.27
1988	8.33	1.15	7.18	78.40	32.19	46.21
1989	9.24	1.14	8.10	102.69	36.20	66.49
1990	10.68	1.19	9.49	100.98	39.53	61.45
1991	11.77	1.25	10.52	119.80	43.21	76.59
1992	12.82		12.82	122.01	47.28	74.73
1993	14.15		14.15	118.94	52.14	66.80
1994	15.32		15.32	147.53	56.52	91.01
1995	16.35		16.35	151.18	59.96	91.22
1996	17.20		17.20	160.30	63.28	97.02
1997	18.45		18.45	175.10	68.12	106.98
1998	19.52		19.52	184.63	71.48	113.14
1999	20.71		20.71	190.18	74.81	115.38
2000	22.25		22.25	205.30	78.32	126.98
2001	23.36		23.36	221.68	83.23	138.45
2002	26.38		26.38	232.21	87.59	144.62
2003	28.11		28.11	248.92	95.00	153.92

2-1 续表 1 continued

年 份 Year	在年末户籍人口中 Of Population with Residence Cards				户籍户平均每户人口(人) Average Persons Per Household with Residence Cards (person)	年平均人口(万人) Average Annual Population (10 000 persons)	
	男性(万人) Male (10 000persons)	女性(万人) Female (10 000persons)	农业人口(万人) Agriculture (10 000 persons)	非农业人口(万人) Non-Agriculture (10 000 persons)		按常住人口计算 Resident Population	按户籍人口计算 Population with Residence Cards
全市 Total							
1979	14.26	17.00			4.10		
1980	14.69	17.40			4.10	32.35	31.68
1981	15.51	17.88			4.07	34.99	32.74
1982	16.67	18.78			4.12	40.82	34.42
1983	20.50	20.02			4.38	52.24	37.99
1984	22.01	21.51			4.22	66.83	42.02
1985	24.32	23.54			4.25	81.14	45.69
1986	26.13	25.32	25.00	26.45	4.15	90.86	49.66
1987	28.22	27.38	24.99	30.61	4.01	104.50	53.53
1988	30.49	29.64	25.17	34.96	3.93	134.29	57.87
1989	32.89	31.93	25.48	39.34	3.93	172.37	62.48
1990	34.92	33.73	25.65	43.00	3.77	196.77	66.74
1991	37.27	35.95	26.23	46.99	3.74	220.24	70.94
1992	41.19	39.03	22.83	57.39	3.68	249.72	76.72
1993	45.25	42.44	23.61	64.08	3.61	277.95	83.96
1994	48.62	45.35	24.41	69.56	3.51	315.25	90.83
1995	51.37	47.80	24.39	74.77	3.46	340.32	96.57
1996	53.64	49.75	24.47	78.91	3.41	351.80	101.27
1997	56.79	52.66	24.66	84.80	3.40	369.06	106.42
1998	59.73	54.87	24.69	89.91	3.36	387.30	112.03
1999	62.69	57.16	24.79	95.06	3.32	400.05	117.22
2000	65.21	59.71	24.77	100.15	3.21	419.04	122.38
2001	69.47	62.57	26.17	105.87	3.21	450.85	128.48
2002	73.59	65.86	27.41	112.04	3.12	486.51	135.75
2003	79.72	71.21	28.34	122.59	3.17	530.83	145.19
特区 Urban							
1980					4.49		
1981					3.95	11.27	9.12
1982					4.48	16.50	11.35
1983					4.84	24.18	14.68
1984					4.55	31.13	17.82
1985					4.43	40.37	21.17
1986	14.19	11.55	4.18	21.56	4.25	47.93	24.47
1987	15.64	13.05	4.17	24.52	4.01	54.42	27.22
1988	17.31	14.88	4.19	28.00	3.87	69.18	30.44
1989	19.36	16.84	4.34	31.86	3.92	90.54	34.19
1990	21.10	18.42	4.46	35.07	3.77	101.84	37.86
1991	22.99	20.22	4.55	38.66	3.67	110.40	41.37
1992	25.25	22.03		47.28	3.69	120.91	45.25
1993	27.90	24.24		52.14	3.69	120.48	49.71
1994	30.24	26.28		56.52	3.69	133.24	54.33
1995	32.09	27.88		59.96	3.67	149.36	58.24
1996	33.81	29.47		63.28	3.68	155.74	61.62
1997	36.26	31.86		68.12	3.69	167.70	65.70
1998	38.20	33.29		71.48	3.66	179.86	69.80
1999	40.05	34.76		74.81	3.61	187.41	73.15
2000	41.88	36.44		78.32	3.52	197.74	76.57
2001	44.86	38.37		83.23	3.56	213.49	80.78
2002	47.24	40.34		87.59	3.32	226.95	85.41
2003	50.97	44.03		95.20	3.55	240.57	91.30

年 份 Year	出生人口数(人) Population of Birth (person)	出生率(‰) Birth Rate (‰)	死亡人口数(人) Population of Death (person)	死亡率(‰) Death Rate (‰)	自然增长人数(人) Population of Natural Growth(person)	自然增长率(‰) Natural Growth Rate (‰)
全市 Total						
1979	7 962	24.60	1 856	5.70	6 106	18.90
1980	6 775	21.40	1 773	5.60	5 002	15.80
1981	7 544	23.00	1 732	5.30	5 812	17.80
1982	6 974	20.30	1 707	5.00	5 267	15.30
1983	5 295	13.90	1 793	4.70	3 502	9.20
1984	5 005	11.50	1 606	3.69	3 399	8.09
1985	5 606	12.27	1 533	3.36	4 073	8.91
1986	6 143	12.37	1 794	3.61	4 349	8.76
1987	6 399	11.95	1 822	3.40	4 577	8.55
1988	8 290	14.32	1 720	2.97	6 570	11.35
1989	8 615	13.79	1 713	2.74	6 902	11.05
1990	10 755	16.11	1 859	2.79	8 896	13.33
1991	11 408	16.08	1 607	2.27	9 801	13.81
1992	11 277	14.07	1 840	2.40	9 437	11.67
1993	12 054	14.36	1 619	1.93	10 435	12.43
1994	12 509	13.77	1 590	1.75	10 919	12.02
1995	12 776	13.23	1 719	1.78	11 057	11.45
1996	13 170	13.00	2 116	2.09	11 054	10.91
1997	13 447	12.64	2 268	2.13	11 179	10.51
1998	13 049	11.65	2 341	2.09	10 708	9.56
1999	14 745	12.58	3 479	2.97	11 266	9.61
2000	17 967	14.68	3 120	2.55	14 847	12.13
2001	18 060	14.06	2 223	1.73	15 837	12.33
2002	22 536	16.60	1 978	1.46	20 558	15.14
2003	*15 986	10.63	2 301	1.53	13 685	9.10
特区 Urban						
1980	1 561	20.10	338	4.40	1 223	15.80
1981	2 186	24.00	412	4.50	1 774	19.50
1982	2 460	21.70	412	3.60	2 048	18.00
1983	1 872	12.80	414	2.80	1 458	10.01
1984	1 937	10.12	414	2.16	1 523	8.54
1985	2 698	12.74	412	1.95	2 286	10.79
1986	3 010	12.31	584	2.39	2 426	9.92
1987	3 078	11.31	583	2.14	2 495	9.17
1988	4 669	15.34	482	1.58	4 187	13.75
1989	4 763	13.93	404	1.18	4 359	12.75
1990	6 665	17.60	479	1.21	6 186	16.33
1991	7 096	17.15	369	0.89	6 727	16.26
1992	6 417	14.18	510	1.13	5 907	13.05
1993	7 093	14.27	217	0.44	6 876	13.83
1994	7 020	12.92	183	0.34	6 837	12.58
1995	7 293	12.52	158	0.27	7 135	12.25
1996	7 214	11.71	784	1.27	6 430	10.44
1997	7 346	11.18	706	1.07	6 640	10.11
1998	7 102	10.17	731	1.05	6 371	9.13
1999	8 184	11.19	1 445	1.98	6 739	9.21
2000	11 270	14.72	1 306	1.71	9 964	13.01
2001	11 486	14.22	771	0.95	10 715	13.27
2002	14 333	16.78	821	0.96	13 512	15.82
2003	9 693	9.92	831	0.85	8 862	9.07

注:2003 年"出生人口数"、"出生率"、"死亡人口数"、"死亡率"、"自然增长人数"、"自然增长率"按市计生办口径统计。
Population of Birth, Birth Rate, Population of Death, Death Rate, Population of Natural Growth and Natural Growth and Natural Growth Rate in 2003 are calculated from Shenzhen Family Planning Office.

2-2 人口指数

INDICES OF POPULATION

(1980-2003)

单位:% (%)

年 份 Year	以1979年为100 1979=100 年末常住人口 Resident Population (Year-end)	户籍人口 Population with Residence Cards	暂住人口 Population with Temporary Residence Cards	以上年为100 Preceding Year=100 年末常住人口 Resident Population (Year-end)	户籍人口 Population with Residence Cards	暂住人口 Population with Temporary Residence Cards
1980	106.0	102.7	800.0	106.0	102.7	800.0
1981	116.8	106.8	2 200.0	110.2	104.1	275.0
1982	143.1	113.4	6 333.3	122.5	106.2	287.9
1983	189.5	129.6	12 666.7	132.4	114.3	200.0
1984	236.0	139.2	20 406.7	124.5	107.4	161.1
1985	280.6	153.1	26 860.0	118.9	110.0	131.6
1986	297.9	164.6	28 073.3	106.1	107.5	104.5
1987	367.5	177.9	39 893.3	123.4	108.1	142.1
1988	487.6	192.4	62 000.0	132.7	108.2	155.4
1989	610.0	207.4	84 520.0	125.1	107.8	136.3
1990	642.9	219.6	88 860.0	105.4	105.9	105.1
1991	759.4	234.2	110 206.7	118.1	106.7	124.0
1992	830.6	256.6	120 453.3	109.4	109.6	109.3
1993	939.2	280.5	138 200.0	113.1	109.3	114.7
1994	1 068.2	300.6	161 026.7	113.7	107.2	116.5
1995	1 098.8	317.2	163 973.3	102.9	105.5	101.8
1996	1 141.3	330.7	170 066.7	103.9	104.3	103.7
1997	1 208.7	350.2	180 120.0	105.9	105.9	105.9
1998	1 257.4	366.6	186 906.7	104.0	104.7	103.8
1999	1 289.8	383.4	190 193.3	102.6	104.6	101.8
2000	1 378.4	399.6	205 346.7	106.9	104.2	108.0
2001	1 492.4	422.4	224 480.0	108.3	105.7	109.3
2002	1 605.4	446.1	243 200.0	107.6	105.6	108.3
2003	1 774.6	482.8	270 986.7	110.5	108.2	111.4
年平均增长率 AverageAnnual Growth Rate				**12.7**	**6.8**	**39.0**

2-3 户籍人口计划生育情况

FAMILY PLANNING OF POPULATION WITH RESIDENCE CARDS

(2003)

指标名称	Item	全市合计 Total	特区 Urban	福田区 Futian	罗湖区 Luohu	盐田区 Yantian	南山区 Nanshan	宝安区 Baoan	龙岗区 Longgang
节育率(%)	Coverage of under Contraception(%)	90.30	90.73	90.68	92.52	91.87	88.92	90.95	87.36
计划生育率(%)	Birth Control Rate(%)	98.87	99.01	99.23	98.64	99.61	98.98	98.69	98.63
一孩率(%)	One-child Rate(%)	90.03	93.04	92.15	92.64	95.37	94.35	84.86	85.99
独生子女领证人数 (人)	Number of Couples with One-child Certificate(person)	135 546	107 693	51 907	23 356	3 323	29 107	13 514	14 339
独生子女领证率(%)	Coverage of One-child Certificate(%)	36.65	42.78	47.44	35.54	37.90	42.90	20.35	27.76
已婚育龄妇女人数(人)	Married Women at Child-bearing Age(person)	369 831	251 758	109 422	65 718	8 767	67 851	66 413	51 660

2-4 社会劳动者人数

NUMBER OF EMPLOYED

(2003)

单位:人 (person)

项目	Item	年末社会劳动者合计 Total Employed (year-end)	在岗职工 Staff and Workers	私营个体劳动者 Urban Self-Employment	镇村劳动者 Laborers of Town and Village	其他劳动者 Others
总 计	**Total**	**4 222 947**	**1 081 970**	**1 305 723**	**1 825 484**	**9 770**
按隶属关系分	**By Administrative Relationship**					
1、中央属	Central Goverment	107 987	106 716			1 271
2、广东省属	Guangdong	21 376	21 335			41
3、深圳市属	Shenzhen	2 781 502	504 843	1 305 723	964 688	6 248
4、其 他	Others	1 312 082	449 076		860 796	2 210

2-5 按行业分的社会劳动者人数

NUMBER OF EMPLOYED GROUPED BY SECTOR

单位:人　　(2003)　　(person)

项　目	Item	年末社会劳动者合计 Total Employed (year-end)	在岗职工 Staff and Workers	私营个体劳动者 Urban Self-Employment	镇村劳动者 Laborers of Town and Village	其他劳动者 Others
按三次产业分	**Grouped by Industry**					
第一产业	Primary Industry	42 362	8 057	1 676	32 606	23
第二产业	Secondary Industry	2 408 190	574 350	135 983	1 695 539	2 318
第三产业	Tertiary Industry	1 772 395	499 563	1 168 064	97 339	7 429
按国民经济行业分	**Grouped by Sector**					
1、农、林、牧、渔业	Farming, Forestry, Animal Husbandry and Fishery	42 362	8 057	1 676	32 606	23
2、采矿业	Mining and Quarrying	1 063	648	413		2
3、制造业	Manufacturing	2 303 365	489 096	134 513	1 678 051	1 705
4、电力、煤气及水的生产和供应业	Electricity, Gas and Water Production and Supply	15 113	13 257		1 810	46
5、建筑业	Construction	88 649	71 349	1 057	15 678	565
6、交通运输、仓储和邮政业	Transportation,Storage and Post Services	95 678	71 857	19 590	4 011	220
7、信息传输、计算机服务和软件业	Information Transfer,Computer and Software Services	80 775	17 419	60 164	3 134	58
8、批发和零售业	Wholesale and Retail Sales	695 777	73 065	581 488	40 752	472
9、住宿和餐饮业	Accommodation and Catering Trade	217 636	34 734	166 366	16 387	149
10、金融业	Banking	39 050	33 616		1 195	4 239
11、房地产业	Real Estate Trade	114 621	54 246	54 176	5 921	278
12、租赁和商务服务业	Leasing Industry and Commercial Services	161 889	35 476	112 677	13 532	204
13、科学研究、技术服务和地质勘查业	Scientific Research,Technical Services and Geological Prospecting	41 541	12 108	29 001		432
14、水利、环境和公共设施管理业	Water Conservancy,Environment Management and Public Amenities	33 585	14 698	18 127	716	44
15、居民服务和其他服务业	Resident Services and Other Services	89 424	1 432	83 035	4 946	11
16、教育	Education	71 522	40 371	25 916	4 661	574
17、卫生、社会保障和社会福利业	Health Care,Social Insurance and Welfare	35 644	30 350	4 239	516	539
18、文化、教育和娱乐业	Culture ,Education and Entertainment	26 399	11 443	13 285	1 568	103
19、公共管理和社会组织	Public Services and Social Organizations	68 854	68 748			106
20、国际组织	International Organizations					

2-6 社会劳动者人数

NUMBER OF EMPLOYED

(1979—2003)

单位:万人 (10 000 persons)

年份 Year	年末社会劳动者合计 Total Employed (year-end)	# 在岗职工 Staff and Workers	国有单位 State-owned Units	城镇集体单位 Urban Collective-owned Units	其他单位 Other Ownership Units	# 私营个体劳动者 Urban Self-Employment	# 镇村劳动者 Laborers of Town and Village
1979	13.95	4.02	3.37	0.65		0.41	9.52
1980	14.89	4.86	4.05	0.81		0.38	9.65
1981	15.36	5.31	4.51	0.80		0.13	9.92
1982	18.49	8.28	7.00	1.28		0.11	10.17
1983	22.37	12.57	10.10	1.22	1.25	0.22	9.58
1984	27.26	18.33	14.14	2.15	2.04	0.50	8.43
1985	32.61	22.66	16.84	2.60	3.22	0.64	9.31
1986	36.04	25.88	18.97	2.68	4.23	0.93	9.23
1987	44.30	32.29	22.04	3.55	6.70	1.10	10.91
1988	54.53	41.74	28.04	4.53	9.17	1.69	11.10
1989	93.65	48.24	30.34	4.85	13.05	2.19	43.22
1990	109.22	55.41	33.85	5.25	16.31	3.36	50.43
1991	127.37	64.89	38.77	6.76	19.36	3.57	58.91
1992	148.98	71.10	38.85	7.99	24.26	9.04	68.84
1993	209.74	78.11	41.45	5.42	31.24	28.53	103.10
1994	223.05	82.29	38.71	8.28	35.30	32.77	107.64
1995	244.92	88.75	40.17	10.75	37.83	45.66	110.04
1996	255.48	89.13	41.07	9.53	38.53	49.33	116.59
1997	272.01	91.18	40.92	8.69	41.57	61.43	119.19
1998	286.37	91.93	33.75	4.25	53.93	69.65	124.50
1999	295.09	92.52	32.94	4.17	55.41	74.08	128.20
2000	308.54	93.36	31.00	3.84	58.52	84.38	129.98
2001	332.80	94.88	31.31	3.72	59.85	97.48	139.64
2002	359.28	101.76	29.62	2.57	69.57	107.87	148.77
2003	422.29	108.20	30.10	2.36	75.74	130.57	182.55

2-7 社会劳动者人数指数

INDICES OF NUMBER OF EMPLOYED

(1980—2003)

以上年为 100 (preceding year=100)

年份 Year	年末社会劳动者合计 Total Employed (year-end)	# 在岗职工 Staff and Workers	国有单位 State-owned Units	城镇集体单位 Urban Collective-owned Units	其他单位 Other Ownership Units	# 私营个体劳动者 Urban Self-Employment	# 镇村劳动者 Laborers of Town and Village
1980	106.7	120.9	120.2	124.6		92.7	101.4
1981	103.2	109.3	111.4	98.8		34.2	102.8
1982	120.4	155.9	155.2	160.0		84.6	102.5
1983	121.0	151.8	144.3	95.3		200.0	94.2
1984	121.9	145.8	140.0	176.2	163.2	227.3	88.0
1985	119.6	123.6	119.1	120.9	157.8	128.0	110.4
1986	110.5	114.2	112.6	103.1	131.4	145.3	99.1
1987	122.9	124.8	116.2	132.5	158.4	118.3	118.2
1988	123.1	129.3	127.2	127.6	136.9	153.6	101.7
1989	171.7	115.6	108.2	107.1	142.3	129.6	389.4
1990	116.6	114.9	111.6	108.2	125.0	153.4	116.7
1991	116.6	117.1	114.5	128.8	118.7	106.3	116.8
1992	117.0	109.6	100.2	118.2	125.3	253.2	116.9
1993	140.8	109.9	106.7	67.8	128.8	315.6	149.8
1994	106.3	105.4	93.4	152.8	113.0	114.9	104.4
1995	109.8	107.9	103.8	129.8	107.2	139.3	102.2
1996	104.3	100.4	102.2	88.7	101.9	108.0	106.0
1997	106.5	102.3	99.6	91.2	107.9	124.5	102.2
1998	105.8	102.3	84.6	49.2	130.7	113.4	104.5
1999	103.0	100.6	97.6	98.1	102.7	106.4	103.0
2000	104.6	100.9	94.1	92.1	105.6	113.9	101.4
2001	107.9	101.6	101.0	96.9	102.3	115.5	107.4
2002	108.0	107.3	94.6	69.1	116.2	110.7	106.5
2003	117.5	106.3	101.6	91.8	108.9	121.0	122.7
年平均增长率(%) Average Annual GrowthRate (%)	**15.3**	**14.7**	**9.6**	**5.5**	**22.8**	**27.1**	**13.1**

第三部分　工业

Industry

CHAPTER 3

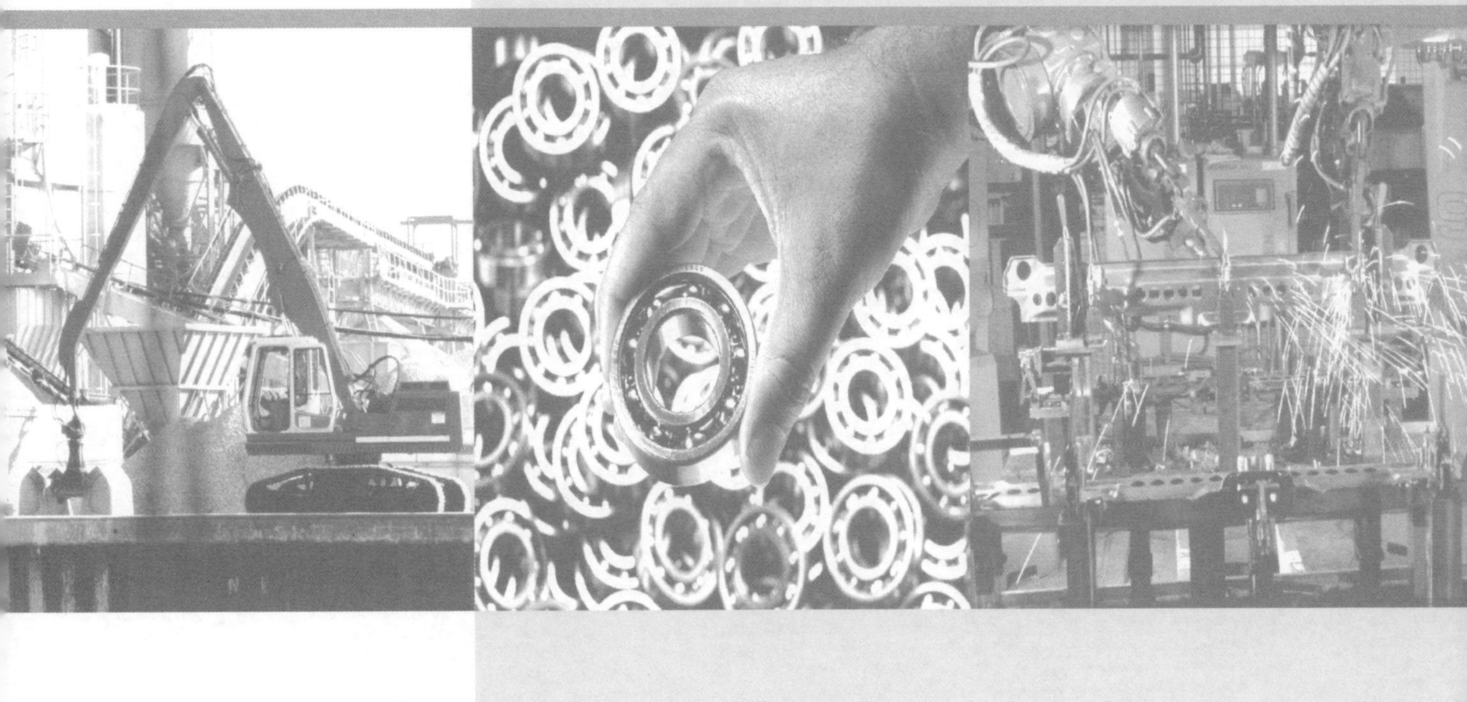

2003年深圳工业生产回顾及2004年展望

过去的一年,是极不平凡的一年。面对突如其来的非典型肺炎疫情袭击和加快发展中出现的制约因素及竞争压力,在党中央、国务院的正确领导下,深圳市坚持以邓小平理论和“三个代表”重要思想为指导,认真贯彻落实党的十六大、十六届三中全会和胡锦涛总书记视察广东重要讲话精神,坚持一手抓防治非典,一手抓经济建设,使深圳工业在加快发展、率先发展中体现了全面、协调、可持续发展新的发展模式,促进工业迈上新的台阶。全年完成工业总产值(全口径)5613.59亿元,比上年增长33.8%,增幅创近8年来的最高水平。

一、2003年工业经济运行态势及特点

(一)拉动经济唱“主角”

2003年,深圳工业保持了快速高效的良好发展态势,全市规模以上工业企业实现工业总产值(当年价格,下同)5245.10亿元,新增产值1191.69亿元,比上年增长34.5%;实现工业增加值1463.67亿元,增长29.3%,增速同比提高7.3个百分点。工业生产增势迅猛,除1月份增幅为19.4%,略低于20%外,其余月份累计增幅均超过21%以上(见图表1),

深圳工业生产各月累计增长趋势(图 1)

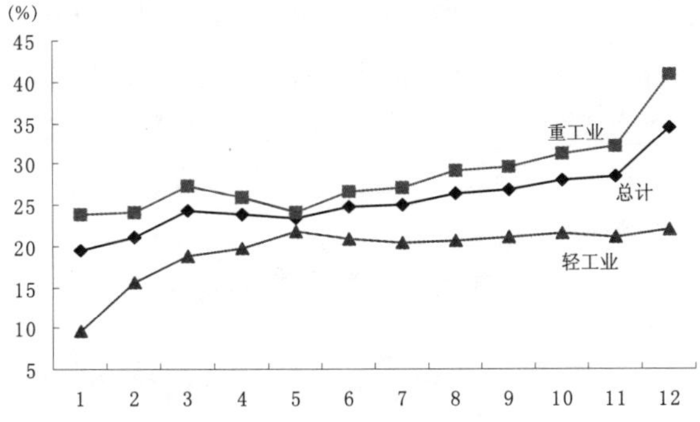

并呈逐季攀升态势,最终全年以高达34.5%的增幅圆满完成了2003年的工业生产,比年初高出15个百分点,为1995年以来增长最快的时期,创近8年来同期最高增长水平。全部工业对本市生产总值的贡献率达到74.5%,拉动GDP增长14.3个百分点,比上年提高0.7个百分点。工业对经济增长的贡献率不断提高,表明深圳工业在不断提高效益的基础上增强了对全市经济增长的推动作用。

(二)结构重型化特征明显

2003年,深圳工业发展格局显著变化的主要特征,是向重型工业化发展阶段的快速推进,结构重型化特征明显。2003年电子信息业、电气机械及专用设备制造业、石油化工制造业三大新兴支柱产业实现工业总产值3908.63亿元,占规模以上工业总产值74.5%,比上年增长36.9%,在三大新兴支柱产业快速增长的强力推动下,工业产业结构得到进一步优化。深圳轻重工业产值比重由2002年的33.8:66.2调整为2003年的31.4:68.6,重工业比重比2002年提高2.4个百分点,比2001年提高4.1个百分点,标志着深圳工业进入“重化工业”加速发展阶段。2003年重工业实现工业总产值3597.58亿元,比上年增长40.8%,其中有45.4个百分点是由三大新兴支柱产业直接带动的。重工业从年初就以高出全市平均水平4.5个百分点和高出轻工业14.3个百分点的速度开局,并且全年都处于高位快速运行。重工业对整个工业经济的贡献率达到79%,拉动工业经济增长27.3个百分点,成为左右深圳工业和整个国民经济走向的中坚力量。

(三)高新技术产业占据半壁江山

2003年,深圳高新技术产业继续保持强劲的增长势头,各项指标均有较大幅度的提高,成为深圳经济社会发展的重要支柱。2003年全市高新技术产业实现工业总产值2482.79亿元,比上年增长45.2%,高新技术产业增速高于全部规模以上工业增速10.7个百分点,占全市工业总产值的比重为47.3%,对工业经济增长的贡献率达到54.1%,直接拉动工业经济增长18.7个百分点。部分高新技术产品增长迅猛,如程控交换机完成2919.57万线,增长56.6%;移动电话完成1823.19万部,增长91.7%;微型计算机完成486.67万部,增长45.2%;液晶显示器件完成60659.88万件,增长211.2%。令人瞩目的

是，深圳具有自主知识产权的高新技术产品产值占全部高新技术产品产值的55.9%，比市委、市政府规划的到2005年使具有自主知识产权的高新技术产品产值占整个高新技术产品产值的50%以上的目标提前2年实现，产值达到1386.64亿元，比上年增长45.2%，占全市规模以上工业总产值比重为26.4%。高新技术产业已经成为深圳工业的第一增长点，也是深圳工业产业升级的的主导性力量，对促进我市产业结构调整的作用日益凸现。

（四）七大支柱行业主导地位继续加强

2003年，产值超百亿以上的七大支柱行业实现产值4305.73亿元，比上年增长33.4%，占规模以上工业总产值的比重由2002年的76.6%上升到82.1%，提高了2.5个百分点，对全市工业经济增长的贡献率达到82.1%，直接拉动工业经济增长13.3个百分点。但七大支柱行业的发展不太平衡，产业比重分化较大，除电子及通信设备制造业、金属制品业的比重比2002年提高外，其他五个行业的比重均略有下降。电子及通信设备制造业的比重从2002年的54.3%提高到2003年的58.2%，提高了3.9个百分点，金属制品业的比重从2.5%提高到2.7%。其中电子及通信设备制造业已成为我市工业的第一大产业，全年实现工业总产值3053.73亿元，比上年增长35.0%，对全市工业经济增长的贡献率为71.2%，直接拉动工业增长24.6个百分点；实现产品销售收入2941.34亿元，比上年增长42.5%，实现利润144.47亿元，比上年增长80.8%，该行业已经成为深圳工业中成长性最好、竞争力最强、关联度最大的产业，是拉动工业经济增长的火车头，也是深圳工业结构调整的主动力。深圳程控交换机、半导体集成电路、微型计算机、移动电话、彩色电视机等产品产量居全国前列，2003年以上各产品产量占全国产量的比重分别为39.6%、13.1%、15.8%、10.1%、25.7%。

（五）"三资"及股份制企业领衔工业增长

2003年，从经济结构看，深圳工业生产呈现出不同经济类型工业全面提速，股份制企业表现活跃，外商及港澳台投资企业继续主导工业增长的局面。全年国有及国有控股企业实现工业总产值1016.72亿元，比上年增长35.5%；集体企业实现工业总产值13.62亿元，增长12.2%；股份制企业实现工业总产值1007.46亿元，增长37.1%；外商及港澳台投资企业实现工业总产值4057.01亿元，增长34.3%，增速比上年加快7.2个百分点，占全市工业总产值的比重达到77.3%，对工业经济增长的贡献率为76.1%，直接拉动工业增长26.3个百分点。外商及港澳台投资企业和股份制企业共实现工业总产值5064.47亿元，增长34.9%，占全市工业总产值的比重达到96.6%，对工业经济增长的贡献率为98.5%，直接拉动工业增长34个百分点。可见，外商及港澳台投资企业和股份制企业的较快较好发展为深圳工业和国民经济的稳步发展发挥了不可替代的作用。

（六）产业集中度进一步提高

2003年，深圳大中型工业企业642家，占规模以上工业企业单位总数的27.7%；实现工业总产值4306.95亿元，增长77.5%，占规模以上工业总产值的比重为82.1%，比上年提高了16.9个百分点，对工业经济的贡献率达到149.5%，拉动工业增长51.6个百分点。大中型企业实现产品销售收入4349.75亿元，增长77.9%，占全市销售收入的比重为84%，比上年提高21.7个百分点，拉动全市产品销售收入增长48.6个百分点；实现利润总额298.39亿元，比上年增长50.8%，占全市利润总额的比重为79.8%，拉动全市利润总额增长41.8个百分点。产业集中度进一步提高，龙头企业的作用继续增强。

2003年深圳百强企业实现工业总产值3554.56亿元，比上年增长55.7%，占全市规模以上工业总产值的67.8%，对工业增长的贡献率为104%，拉动工业增长35.9个百分点；实现工业增加值964.17亿元，比上年增长47.3%，占规模以上工业增加值的比重达到66%；实现产品销售收入3532.59亿元，比上年增长35.1%，增速提高8.6个百分点，对全市产品销售收入增长的贡献率为72.9%，拉动全市产品销售收入增长23.4个百分点；实现利润278.59亿元，比上年增长49.8%，对全市利润总额的贡献率为74.5%，拉动全市利润总额增长39.2个个百分点。其中前10名企业实现销售收入1857.32亿元，增长53.4%，占工业百强的52.6%，比上年提高了1.7个百分点，占全市工业产品销售收入的35.9%，比上年提高了0.7个百分点，拉动全市工业产品销售收入增长16.5个百分点。在主推动力中，百强带动、支撑工业经济快速增长功不可没。

（七）、经济运行步入质的提升轨道

2003年，深圳工业经济发展不仅创近8年来的新高，而且工业经济综合效益指标全面提升，步入了良性量扩张与质提升的新的发展轨道，企业盈利与纳税能力明显增强，实现了速度与效益的同步增长。

——工业经济效益指数创新高。2003年全市规模以上工业经济效益指数达194.9%，同比提高了13.9个百分点。

——产品销售收入大幅度增长。2003 年全市规模以上工业实现产品销售收入 5180.11 亿元，比上年增长 32.1%，分别比上半年、前三季度提高 11.4 和 8.7 个百分点，呈现出逐季攀升的良好势头。其中重工业实现产品销售收入 3583.1 亿元，增长 41.9%，拉动全市销售收入增长 27 个百分点，是推动全市销售收入的主力军，轻工业实现产品销售收入 1597.01 亿元，增长 14.4%，拉动全市销售收入增长 5.1 个百分点。外商及港澳台商企业实现产品销售收入 3931.51 亿元，增长 30.1 %，拉动全市销售收入增长 23.2 个百分点。

——实现利润总额、利税总额创历史最佳。2003 年规模以上工业盈亏相抵后实现利润总额 374.12 亿元，同比增长 52.6%。其中外商及港澳台投资企业增长最快，同比增长了 47%，对全市利润总额增长的贡献率为 62.9%，拉动全市利润总额增长 33.1 个百分点。2003 年规模以上工业实现利税总额 522.43 亿元，增长 52.8%，其中税金总额为 161.64 亿元，增长 53.1%，对全市利税总额的贡献率为 31.1%，拉动全市利税总额增长 16.4 个百分点，对财政收入的贡献力度进一步加大。

从分行业看，全市 33 个大类行业中有 25 个行业利润实现了增长，电子及通信设备制造业等九大支柱行业成为全市利润增长的支柱(见下表)。2003 年九大支柱行业盈亏相抵后实现利润总额为 323.74 亿元，比上年增长 54.4%，超过全市平均水平 1.8 个百分点，占全市利润总额的 89.7%，新增加利润 114 亿元，对全市利润增长的贡献率为 92.9%，直接拉动工业利润增长 48.9 个百分点。其中电子及通信设备制造业、电力生产和供应业两个行业实现利润总额为 231.87 亿元，比上年增长 58.9%，占全市利润总额 62.0%，新增加利润 85.9 亿元，对全市利润增长的贡献率为 71.4%，直接拉动工业利润增长 37.6 个百分点。

二、推动工业经济发展的三大因素

（一）消费带动生产

2003 年，全市社会消费需求稳定增加，信息产品、家用电器和房地产等消费需求转化为生产的亮点，对工业经济增长的带动作用明显。2003 年，全市限额以上商业企业家电销售类值达 66.5 亿元，增长 15.4%；通讯器材销售类值为 93.75 亿元，增长 6%；服装鞋帽销售类值为 73.12 亿元，增长 29.5% ；建筑材料销售类值 12.32 亿元，增长 1.6 倍；钢材金属销售类值为 60.53 亿元，增长 26.9%。商品房销售面积 899.9 万平方米，增长 12%，房地产市场的旺盛不仅增加了钢材、建材等产品的需求，而且带动了建筑装修装饰、家电、家具等产品的生产。2003 年，规模以上工业企业生产的程控交换机增长了 56.6%，微型计算机增长了 45.2%，移动电话机增长了 91.7%，彩色电视机增长了 36.5%，家用电热烘烤器具增长了 1.26 倍，家具生产增长了 35.9%，服装增长了 15.8%。

2003年九大支柱行业实现利润情况表

单位:亿元

指标名称	2003 年			2002 年			利润净额增长%
	利润总额	亏损总额	利润净额	利润总额	亏损总额	利润净额	
全市总计	374.12	13.33	360.79	253.89	17.51	236.38	52.6
九大支柱行业合计	331.12	7.38	323.74	219.45	9.71	209.74	54.4
1、电子及通信设备制造业	151.98	4.05	147.93	80.30	4.16	76.14	94.3
2、电力生产和供应业	79.89	0.29	79.6	65.67	--	65.67	21.2
3、石油和天然气开采业	33.71		33.71	26.84	--	26.84	25.6
4、电气机械及器材制造业	20.26	0.98	19.28	17.93	0.91	17.02	13.3
5、仪器仪表文化办公用机械	11.14	0.58	10.56	6.42	4.15	2.27	3.7 倍
6、化学原料及化学制品制造业	12.14	0.09	12.05	7.33	0.01	7.32	64.6
7、金属制品业	8.29	0.77	7.52	3.80	0.45	3.35	124.5
8、医药制造业	7.66	0.52	7.14	6.28	0.02	6.26	14.1
9、印刷业及和记录媒介的复制	6.05	0.10	5.95	4.88	0.01	4.87	22.2

（二）内、外环境向好是拉动今年工业增长的重要力量

2003年，规模以上工业企业实现销售产值5069.56亿元，比上年增长25.9%；完成出口交货值2931.37亿元，比上年增长20.8%，工业品出口对工业销售产值的贡献份额达到57.8%，对工业销售产值增长的贡献率为48.5%，直接拉动工业销售增长12.6个百分点，拉动整个工业经济增长10.7个百分点；完成内销产值2138.19亿元，比上年增长33.6%，内销产值对工业销售产值的贡献份额达到42.2%，对工业销售产值增长的贡献率为51.5%，直接拉动工业销售增长13.3个百分点。

（三）自身内部结构调整和外部宏观环境的进一步向好是深圳工业快速增长的又一重要因素

投资的快速增长是拉动全国工业快速增长的一大因素，但作为深圳工业，其快速增长主要得益于自身内部结构调整取得进展，和外部宏观环境的进一步向好。

四、2004年工业发展趋势展望

2004年，深圳工业生产继续保持上年的快速增长势头，工业生产高速增长，经济高位运行总体发展形势看好。2004年一季度深圳市全部国有工业企业和年产品销售收入500万元以上的非国有企业（简称规模以上工业企业）累计完成工业增加值369.77亿元，比上年同期增长25.1%，增速高出上年同期5.3个百分点，创近年来同期较高的水平。今年一季度工业生产呈逐月攀升态势，一月份虽然春节放假，增加值同比仍然增长15.9%，二月份迅速恢复高速增势，累计增长20.3%，三月份累计增长25.1%，比一月份提高了9.2个百分点。主要特点：

——重工业生产继续加快。2004年一季度重工业生产逐月上升，当月完成工业增加值分别为76.01亿元、81.9亿元、99.17亿元，比上年累计分别增长5.5%、16.0%、26.9%。

——各种经济类型齐头并进。2004年一季度，各种经济类型工业增速均比上年同期有不同的提高，其中国有及国有控股工业健康发展，累计实现工业增加值112.79亿元，同比增长23.7%；股份制企业实现工业增加值111.69亿元，同比增长50.2%；外商及港澳台投资企业实现工业增加值238.63亿元，同比增长15.6%，对全市工业增长的贡献率为41.5%，拉动全市工业增加值增长10.4个百分点。

——支柱行业增势喜人。2004年一季度，全市32个工业行业大类中有20个行业实现了不同程度的增长，其中有13个行业实现两位数的增长。特别是电子及计算机设备制造业、电气机械及器材和仪器仪表及文化办公机械制造业三大支柱行业对全市工业生产的贡献份额超六成，增加值达224.18亿元，对工业增长的贡献率为89.6%，拉动全市工业增长22.5个百分点。

——主要产品生产强劲。2004年一季度主要工业产品依然保持强劲增势，程控交换机完成516.43万线，增长12.4%；移动电话完成693.97万部，增长46.4%；微型计算机完成104万部，增长24.7%；照相机完成143.7万台，增长22.9%；家具生产308.67万件，增长20.7%。

综观2004年一季度工业生产情况，随着《内地与香港建立更紧密经贸关系的安排》的实施，粤港两地的经贸合作近期继续升温，为进一步加强深港制造业的合作带来“桥头堡”的机遇，深圳工业经济将在2003年高速发展的基础上，仍然保持一个继续上扬的发展态势，预计全年规模以上工业企业实现工业增加值将突破1600亿元大关，增长速度达到20%左右，对全市经济增长的贡献将进一步增强。

（撰稿：彭秋兰）

3-1 工业总产值

GROSS OUTPUT VALUE OF INDUSTRY

(1979—2003)

单位:万元 (10 000 yuan)

年 份 Year	按当年价格计算 At Current Prices			按1990年不变价格计算 At 1990 Constant Prices		
	总计 Total	轻工业 Light Industry	重工业 Heavy Industry	总计 Total	轻工业 Light Industry	重工业 Heavy Industry
1979	7 128	6 307	821	8 340	7 379	961
1980	10 632	9 265	1 367	12 439	10 840	1 599
1981	26 692	25 172	1 520	31 230	29 451	1 779
1982	38 833	34 453	4 380	45 435	40 310	5 125
1983	75 993	61 513	14 480	88 912	71 970	16 942
1984	172 132	137 698	34 434	201 395	161 107	40 288
1985	246 662	194 108	52 554	318 832	261 673	57 159
1986	340 227	266 318	73 909	427 658	347 488	80 170
1987	558 311	433 738	124 573	686 604	547 786	138 818
1988	1 012 739	779 258	233 481	1 061 274	817 717	243 557
1989	1 477 470	1 080 785	396 685	1 565 899	1 129 343	436 556
1990	2 202 180	1 657 859	544 321	2 181 298	1 576 658	604 640
1991	3 153 966	2 233 705	920 261	2 966 566	2 060 031	906 535
1992	4 347 007	2 971 348	1 375 659	4 150 227	2 712 118	1 438 109
1993	6 778 008	4 575 096	2 202 912	5 785 416	3 818 374	1 967 042
1994	10 637 396	6 134 019	4 503 377	8 012 802	4 859 275	3 153 527
1995	12 264 893	6 651 811	5 613 082	10 472 223	5 483 887	4 988 336
1996	14 276 969	8 003 206	6 273 763	12 303 185	6 461 208	5 841 977
1997	16 661 359	9 305 416	7 355 943	14 566 747	7 748 306	6 818 441
1998	19 435 244	10 037 199	9 398 045	17 459 605	8 015 532	9 444 073
1999	21 633 873	10 962 134	10 671 739	22 084 302	10 339 439	11 744 863
2000	26 724 181	11 947 124	14 777 057	26 892 090	12 090 963	14 801 127
2001	32 044 685	11 852 213	20 192 472	35 075 258	11 445 763	23 629 495
2002	39 346 219	13 304 159	26 042 060	46 442 794	14 749 237	31 693 557
2003	56 135 915	17 721 188	38 414 727	67 606 748	20 332 214	47 274 534

3-2 限额以上工业总产值

GROSS OUTPUT VALUE OF INDUSTRY OVER LEVELS

(1979—2003)

单位:万元 (10 000 yuan)

年 份 Year	按当年价格计算 At Current Prices			按1990年不变价格计算 At 1990 Constant Prices		
	总 计 Total	轻工业 Light Industry	重工业 Heavy Industry	总 计 Total	轻工业 Light Industry	重工业 Heavy Industry
1979	6 061	5 240	821	7 092	6 131	961
1980	8 444	7 077	1 367	9 879	8 280	1 599
1981	24 282	22 762	1 520	28 410	26 631	1 779
1982	36 212	31 832	4 380	42 368	37 243	5 125
1983	72 041	57 561	14 480	84 288	67 346	16 942
1984	166 803	132 369	34 434	195 160	154 872	40 288
1985	241 213	188 659	52 554	311 789	254 630	57 159
1986	330 454	256 545	73 909	415 374	335 204	80 170
1987	547 722	423 150	124 572	673 582	534 764	138 818
1988	993 775	760 294	233 481	1 041 403	797 846	243 557
1989	1 440 533	1 044 386	396 147	1 526 751	1 090 201	436 550
1990	2 104 696	1 570 896	533 800	2 091 218	1 541 965	549 253
1991	3 077 749	2 156 668	921 081	2 887 972	1 980 792	907 130
1992	4 198 920	2 824 688	1 374 232	4 040 272	2 616 368	1 423 904
1993	6 437 074	4 261 986	2 175 088	5 519 012	3 598 959	1 920 053
1994	9 599 206	5 087 069	4 512 137	7 229 906	4 072 929	3 156 977
1995	10 542 103	5 298 872	5 243 231	9 001 241	4 328 698	4 672 543
1996	12 118 793	5 982 524	6 136 269	10 683 961	4 948 519	5 735 442
1997	13 911 454	6 708 186	7 203 268	12 562 772	5 863 548	6 699 224
1998	18 485 426	9 135 036	9 350 390	16 606 669	7 205 243	9 401 426
1999	20 368 294	9 887 732	10 480 562	20 792 146	9 242 399	11 549 747
2000	25 669 281	11 475 528	14 193 753	25 862 590	11 628 089	14 234 501
2001	30 903 312	11 053 251	19 850 061	33 994 383	10 689 151	23 305 232
2002	36 285 173	12 269 126	24 016 047	43 321 113	13 757 858	29 563 255
2003	52 451 037	16 475 218	35 975 819	63 760 413	19 110 700	44 649 713

注:1979—1997年为镇及镇以上工业总产值,1998—2003年为限额以上工业总产值。

Data in 1979-1997 are gross output value of industry of town level and above. Data in 1998-2000 are gross output value of industry over levels.

3-3 工业总产值指数

INDICES OF GROSS OUTPUT VALUE OF INDUSTRY

(1980—2003)

单位:% (%)

年 份 Year	以1979年为100 1979=100			以上年为100 Preceding Year=100		
	总 计 Total	轻工业 Light Industry	重工业 Heavy Industry	总 计 Total	轻工业 Light Industry	重工业 Heavy Industry
1980	149.1	146.9	166.4	149.1	146.9	166.4
1981	374.5	399.1	185.1	251.1	271.7	111.3
1982	544.8	546.3	533.3	145.5	136.9	288.1
1983	1 066.1	975.3	1 763.0	195.7	178.5	330.6
1984	2 414.8	2 183.3	4 192.3	226.5	223.9	237.8
1985	3 822.9	3 546.2	5 947.9	158.3	162.4	141.9
1986	5 127.8	4 709.1	8 342.4	134.1	132.8	140.3
1987	8 232.7	7 423.6	14 445.2	160.5	157.6	173.2
1988	12 725.1	11 081.7	25 344.1	154.6	149.3	175.5
1989	18 775.8	15 304.8	45 427.3	147.6	138.1	179.2
1990	26 154.7	21 366.8	62 917.8	139.3	139.6	138.5
1991	35 570.3	27 917.5	94 332.5	136.0	130.7	149.9
1992	49 762.9	36 754.6	149 647.1	139.9	131.6	158.6
1993	69 369.5	51 746.5	204 686.9	139.4	140.8	136.8
1994	96 076.8	65 852.8	328 150.6	138.5	127.3	160.3
1995	125 566.2	74 317.5	519 077.6	130.7	112.9	158.2
1996	147 520.2	87 562.1	607 906.0	117.5	117.8	117.1
1997	174 661.2	105 004.8	709 515.2	118.4	119.9	116.7
1998	209 347.8	108 626.3	982 733.9	119.9	103.4	138.5
1999	264 799.8	140 119.8	1 222 150.2	126.5	129.0	124.4
2000	322 447.1	163 856.4	1 540 179.8	121.8	116.9	126.0
2001	379 520.2	177 948.1	1 885 180.1	117.7	108.6	122.4
2002	483 888.3	229 019.2	2 394 178.7	127.5	128.7	127.0
2003	685 669.7	294 060.7	3 550 567.0	141.7	128.4	148.3
年平均增长率 Aveuage Annual Growth Rate	**44.5**	**39.5**	**54.7**	—	—	—

3-4 限额以上工业企业单位数

NUMBER OF INDUSTRIAL ENTERPRISES OVER LEVELS

(2003)

单位:个 (unit)

项目	Item	全市 Total	特区 Urban
限额以上工业企业单位数	**Industrial Enterprises over Levels**	**2318**	**985**
一、按登记注册类型分	**Grouped by Registration**		
1. 内资企业	Domestic Investment Enterprise	489	388
国有企业	State-owned	58	45
集体企业	Collective-owned	18	3
股份合作企业	Cooperative Shares Enterprise	2	2
联营企业	Joint owned	53	48
有限责任公司	Companies Limited with Liabilities	90	73
股份有限公司	Companies Limited by Shares	48	41
私营企业	Private	217	175
其他企业	Others	3	1
2. 港、澳、台投资企业	Funded by Entrepreneur from Hongkong, Macao and Taiwan	1453	421
3. 外商投资企业	Foreign Funded	376	176
二、按轻、重工业分	**Grouped by Light and Heavy Industry**		
1. 轻工业	Light Industry	1271	448
2. 重工业	Heavy Industry	1047	537
三、按企业规模分	**Grouped by Size of Enterprises**		
1. 大型企业	Large	51	29
2. 中型企业	Medium-sized	591	176
3. 小型企业	Small	1676	780
四、按工业行业大类分	**Grouped by Sector**		
煤炭开采和洗选业	Coal Mining and Dressing		
石油和天然气开采业	Petroleum and Natural Gas Extraction	1	1
黑色金属矿采选业	Ferrous Metals Mining and Dressing		
有色金属矿采选业	Nonferrous Metals Mining and Dressing		
非金属矿采选业	Nonmetal Minerals Mining and Dressing		
其他采矿业	Other Minerals Mining and Dressing	2	1
农副食品加工业	Food Processing	29	19
食品制造业	Food Manufacturing	34	18
饮料制造业	Beverage Manufacturing	18	10

注:限额以上工业指国有及年销售收入在500万元及以上的非国有独立核算工业企业。

Industrial enterprises over levels refer to state-owned enterprises and other enterprises with independent accounting system and whose sales revenue is above 5 000 000 yuan.

3-4 续表 continued

项目 Item		全市 Total	特区 Urban
烟草加工业	Tobacco Processing	1	1
纺织业	Textile Industry	65	35
纺织服装、鞋、帽制造业	Textile Garments,Shoes and Hats Products	149	87
皮革、毛皮、羽毛(绒)及其制品业	Leather,Furs,Down and Related Products	56	11
木材加工及木、竹、藤、棕、草制品业	Timber Processing,Wood,Bamboo,Cane,Palm Fiber and Straw Products	9	3
家具制造业	Furniture Manufacturing	45	3
造纸及纸制品业	Papermaking and Paper Products	43	14
印刷业和记录媒介的复制	Printing and Record Medium Reproduction	78	40
文教体育用品制造业	Cultural, Educational and Sports Goods	93	11
石油加工、炼焦及核燃料加工业	Petroleum Processing,Coking and Nuclear Fuel Processing	5	5
化学原料及化学制品制造业	Raw Chemical Materials and Chemical Products	77	42
医药制造业	Medical and Pharmaceutical Products	36	32
化学纤维制造业	Chemical Fiber	5	
橡胶制品业	Rubber Products	18	8
塑料制品业	Plastic Products	201	43
非金属矿物制品业	Nonmetal Mineral Products	55	34
黑色金属冶炼及压延加工业	Smelting and Pressing of Ferrous Metals	8	4
有色金属冶炼及压延加工业	Smelting and Pressing of Nonferrous Metals	15	5
金属制品业	Metal Products	152	42
通用设备制造业	Ordinary Machinery	40	23
专用设备制造业	Special Purpose Equipment	63	34
交通运输设备制造业	Transport Equipment	64	18
电气机械及器材制造业	Electric Equipment and Machinery	232	76
通信设备、计算机及其他电子设备制造业	Telecommunications,Computer and Other Electronic Equipment	461	250
仪器仪表及文化、办公用机械制造业	Instruments,Meters,Cultural and Office Machinery	135	65
工艺品及其他制造业	Handicraft Article and Other Manufacturing	88	32
废弃资源和废旧材料回收工业	Waste Resources and Salvage of Waste Material Processing		
电力、热力的生产和供应业	Electricity and Heating Power Production and Supply	20	13
燃气生产和供应业	Gas Production and Supply		
水的生产和供应业	Water Production and Supply	20	5

3-5 限额以上工业企业职工平均人数

AVERAGE ANNUAL NUMBER OF STAFF AND WORKERS IN INDUSTRIAL ENTERPRISES OVER LEVELS(2003)

单位：人 (person)

项目	Item	全市 Total	特区 Urban
总计	**Total**	**1 238 637**	**381 385**
一、按登记注册类型分	**Grouped by Registration**		
1. 内资企业	Domestic Investment Enterprise	159 330	122 361
国有企业	State-owned	16 007	10 585
集体企业	Collective-owned	3 029	617
股份合作企业	Cooperative Shares Enterprise	1 507	1 507
联营企业	Joint owned	9 252	7 632
有限责任公司	Companies Limited with Liabilities	38 790	34 910
股份有限公司	Companies Limited by Shares	47 495	44 353
私营企业	Private	41 736	22 727
其他企业	Others	1 514	30
2. 港、澳、台投资企业	Funded by Entrepreneur from Hongkong, Macao and Taiwan	802 944	155 705
3. 外商投资企业	Foreign Funded	276 363	103 319
二、按轻、重工业分	**Grouped by Light and Heavy Industry**		
1. 轻工业	Light Industry	674 672	151 049
2. 重工业	Heavy Industry	563 965	230 336
三、按企业规模分	**Grouped by Size of Enterprises**		
1. 大型企业	Large	274 971	130 292
2. 中型企业	Medium-sized	592 072	129 021
3. 小型企业	Small	371 594	122 072
四、按工业行业大类分	**Grouped by Sector**		
煤炭开采和洗选业	Coal Mining and Dressing		
石油和天然气开采业	Petroleum and Natural Gas Extraction	158	158
黑色金属矿采选业	Ferrous Metals Mining and Dressing		
有色金属矿采选业	Nonferrous Metals Mining and Dressing		
非金属矿采选业	Nonmetal Minerals Mining and Dressing		
其他采矿业	Other Minerals Mining and Dressing	480	180
农副食品加工业	Food Processing	6 375	4 863
食品制造业	Food Manufacturing	10 030	4 063
饮料制造业	Beverage Manufacturing	5 672	2 437

3-5 续表 continued

项目	Item	全市 Total	特区 Urban
烟草加工业	Tobacco Processing	447	447
纺织业	Textile Industry	19 200	9 790
纺织服装、鞋、帽制造业	Textile Garments,Shoes and Hats Products	83 132	27 580
皮革、毛皮、羽毛(绒)及其制品业	Leather,Furs,Down and Related Products	43 541	8 062
木材加工及木、竹、藤、棕、草制品业	Timber Processing,Wood,Bamboo,Cane,Palm Fiber and Straw Products	2 911	1 564
家具制造业	Furniture Manufacturing	32 095	3 400
造纸及纸制品业	Papermaking and Paper Products	12 816	3 026
印刷业和记录媒介的复制	Printing and Record Medium Reproduction	36 778	7 925
文教体育用品制造业	Cultural, Educational and Sports Goods	63 521	7 194
石油加工、炼焦及核燃料加工业	Petroleum Processing,Coking and Nuclear Fuel Processing	4 383	4 383
化学原料及化学制品制造业	Raw Chemical Materials and Chemical Products	12 186	6 175
医药制造业	Medical and Pharmaceutical Products	9 821	9 195
化学纤维制造业	Chemical Fiber	1 904	
橡胶制品业	Rubber Products	7 814	1 499
塑料制品业	Plastic Products	80 953	10 258
非金属矿物制品业	Nonmetal Mineral Products	12 792	7 635
黑色金属冶炼及压延加工业	Smelting and Pressing of Ferrous Metals	1 371	821
有色金属冶炼及压延加工业	Smelting and Pressing of Nonferrous Metals	2 189	902
金属制品业	Metal Products	65 861	15 704
通用设备制造业	Ordinary Machinery	9 961	4 807
专用设备制造业	Special Purpose Equipment	20 181	8 574
交通运输设备制造业	Transport Equipment	28 794	3 909
电气机械及器材制造业	Electric Equipment and Machinery	148 209	13 918
通信设备、计算机及其他电子设备制造业	Telecommunications,Computer and Other Electronic Equipment	397 285	174 728
仪器仪表及文化、办公用机械制造业	Instruments,Meters,Cultural and Office Machinery	67 499	23 087
工艺品及其他制造业	Handicraft Article and Other Manufacturing	39 698	8 667
废弃资源和废旧材料回收工业	Waste Resources and Salvage of Waste Material Processing		
电力、热力的生产和供应业	Electricity and Heating Power Production and Supply	6 361	4 129
燃气生产和供应业	Gas Production and Supply		
水的生产和供应业	Water Production and Supply	4 219	2 305

3-6　工业总产值(按当年价格计算)

GROSS OUTPUT VALUE OF INDUSTRY (AT CURRENT PRICES)

(2003)

单位:万元　　(10 000 yuan)

项　目	Item	全　市 Total	特　区 Urban
一、限额以下工业总产值	**Enterprises below Levels**	**3 684 878**	**989 898**
二、限额以上工业总产值	**Evtreprises over Levels**	**52 451 037**	**29 834 197**
(一)按登记注册类型分	Grouped by Registration		
1. 内资企业	Domestic Investment Enterprise	11 880 923	10 717 109
国有企业	State-owned	921 774	829 218
集体企业	Collective-owned	136 244	8 356
股份合作企业	Cooperative Shares Enterprise	13 472	13 472
联营企业	Joint owned	474 880	444 120
有限责任公司	Companies Limited with Liabilities	3 400 981	3 064 005
股份有限公司	Companies Limited by Shares	5 814 493	5 683 696
私营企业	Private	1 102 301	673 742
其他企业	Others	16 778	500
2. 港、澳、台投资企业	Funded by Entrepreneur from Hongkong, Macao and Taiwan	19 469 486	8 290 607
3. 外商投资企业	Foreign Funded	21 100 628	10 826 481
二、按轻、重工业分	**Grouped by Light and Heavy Industry**		
1. 轻工业	Light Industry	16 475 218	8 483 192
2. 重工业	Heavy Industry	35 975 819	21 351 005
三、按企业规模分	**Grouped by Size of Enterprises**		
1. 大型企业	Large	19 429 255	16 244 175
2. 中型企业	Medium-sized	23 640 203	7 777 426
3. 小型企业	Small	9 381 579	5 812 596
四、按工业行业大类分	**Grouped by Sector**		
煤炭开采和洗选业	Coal Mining and Dressing		
石油和天然气开采业	Petroleum and Natural Gas Extraction	1 517 025	1 517 025
黑色金属矿采选业	Ferrous Metals Mining and Dressing		
有色金属矿采选业	Nonferrous Metals Mining and Dressing		
非金属矿采选业	Nonmetal Minerals Mining and Dressing		
其他采矿业	Other Minerals Mining and Dressing	5 322	2 822
农副食品加工业	Food Processing	728 538	684 843
食品制造业	Food Manufacturing	267 936	192 655
饮料制造业	Beverage Manufacturing	406 791	125 637

3-6 续表　continued

项　目	Item	全 市 Total	特 区 Urban
烟草加工业	Tobacco Processing	151 180	151 180
纺织业	Textile Industry	354 489	218 331
纺织服装、鞋、帽制造业	Textile Garments,Shoes and Hats Products	653 734	296 287
皮革、毛皮、羽毛(绒)及其制品业	Leather,Furs,Down and Related Products	332 501	60 355
木材加工及木、竹、藤、棕、草制品业	Timber Processing,Wood,Bamboo,Cane,Palm Fiber and Straw Products	87 358	24 102
家具制造业	Furniture Manufacturing	465 382	38 207
造纸及纸制品业	Papermaking and Paper Products	340 759	97 405
印刷业和记录媒介的复制	Printing and Record Medium Reproduction	688 268	202 409
文教体育用品制造业	Cultural, Educational and Sports Goods	499 257	98 349
石油加工、炼焦及核燃料加工业	Petroleum Processing,Coking and Nuclear Fuel Processing	54 836	54 836
化学原料及化学制品制造业	Raw Chemical Materials and Chemical Products	653 805	372 873
医药制造业	Medical and Pharmaceutical Products	611 689	590 515
化学纤维制造业	Chemical Fiber	67 889	
橡胶制品业	Rubber Products	147 706	57 133
塑料制品业	Plastic Products	1 389 771	260 393
非金属矿物制品业	Nonmetal Mineral Products	467 515	326 097
黑色金属冶炼及压延加工业	Smelting and Pressing of Ferrous Metals	161 128	111 021
有色金属冶炼及压延加工业	Smelting and Pressing of Nonferrous Metals	98 746	49 317
金属制品业	Metal Products	1 417 390	650 480
通用设备制造业	Ordinary Machinery	249 155	132 523
专用设备制造业	Special Purpose Equipment	482 470	252 112
交通运输设备制造业	Transport Equipment	534 439	78 436
电气机械及器材制造业	Electric Equipment and Machinery	2 934 157	294 480
通信设备、计算机及其他电子设备制造业	Telecommunications,Computer and Other Electronic Equipment	31 322 958	19 654 804
仪器仪表及文化、办公用机械制造业	Instruments,Meters,Cultural and Office Machinery	1 975 121	1 169 388
工艺品及其他制造业	Handicraft Article and Other Manufacturing	658 373	418 505
废弃资源和废旧材料回收工业	Waste Resources and Salvage of Waste Material Processing		
电力、热力的生产和供应业	Electricity and Heating Power Production and Supply	2491 083	1 536 495
燃气生产和供应业	Gas Production and Supply		
水的生产和供应业	Water Production and Supply	234 266	115 182

3-7 限额以上工业总产值(按1990年不变价格计算)

GROSS OUTPUT VALUE OF INDUSTRY OVER LEVELS (AT 1990 CONSTANT PRICES)

(2003)

单位:万元 (10 000 yuan)

项目	Item	全市 Total	特区 Urban
总计	**Total**	**63 760 413**	**43 051 848**
一、按登记注册类型分	**Grouped by Registration**		
1. 内资企业	Domestic Investment Enterprise	14 998 396	13 930 645
国有企业	State-owned	704 569	639 525
集体企业	Collective-owned	122 476	7 120
股份合作企业	Cooperative Shares Enterprise	20 161	20 161
联营企业	Joint owned	383 232	356 069
有限责任公司	Companies Limited with Liabilities	3 770 628	3 472 263
股份有限公司	Companies Limited by Shares	8 865 771	8 735 919
私营企业	Private	1 118 518	699 107
其他内资企业	Others	13 041	481
2. 港、澳、台投资企业	Funded by Entrepreneur from Hongkong, Macao and Taiwan	18 884 115	9 095 885
3. 外商投资企业	Foreign Funded	29 877 902	20 025 318
二、按轻、重工业分	**Grouped by Light and Heavy Industry**		
1. 轻工业	Light Industry	19 110 700	11 791 923
2. 重工业	Heavy Industry	44 649 713	31 259 925
三、按企业规模分	**Grouped by Size of Enterprises**		
1. 大型企业	Large	34 752 785	31 606 598
2. 中型企业	Medium-sized	21 425 660	7 081 452
3. 小型企业	Small	7 581 968	4 363 798
四、按工业行业大类分	**Grouped by Sector**		
煤炭开采和洗选业	Coal Mining and Dressing		
石油和天然气开采业	Petroleum and Natural Gas Extraction	231 518	231 518
黑色金属矿采选业	Ferrous Metals Mining and Dressing		
有色金属矿采选业	Nonferrous Metals Mining and Dressing		
非金属矿采选业	Nonmetal Minerals Mining and Dressing		
其他采矿业	Other Minerals Mining and Dressing	5 322	2 822
农副食品加工业	Food Processing	604 848	563 345
食品制造业	Food Manufacturing	227 217	161 702
饮料制造业	Beverage Manufacturing	334 001	124 482

3-7 续表 continued

项 目	Item	全 市 Total	特 区 Urban
烟草加工业	Tobacco Processing	65 814	65 814
纺织业	Textile Industry	256 880	143 810
纺织服装、鞋、帽制造业	Textile Garments,Shoes and Hats Products	579 150	251 867
皮革、毛皮、羽毛(绒)及其制品业	Leather,Furs,Down and Related Products	308 641	56 574
木材加工及木、竹、藤、棕、草制品业	Timber Processing,Wood,Bamboo,Cane,Palm Fiber and Straw Products	107 132	26 878
家具制造业	Furniture Manufacturing	440 828	38 115
造纸及纸制品业	Papermaking and Paper Products	285 928	73 844
印刷业和记录媒介的复制	Printing and Record Medium Reproduction	615 446	218 168
文教体育用品制造业	Cultural, Educational and Sports Goods	426 422	81 176
石油加工、炼焦及核燃料加工业	Petroleum Processing,Coking and Nuclear Fuel Processing	49 976	49 976
化学原料及化学制品制造业	Raw Chemical Materials and Chemical Products	724 852	473 123
医药制造业	Medical and Pharmaceutical Products	673 297	655 295
化学纤维制造业	Chemical Fiber	76 046	
橡胶制品业	Rubber Products	141 544	59 484
塑料制品业	Plastic Products	1 299 961	246 018
非金属矿物制品业	Nonmetal Mineral Products	440 139	318 886
黑色金属冶炼及压延加工业	Smelting and Pressing of Ferrous Metals	120 466	87 615
有色金属冶炼及压延加工业	Smelting and Pressing of Nonferrous Metals	86 016	42 554
金属制品业	Metal Products	1 335 542	651 460
通用设备制造业	Ordinary Machinery	225 808	130 128
专用设备制造业	Special Purpose Equipment	465 990	252 883
交通运输设备制造业	Transport Equipment	505 716	79 845
电气机械及器材制造业	Electric Equipment and Machinery	2 741 485	294 469
通信设备、计算机及其他电子设备制造业	Telecommunications,Computer and Other Electronic Equipment	47 277 251	35 696 939
仪器仪表及文化、办公用机械制造业	Instruments,Meters,Cultural and Office Machinery	1 850 021	1 163 006
工艺品及其他制造业	Handicraft Article and Other Manufacturing	631 457	419 068
废弃资源和废旧材料回收工业	Waste Resources and Salvage of Waste Material Processing		
电力、热力的生产和供应业	Electricity and Heating Power Production and Supply	554 356	371 581
燃气生产和供应业	Gas Production and Supply		
水的生产和供应业	Water Production and Supply	71 343	19 403

3-8 限额以上工业总产值构成

COMPOSITION OF GROSS OUTPUT VALUE OF INDUSTRY OVER LEVELS

(2003)

单位:% (%)

项目	Item	全市 Total	特区 Urban
总计	**Total**	100.00	100.00
一、按登记注册类型分	**Grouped by Registration**		
1. 内资企业	Domestic Investment Enterprise	22.65	35.92
国有企业	State-owned	1.76	2.78
集体企业	Collective-owned	0.26	0.03
股份合作企业	Cooperative Shares Enterprise	0.03	0.05
联营企业	Joint owned	0.91	1.49
有限责任公司	Companies Limited with Liabilities	6.48	10.27
股份有限公司	Companies Limited by Shares	11.09	19.05
私营企业	Private	2.10	2.25
其他内资企业	Others	0.02	
2. 港、澳、台投资企业	Funded by Entrepreneur from Hongkong, Macao and Taiwan	37.12	27.79
3. 外商投资企业	Foreign Funded	40.23	36.29
二、按轻、重工业分	**Grouped by Light and Heavy Industry**		
1. 轻工业	Light Industry	31.41	28.43
2. 重工业	Heavy Industry	68.59	71.57
三、按企业规模分	**Grouped by Size of Enterprises**		
1. 大型企业	Large	37.04	54.45
2. 中型企业	Medium-sized	45.07	26.07
3. 小型企业	Small	17.89	19.48
四、按工业行业大类分	**Grouped by Sector**		
煤炭开采和洗选业	Coal Mining and Dressing		
石油和天然气开采业	Petroleum and Natural Gas Extraction	2.89	5.08
黑色金属矿采选业	Ferrous Metals Mining and Dressing		
有色金属矿采选业	Nonferrous Metals Mining and Dressing		
非金属矿采选业	Nonmetal Minerals Mining and Dressing		
其他采矿业	Other Minerals Mining and Dressing	0.01	0.01
农副食品加工业	Food Processing	1.39	2.30
食品制造业	Food Manufacturing	0.51	0.65
饮料制造业	Beverage Manufacturing	0.78	0.42

3-8 续表 continued

项 目	Item	全 市 Total	特 区 Urban
烟草加工业	Tobacco Processing	0.29	0.51
纺织业	Textile Industry	0.68	0.73
纺织服装、鞋、帽制造业	Textile Garments,Shoes and Hats Products	1.25	0.99
皮革、毛皮、羽毛(绒)及其制品业	Leather,Furs,Down and Related Products	0.63	0.20
木材加工及木、竹、藤、棕、草制品业	Timber Processing,Wood,Bamboo,Cane,Palm Fiber and Straw Products	0.17	0.08
家具制造业	Furniture Manufacturing	0.89	0.13
造纸及纸制品业	Papermaking and Paper Products	0.65	0.33
印刷业和记录媒介的复制	Printing and Record Medium Reproduction	1.31	0.68
文教体育用品制造业	Cultural, Educational and Sports Goods	0.95	0.33
石油加工、炼焦及核燃料加工业	Petroleum Processing,Coking and Nuclear Fuel Processing	0.10	0.18
化学原料及化学制品制造业	Raw Chemical Materials and Chemical Products	1.25	1.25
医药制造业	Medical and Pharmaceutical Products	1.17	1.98
化学纤维制造业	Chemical Fiber	0.13	
橡胶制品业	Rubber Products	0.28	0.19
塑料制品业	Plastic Products	2.65	0.87
非金属矿物制品业	Nonmetal Mineral Products	0.89	1.09
黑色金属冶炼及压延加工业	Smelting and Pressing of Ferrous Metals	0.31	0.37
有色金属冶炼及压延加工业	Smelting and Pressing of Nonferrous Metals	0.19	0.17
金属制品业	Metal Products	2.70	2.18
通用设备制造业	Ordinary Machinery	0.48	0.44
专用设备制造业	Special Purpose Equipment	0.92	0.85
交通运输设备制造业	Transport Equipment	1.02	0.26
电气机械及器材制造业	Electric Equipment and Machinery	5.59	0.99
通信设备、计算机及其他电子设备制造业	Telecommunications,Computer and Other Electronic Equipment	59.72	65.88
仪器仪表及文化、办公用机械制造业	Instruments,Meters,Cultural and Office Machinery	3.77	3.92
工艺品及其他制造业	Handicraft Article and Other Manufacturing	1.26	1.40
废弃资源和废旧材料回收工业	Waste Resources and Salvage of Waste Material Processing		
电力、热力的生产和供应业	Electricity and Heating Power Production and Supply	4.75	5.15
燃气生产和供应业	Gas Production and Supply		
水的生产和供应业	Water Production and Supply	0.42	0.39

3-9 限额以上工业企业主要指标

单位:万元

(2003)

类别	Item	企业单位数(个) Number of Enterprises (unit)	从业人数(人) Employment (person)	工业总产值(当年价) Gross Industrial Output Value (at current prices)
总　　计	**Total**	**2 318**	**1 238 637**	**52 451 037**
一、按登记注册类型分	**Grouped by Registration**			
1. 内资企业	Domestic Investment Enterprise	489	159 330	11 880 923
国有企业	State-owned	58	16 007	921 774
集体企业	Collective-owned	18	3 029	136 244
股份合作企业	Cooperative Shares Enterprise	2	1 507	13 472
联营企业	Joint owned	53	9 252	474 880
有限责任公司	Companies Limited with Liabilities	90	38 790	3 400 981
股份有限公司	Companies Limited by Shares	48	47 495	5 814 493
私营企业	Private	217	41 736	1 102 301
其他内资企业	Others	3	1 514	16 779
2. 港、澳、台投资企业	Funded by Entrepreneur from Hongkong, Macao and Taiwan	1 453	802 944	19 469 486
3. 外商投资企业	Foreign Funded	376	276 363	21 100 628
二、按轻、重工业分	**Grouped by Light and Heavy Industry**			
1. 轻工业	Light Industry	1 271	674 672	16 475 218
2. 重工业	Heavy Industry	1 047	563 965	35 975 819
三、按企业规模分	**Grouped by Size of Enterprises**			
1. 大型企业	Large	51	274 971	19 429 255
2. 中型企业	Medium-sized	591	592 072	23 640 203
3. 小型企业	Small	1 676	371 594	9 381 579
四、按工业行业大类分	**Grouped by Sector**			
煤炭开采和洗选业	Coal Mining and Dressing			
石油和天然气开采业	Petroleum and Natural Gas Extraction	1	158	1 517 025
黑色金属矿采选业	Ferrous Metals Mining and Dressing			
有色金属矿采选业	Nonferrous Metals Mining and Dressing			
非金属矿采选业	Nonmetal Minerals Mining and Dressing			
其他采矿业	Other Minerals Mining and Dressing	2	480	5 322
农副食品加工业	Food Processing	29	6 375	728 538
食品制造业	Food Manufacturing	34	10 030	267 936
饮料制造业	Beverage Manufacturing	18	5 672	406 791

MAIN INDICATORS OF INDUSTRIAL ENTERPRISES OVER LEVELS

(2003)

(10 000 yuan)

工业销售产值 Sales Value of Industry	工业增加值 Value Added of Industry	实收资本 Effective Capital	# 外商资本 Foreign Capital	资产总计 Total Assets	流动资产合计 Circulating Funds	流动资产年平均余额 Annual Average Balance of Circulating Funds
50 695 631	**14 636 733**	**9 319 202**	**1 942 463**	**44 224 476**	**25 832 887**	**23 711 994**
10 756 277	5 131 863	2 627 381	25 130	17 147 962	9 133 861	7 964 734
883 334	540 134	719 220	878	2 593 572	1 025 335	1 052 596
136 633	52 390	27 280		197 681	64 131	65 429
13 189	7 546	3 511		19 597	8 921	8 143
460 610	203 211	100 876	3 000	692 145	337 966	304 318
3 083 502	1 544 880	895 021		7 471 690	3 036 880	2 502 387
5 147 486	2 447 426	708 216	16 796	5 333 093	4 063 848	3 480 961
1 015 053	334 247	167 826	1 306	826 038	590 185	543 573
16 470	2 028	5 431	3 150	14 146	6 595	7 327
18 819 164	5 786 264	4 423 832	584 933	16 578 099	9 444 691	9 169 264
21 120 190	3 718 607	2 267 989	1 332 400	10 498 415	7 254 335	6 577 996
15 824 215	4 370 117	3 667 875	694 835	14 510 464	9 094 748	8 398 521
34 871 416	10 266 616	5 651 327	1 247 628	29 714 012	16 738 139	15 313 473
18 090 148	5 803 479	1 691 914	358 810	12 603 923	9 206 735	7 948 015
23 508 810	5 705 923	4 817 522	1 076 981	20 455 836	11 361 452	11 112 678
9 096 674	3 127 331	2 809 766	506 672	11 164 718	5 264 700	4 651 301
1 496 311	582 859			281 519	30 953	6 966
5 322	1 766	460	160	2 283	1 751	1 893
736 150	201 529	101 333	40 738	514 736	349 343	446 785
236 405	126 835	53 912	15 254	249 999	150 902	129 246
377 923	176 818	194 082	59 253	482 709	182 161	156 315

单位:万元

3-9 续表 1 continued

类别	Item	企业单位数(个) Number of Enterprises (unit)	从业人数(人) Employment (person)	工业总产值(当年价) Gross Industrial Output Value (at current prices)
烟草加工业	Tobacco Processing	1	447	151 180
纺织业	Textile Industry	65	19 200	354 489
纺织服装、鞋、帽制造业	Textile Garments,Shoes and Hats Products	149	83 132	653 734
皮革、毛皮、羽毛(绒)及其制品业	Leather,Furs,Down and Related Products	56	43 541	332 501
木材加工及木、竹、藤、棕、草制品业	Timber Processing,Wood,Bamboo,Cane,Palm Fiber and Straw Products	9	2 911	87 358
家具制造业	Furniture Manufacturing	45	32 095	465 382
造纸及纸制品业	Papermaking and Paper Products	43	12 816	340 759
印刷业和记录媒介的复制	Printing and Record Medium Reproduction	78	36 778	688 268
文教体育用品制造业	Cultural, Educational and Sports Goods	93	63 521	499 257
石油加工、炼焦及核燃料加工业	Petroleum Processing,Coking and Nuclear Fuel Processing	5	4 383	54 836
化学原料及化学制品制造业	Raw Chemical Materials and Chemical Products	77	12 186	653 805
医药制造业	Medical and Pharmaceutical Products	36	9 821	611 689
化学纤维制造业	Chemical Fiber	5	1 904	67 889
橡胶制品业	Rubber Products	18	7 814	147 706
塑料制品业	Plastic Products	201	80 953	1 389 771
非金属矿物制品业	Nonmetal Mineral Products	55	12 792	467 515
黑色金属冶炼及压延加工业	Smelting and Pressing of Ferrous Metals	8	1 371	161 128
有色金属冶炼及压延加工业	Smelting and Pressing of Nonferrous Metals	15	2 189	98 746
金属制品业	Metal Products	152	65 861	1 417 390
通用设备制造业	Ordinary Machinery	40	9 961	249 155
专用设备制造业	Special Purpose Equipment	63	20 181	482 470
交通运输设备制造业	Transport Equipment	64	28 794	534 439
电气机械及器材制造业	Electric Equipment and Machinery	232	148 209	2 934 157
通信设备、计算机及其他电子设备制造业	Telecommunications,Computer and Other Electronic E-quipment	461	397 285	31 322 958
仪器仪表及文化、办公用机械制造业	Instruments,Meters,Cultural and Office Machinery	135	67 499	1 975 121
工艺品及其他制造业	Handicraft Article and Other Manufacturing	88	39 698	658 373
废弃资源和废旧材料回收工业	Waste Resources and Salvage of Waste Material Processing			
电力、热力的生产和供应业	Electricity and Heating Power Production and Supply	20	6 361	2 491 083
燃气生产和供应业	Gas Production and Supply			
水的生产和供应业	Water Production and Supply	20	4 219	234 266

(10 000 yuan)

工业销售产值 Sales Value of Industry	工业增加值 Value Added of Industry	实收资本 Effective Capital	# 外商资本 Foreign Capital	资产总计 Total Assets	流动资产合计 Circulating Funds	流动资产年平均余额 Annual Average Balance of Circulating Funds
149 985	103 031	20 500		125 933	85 121	86 759
335 314	127 342	170 155	2 393	532 482	298 757	234 556
654 215	184 120	130 449	9 239	464 300	316 611	271 168
334 933	64 894	90 257	15 799	301 757	233 104	236 469
95 191	23 530	52 761	37 238	87 207	49 814	57 417
465 889	109 181	101 462	31 059	438 422	237 827	223 474
340 049	62 499	103 183	1 638	294 944	173 999	152 655
661 651	203 356	230 258	34 429	825 924	497 852	469 256
490 552	146 609	176 524	36 164	576 492	372 044	340 424
55 754	16 259	17 682	12 793	59 712	33 904	29 752
615 534	187 822	259 696	85 866	867 485	611 177	524 896
502 330	214 045	252 627	13 586	1 287 139	879 120	781 076
77 552	12 981	47 121		107 689	50 751	44 900
141 921	43 481	49 268	1 081	165 091	108 941	126 701
1 342 403	336 015	496 536	52 586	1 165 265	646 995	663 398
432 984	171 508	190 157	14 176	682 472	381 611	340 752
173 762	54 287	42 106	12 806	169 955	129 839	103 377
78 076	34 180	31 061	5 533	78 810	49 166	50 041
1 409 533	428 347	372 217	55 777	1 287 848	815 704	738 704
191 650	81 760	59 827	18 644	223 718	155 483	137 122
474 750	120 948	183 346	27 443	547 412	342 749	312 846
541 883	124 682	215 864	11 673	538 825	301 535	297 023
2 696 931	672 037	640 434	164 622	2 438 671	1 577 284	1 443 933
30 269 804	7 289 440	2 936 880	991 705	18 299 841	13 439 271	12 287 208
1 966 260	712 276	419 031	118 235	1 275 417	779 238	774 914
641 670	153 791	134 115	49 383	403 090	271 697	245 353
2 478 450	1 768 688	1 412 845	23 190	8 519 430	2 078 895	1 803 115
224 494	99 818	133 053		927 900	199 288	193 500

单位:万元 3-9 续表 2 continued

类别	Item	固定资产合计 Fixed Assets	固定资产原价 Original Value of Fixed Assets	固定资产净值年平均余额 Annual Average Balance of Net Value of Fixed Assets
总计	**Total**	**14 805 080**	**21 764 371**	**12 780 825**
一、按登记注册类型分	**Grouped by Registration**			
1. 内资企业	Domestic Investment Enterprise	6 324 964	7 666 655	5 117 590
国有企业	State-owned	1 508 434	1 764 562	1 148 816
集体企业	Collective-owned	126 267	145 301	102 716
股份合作企业	Cooperative Shares Enterprise	10 576	16 766	8 264
联营企业	Joint owned	86 812	157 416	79 693
有限责任公司	Companies Limited with Liabilities	3 760 165	4 316 587	2 950 232
股份有限公司	Companies Limited by Shares	695 842	1 087 699	712 703
私营企业	Private	131 407	168 434	109 570
其他内资企业	Others	5 461	9 890	5 596
2. 港、澳、台投资企业	Funded by Entrepreneur from Hongkong, Macao and Taiwan	5 848 426	9 902 087	5 336 605
3. 外商投资企业	Foreign Funded	2 631 690	4 195 629	2 326 630
二、按轻、重工业分	**Grouped by Light and Heavy Industry**			
1. 轻工业	Light Industry	4 215 201	6 555 685	3 828 191
2. 重工业	Heavy Industry	10 589 880	15 208 686	8 952 634
三、按企业规模分	**Grouped by Size of Enterprises**			
1. 大型企业	Large	2 521 227	3 754 076	2 239 217
2. 中型企业	Medium-sized	7 642 112	12 004 195	6 834 732
3. 小型企业	Small	4 641 741	6 006 100	3 706 876
四、按工业行业大类分	**Grouped by Sector**			
煤炭开采和洗选业	Coal Mining and Dressing			
石油和天然气开采业	Petroleum and Natural Gas Extraction	263	478	253
黑色金属矿采选业	Ferrous Metals Mining and Dressing			
有色金属矿采选业	Nonferrous Metals Mining and Dressing			
非金属矿采选业	Nonmetal Minerals Mining and Dressing			
其他采矿业	Other Minerals Mining and Dressing	488	604	425
农副食品加工业	Food Processing	147 799	265 702	109 343
食品制造业	Food Manufacturing	78 500	134 858	56 724
饮料制造业	Beverage Manufacturing	253 449	401 884	215 834

(10 000 yuan)

年末负债总计 Total Liabilities (year-end)	流动负债合计 Liquid Liabilities	长期负债合计 Long-Term Liabilities	所有者权益 Creditors' Equity	产品销售收入 Sales Revenue	利润总额 Total Profits	利税总额 Total Pre-tax Profits
24 901 818	**19 163 536**	**5 154 140**	**19 342 926**	**51 801 132**	**3 741 234**	**5 224 335**
10 045 094	6 198 014	3 771 375	7 102 869	12 485 945	1 191 515	1 851 008
1 386 355	762 726	596 720	1 207 217	2 426 836	212 202	309 525
102 412	75 243	27 169	95 268	132 598	17 355	24 160
11 196	6 344	4 852	8 400	11 809	2 749	3 465
227 830	219 396	8 321	464 315	458 825	35 108	123 367
4 687 945	1 811 725	2 860 356	2 783 745	3 409 012	532 945	851 420
3 168 273	2 916 171	244 371	2 164 820	4 982 068	338 651	441 556
453 514	398 841	29 586	372 524	1 048 400	51 876	96 551
7 569	7 568		6 580	16 397	629	964
8 682 550	7 298 346	1 110 408	7 915 816	18 307 247	1 466 226	2 010 673
6 174 174	5 667 176	272 357	4 324 241	21 007 940	1 083 493	1 362 654
7 478 202	6 832 724	356 473	7 051 562	15 970 149	781 312	1 270 432
17 423 616	12 330 812	4 797 667	12 291 364	35 830 984	2 959 922	3 953 903
7 359 248	6 932 645	365 878	5 244 675	18 367 878	1 146 358	1 540 979
10 782 981	8 614 704	1 824 160	9 692 154	25 129 603	1 837 530	2 429 515
6 759 589	3 616 187	2 964 102	4 406 097	8 303 652	757 346	1 253 840
84 755	84 744	12	196 764	646 756	337 115	458 212
913	913		1 370	5 012	404	617
307 422	294 926	2 496	207 313	728 309	30 892	67 853
106 011	92 884	12 653	143 988	253 791	24 902	39 684
247 528	120 074	37 484	235 181	366 145	38 485	71 810

单位:万元 3-9 续表 3 continued

类别	Item	固定资产合计 Fixed Assets	固定资产原价 Original Value of Fixed Assets	固定资产净值年平均余额 Annual Average Balance of Net Value of Fixed Assets
烟草加工业	Tobacco Processing	25 366	55 940	26 196
纺织业	Textile Industry	174 207	298 334	163 596
纺织服装、鞋、帽制造业	Textile Garments,Shoes and Hats Products	111 643	183 395	88 246
皮革、毛皮、羽毛(绒)及其制品业	Leather,Furs,Down and Related Products	50 425	95 760	41 613
木材加工及木、竹、藤、棕、草制品业	Timber Processing,Wood,Bamboo,Cane,Palm Fiber and Straw Products	30 340	66 845	41 568
家具制造业	Furniture Manufacturing	91 727	111 952	85 653
造纸及纸制品业	Papermaking and Paper Products	110 940	178 619	74 697
印刷业和记录媒介的复制	Printing and Record Medium Reproduction	277 383	466 738	259 206
文教体育用品制造业	Cultural, Educational and Sports Goods	183 499	307 486	165 107
石油加工、炼焦及核燃料加工业	Petroleum Processing,Coking and Nuclear Fuel Processing	10 861	20 786	3 559
化学原料及化学制品制造业	Raw Chemical Materials and Chemical Products	148 478	261 701	139 166
医药制造业	Medical and Pharmaceutical Products	157 521	211 795	131 836
化学纤维制造业	Chemical Fiber	52 266	69 663	47 750
橡胶制品业	Rubber Products	39 776	75 793	40 290
塑料制品业	Plastic Products	451 115	791 451	386 990
非金属矿物制品业	Nonmetal Mineral Products	243 820	378 880	234 091
黑色金属冶炼及压延加工业	Smelting and Pressing of Ferrous Metals	34 075	47 099	17 692
有色金属冶炼及压延加工业	Smelting and Pressing of Nonferrous Metals	23 789	38 101	24 448
金属制品业	Metal Products	403 164	586 022	308 393
通用设备制造业	Ordinary Machinery	57 013	81 011	40 380
专用设备制造业	Special Purpose Equipment	165 166	229 277	147 990
交通运输设备制造业	Transport Equipment	182 517	324 720	253 048
电气机械及器材制造业	Electric Equipment and Machinery	659 176	910 145	515 209
通信设备、计算机及其他电子设备制造业	Telecommunications,Computer and Other Electronic Equipment	3 511 057	5 207 369	3 167 157
仪器仪表及文化、办公用机械制造业	Instruments,Meters,Cultural and Office Machinery	401 186	591 273	360 661
工艺品及其他制造业	Handicraft Article and Other Manufacturing	111 090	165 343	104 619
废弃资源和废旧材料回收加工业	Waste Resources and Salvage of Waste Material Processing			
电力、热力的生产和供应业	Electricity and Heating Power Production and Supply	5 928 026	8 298 863	4 881 741
燃气生产和供应业	Gas Production and Supply			
水的生产和供应业	Water Production and Supply	688 955	906 484	647 344

(10 000 yuan)

年末负债总计 Total Liabilities (year–end)	流动负债合计 Liquid Liabilities	长期负债合计 Long–Term Liabilities	所有者权益 Creditors' Equity	产品销售收入 Sales Revenue	利润总额 Total Profits	利税总额 Total Pre–tax Profits
21 685	21 612	73	104 248	153 063	18 050	87 974
201 396	178 524	21 927	331 086	367 200	20 219	40 076
267 074	235881	15 332	197 226	667 699	9 225	28 435
165 363	159 607	3 984	136 394	330 516	7 665	14 929
25 618	24 516	102	61 588	92 545	7 661	12 050
229 516	161 727	11 865	208 906	459 359	5 107	13 456
153 365	132 407	16 948	141 580	341 311	13 589	19 901
448 223	431 644	14 751	377 701	673 920	60 475	88 483
296 459	286 921	8 436	280 033	489 484	28 841	31 557
37 786	36 656	1 130	21 926	55 747	3 137	6 830
400 258	279 658	6 430	467 227	666 053	121 394	166 036
678 840	645 739	28 027	608 299	484 726	76 594	113 922
23 054	23 054		84 635	80 032	15 134	17 485
60 128	56 681	300	104 963	157 734	13 813	22 197
496 521	439 415	35 587	668 744	1352 013	35 967	63 823
362 843	298 022	42 460	319 629	477 814	39 254	69 650
102 793	99 816	2 977	67 161	200 528	12 806	36 547
40 486	37 820	137	38 325	88 595	10 510	13 300
712 008	661 220	30 416	575 840	1 432 275	82 905	115 102
99 733	89 079	7 345	123 986	238 388	19 302	28 525
267 070	232 478	6 438	280 343	497 619	37 576	50 882
485 417	444 283	40 360	53 408	543 571	9 732	20 302
1 154 461	1 059 814	24 181	1 303 510	2 927 085	202 591	242 109
11 008 607	10 256 489	661 181	7 291 234	30 184 880	1 519 750	2 045 758
558 689	537 107	6 526	717 696	2 006 734	111 420	176 457
197 475	190 264	5 849	205 617	652 669	10 773	21 257
5 478 893	1 431 539	4 047 040	3 040 538	3 933 818	798 860	1 006 826
181 428	118 022	61 693	746 467	245 741	17 086	32 290

3-10 限额以上工业企业主要经济效益指标

MAIN INDICATORS ON ECONOMIC BENEFIT OF INDUSTRIAL ENTERPRISES OVER LEVELS

(2003)

指 标 名 称	Item	产品销售率(%) Sales Rate of Products (%)	成本费用利润率(%) After-Tax Profits/Cost(%)	流动资产周转率(次) Turnover Times of Circulating Funds(time)	全员劳动生产率(元/人) Overall Industrial Labor Productivity (yuan/person)	资产负债率(%) Rate of Liabilities to Capital (%)
总 计	**Total**	**96.65**	**7.81**	**2.10**	**143 407**	**56.28**
一、按登记注册类型分	**Grouped by Registration**					
1. 内资企业	Domestic Investment Enterprise	90.53	10.49	1.57	405 295	58.58
国有企业	State-owned	95.83	9.80	2.31	250 034	53.45
集体企业	Collective-owned	100.29	15.36	2.03	155 482	51.81
股份合作企业	Cooperative Shares Enterprise	97.90	30.37	1.45	74 934	57.13
联营企业	Joint owned	97.00	9.41	1.51	177 251	32.92
有限责任公司	Companies Limited with Liabilities	90.67	18.04	1.36	441 555	62.74
股份有限公司	Companies Limited by Shares	88.53	7.16	1.43	785 717	59.41
私营企业	Private	92.08	5.18	1.93	81 264	54.90
其他内资企业	Others	98.16	3.96	2.24	10 416	53.49
2. 港、澳、台投资企业	Funded by Entrepreneur from Hongkong, Macao and Taiwan	96.66	8.80	1.94	69 801	52.31
3. 外商投资企业	Foreign Funded	100.09	5.45	2.88	190 526	58.81
二、按轻、重工业分	**Grouped by Light and Heavy Industry**					
1. 轻工业	Light Industry	96.05	5.20	1.70	75 015	51.47
2. 重工业	Heavy Industry	96.93	9.01	2.34	225 551	58.64
三、按企业规模分	**Grouped by Size of Enterprises**					
1. 大型企业	Large	93.11	6.69	2.31	377 516	58.39
2. 中型企业	Medium-sized	99.44	7.90	2.21	86 984	52.66
3. 小型企业	Small	96.96	10.11	1.55	67 996	60.54
四、按工业行业大类分	**Grouped by Sector**					
煤炭开采和洗选业	Coal Mining and Dressing					
石油和天然气开采业	Petroleum and Natural Gas Extraction	98.63	127.28	92.84	5 629 870	30.11
黑色金属矿采选业	Ferrous Metals Mining and Dressing					
有色金属矿采选业	Nonferrous Metals Mining and Dressing					
非金属矿采选业	Nonmetal Minerals Mining and Dressing					
其他采矿业	Other Minerals Mining and Dressing	100.00	8.59	2.65	36 783	39.98
农副食品加工业	Food Processing	101.04	4.42	1.63	262 452	59.72
食品制造业	Food Manufacturing	88.23	10.98	1.96	107 237	42.40
饮料制造业	Beverage Manufacturing	92.90	12.07	2.34	255 957	51.28

3-10 续表 continued

指 标 名 称	Item	产品销售率(%) Sales Rate of Products (%)	成本费用利润率(%) After-Tax Profits/ Cost(%)	流动资产周转率(次) Turnover Times of Circulating Funds(time)	全员劳动生产率(元/人) Overall Industrial Labor Productivity (yuan/ person)	资产负债率(%) Rate of Liabilities to Capital (%)
烟草加工业	Tobacco Processing	99.21	21.52	1.76	1 003 419	17.22
纺织业	Textile Industry	94.59	5.80	1.57	48 061	37.82
纺织服装、鞋、帽制造业	Textile Garments,Shoes and Hats Products	100.07	1.44	2.46	19 621	57.52
皮革、毛皮、羽毛(绒)及其制品业	Leather,Furs,Down and Related Products	100.73	2.38	0.65	13 834	54.80
木材加工及木、竹、藤、棕、草制品业	Timber Processing, Bamboo, Cane,Palm Fiber and Straw Products	108.97	8.88	1.61	99 128	29.38
家具制造业	Furniture Manufacturing	100.11	1.15	2.06	32 223	52.35
造纸及纸制品业	Papermaking and Paper Products	99.79	4.13	2.24	40 920	52.00
印刷业和记录媒介的复制	Printing and Record Medium Reproduction	96.13	9.82	1.44	49 443	54.27
文教体育用品制造业	Cultural, Educational and Sports Goods	98.26	6.33	1.44	19 713	51.42
石油加工、炼焦及核燃料加工业	Petroleum Processing,Coking and Nuclear Fuel Processing	101.67	5.50	1.87	33 807	63.28
化学原料及化学制品制造业	Raw Chemical Materials and Chemical Products	94.15	20.53	1.27	170 878	46.14
医药制造业	Medical and Pharmaceutical Products	82.12	17.98	0.62	239 898	52.74
化学纤维制造业	Chemical Fiber	114.23	22.50	1.78	76 369	21.41
橡胶制品业	Rubber Products	96.08	9.92	1.24	53 323	36.42
塑料制品业	Plastic Products	96.59	2.76	2.04	38 825	42.61
非金属矿物制品业	Nonmetal Mineral Products	92.61	9.78	1.40	126 224	53.17
黑色金属冶炼及压延加工业	Smelting and Pressing of Ferrous Metals	107.84	6.76	1.94	296 044	60.48
有色金属冶炼及压延加工业	Smelting and Pressing of Nonferrous Metals	79.07	12.84	1.77	136 014	51.37
金属制品业	Metal Products	99.45	6.22	1.94	61 282	55.29
通用设备制造业	Ordinary Machinery	76.92	8.73	1.74	74 389	44.58
专用设备制造业	Special Purpose Equipment	98.40	8.16	1.59	57 884	48.79
交通运输设备制造业	Transport Equipment	101.39	1.90	0.54	40 974	90.09
电气机械及器材制造业	Electric Equipment and Machinery	91.92	7.52	2.03	41 925	46.97
通信设备、计算机及其他电子设备制造业	Telecommunications,Computer and Other Electronic Equipment	96.64	5.30	2.46	276 310	60.16
仪器仪表及文化、办公用机械制造业	Instruments,Meters,Cultural and Office Machinery	99.55	5.98	2.59	98 715	43.77
工艺品及其他制造业	Handicraft Article and Other Manufacturing	97.46	1.67	2.66	37 158	48.99
废弃资源和废旧材料回收工业	Waste Resources and Salvage of Waste Material Processing					
电力、热力的生产和供应业	Electricity and Heating Power Production and Supply	99.49	25.43	2.18	618 767	64.31
燃气生产和供应业	Gas Production and Supply					
水的生产和供应业	Water Production and Supply	95.83	7.36	1.27	72 050	19.55

3-11 按行业分的限额以上工业企业全员劳动生产率

OVERALL LABOR PRODUCTIVITY OF INDUSTRIAL ENTERPRISES OVER LEVELS BY SECTOR (2003)

单位:元 / 人 (yuan/person)

行业	Sector	全部限额以上工业 Industrial Enterprises over Levels	国有经济工业 State-Owned	集体经济工业 Collective-Owned	外商投资工业 Foreign Funded Enterprises	港澳台投资工业 Enterprises Funded by Entrepreneur From HongKong, Macao and Taiwan
总计	**Total**	**143 407**	**250 034**	**155 482**	**190 526**	**69 801**
按工业行业大类分	**Grouped by Sector**					
煤炭开采和洗选业	Coal Mining and Dressing					
石油和天然气开采业	Petroleum and Natural Gas Extraction	5 629 870				5 629 870
黑色金属矿采选业	Ferrous Metals Mining and Dressing					
有色金属矿采选业	Nonferrous Metals Mining and Dressing					
非金属矿采选业	Nonmetal Minerals Mining and Dressing					
其他采矿选业	Other Minerals Mining and Dressing	36 783			20 833	
农副食品加工业	Food Processing	262 452	48 630		220 159	383 199
食品制造业	Food Manufacturing	107 237			274 383	34 672
饮料制造业	Beverage Manufacturing	255 957	92 816		462 364	117 394
烟草加工业	Tobacco Processing	1 003 419				
纺织业	Textile Industry	48 061	11 647		42 563	49 133
纺织服装、鞋、帽制造业	Textile Garments,Shoes and Hats Products	19 621			9 567	20 397
皮革、毛皮、羽毛(绒)及其制品业	Leather, Furs,Down and Related Products	13 834			19 236	13 295
木材加工及木、竹、藤、棕、草制品业	Timber Processing,Wood,Bamboo, Cane, Palm Fiber and Straw Products	99 128		686 620	46 044	27 117
家具制造业	Furniture Manufacturing	32 223			33 231	31 765
造纸及纸制品业	Papermaking and Paper Products	40 920			4 390	39 239
印刷业、记录媒介的复制	Printing and Record Medium Reproduction	49 443	195 291		99 660	43 683
文教体育用品制造业	Cultural, Educational and Sports Goods	19 713			20 854	19 614
石油加工、炼焦及核燃料加工业	Petroleum Processing,Coking and Nuclear Fuel Processing	33 807			1 553 431	1 598
化学原料及化学制品制造业	Raw Chemical Materials and Chemical Products	170 878	73 226		213 299	262 871
医药制造业	Medical and Pharmaceutical Products	239 898	368 708		260 566	139 208
橡胶制品业	Rubber Products	53 323			39 683	38 714
塑料制品业	Plastic Products	38 825	18 450		79 876	35 284
非金属矿物制品业	Nonmetal Mineral Products	126 224	556 730	29 020	179 986	144 274
黑色金属冶炼及压延加工业	Smelting and Pressing of Ferrous Metals	296 044			361 333	317 886
有色金属冶炼及压延加工业	Smelting and Pressing of Nonferrous Metals	136 014	44 517		123 307	145 508
金属制品业	Metal Products	61 282	43 513	35 965	25 874	66 398
通用设备制造业	Ordinary Machinery	74 389	292 509		118 703	53 041
专用设备制造业	Special Purpose Equipment	57 884	54 396	147 357	107 831	39 793
交通运输设备制造业	Transport Equipment	40 974	126 786	25 409	46 905	37 363
电气机械及器材制造业	Electric Equipment and Machinery	41 925		364 765	65 422	33 814
通信设备、计算机及其他电子设备制造业	Telecommunications,Computer and Other Electronic Equipment	276 310	63 236	80 480	215 779	138 757
仪器仪表及文化、办公用机械制造业	Instruments, Meters, Cultural and Office Machinery	98 715	213 002		256 193	28 315
工艺品及其他制造业	Handicraft Article and Other Manufacturing	37 158	364 864		29 788	21 422
废弃资源和废旧材料回收加工业	Waste Resources and Salvage of Waste Material Processing					
电力、热力的生产和供应业	Electricity and Heating Power Production and Supply	618 767	397 213		287 600	778 312
燃气生产和供应业	Gas Production and Supply					
水的生产和供应业	Water Production and Supply	72 050	30 858	132 384		

3-12 主要工业产品产量

PRODUCTION OF MAIN INDUSTRIAL PRODUCTS

(1979—2003)

年 份 Year	自来水生产量 (万吨) Tap Water (10 000 ton)	发电量 (万千瓦小时) Electricity (10 000 kwh)	小麦粉 (吨) Flour (ton)	啤 酒 (吨) Beer (ton)	卷 烟 (箱) Cigarettes (case)	化学纤维 (吨) Chemical Fiber (ton)	布 (万米) Cloth (10 000m)
1979		609					
1980		437					
1981		608					
1982		1 152					
1983		1 322					
1984		1 261			5 514		
1985		1 012			9 100		
1986	7 051	3 130			10 445		
1987	8 617	4 408			15 000	3 731	280
1988	13 060	2 508	16 794		50 451	4 190	925
1989	19 962	1 124	17 285		60 765	4 451	380
1990	19 736	31 065	21 155		76 164	5 050	631
1991	24 446	107 727	35 151		86 000	7 694	1 872
1992	23 785	195 007	44 302	57 256	88 500	7 637	30 484
1993	30 335	416 568	72 252	76 715	94 515	14 194	3 907
1994	43 425	1 739 463	75 536	82 128	94 583	19 768	2 674
1995	50 151	1 652 038	92 977	101 425	104 560	22 348	4 413
1996	53 691	1 873 881	219 700	125 302	118 824	17 576	106
1997	60 408	1 960 433	273 300	131 346	125 841	20 243	2 375
1998	62 585	2 150 147	250 000	152 279	151 219	13 271	1 716
1999	66 816	2 380 518	287 400	150 880	188 720	14 543	3 200
2000	75 547	2 618 545	229 000	250 417	208 898	14 368	2 356
2001	93 047	2 737 802	360 000	275 180	229 093	13 805	1 940
2002	113 315	3 515 696	346 000	334 590	235 162	13 821	2 247
2003	123 709	4 846 256	328 200	396 150	241 454	14 281	1 317

3-12 续表 1　continued

年　份 Year	印染布 (万米) Printed and Dyed Fabric (10 000m)	服　装 (万件) Garments (10 000)	磁　带 (亿米) Tapes (100 000 000m)	塑料制品 (吨) Plastic Products (ton)	水　泥 (万吨) Cement (10 000 ton)	成品钢材 (吨) Steel Products (ton)
1979					2.15	
1980					1.96	
1981					0.94	
1982					2.46	
1983					3.59	
1984	4 321	649		16 419	6.82	
1985	5 271	1 004			10.35	
1986	5 731	7 988	45.46	16 419	18.71	47 556
1987	6 655	8 008	181.03	28 572	24.22	35 400
1988	6 708	12 828	71.09	44 359	26.25	10 020
1989	8 344	9 931	71.47	73 945	25.23	41 667
1990	9 212	29 333	16.61	103 779	22.28	56 481
1991	14 869	16 437	32551.00	233 094	28.17	65 073
1992	16 161	18 857		244 000	29.53	61 300
1993	22 918	27 026	0.09	290 508	31.40	60 599
1994	7.627	36 314	16.27	375 757	37.53	86 538
1995	20 991	25 938	13.76	449 183	30.09	93 090
1996	22 543	38 196	8.33	411 132	25.17	100 000
1997	18 522	32 089	0.98	387 692	17.48	73 501
1998	20.191	32 119	0.32	256 327	16.17	81 635
1999	16 670	25 667		378 099	10.02	194 138
2000	13 614	24 242		464 617	2.95	218 925
2001	13 338	14 509	2.19	722 024	3.18	265 434
2002	14 082	14 344	1.34	611 619	3.61	399 560
2003	15 502	18 559	10.99	669 683	3.25	487 097

3-12 续表 2　continued

年　份 Year	平板玻璃 (万重量箱) Plate Glass (10 000 wt.cases)	铝材 (吨) Aluminium (ton)	自行车 (万辆) Bicycles (10 000)	表 (万只) Watches (10 000)	照相机 (万架) Cameras (10 000)	电风扇 (万台) Electric Fans (10 000)	电话机 (万部) Telephone Sets (10 000)
1979							
1980							
1981							
1982							
1983							
1984			2.03	339.68		0.57	9.77
1985			4.31	3 447.58		40.87	123.22
1986		5 566	14.13	11 020.66	160.15	66.60	144.75
1987	58	6 805	41.29	11 688.16	44.24	248.01	498.94
1988	186	6 808	60.39	11 014.49	348.25	368.60	815.76
1989	230	7 399	82.01	8 318.00	159.96	323.31	926.10
1990	207	10 799	128.20	10 060.00	519.95	379.30	1 019.21
1991	238	14 361	257.78	9 646.00	423.12	407.58	1 360.80
1992	269	18 985	272.08	17 593.65	813.76	152.73	1 461.59
1993	265	21 540	288.41	22 875.39	1 247.89	433.59	2 292.50
1994	259	19 618	238.94	27 344.89	1 277.61	1 132.43	2 592.38
1995	272	19 633	215.56	24 542.05	252.57	907.35	3 902.49
1996	272	25 356	140.52	28 667.91	1 636.74	818.76	4 080.80
1997	385	23 874	123.38	16 629.66	1 531.48	845.18	4 506.65
1998	238	19 632	156.96	12 665.44	2 346.95	650.48	2 741.97
1999	273	24 408	210.99	11 593.89	1 551.80	544.74	2 711.82
2000	288	27 271	239.60	9 126.00	942.83	901.04	2 809.58
2001	217	29 379	172.66	7 908.37	642.03	753.09	2 965.67
2002	317	46 746	319.67	7 575.78	312.83	1 129.22	4 091.29
2003	322	56 805	636.70	7 100.70	428.95	1 202.76	4 947.64

3-12 续表 3　continued

年　份 Year	微型计算机 (台) Micro Computers	打印机 (万部) Printer	电视机 (万台) TV Sets (10 000)	#彩　电 Color TV Sets	玻壳 (万只) Bulb (10 000)	录放音机 (万台) Radio Cassette Players (10 000)	电子计算器 (万台) Calculators (10 000)
1979							
1980							2.06
1981			6.59	0.70		31.95	0.48
1982			3.40	0.62		41.44	3.73
1983	71		3.23	1.23		54.22	3.73
1984	4 357		18.98	18.25		219.92	162.81
1985	1 575		48.10	48.10		324.02	196.60
1986	6 617		75.80	61.39		451.17	189.90
1987	2 728		128.09	101.64		1 707.40	581.58
1988	2 788		182.06	155.90		1 303.73	1 505.22
1989	15 955		157.22	137.38		2 361.00	2 014.00
1990	17 622		259.06	228.67		3 135.00	1 791.00
1991	62 440		308.90	288.08		3 260.00	2 520.00
1992	31 357		301.06	272.12		2 934.00	2 226.81
1993	27 836		317.48	269.33		4 083.47	2 906.56
1994	51 877		274.53	251.42		4 828.24	3 214.58
1995	194 131	194.84	418.12	373.50	413.60	2 270.12	2 313.90
1996	312 687	193.06	587.69	540.62	1 122.82	3 195.43	1 546.18
1997	568 681	433.50	549.29	519.63	754.76	2 568.46	1 703.52
1998	464 614	584.76	515.86	491.85	438.48	1 310.19	1 080.08
1999	834 476	315.68	972.54	834.13	1 306.27	1 066.56	351.17
2000	1 074 486	507.62	914.10	753.97	933.78	1 076.07	439.52
2001	1 642 151	695.00	876.81	659.50	877.54	773.55	729.34
2002	3 076 052	469.20	1 610.97	1 297.35	950	799.45	308.35
2003	4 866 723	570.30	2 510.18	1 820.33	1 081.85	553.11	423.85

3-12 续表 4　continued

年　份 Year	电子元件 (万只) Electronic Units (10 000)	硬盘机 (万部) Hard Drives (10 000)	软磁盘 (万片) Floppy Disks (10 000)	集成电路 (万块) Semiconductor Integrated Circuit(10 000)	程控交换机 (万线) Telephone Exchanges (10 000 lines)	通讯电缆 (万公里) Cable (10 000 km)	微电机 (万台) Microcurrent Motor
1979							
1980							
1981							
1982							
1983							
1984							
1985							
1986	15 584						
1987	7 823						
1988	73 316						
1989	112 921			512.70			
1990	309 649		5 633.00	997.58			
1991	332 657		10 286.54	1 356.74		0.03	
1992	522 291		13 714.29	1 164.34		1.16	201.18
1993	708 147		15 808.68	1 519.53	105.30	75.21	874.43
1994	1 561 900		23 434.29	2 262.77	209.70	68.83	187.42
1995	9 681 839	199.47	29 629.50	14 558.13	269.13	42.10	4 707.04
1996	1 403 557	440.86	24 000.00	22 471.16	331.74	49.00	356.60
1997	1 491 620	841.39	17 130.30	14 346.26	647.35	39.76	438.62
1998	1 390 107	770.54	12 221.54	23 975.80	1 515.69	18.96	290.70
1999	262 057	699.36	12 766.37	64 231.50	1 962.38	21.50	523.60
2000	527 216	867.07	12 754.00	87 598.00	3 535.33	25.74	511.40
2001	746 630	1 116.60	11 616.19	96 121.96	2 994.30	5.02	6 071.11
2002	1 334 537	480.04	26 295.38	134 966.44	1 856.47	5.26	2 295
2003	1 294 335	766.60	24 930.21	182 339.56	2 919.57	11.51	2 556

第四部分　建筑业

Construction

CHAPTER 4

2003年深圳市建筑业概况

2003年，深圳市建筑业在国家扩大投资增加内需，促进经济增长的政策引导下，抓住机遇，加快城市建设步伐，使城市整体功能日趋完善，城市面貌日新月异，为深圳的城市建设和国民经济持续、快速、健康发展做出了贡献，建筑业呈现良好的发展态势。

一、建筑业基本情况

（一）生产情况

2003年底，在563家上报企业中，有资质等级的企业441家，其中一、二级企业287家，占全部企业的一半以上。全年完成建筑业总产值392.18亿元，其中建筑工程产值298.07亿元，安装工程产值90.50亿元，其他3.61亿元。国有企业完成133.08亿元，占33.9%；民营企业完成152.34亿元，占38.8%。房屋建筑施工面积3791.19万平方米，其中：实行招投标的有2515.26万平方米，占66.3%。

表1　2003年深圳市563家建筑企业产值统计表

	建筑业总产值（亿元）	占全市比重（%）
全市	392.18	
其中：国有企业	133.08	33.9
民营企业	152.34	38.8
港、澳、台商投资企业	13.89	3.5
外商投资企业	3.68	0.9

深圳市建筑业近年来在全省的地位较为突出，完成建筑业总产值所占市场份额不断提升，除广州市外，远高于“珠三角”其他城市。

表2　2003年珠江三角洲主要城市建筑业产值统计表

	广东省	深圳市	广州市	珠海市	佛山市	东莞市
建筑业总产值	1702.87	392.18	478.58	43.15	132.30	76.48
占全省比重（%）	—	23	28.1	2.5	7.8	4.5

（二）人员、设备情况

2003年末，全市建筑业从业人员有247402人，其中工程技术人员39644人，占16.0%，持有一级资质证书的项目经理2681人。年末自有设备总台数为96099台，总功率127.41万千瓦，其中施工机械总功率84.74万千瓦，动力装备率为5.15千瓦/人。建筑业对经济发展和人民物质文化生活的提高提供了坚实物质基础，同时还对其他产业的发展起到了一定拉动作用，并为社会提供了大量的就业机会，吸纳了大批劳动力，为相关行业生产的产品提供了较好宽松的销售市场。2003年建筑业年平均人数为27.28万人，占全市就业人员的6.5%，对缓解社会就业压力起到很大作用。

（三）财务状况

2003年末，全市建筑业资产合计473.42亿元，其中国有172.66亿元，民营148.96亿元，分别占全市的36.5%和31.46%。全年建筑企业实现利润总额13.98亿元，其中国有经济3.24亿元，民营经济6.26亿元，分别占全市的23.2%和44.8%。产值利润率高达3.56%，按总产值计算的劳动生产率达到15.85万元/人，为近年来较高水平。

表3　2003年深圳市563家建筑企业利润总额统计表

	利润总额（万元）	占全市比重（%）
全市	139811	
其中：国有企业	32415	23.2
民营企业	62625	44.8
港、澳、台商投资企业	4772	3.4
外商投资企业	1321	0.94

（四）民营建筑企业发展迅速

民营建筑企业发展较快，成为建筑业的一大亮点。2003年民营经济发展的外部环境明显改善，党的十六大和十六届三中全会的召开使民营经济的政策环境更加宽松；随着投融资体制的不断改善，民营企业进入投资领域的步伐逐渐加快，民营经济呈现出快速健康的发展态势，民营企业经济效益与社会效益获得了双丰收。2003年，深圳市民营建筑企业完成建筑业总产值152.34亿元，比上年增长65.8%，占全市建筑业总产值38.8%，上缴税金5.09亿元，实现利润总额6.26亿元，占全市建筑企业利润总额的44.8%。

二、政府工程改革成效凸显

长期以来，政府投资工程延续了计划经济时期的集中管理模式，行政权利直接介入，造成建筑市场混乱。近年，市政府借鉴香港政府投资工程的管理方式，组成深圳市建筑工务局，市重大项目办公室和政府投资项目管理中心等专门机构，对政府投资工程实施相对集中的专业化管理模式，创造了"深圳模式"，引领着全国政府投资工程管理模式的改革方向。一年来，工务局交出了令人满意的答卷。备受关注的会展中心、大学城和电视中心等市政府投资重点工程，相继完成了近200多个招标项目，合同金额20多亿元，不仅发展快，而且在控制投资、抑制腐败等方面出现了较好势头。据统计2003年完成政府投资147亿元，没有出现一宗"工程上马，干部下马"的违法违纪案件。实践证明，实施这一改革后，促使建筑市场逐步走向规范，政策更加透明，办事效率不断提高，暗箱操作的现象进一步减少，地方保护主义逐渐退出，真正凭借自身技术实力取胜的机制进一步健全。

三、建筑业存在的问题及原因

（一）不正当的市场竞争较为激烈

近年，固定资产投资虽然保持了较高的增长速度，但是大量的外省市县的施工队伍纷纷涌入深圳市，使建筑生产能力过剩，加剧了施工任务不足的矛盾，建筑企业之间的竞争更为激烈，在竞争中产生大量不正当行为，加剧了建筑市场混乱状况。如建设单位私招临雇，幕后交易，建筑企业在生产经营中层层转包、非法转包、无证承包、越级施工、出卖资质等的现象时有存在。这些不正当行为在一定程度上冲击深圳市建筑的正常发展。

（二）工程款拖欠依然比较严重

尽管2003年深圳市政府高度重视建设领域拖欠工程款的问题，制定了一系列对策和措施，取得了一定成效，但工程款拖欠依然比较严重。2003年，全市建筑业企业拖欠工程款61.24亿元，资金被大量拖欠，部分企业只好贷款经营，从而背负沉重的贷款利息制约着企业经济效益的进一步提高。

表4　2003年建筑企业被拖欠工程款情况表

	被拖欠工程款（万元）	建筑业总产值（万元）	被拖欠工程款与全市比重(%)
全市	612494	3921751	
其中：			
国有企业	136584	1330838	22.3
民营企业	208873	1523444	34.1
港、澳、台商投资企业	11789	138884	1.9
外商投资企业	6476	36793	1.1

四、建议

（一）加强建筑市场整治，规范市场行为

首先，深圳市政府有关部门从建筑市场发展的整体需要出发，严格工程报建制度，对施工质量不高，没有资质等级的企业逐步淘汰出深圳建筑市场，对这类企业在报建的工程项目时，规划部门不予办理规划许可证，建设行政主管部门不予办理开工许可证，计划部门不予办理投资许可证，产权管理部门不予办理产权登记；对于承担其设计、施工的单位，要给予严厉的处罚。

遵循公开、公平、公正竞争的原则，增强建设单位与发包工程的透明度。严格执行招投标制度，坚决查处层层转包、非法转包、个人挂靠参与投标施工行为。有关部门每年年审，坚决清理不具备施工条件企业，使其退出建筑市场，以便进一步缓解深圳市工程任务不足的矛盾。

（二）盘活沉淀资金，增强造血功能

资金是企业的生命，面对深圳市建筑企业被拖欠款的状况，为了解决这个问题，需要全社会各方面的共同努力，随着政府职能的转换，强化政府监督和服务作用，行业管理部门的工作着力点应放在法制建设、综合调控和构造良好的建筑市场环境上，因此协助建筑企业清理工程拖欠工程款是刻不容缓的首要任务。首先要加强信用体系建设，积极推进建设领域信用体系建设，加快建立失信惩戒机制；其次，应严格审查项目的资金来源和保证程度，对没有资金保证的项目不予报建，从源头控制新的拖欠工程款现象的发生。建议银行会同有关部门，成立一个专门班子，协助企业清理拖欠款，尽力追回历年沉淀下来的拖欠工程款，以缓解企业资金紧张的矛盾。

（撰稿：李新锡）

4-1 建筑企业主要经济指标

MAIN ECONOMIC INDICATORS ON CONSTRUCTION ENTERPRISES

(2003)

指　　标	Item	2003
建筑业企业个数(个)	Number of Construction Enterprises	563
年末从业人员(万人)	Number of Employed Persons(10000persons)	24.74
资产合计(亿元)	Total Assets	473.42
自有固定资产原价(亿元)	Fixed Assets Owned(original value)(100 million yuan)	96.01
自有机械设备台数(万台)	Number of Machinery and Equipment Owned(10000 sets)	9.61
自有机械净值(亿元)	Net value of Machinery and Equipment Owned(100 million yuan)	24.78
自有机械设备总功率(万千瓦)	Total Power of Machiner and Equipment Owned(10000 Kw)	127.39
建筑业总产值(亿元)	Gross Output Value of Construction(100 million yuan)	392.18
# 建筑工程产值(亿元)	Output Value of Construction(100 million yuan)	298.07
安装工程产值(亿元)	Output Value of Installation(100 million yuan)	90.50
其他产值(亿元)	Others(100 million yuan)	3.61
本年固定资产折旧(亿元)	Depreciation of Fixed Assets in the year(100 million yuan)	5.28
本年应付工资总额(亿元)	Total Wages in the Year(100 million yuan)	33.88
本年应付福利费总额(亿元)	Total Welfare Expense in the year(100 million yuan)	4.29
工程结算税金及附加(亿元)	Taxes and Extra Charges on Project Settle Accounts(100 million yuan)	13.62
管理费用中的税金(亿元)	Taxes in Management Expenses(100 million yuan)	0.77
管理费用中劳动、待业保险(亿元)	Labour and Employment—Pending Insurance in Management Expenses(100 million yuan)	1.54
营业利润(亿元)	Operating Profit(100 million yuan)	13.15
房屋建筑施工面积(万平方米)	Floor Space of Buildings Under Construction(10000 sp.m)	3 791.18
其中:实行投标承包面积(万平方米)	Floor Space of Tender and Contracting Work(10000 sp.m)	2 512.25
本年新开工面积(万平方米)	Floor Space of Newly Begin Construction in the year(10000 sp.m)	1 767.78
利润总额(亿元)	Total Profits(100 million yuan)	13.98
按总产值计算	In Terms of Gross Output Value	
劳动生产率(元/人)	Overall Labor Productivity(yuan/person)	143 759
产值利润率(%)	Ration of Profit to Gross Output Value(%)	3.56

4-2 建筑业总产值

GROSS OUTPUT VALUE OF CONSTRUCTION

单位:万元

(2003)

指 标	Item	2003
总 计	**Total**	**3 921 751**
按登记注册类型分组	**Grouped by Type of Registration**	
1、内资企业	Domestic Funded Enterprises	3 746 074
国有企业	State-owned Enterprises	1 240 873
集体企业	Collective-owned Evterprises	128 903
股份合作企业	Cooperative Operation with Share Holding	15 416
联营企业	Joint Owned Enterprises	
国有联营企业	State-owned Joint	66 480
集体联营企业	Collective-owned Joint	4 665
国有与集体联营企业	State and Collective owned Joint	4 491
其他联营企业	Others	42 543
2、有限责任公司	Limited Liadility Companies	
国有独资公司	State Exclusively Funded Companies	23 485
其他有限责任公司	Others	1 046 390
股份有限公司	Limited Share-holding Companies	753 107
3、私营企业	Private Enterprises	
私营独资企业	Private Exclusively Funded Enterpreses	5 526
私营合作企业	Private Partnership Enterprises	2 473
私营有限责任公司	Private Limited Liability Companies	381 250
私营股份有限公司	Private Limited Share-holding Companies	29 846
其他企业	Other Enterprises	626
4、港、澳、台商投资企业	Enterpreses Funded by Entrepreneurs from Hong Kong, Macao and Taiwan	138 884
5、外商投资企业	Foreign Funded Enterprises	36 793

第五部分　运输、邮电、能源

Transportation.posts.telecommunications And Energy

CHAPTER 5

在蓬勃发展中前进

——深圳交通运营回顾与展望

2003年我国遭遇了突如其来的“非典”灾害，深圳交通运输、邮电和港口企业经历了前所未有的严重冲击和考验，但在市委、市政府的正确领导下，有关部门和交通运输、邮电、港口企业树立全行业“一盘棋”的思想和“海陆空”运输齐动员，同舟共济、不畏艰难、不松劲、不后退，化不利因素为动力，继续深化改革，积极探索，顺利达到并超过年初制定的各项发展目标。

深圳交通运输、邮电业务和港口业主要生产指标继续保持快速增长，取得了骄人的业绩，部分生产指标有新突破和连创历史最新纪录，为深圳的经济快速增长作出了积极贡献。

一、回顾2003年成绩斐然，基础建设取得新成就

（一）营造交通环境，促进经济发展

近年来，随着深圳交通运输、邮电、港口基础设施建设不断完善，投资力度不断加大。到2003年末，深圳的公路通车里程达1586公里，比上年增加201公里，增长14.5%，其中高速公路213公里，比上年增加7公里，增长3.4%，占全市公路通车里程13.4%；一级公路通车里程618公里，比上年增加84公里，增长15.7%，占全市公路通车里程39%。深圳在高度重视交通道路设施建设的同时，还对原有的交通道路基础设施进行了改造，并重新规划了交通道路基础设施，使深圳交通运输的环境得到迅速改善，交通枢纽功能不断增强、道路畅通、等级公路网络纵横交错，形成了以国际性九大港口区、机场、铁路场站为代表的“海陆空”立体交通网络。目前深圳已拥有广深、梅观、机荷、盐惠、深汕、水官和上年贯通投入使用的盐坝A、B段高速公路与107国道、深惠、布龙公路及市区的北环、滨海大道等骨干道路相连，形成了“蛛网之势”。到2003年末，深圳每百平方公里的路网密度为81.2公里，路网密度在全省居领先地位。与此同时，深圳与周边地区及市属各区、镇之间骨干公路网络已形成。

（二）建设投资加大，工程进展顺利

2003年，深圳市有关部门按照市委、市政府的统一部署，以及全市近、长期的统一规划，抓住加快交通基础设施建设的步伐和落实投资计划，全年计划完成投资71.7亿元，使深圳地铁、华南国际物流中心、深港西部通道等十五个重点建设工程项目在2003年进展顺利。

——深圳地铁一期工程。建设已驶入快车道，总投资115.3亿元，2003年完成17亿元，地铁一期工程总长20公里双轨，全程共设15站，计划2004年12月28日试通车。

——华南国际物流中心。该项目总投资9亿元，2003年完成0.4亿元，场地平整，首期堆场、道路、管网等工程已完成，主体仓库建设进展顺利。

——深港西部通道。总投资29.3亿元，2003年计划完成投资5亿元。目前填海工程基本完成，为大规模建设做好前期准备，其他工程招标进展良好。

——坪西一级公路二期。总投资12.2亿元，2003年完成1.5亿元，目前前期准备工作已基本就绪，其中地质钻探，施工设计及征地，施工招标已进入实质性阶段。

——宝石公路扩建。该项目总投资6.8亿元，2003年完成1.5亿元，扩建线路全长14.3公里，目前已完成临时设施施工和一期工程监理招标工作。

——水官高速公路延长段。该工程总投资4.7亿元，双向六车道，全长5.3公里，2003年完成2亿元，目前已进入全面施工建设中，部分工程建设指标已过半。

——107国道二期改造。该工程总投资4亿元，2003年完成投资2.1亿元,该工程已于在2002年6月开工建设,全长8.6公里,目前主体工程已完成正待验收。

——盐排高速公路。项目总投资11.5亿元，2003年完成投资2.5亿元,其中盐田隧道工程已动工建设,其他工程进展顺利,预计2005年6月前建成通车。

——南坪快速公路一期。该工程是“净畅工程”的核心项目,是深圳市“一横八纵”干线路网的重要组成部分,计划总投资20亿元,全长13.5公里,部分工程已于去年年底动工。

——盐田国际集装箱码头三期。该工程核算总投资人民币61亿元,2003年完成投资27.7亿元，建设周期为五年,目前已累计完成投资34亿元,大部分工程建设已过半，预计2005年年底完工投入运营。

——蛇口集装箱码头二期、三期。两期工程计划投资55.38亿元,其中2003年完成12亿元投资,目前已完成航道扩建、填海、道路及堆场工程其他施工建设进展顺利。

以上重点项目先后建成投入营运后,对启动深圳交通运输、邮电和港口行业的经济增长将起到积极作用。

（三）货物运输持续增长、旅客运输略有下降

1、货物运输呈持续增长态势

由于深圳经济外向型、国际化等特征十分明显,加上高科技产业和产品不断涌现,为深圳货运市场增量提供了有利条件。

统计资料显示,2003年深圳各种运输方式完成全社会货运总量达6761.1万吨，比上年增长15%,货物运输周转量370.24亿吨公里,增长23.6%。其中:公路货物运输量为5433万吨,占全社会货运总量的80.4%，增长12.5%，公路货物运输周转量36.86亿吨公里，增长11.6%。海上货物运输量达1003万吨（按在深注册企业运力口径)，同比增长29%,首次突破海上货运1000万吨历史大关,其中远洋货运量580万吨,占海上货运总量的57.8%,海上货物运输周转量329.8亿吨公里，远洋货物运输周转的平均运距较上年有所延长,初显深圳具有远洋运输的地理优势,深圳远洋货物运输的增量飙升为拉动深圳远洋贸易经济发展发挥了积极作用。铁路货运量315.70万吨,增长15.5%,铁路货物运输周转量2.17亿吨公里,增长9.6%,其中:深圳地方铁路货物运输量241万吨,增长22.3%。但深圳国家铁路货物运输发送和到达量分别比上年下降3.1%和2.5%。深圳国家铁路货运量的双向下降,说明了深圳通过铁路进出口外贸货物有所减少,其下降变化主要原因是：随着深圳四通八达公路网络的完善,货主为了减少中转时间越来越青睐公路集装箱的门对门运输方式。

2、旅客运输略有下降

2003年,特别上半年突如其来的“非典”疫情，旅客运输市场是重灾区之一,特别4、5月份对深圳的冲击最大,旅客运输量大幅下降。本应为旅客运输作出贡献的“五一”黄金周未能如期出现。但下半年,随着抗击“非典”取得阶段性胜利,暑运和“十一”黄金周的如期而至,再加上国内部份地区先后办理个人港澳游活动,深圳各种会展的举办,使深圳各式旅客运输呈现出全面复苏态势,年报资料显示:2003年深圳全年客运量仍超亿万人次,达10452万人次,与2002年相比只下降1.8%,其中:铁路客运量1137万人次,同比下降6.4%,公路客运量8635万人次,同比下降2.3%,水上客运量139.13万人次,同比下降11.4%。但深圳民航客运则是一枝独秀,全年客运量达541万人次,同比增长25.3%。公路客运量占全社会客运总量的82.6%，仍稳居深圳市旅客运输市场的主导地位。

2003年深圳旅客运输周转量为145.15亿人次公里,同比增长10.7%,主要是民航客运周转量作贡献,全年民航旅客运输周转量达69.37亿人次公里,占全市客运周转总量的“半壁江山”，同比增长25.3%，公路完成客运周转量为53.31亿人公里,与上年基本持平,但铁路、水上客运周转量比上年分别下降3.4%和1.3%。深圳民航旅客运输周转量的平均运距呈现逐年延长的态势，而且增长幅度较大，为深圳市旅客运输周转量的增长作出积极贡献。

3、快速客运成为公路、铁路客运新特点

近年来,随着客运市场进一步开放,社会旅客运输市场给原有的交通系统内的客运企业带来了较大的冲击。其专业旅客运输企业一度采用承包方式将营运工具分散经营,这一经营方式曾给客运企业带来了一片生机,同时也给人们出行带来许多方面。但是,随着人民生活水平的提高,出行追求安全经济,舒适快捷。因此,集团化规模经营有特色的快速客运应运而生,以运发、宝路华等企业(集团)合并重组为代表的公路客运企业,一方面用雄厚的资金作后盾、购置更新的豪华运输设备:另一方面不断开辟跨地区客运市场、而且实行集约式管理,统一调度、多线路、多班次、中途不停靠等方式,在速度和服务质量上与社会客运力量和短途的铁路客

运展开良性激烈竞争。使公路快速客运在2003年得到长足发展、成为深圳公路客运新的主力军和行业经济增长点。以广深高速公路专线为例,旅客运输的发送和到达量呈现逐年增长的态势。去年该线完成旅客运输量近千万人次,发送和到达班次的平均密度3分钟/班次,极大地方便了旅客的出行。高速公路旅客运输的快速发展,增强了公路客运的竞争能力,使得公路客运在各种客运运输方式中继续保持霸主地位。

由于近年粤深港间的各项交流日趋紧密,加上2003年下半年国内部份地区率先办理个人身份港粤旅游业务,使广深铁路段的快速客运市场出现淡季不淡、旺季更旺的良好态势,2003年广深铁路段完成快速客运量超过千万人次。

4、客运市场在竞争中不断调整运输结构

2003年深圳的旅客运输市场的竞争继续在各种运输方式或单一的运输方式内部展开。水上旅客运输在铁路、公路和航空客运的优势竞争下,已处于劣势败下阵来,"铁老大"也放下早年居高不下的架子大搞促运活动,2003年再次提速后,实行了"小编组、高密度、公交化"的运营方式与公路、民航争高低:"公哥"眼看在运力过剩,运载率日渐偏低情况下、也走重组和结盟之路来保霸主之位、而高高在上的民航客运也用降价促销来挤占客运市场份额。随着旅客运输市场良性竞争的日趋激烈,使市场运力结构不断完善。民航在长途旅客运输中保持优势:公路旅客运输在短途运输中的主导地位得到巩固:铁路旅客运输则适应中长途运输。形成了一个扬长避短的旅客运输市场格局。

(四)港口发展迅猛"货箱"吞吐再创辉煌

在深圳交通业诸多优势中,港口是其中重要的一项,发展极有活力,在深圳的经济建设中发挥了越来越重要作用,也是交通行业发展较快的产业之一。

2003年深圳海港"货箱"吞吐量承接上年升势再度创建港历史最好水平,全港完成货物吞吐量11220万吨、比上年增长28%,一举跨入年吞吐量亿吨大关,成为继上海、宁波、广州和天津等国内港口之后第八个进入亿吨大港行列,结束了多年徘徊于千万吨吞吐量的历史。

深圳港口货物吞吐量的快速增长主要原因是:近年来深圳港口企业积极开拓腹地及周边地区揽货信誉,吸引珠三角及省外其他地区从深圳港进、出口货物。2003年通过深圳港进出口的煤炭及制品、天然气及制品,钢材及非金属矿石和粮食大豆类,分别比上年增长40.3%、48.7%、32.8%和28.1%。深圳工业产品的外向型也为港口货物吞吐量增长创造了便利条件。

2003年深圳港口集装箱吞吐量达1065.16万(TEU)标箱,比2002年增加303.38万(TEU)标箱,同比增长39.8%,表明深圳港口一年之内已先后超越台湾高雄港和韩国釜山港,在全球集装箱吞吐能力排名由2002年的第六位跃居2003年的第四位,成为继香港、新加坡、上海之后世界级集装箱枢纽大港。深圳港口集装箱吞吐量迅速增长主要有以下原因:一是深圳经济持续、稳定快速发展,高新科技产品不断涌现的连锁反映和企业越来越青睐集装箱运输的效应;二是近年来深圳不断加大对港口基础建设资金投入力度、新的泊位投入使用后增强了吞吐能力,各港区纷纷扩大堆场面积,购置先进装卸设备、在更新码头软件管理系统的同时改善港区作业环境,成功地分流了原香港港口部分箱源。三是深圳港不断增加国际集装箱班轮航线,扩大深圳工业产品的国际市场辐射范围,目前共有39家世界著名集装箱船公司在深圳港开辟近洋、远洋国际集装箱班轮航线106条,形成了一个以深圳港为枢纽、覆盖世界十二大主要港口的国际集装箱班轮网络。深圳通关环境日趋畅顺,也为集装箱吞吐增长创造了有利条件。

(五)深圳机场客货吞吐量增长喜人

2003年深圳民航旅客、货邮行吞吐量再创历史最高纪录。全年累计完成民航旅客吞吐量达1084万人次,同比增长15.9%,首次突破千万人次的历史大关。深圳"双港齐飞"(海港、空港)的经济发展战略初见成效,深圳民航也跻身于全国同行第一梯队。深圳民航货邮行吞吐量全年完成40.66万吨,同比增长21.2%,这一指标已连续多年保持双位数增长。深圳民航旅客和货邮行吞吐量持续高速增长主要有三大因素支撑。首先是近年来深圳及珠江三角洲地区的经济持续增长造就了巨大的航空运输商机,与民航发展息息相关的旅游业,各种会展活动和高新技术产业高速发展为航空运输业拓宽了客货源。其次是深圳民航环境优越,机场各项建设指标均按国家一级民用机场标准设计建设,可供大型客货机升降,也可采取中转过境运输方式的机场。第三是深圳民航自建场以来强化服务意识,注重安全生产管理,已连续实现多年安全年目标,在顾客心中有一个良好的定位,吸引着周边地区的客货源,良好的市场环境也使国内众多航空公司纷纷看好深圳民航。深圳等级公路网络四通八达也为民航的客货增长创造了有利条件。

(六)深圳邮政、电信业务再上台阶

近年来深圳经济的快速发展,有力推动了电信事业的进步，使深圳通讯能力不断增强，先进设备日益完善；广大居民生活水平明显提高，人们对现代化通讯手段的依赖性日趋显著；深圳邮电、电信、移动完成业务分营后，从此结束了电信业务长期以来由一家垄断的局面，逐渐向多元化、多方式的良性竞争过度，并不断推出新品牌，多功能和多种服务措施，极大地刺激了市场的需求，诱发了一轮又一轮开户入网和预付话费消费热潮，使深圳的电信事业迎来一个前所未有的"百花齐放"、突飞猛进的发展时期。

统计年报资料显示：2003 年完成邮政、电信业务量 198.03 亿元（按 2000 年不变价计算），同比增长 20.4%。截止 2003 年底，深圳 8 种电讯品牌（即移动的全球通、神州行、大众及动感地带）电信的固定电话和（CDMA）即市话通，以及联通的（CDMA）合约用户和如意通购卡用户，突破千万用户大关，拥有量达 1193.87 万户，比上年增加 386.87 万户，增长 47.9%，其中移动用户 803.6 万户，同比增长 38.8%，市话通用户 67.40 万户，同比增长 130.2%，固定电话用户 286.47 万户，同比增长 18.4%。

回顾深圳从 1991 年的第一个手机用户到 100 万个，用了 9 年时间，而今天已发展到 900 万用户以上（含市话通），加上住宅电话用户和互联网的普及，使深圳已全面进入个人通讯消费时期。

深圳的通讯事业显现了三大特点。一是近年来深圳经济持续向好有力推动通信事业发展，体现了广大居民生活水平的提高和对现代通讯日趋依赖。二是深圳电信部门在不断更新电信设备，业务功能日益完善的同时与市场及时改变经营理念，做到人无我有，人有我先，人先我精，人精我优的营销战略。三是近年来深圳电信大打服务牌，坚持走以客户满意为标准，以方便用户为目标，全面提升服务水平，建立立体化的营销服务网，逐渐将资费向下调整。

（七）城市公交快捷舒适、优质服务树形象

2003 年深圳公交客运企业及时转变经营观念，打破常规，积极开拓公交市场客源，实行小偏组、高密度，多拉快跑的经营方针，全年完成城市公共交通客流量近 10 亿人次，收到了良好的社会效果和经济效益，树立了深圳公交良好形象。

（八）深圳物流业加速增量

深圳市委、市政府高瞻远瞩地把现代物流作为深圳未来三大支柱产业之一，加上政策的优势，制度的完善和畅顺的交通环境，使深圳物流业在 2003 年得到长足的发展，呈现出加速式放量增长态势。步子快、起点高，国际味十足是深圳现代物流业的鲜明特点。在强有力的政策推动下，深圳已基本形成了物流基础设施平台和物流信息平台，吸引着全球知名的跨国物流企业纷至沓来在深圳抢滩布阵。统计资料显示，2003 年深圳物流业利用外资超 8 亿美元，比上年增长 110%，其中交通运运输、仓储业引资达 4.5 亿美元，同比增长 117%。去年深圳"双港"物流经济战略目标也初显成效，特别海港货物吞吐超亿吨，集装箱吞吐量超千万标箱，机场旅客吞吐量超千万人次。其发展速度备受世界同行瞩目，使深圳物流品牌为此得到迅速崛起。

二、交通运输生产中存在的问题

2003 年深圳的交通运输、邮电主要生产指标取得了辉煌成就，成绩是有目共睹。但生产营运中也存在一些薄弱环节，主要表现如下：

——公路货运市场竞争机制欠完善，运价偏低使系统内运输企业经营艰难，尤其是集装箱拖车企业普遍"吃不饱"导致系统内货运企业的经营规模逐年缩少。

——异地货车"游击队"式的经营不仅扰乱正常运输秩序，也给深圳市的运输市场带来了不少冲击，更重要是给运输企业服务质量和安全留下不少隐患。

——城区内停车场地日渐紧张，尤其是白天在城市中心区、商业区，晚上在住宅区的停车问题尤其突出，乱停乱放现象十分严重。

——海港后方堆场显不足，地方铁路运输效率有待提高，部分大型基础设施未能发挥应有效能。

——个别客运方式长期偏软，运力过剩，导致企业经营艰难，在亏损边沿苦苦支撑。

——城市公交客运运力结构不合理，中小巴投放量过度抑制大巴的作用，给交通安全带来负面影响，出租车起步价高，使营运车辆载客率一降再降。

三、2004 年深圳运输、邮电生产形势预测与展望

2004 年是实现"十五"计划的关键年，也是全面落实十六届三中全会精神，深化改革，扩大开放，促进发展的重要一年。全年生产预测如下：

（一）客运生产将实现新增长

全行业旅客运输量将超 1.1 亿人次，同比增长 5.5%，其中公路旅客运输突破 9000 万人次，增长 4.3%，铁路发送量 1250 万人次，增长 9.9%。

（二）货运实现新突破

全行业货运总量将达 7000 万吨，增长 7.5%，其中公路货物运输量 5800 万吨，增长 6.8%，铁路货物运输量 350 万吨以上，增长 10.8%，海上货物运输量 1100 万吨(按在深注册企业运力口径)，增长 10%，其中远洋货物运输量600万吨以上，增长8%。

（三）双港吞吐再创新辉煌

海港货物吞吐量将完成1.25亿吨，增长11.5%，集装箱吞吐量1150万标箱增长8%，空港旅客吞吐量1200万人次，增长9.8%，货邮行吞吐量将完成45万吨，增长10%。

（四）邮政、电信业务再上新台阶

全年邮政、电信业务将突破200亿业务量（2000年不变价），增长10%，其中完成邮政业务量10亿元以上，移动、电信、互联网等有关指标的百人普及率将继续提高。

行业展望，只要我们按照市委、市政府的战略部署，以新科学发展观统筹各项工作，以发展现代物流为重点，继续加大工作力度，进一步加快交通基础设施建设步伐，深圳的交通运输、电信事业明天会更好。

（撰稿：黄培添）

5-1 主要年份全社会客货运输(吞吐)量

PASSENGER AND FREIGHT TRAFFIC IN MAIN YEARS

项目	Item	1990	1995	2000	2001	2002	2003
一、货运量（万吨）	**Freight Traffic (10 000 tons)**	**1 349**	**3 542**	**4 697**	**5 147**	**5 878**	**6 761**
1. 铁路	Railway	147	220	281	295	273	316
2. 公路	Highway	1 055	2 720	3 825	4 267	4 819	5 433
3. 水运	Waterway	147	598	586	580	778	1 003
4. 民航	Civil Aviation		4	5	5	8	9
二、机场货物吞吐量（万吨）	**Cargo Handled at Airport (10 000 tons)**		**7.9**	**20.3**	**24.7**	**33.41**	**40.66**
三、货物周转量(万吨公里)	**Turnover Volume of Freight Traffic (10 000 ton-km)**	**257 545**	**2 228 384**	**2 059 400**	**2 044 300**	**2 996 400**	**3 702 400**
1. 铁路	Railway	1 175	26 635	24 500	22 700	19 800	21 700
2. 公路	Highway	35 085	207 260	281 000	305 600	330 300	368 600
3. 水运	Waterway	221 285	1 989 338	1 746 000	1 708 200	2 244 700	3 298 000
4. 民航	Civil Aviation		5 151	7 900	7 800	11 700	14 100
四、客运量(万人)	**Passenger Traffic (10 000 persons)**	**8 833**	**8 261**	**9 346**	**9 868**	**10 644**	**10 452**
1. 铁路	Railway	803	963	1 068	1 142	1 215	1 137
2. 公路	Highway	7 845	6 890	7 866	8 260	8 840	8 635
3. 水运	Waterway	185	198	159	155	157	139
4. 民航	Civil Aviation		209	253	311	432	541
五、机场旅客吞吐量(万人)	**Passenger Departing at Airport (10 000 persons)**		**412**	**642**	**778**	**935**	**1 084**
六、旅客周转量(万人公里)	**Turnover Volume of Passenger Traffic (10 000 person-km)**	**267 865**	**820 721**	**993 800**	**1 117 500**	**1 311 000**	**1 451 500**
1. 铁路	Railway	6 424	140 382	184 000	204 700	224 700	217 100
2. 公路	Highway	252 167	404 860	457 800	486 200	524 600	533 100
3. 水运	Waterway	9 274	9 080	7 500	7 300	7 700	7 600
4. 民航	Civil Aviation		266 399	344 500	419 300	554 000	693 700
七、港口	**Harbor**						
1. 泊位数(个)	Berths (unit)	60	112	127	128	128	130
# 万吨级	10 000 Ton Class	12	26	38	39	39	45
2. 货物吞吐量(万吨)	Cargo Handled at Seaports(10 000 tons)	1 258	3 080	5 697	6 643	8767	11 220
# 蛇口港	Shekou Seaport	180	1 084	1 653	1 821	2168	3 079
赤湾港	Chiwan Seaport	358	777	1 077	1 368	2025	2 508
妈湾港	Mawan Seaport	8	374	926	998	1228	1 687
盐田港	Yantian Seaport	6	58	1 143	1 525	2326	2 732

5-2 全社会客货运输和邮电业务量

PASSENGER AND FREIGHT TRAFFIC, REVENUE FROM POSTAL AND TELECOMMUNICATIONS SERVICES (1979-2003)

年 份 Year	货运量 (万吨) Freight Traffic (10 000 tons)	货物周转量 (万吨公里) Turnover Volume of Freight Traffic (10 000 ton-km)	客运量 (万人) Passenger Traffic (10 000 persons)	旅客周转量 (万人公里) Turnover Volume of Passenger Traffic (10 000 person-km)	港口货物吞吐量 (万吨) Cargo Handled at Seaports (10 000 tons)	邮电业务总量 (万元) Revenue from Postal and Communications Services (10 000 yuan)
1979					10	138
1980					30	190
1981					70	340
1982					91	420
1983					141	567
1984					210	923
1985					327	1 761
1986	1 521	150 321	3 973	85 129	302	2 633
1987	1 627	141 355	4 268	140 598	485	4 880
1988	1 704	217 165	5 858	188 199	734	14 826
1989	1 383	357 633	6 349	217 832	956	21 293
1990	1 349	257 545	8 833	267 865	1 292	55 356
1991	1 486	435 662	6 400	186 682	1 563	84 927
1992	1 801	545 857	8 153	409 660	1 956	114 492
1993	2 050	743 878	10 218	477 794	2 541	174 045
1994	2 604	779 791	8 531	790 097	3 002	259 432
1995	3 542	2 228 384	8 261	820 721	3 080	368 945
1996	3 647	2 328 753	8 281	827 693	3 021	462 261
1997	3 853	2 317 664	8 515	828 352	3 357	610 111
1998	4 048	2 127 605	8 484	822 420	3 444	764 658
1999	4 274	1 974 500	8 754	865 400	4 663	982 686
2000	4 697	2 059 400	9 346	993 800	5 697	1 336 000
2001	5 147	2 044 300	9 868	1 117 500	6 643	1 419 000
2002	5 878	2 996 400	10 644	1 311 000	8 767	1 644 200
2003	6 761	3 702 400	10 452	1 451 500	11 220	1 980 300

5-3 全社会客货运输和邮电业务量指数

INDICES OF PASSENGER AND FREIGHT TRAFFIC, REVENUE FROM POSTAL AND TELECOMMUNICATIONS SERVICES (1980-2003)

(以上年为 100) (preceding year=100)

年　份 Year	货运量 Freight Traffic	货物周转量 Turnover Volume of Freight Traffic	客运量 Passenger Traffic	旅客周转量 Turnover Volume of Passenger Traffic	港口货物吞吐量 Cargo Handled at Seaports	邮电业务总量 Revenue from Postal and Communications Services
1980					300.0	137.7
1981					233.3	178.9
1982					130.0	123.5
1983					154.9	135.0
1984					148.9	162.8
1985					155.7	190.8
1986					92.4	149.5
1987	107.0	94.0	93.1	165.2	160.6	185.3
1988	104.7	153.6	137.3	133.9	151.3	303.8
1989	81.2	164.7	108.4	115.7	130.2	143.6
1990	97.5	72.0	139.1	123.0	135.1	151.7
1991	110.2	169.2	72.5	69.7	121.0	153.4
1992	121.2	125.3	127.1	219.4	125.1	134.8
1993	113.8	136.3	125.6	116.6	129.9	152.0
1994	127.0	104.8	81.5	161.2	118.1	149.1
1995	136.0	285.8	96.8	103.9	102.6	142.2
1996	103.0	104.5	100.2	100.8	98.1	125.3
1997	105.6	99.5	102.8	100.1	111.1	132.0
1998	105.1	91.8	99.6	99.3	102.6	125.3
1999	105.6	92.8	103.2	105.2	135.4	128.5
2000	109.9	104.3	106.8	114.8	122.2	136.0
2001	109.6	99.3	105.6	112.4	116.6	106.2
2002	114.2	146.6	107.9	117.3	132.0	115.9
2003	115.0	123.6	98.2	110.7	128.0	120.4

5-4 全社会民用车辆和运输船舶拥有量

NUMBER OF CIVIL MOTOR VEHICLES AND TRANSPORT VESSELS OWNED

(1999-2003)

项目	Item	1999	2000	2001	2002	2003
民用车辆总计(辆)	**Total Civil Motor Vehicles (unit)**	**308 931**	**353 885**	**415 078**	**506 637**	**578 336**
一、民用汽车(辆)	Civil Automobile (unit)	254 049	299 508	360 668	453 050	532 690
1. 载客汽车(辆)	Buses and Cars (unit)	149 171	176 028	225 086	287 704	356 702
载客量(客位)	Number of seats in Buses and Cars(seat)	1 412 755	1 607 136	1 852 268	2 445 484	3 324 613
# 大型(辆)	Large Scales (unit)	17 402	12 156	14 516	18 382	17 612
载客量(客位)	Number of Seats(seat)	625 590	457 066	526 525	689 325	678 062
2. 普通载货汽车(辆)	Ordinary Trucks (unit)	95 356	113 845	124 654	150 916	161 903
载重量(吨位)	Capacity(ton)	466 291	549 441	599 586	728 924	841 895
# 大型(辆)	Heavy (unit)	32 572	41 857	44 285	46 306	48 260
载重量(吨位)	Capacity (ton) =	245 891	326 066	347 423	379 709	415 036
3. 专用载货汽车(辆)	Special Freight Trucks(unit)	2 006	2 018	2 128	1 931	2 010
载重量(吨位)	Capacity (ton)	20 662	23 864	25 387	23 365	25 125
4. 其他专用汽车(辆)	Other Special Motor Vehicles (unit)	4 737	6 159	7 296	10 957	11 560
5. 特种汽车(辆)	Particular Motor Vehicles	2 779	1 458	1 504	1 542	515
二、摩托车(辆)	Motorcycle(unit)	54 855	54 168	54 199	53 423	43 989
三、货挂车(辆)	Trailer Trucks(unit)	22	205	207	164	1 657
四、其他(辆)	Other (unit)	5	4	4		
民用运输船舶总计(艘)	**Total Civil Transport Vessels (unit)**	**109**	**98**	**83**	**87**	**101**
一、机动船艘数(艘)	Motor Vessels (unit)	88	83	68	72	90
载客量(客位)	Number of Seats (seat)	2 509	2 871	3 368	3 368	2 934
净载重量(吨位)	Dead Weight Tonnage (ton)	445 128	361 891	272 560	277 420	986 269
总功率(千瓦)	Total Power (kw)	216 283	208 449	192 413	212 637	317 775
1. 客船艘数(艘)	Passenger Transport Vessels (unit)	12	15	17	17	13
载客量(客位)	Number of Seats (seat)	2 509	2 871	3 368	3 368	2 934
2. 货船艘数(艘)	Freight Transport Vessels (unit)	59	53	42	46	69
净载重量(吨位)	Dead Weight Tonnage (ton)	445 128	361 891	266 209	271 069	984 275
3. 拖船艘数(艘)	Tugboats (unit)	17	15	9	9	8
二、驳船艘数(艘)	Barges (unit)	21	15	15	15	11
净载重量(吨位)	Dead Weight Tonnage(ton)	12 362	26 602	26 602	26 602	25 495

5-5 主要年份邮电业务量

POSTAL AND TELECOMMUNICATIONS SERVICES IN MAIN YEARS

项目	Item	1990	1995	2000	2001	2002	2003
邮电业务总量(万元)	Business Volume of Post and Telecommunications (10 000 yuan)	55 356	368 945	1 336 000	1 823 700	1 644 200	1 980 300
函件(万件)	Mail (10 000 pcs)	8 927	20 059	12 194	11 116	12 662	15 531
特快专递(万件)	Express Mail (10 000 pcs)	37.42	151.78	334.80	349.40	341.10	449 .80
包件(万件)	Parcels (10 000 pcs)	131.12	193.46	225.60	293.70	287.50	305 .70
订销报纸期发数(万份)	Number of Newspapers Circulation (10 000pcs)	30.25	62.12	74.40	74.30	51.94	58 .12
订销报纸累计份数(万份)	Total Copy of Newspapers (10 000 pcs)	6 743	15 563	14 416	15 382	15 227	14 942
订销杂志期发数(万份)	Number of Magazines Circulation (10 000 pcs)	25.98	44.72	71.56	65.08	68.96	69 .30
订销杂志累计份数(万份)	Total Copy of Magazines (10 000 pcs)	327.51	658.81	1 153.10	1 027.06	1 027.33	1 133
电报(万份)	Telegrams (10 000 pcs)	285.52	245.52	131.72	13.70	6.47	4 .21
长途电话(万张)	Number of Long Distance Telephone Calls (10 000 sheets)	5 587	42 739	99 174	125 172	131 250	139 895
固定电话用户	Number Of Hand-free Telephone Subscribers	122 808	693 091	1 735 052	2 193 840	2711774	3 538 731
1、市话年末到达数(户)	Number of Urban Telephone Subscribers (year-end) (subscribers)	97 471	485 374	1 156 978	1 440 717	1758 392	2 297 685
# 住宅电话(户)	Residential (subscribers)	66 842	315 004	708 672	756 542	742 352	1 531 735
2、农话年末到达数(户)	Number of Rural Telephone Subscribers (year-end)(subscribers)	25 337	207 717	578 074	753 123	953 382	1 241 046
长话直拨有权用户(户)	Number of Direct Dialling Subscribers (subscribers)	59 254	451 738	981 871	1 259 459	1 739 827	2 002 764
# 直拨国际港澳的(户)	International Direct Dialling Subscribers to Foreign Countries as Well as to Hongkong and Macao (subscribers)	55 725	376 136	500 001	583 823	725 220	995 885
移动电话用户(户)	Number of Mobile Telephones Subscribers (subscribers)	2 647	148 069	2 309 100	3 876 900	6 050 000	8 710 000
互联网用户(户)	Number of Internet Subscribers			597 729	1 061 595	1 879 600	2 335 378
邮政储蓄年末收储余额(万元)	Postal Saving Deposit Balance (10 000 yuan)	3 860	108 318	249 941	328 647	449 122	650 110
集邮业务(万枚)	Philately (10 000pcs)	377	1 383	3 177	3 073	2 135	1 515

注：邮电业务总量 1990-2000 年按 1990 年不变价格计算，2001 年及以后按 2000 年不变价格计算。
From 1990 to 2000,the Business volume of Post and telecommunications is callculated from the fixed price of 1990,and it is calculated from the fixed price of the year 2000 after 2001.

5-6 主要年份邮电通讯设施

FACILITIES OF POST AND TELECOMMUNICATIONS IN MAIN YEARS

项目	Item	1990	1995	2000	2001	2002	2003
邮政局、所(处)	Number of Post and Telecommunications Offices	84	375	652	717	703	724
邮路长度(单程)(公里)	Length of Postal Routes (km)	1 707	22 319	23 188	23 762	45 342	56 347
农村投递线路(单程)(公里)	Length of Rural Delivery Routes (km)	1 391		6 094	8 357	8 936	6 398
邮运汽车(辆)	Number of Postal Automobiles	26	79	113	115	140	261
长话电路(路)	Long Distance Telephone Circuits (line)	3 526	25 240	121 571	302 427	527 344	565 006
#国际及港澳(路)	International, Hongkong and Macao (line)	999	3 630	4 705	6 889	13 630	12 113
全市固定电话交换机总容量(门)	Total Capacity of Telephone Exchanges (line)	252 352	1 409 192	2 675 186	3 508 898	3 580 215	4 475 631
#市话交换机总容量(门)	Capacity of Urban Telephone Exchanges (line)	197 721	898 648	1 749 610	2 126 839	2 181 484	2 761 495
#邮电局交换机容量(门)	Capacity of Post and Telecommunications Offices Telephone Exchanges (line)	129 000	1 267 178	2 488 135	3 323 541	3 399 496	4 297 789
全市移动电话交换机容量(门)	Total Capacity of Mobile Telephone Exchanges (line)			3 780 000	5 490 000	6 070 000	8 730 000
全市电话机总数(部)	Number of Telephone Sets	190 077	812 974	1 883 316	2 305 880	2 867 614	3 674 198
#市话话机总数(部)	Number of Urban Telephone Sets	161 566	587 891	1 274 903	1 475 421	1 887 885	2 414 544

5-7 独立核算运输企业财务状况

MAIN FINANCIAL INDICATORS OF TRANSPORT ENTERPRISES WITH INDEPENDENT ACCOUNTING SYSTEM (2003)

单位:万元 (10 000 yuan)

指 标 名 称	Item	总 计 Total	1、国有经济 State-owned	2、集体经济 Collective-owned	3、其 他 经济类型 Others
企业个数(个)	Number of Enterprises	75	39	12	24
#亏损企业(个)	Number of Loss-making Enterprises	7	7	--	--
资本金合计	Total Capital	528 428	89 174	12 335	426 919
流动资产合计	Circulating Funds	476 505	103 992	13 473	359 040
固定资产合计	Total Fixed Assets	1 187 990	202 972	25 354	959 664
固定资产原值合计	Total Original Value of Fixed Assets	1 538 711	279 674	80 753	1 1782 84
累计折旧	Accumulated Depreciation of Fixed Assets	419 731	115 105	70 424	234 202
资产合计	Total Assets	2 071 616	458 962	21 215	1 591 439
流动负债合计	Liquid Liabilities	542 408	203 469	2 564	336 375
长期负债合计	Long-Term Liabilities	525 839	44 872	1 644	479 323
所有者权益合计	Creditors´ Equity	1 003 369	210 621	17 007	775 741
营运业务收入	Business Revenue	896 354	143 621	31 773	720 960
营运业务成本	Business Cost	386 588	100 692	16 184	269 712
营运费用	Business Expenses	20 727	3 173	1 720	15 834
营运税金及附加	Business Taxes and Extra Charges	24 914	3 313	2 495	19 106
营运业务利润	Business Profits	471 383	20 071	13 473	437 839
管理费用	Management Expenses	99 106	21 037	3 488	74 581
#税金	Taxes	1 194	317	220	657
利润总额	Total Profits	367 966	10 765	10 969	346 232

5-8 独立核算邮电企业财务状况

MAIN FINANCIAL INDICATORS OF POSTAL AND TELECOMMUNICATIONS ENTERPRISES WITH INDEPENDENT ACCOUNTING SYSTEM (1998—2003)

单位：万元 (10 000 yuan)

指 标 名 称	Item	1998	1999	2000	2001	2002	2003
企业个数(个)	Number of Enterprises	5	6	6	6	9	9
资本金合计	Total Capital	103 709	157 046	412 792	422 016	456 675	424 454
流动资产合计	Circulating Funds	369 590	507 977	641 609	600 263	691 647	668 507
固定资产合计	Total Fixed Assets	933 949	1 281 586	1 193 493	1 599 500	1 727 282	1 708 957
固定资产原值合计	Total Original Value of Fixed Assets	1 024 943	1 705 812	1 839 193	2 221 183	2 227 814	2 585 139
累计折旧	Accumulated Depreciation of Fixed Assets	333 523	424 226	645 700	799 938	909 934	1 122 108
资产合计	Total Assets	1 288 639	1 844 448	2 359 924	2 268 170	2 546 294	2 475 756
流动负债合计	Liquid Liabilities	229 000	263 861	406 761	317 796	693 338	727 583
长期负债合计	Long-Term Liabilities	68 158	67 553	51 965	130 088	728 266	722 210
所有者权益合计	Creditors' Equity	991 481	1 513 034	1 901 198	1 820 286	1 124 690	1 025 963
营运业务收入	Business Revenue	719 497	1 082 778	1 301 947	1 453 468	1 601 232	1 758 474
营运业务成本	Business Cost	219 798	370 299	414 058	499 573	514 841	516 312
营运费用	Business Expenses	73 632	102 468	132 601	148 011	102 381	188 718
营运税金及附加	Business Taxes and Extra Charges	22 485	33 417	40 186	41 264	49 009	55 199
营运业务利润	Business Profits	371 570	576 594	715 100	793 726	935 001	1 013 948
管理费用	Management Expenses	59 683	81 839	105 519	114 752	96 680	137 578
# 税金	Taxes	1 331	2 459	23 488	29 377	119 657	60 496
利润总额	Total Profits	315 420	506 439	637 828	605 526	789 116	852 619

5-9 主要能源按工业行业分组消费量

CONSUMPTION OF MAIN ENERGY BY SECTOR

(2003)

单位:吨 (ton)

项目	Item	原煤 Coal	原油 Crude Oil	汽油 Gasoline	煤油 Kerosene
总计	**Total**	**4 426 293**	**99 992**	**56 804**	**7 316**
按轻重工业分	**Grouped by Light and Heavy Industry**				
轻工业	Light Industry	564	13 165	33 870	5 060
重工业	Heavy Industry	4 425 729	86 827	22 933	2 256
按工业行业大类分	**Grouped by Sector**				
煤炭开采和洗选业	Coal Mining and Dressing				
石油和天然气开采业	Petroleum and Natural Gas Extraction		86 443		
黑色金属矿采选业	Ferrous Metals and Dressing				
有色金属矿采选业	Nonferrous Metals Mining and Dressing				
非金属矿采选业	Nonmetal Minerals Mining and Dressing			800	
其他采矿业	Other Minerals Mining and Dressing				
农副食品加工业	Food Processing	506		430	2 925
食品制造业	Food Manufacturing			492	
饮料制造业	Beverage Manufacturing		7 993	515	6
烟草制造业	Tobacco Processing			14	
纺织业	Textile Industry			1 720	4
纺织服装、鞋、帽制造业	Textile Garments,Shoes and Hats Products			6 061	773
皮革、毛皮、羽毛(绒)及其制品业	Leather, Furs,Down and Related Products			604	6
木材加工及木、竹、藤、棕、草制品业	Timber Processing, Wood,Bamboo, Cane, Palm Fiber and Straw Products			138	
家具制造业	Furniture Manufacturing			290	17
造纸及纸制品业	Papermaking and Paper Products	6		746	141
印刷业和记录媒介的复制	Printing and Record Medium Reproduction			996	3
文教体育用品制造业	Cultural, Educational and Sports Goods			433	
石油加工、炼焦及核燃料加工业	Petroleum processing,Coking and Nuclear Fuel Processing			19	
化学原料及化学制品制造业	Raw Chemical Materials and Chemical Products	1 608	339	2 910	85
医药制造业	Medical and Pharmaceutical Products			12 112	64
化学纤维制造业	Chemical Fiber			19	
橡胶制品业	Rubber Products		5 160	58	
塑料制品业	Plastic Products			1 816	1 652
非金属矿物制品业	Nonmetal Mineral Products	2 600		735	10
黑色金属冶炼及压延加工业	Smelting and Pressing of Ferrous Metals			60	
有色金属冶炼及压延加工业	Smelting and Pressing of Nonferrous Metals			76	
金属制品业	Metal Products			2 767	105
通用设备制造业	Ordinary Machinery	1 481 037		515	214
专用设备制造业	Special Purpose Equipment			860	124
交通运输设备制造业	Transport Equipment	52		468	95
电气机械及器材制造业	Electric Equipment and Machinery			3 013	62
通信设备、计算机及其他电子设备制造业	Telecommunications,Computer and Other Electronic Equipment	1 275	49	14 869	302
仪器仪表及文化、办公用机械制造业	Instruments,Meters,Cultural and Office Machinery		8	855	688
工艺品及其他制造业	Handicraft Article and Other Manufacturing			1 767	41
废弃资源和废旧材料回收加工业	Waste Resources and Salvage of Waste Material Processing				
电力、热力的生产和供应业	Electricity and Heating power Production and Supply	2 939 209		244	
燃气生产和供应业	Gas Production and Supply				
水的生产和供应业	Tap Water Production and Supply			402	

5-9 续表 continued

项目	Item	柴油 Diesel	燃料油 Fuel Oil	液化石油气 Liquefied Petroleum Gas	电力(万千瓦时) Electricity (10 000 kwh)
总计	**Total**	**818 309**	**2 220 822**	**47 146**	**1 070 307**
按轻重工业分	**Grouped by Light and Heavy Industry**				
轻工业	Light Industry	257 394	163 339	15 559	378 794
重工业	Heavy Industry	560 914	2 057 484	31 588	691 513
按工业行业大类分	**Grouped by Sector**				
煤炭开采和洗选业	Coal Mining and Dressing				
石油和天然气开采业	Petroleum and Natural Gas Extraction	36 364	11 466		41 520
黑色金属矿采选业	Ferrous Metals Mining and Dressing				
有色金属矿采选业	Nonferrous Metals and Dressing				
非金属矿采选业	Nonmetal Minerals Mining and Dressing				263
其他采矿业	Other Minerals Mining and Dressing				
农副食品加工业	Food Processing	6 043	11 218	118	11 674
食品制造业	Food Manufacturing	6 764	17 117	40	11 838
饮料制造业	Beverage Manufacturing	6 131	5 268	150	7 873
烟草制造业	Tobacco Processing	4			76
纺织业	Textile Industry	8 983	92 079	1 747	23 287
纺织服装、鞋、帽制造业	Textile Garments,Shoes and Hats Products	14 980	1 394		27 177
皮革、毛皮、羽毛(绒)及其制品业	Leather, Furs,Down and Related Products	7 904	1 958	66	16 407
木材加工及木、竹、藤、棕、草制品业	Timber Processing, Wood,Bamboo, Cane, Palm Fiber and Straw Products	182			3 752
家具制造业	Furniture Manufacturing	8 272		2 317	10 581
造纸及纸制品业	Papermaking and Paper Products	6 368	14 070	324	19 060
印刷业和记录媒介的复制	Printing and Record Medium Reproduction	10 161		275	17 441
文教体育用品制造业	Cultural, Educational and Sports Goods	17 663	1 272	1 741	23 544
石油加工、炼焦及核燃料加工业	Petroleum processing,Coking and Nuclear Fuel Processing	200			767
化学原料及化学制品制造业	Raw Chemical Materials and Chemical Products	10 111	113	525	23 464
医药制造业	Medical and Pharmaceutical Products	1 153	30	285	6 083
化学纤维制造业	Chemical Fiber	164	134		351
橡胶制品业	Rubber Products	5 190	430	274	6 259
塑料制品业	Plastic Products	59 562	16 223	1 455	66 024
非金属矿物制品业	Nonmetal Mineral Products	14 406	86 469	1 002	19 681
黑色金属冶炼及压延加工业	Smelting and Pressing of Ferrous Metals	172	9 452	1	1 948
有色金属冶炼及压延加工业	Smelting and Pressing of Nonferrous Metals	2 133			2 924
金属制品业	Metal Products	32 949	13 826	3 064	39 916
通用设备制造业	Ordinary Machinery	13 730	303 845	230	32 249
专用设备制造业	Special Purpose Equipment	19 114	20	190	18 812
交通运输设备制造业	Transport Equipment	41 325		2 437	20 933
电气机械及器材制造业	Electric Equipment and Machinery	55 360	3 538	2 203	60 209
通信设备、计算机及其他电子设备制造业	Telecommunications,Computer and Other Electronic Equipment	87 337	26 192	27 663	239 262
仪器仪表及文化、办公用机械制造业	Instruments,Meters,Cultural and Office Machinery	16 513	105	561	27 309
工艺品及其他制造业	Handicraft Article and Other Manufacturing	15 945	617	479	15 535
废弃资源和废旧材料回收加工业	Waste Resources and Salvage of Waste Material Processing				
电力、热力的生产和供应业	Electricity and Heating power Production and Supply	312 880	1 603 986		247 571
燃气生产和供应业	Gas Production and Supply	65			15
水的生产和供应业	Tap Water Production and Supply	183			26 505

第六部分　农业

Agriculture

CHAPTER 6

城市化进程中的深圳农业

2003年,深圳农业在深圳市全面推进城市化的进程中,积极探索具有深圳特色的都市农业,走产业化、科技化和市场化路子。从特区建立以来深圳农业取得了一定成就,虽然因城区开发和工业用地增加,农业耕地逐年减少,但是,农业产值仍然从1979年的1.31亿元增加到2003年33.74亿元,按可比价格计算,24年间平均年增长速度达到6.8%。深圳在全面加快城市化建设进程的同时,农业生产进一步稳步发展。

一、2003年农业生产基本情况

2003年全年农业总产值(现行价)33.74亿元,按可比价比上年增长9.8%。其中:种植业产值11.20亿元;比上年下降2.6%,牧业产值13.59亿元,同比增长2.5%;渔业产值7.69亿元,同比增长32.2%;林业产值0.66亿元,增长45.4%。农业总产值主要是受价格和产量的影响。从全年价格和产量的变动趋势看,农产品产量的减产对农业总产值增长产生负面影响,而农产品价格在部分影响较大的品种中明显上扬,对总产值增长起积极作用。

(一)主要农产品生产情况

种植业方面:在种植业结构调整的过程中,各级都加大对蔬菜、园艺作物产业的投入和扶持力度,2003年全市蔬菜播种面积达15.69万亩,同比增加4.93万亩,增长6.5%;花卉产值3.95亿元,比上年增长20.9%。水果类由于受气候等自然因素影响,全年的水果总产量2.91万吨,下降17.6%;其中:占深圳市水果总产量近五成的荔枝减产较为严重,产量仅为0.88万吨,下降52.2%。

畜牧业方面:受非典、禽流感影响,主要的畜禽产品的生产和出口遭受冲击。除奶类产量略增以外,其他禽、畜类产量指标均呈现不同的下降(见表1)。

表1　2003年主要畜产品产量

指标名称	单位	数量	比上年增长%
肉猪出栏量	万头	60.74	-6.1
猪肉产量	万吨	4.13	-7.8
家禽饲养量	万只	2914.08	-7.5
禽蛋产量	万吨	0.03	-25.0
鲜奶产量	万吨	2.14	5.7

渔业方面:随着发展水产鲜活产品政策的进一步实施,深圳水产品生产重点由淡水养殖转向海水养殖与捕捞,海水养殖与捕捞的产量已占水产品的9成,而且海水养殖与捕捞呈增长趋势,淡水生产出现负增长。如2003年全市水产养殖面积8.81万亩,其中海水养殖面积6.89万亩,比上年增长4.6%;淡水养殖面积1.92万亩,减少29.4%;水产品总产量8.53万吨,增长33.1%;其中:海产品7.75万吨,增长41.4%;淡水产品0.78万吨,减少16.1%。

林业方面:绿化造林成绩显著。2003年完成造林面积4.96万亩,全民义务植树129万株,超额完成任务。

(二)农产品价格变化的影响:

部分农产品的减产影响到其价格的变化,其中:种植业方面,受荔枝的减产影响,荔枝价格出现上扬,均价由上年的5.71元/公斤上升到2003年的15.06元/公斤;畜牧业方面:生猪(猪肉)价格上涨。其原因是受非典造成部分消费者转向食用肉猪,生猪需求量增大。另外,由于内地生猪供深货源减少,造成深圳生猪数量紧缺,也是2003年生猪价格上涨的一个因素。

综合上述因素,我们用指数分析法对农业总产值的变动作了进一步的分析,分析结果表明:农产品价格指数2003年比上年上升50.2%,而产量指数下降36.9%,综合影响农业总产值上升9.8%。

表2　农业总产值结构2003年对比2002年的变动分析表

指标	指数(100%)			绝对量(万元)		
	产值总指数	价格指数	产量指数	产值增减	价格影响产值增减	产量影响产值增减
合计	109.8	150.2	73.1	13089	49073	-35984
种植业	90.5	106.0	85.4	-4759	2574	-7333
林业	145.4	86.5	168.1	318	-159	477
畜牧业	102.5	141.3	72.6	1042	12351	-11309
水产业	132.2	67.7	195.3	13401	-26224	39625
服务业				3087		

二、2003年农业发展的主要措施

2003年深圳市农业在多种自然灾害的影响下能够保持健康发展，主要采取了下列措施：

（一）及时采取措施，减少非典等灾害对农业的影响，努力减少农民的损失

市、区两级政府有关部门拨出专款资金补贴农业，帮助农业企业、农户度过难关，恢复生产。同时，加强了监督，确保专项资金专用，使农民真正受益。

（二）充分发挥龙头企业的主体作用，促进农业经济稳步发展

2003年加大扶持力度，从政策落实和资金投入予以培养引导。目前，深圳市的省级以上龙头企业7家，其中国家龙头企业4家。在各级政府的支持下，这些龙头企业积极发挥自己在资源、资产、人才、科技、管理以及市场流通渠道等方面的绝对优势，大力开拓本地区和国内外市场，使龙头企业的农产品生产量、上市量和出口销售量占全市总产量的95%以上，已成为带动农民进入市场、增加收入的重要力量。

（三）努力发展远洋渔业，海洋捕捞产量大幅度增加

深圳市水产养殖业特别是淡水养殖业发展的空间越来越小，发展远洋捕捞及异地养殖将是深圳市渔业发展的长远措施。经过近十年的发展，远洋渔业已成规模，到目前为止，深圳市有远洋捕捞渔船65艘，2003年全市海洋捕捞产量4.54万吨，占海水产品的58.6%，增长101.8%，这是深圳市建立来远洋捕捞产量最高的一年。

三、农业生产存在的主要问题

（一）农业耕地面积萎缩

随着农村城市化进程加快，农业保护用地面临较大的调整压力，面积不断减少。其中：耕地面积由1993年的9.05万亩减少到2003年的5.28万亩，减少了3.77万亩。

（二）由于受非典的影响，给深圳市畜牧业生产造成一定冲击

其中，在受到重创的家禽养殖业里，一些规模小、产品质量差的养殖场或农户因缺乏防御能力，纷纷倒闭。畜禽产品出口深受打击，流通受阻，生产及销售风险加大。

（三）无公害农产品生产需要加强管理

食品安全问题越来越受到广大消费者的重视，为满足人们的消费及市场的需要，提高农产品的市场竞争力，促进外贸出口创汇，深圳市还需加大力度发展建设无公害农产品的生产，加强检测监测，完善无公害生产机制等。

四、对策

（一）大力推进农业产业化经营

充分利用现有的农业资源，加大力度进行产业调整，有重点的培育、扶持科技型、流通型和加工型的农业龙头企业的发展，进一步提高农业产业化水平。

（二）采取切实措施，有效应对重大疫情事件

要充分认识疫情的极大危害性和疫情防治的艰巨性，狠抓预防免疫工作，加强疫情监控，做好应对措施。

（三）大胆创新，探索战略

虽然深圳农业用土地资源缺乏，但拥有资金、信息、技术及地缘等方面的优势，继续大力发展自身的优势项目及到内地投资开发农业现代化生产基地，更好地为满足城乡居民生活、繁荣市场，稳定物价服务。

五、展望

2004年深圳市在全面推进农村城市化工作的同时，加快农业战略性调整，扩大农业对外开放，发展具有深圳特色的都市农业。

（一）大力发展“三高农业”

深圳作为改革开放的窗口，应为我国农业现代化探索出更佳途径，因此，深圳农业发展应该以高价值含量、高环境效益、高科技含量为发展目标，即大力发展三高农业，加快农业现代化进程。

（二）大力发展外向型农业

深圳应利用特殊的地理优势，发展出口创汇的外向型农业则显得更为迫切。目前，深圳已成为香港农副产品市场的重要生产基地，主要鲜活产品的出口量与出口创汇价值连年大幅度增长，外向型农业经济已成规模，为了进一步提高深圳农业的外向度，还应该改变农业经营方式实行集约化经营。深圳经济发展很快，本地市场与国际市场对农产品的需求日益增大，而农业可耕地面积却随着城市化进程的发展而日益减少。因此，只有通过集约化经营来提高农产品产量和质量，才能满足市场对数量不断增长和对质量不断提高的需要。

（三）大力发展异地农业

突破地域的限制，选择合适的地区发展异地农业，一方面有利于解决本地因城市化发展造成耕地不足的矛盾，另一方面能有效发挥深圳作为“窗口”作用，发挥深圳的地缘优势、信息优势、科技优势到内地投资开发现代化生产基地，如畜禽开发集团、水产开发集团、果菜开发集团等，形成良好的示范基地和技术集成区，深圳农业可以创造出新的发展空间。

（撰稿：孙虹）

6-1 主要年份农村基本情况

BASIC CONDITIONS IN RURAL AREAS IN MAIN YEARS

项目	Item	1990	1995	2000	2001	2002	2003
一、农村基层组织	**Rural Grass-roots Units**						
镇人民政府(个)	Town Government (unit)	18	18	20	19	20	20
村民委员会(个)	Village Committees (unit)	250	204	217	218	220	217
二、乡镇户数、人口	**Rural Households and population**						
总户数(户)	Total Households (household)	90 143	123 173	119 899	123 937	146 881	178 532
# 农业户数	Agriculture Households	65 185	66 630	73 817	75 494	72 922	86 092
总人口(人)	Total Population (person)	342 015	392 002	363 216	402 555	424 889	526 065
# 农业人口	Agriculture Population	252 760	243 881	242 413	248 947	224 271	255 271
三、农业生产条件	**Conditions of Agricultural Production**						
农业机械总动力(万瓦特)	Total Power of Farm Machinery(10 000 w)	13 456	4 034	6 235	5 097	4 429	2 750
农村用电量(万千瓦小时)	Electricity Consumption in Rural Areas (10 000 kwh)	24 997	113 348	427 824	472 793	531 289	818 587
四、乡镇从业人员(人)	**Total Rural Employed Persons (person)**	**120 381**	**129 359**	**167 901**	**192 926**	**198 714**	**209 898**
1、按性别分	Grouped by Sex						
男劳动力	Male	53 568	61 080	82 769	94 141	99 926	104 665
女劳动力	Female	66 813	68 279	85 132	98 785	98 788	105 233
2、按行业分	Grouped by Sector						
农　业	Agriculture	50 038	26 950	21 202	19 902	20 319	1 8751
工　业	Industry	36 503	48 032	53 897	64 842	65 883	66 662
建筑业	Construction	1 605	1 865	3 256	2 891	3 356	4 762
交通运输和邮电通信业	Transportation, Post and Telecommunications	3 991	5 963	7 446	11 772	11 897	13 642
商饮业和物资供销仓储业	Commerce,Catering Services,Materials Supply,Marketing and Storage	6 759	8 374	16 491	28 622	28 706	33 241
其他劳动力	Others	21 485	38 175	65 609	64 897	68 553	72 840
# 外出劳动力	Labor Force Leaving	16 488	8 444	14 874	21 307	22 951	28 489
五、外来劳动力(人)	**Labor Force from the Outside(person)**		**1 263 040**	**1 884 868**	**2 287 460**	**3 329 096**	**3 634 445**

6-2 农业总产值 (按当年价格计算)

GROSS OUTPUT VALUE OF AGRICULTURE (AT CURRENT PRICES)

(1979—2003)

单位:万元 (10 000 yuan)

年 份 Year	农业总产值 Gross Output Value of Agriculture	种植业 Planting	林 业 Forestry	牧 业 Animal Husbandry	农林牧渔服务业 Services of Farming, Forestry,Animal Husbandry and Fishery	渔 业 Fishery
全市 Total						
1979	13 106	6 494	85	1 598	4 496	433
1980	16 938	6 913	69	2 186	6 686	1 084
1981	24 181	8 515	153	5 677	7 967	1 869
1982	26 929	9 402	281	7 540	6 962	2 744
1983	29 083	10 930	207	7 832	6 714	3 400
1984	40 416	13 931	912	10 346	7 332	7 895
1985	45 821	15 641	1 371	14 444	6 490	7 875
1986	49 552	18 947	1 259	17 132	1 258	10 956
1987	73 772	26 631	1 678	28 869	2 255	14 339
1988	99 404	32 296	1 315	42 202	3 739	19 852
1989	108 015	31 412	1 253	54 389	1 951	19 010
1990	119 205	37 622	1 716	52 550	3 274	24 043
1991	143 063	40 697	4 097	63 117	4 127	31 025
1992	185 297	57 458	5 637	81 532	4 335	36 334
1993	192 880	49 977	3 519	94 969	5 909	38 506
1994	224 776	54 363	2 334	110 150	5 607	52 322
1995	232 653	58 407	2 207	125 623	3 243	43 173
1996	273 246	70 642	2 989	141 464	6 071	52 080
1997	270 889	73 030	3 792	124 140	5 250	64 676
1998	298 174	79 738	6 773	139 244	6 452	65 967
1999	299 662	91 560	5 312	126 799	7 590	68 401
2000	311 359	95 289	5 560	128 417	9 571	72 522
2001	327 111	105 153	5 060	127 565	13 120	76 213
2002	340 757	115 021	4 790	135 377	9 290	76 279
2003	337 406	111 989	6 557	135 940	5 985	76 935

6-3 农业总产值构成

COMPOSITION OF GROSS OUTPUT VALUE OF AGRICULTURE

(1979—2003)

单位:% (%)

年份 Year	总计 Total	种植业 Planting	林业 Forestry	牧业 Animal Husbandry	农林牧渔服务业 Services of Farming, Forestry, Animal Husbandry and Fishery	渔业 Fishery
全市 Total						
1979	100.0	49.6	0.6	12.2	34.3	3.3
1980	100.0	40.8	0.4	12.9	39.5	6.4
1981	100.0	35.2	0.6.	23.5	33.0	7.7
1982	100.0	34.9	1.0	28.0	25.9	10.2
1983	100.0	37.6	0.7	26.9	23.1	11.7
1984	100.0	34.5	2.3	25.6	18.1	19.5
1985	100.0	34.1	3.0	31.5	14.2	17.2
1986	100.0	38.2	2.6	34.6	2.5	22.1
1987	100.0	36.1	2.3	39.1	3.1	19.4
1988	100.0	32.5	1.3	42.5	3.7	20.0
1989	100.0	29.1	1.2	50.3	1.8	17.6
1990	100.0	31.6	1.4	44.1	2.7	20.2
1991	100.0	28.4	2.9	44.1	2.9	21.7
1992	100.0	31.0	3.0	44.0	2.4	19.6.
1993	100.0	25.9	1.8	49.2	3.1	20.0
1994	100.0	24.2	1.0	49.0	2.5	23.3
1995	100.0	25.1	0.9	54.0	1.4	18.6
1996	100.0	25.9	1.1	51.8	2.2	19.0
1997	100.0	27.0	1.4	45.8	1.9	23.9
1998	100.0	26.7	2.3	46.7	2.2	22.1
1999	100.0	30.6	1.8	42.3	2.5	22.8
2000	100.0	30.6	1.8	41.2	3.1	23.3
2001	100.0	32.1	1.6	39.0	4.0	23.3
2002	100.0	33.8	1.4	39.7	2.7	22.4
2003	100.0	33.2	1.9	40.3	1.8	22.8

6-4 农业总产值及其指数

GROSS OUTPUT VALUE OF AGRICULTURE AND ITS INDICES

(1979—2003)

年份 Year	农业总产值(万元) Gross Output Value of Agriculture (10 000yuan)		指数(%) Index (%)	
	当年价格 At Current Prices	1990年不变价格 At 1990 Constant Prices	以1979年为100 1979=100	以上年为100 Preceding Year=100
1979	13 106	34 815	100.0	
1980	16 938	29 742	85.4	85.4
1981	24 181	35 434	101.7	119.1
1982	26 929	38 287	110.0	108.1
1983	29 083	37 662	108.2	98.4
1984	40 416	38 518	110.7	102.3
1985	45 821	45 912	131.9	119.2
1986	49 552	53 484	153.7	116.5
1987	73 772	59 791	171.8	111.8
1988	99 404	71 363	205.2	119.4
1989	108 015	79 998	230.0	112.1
1990	119 205	92 121	265.0	115.2
1991	143 063	100 703	289.6	109.3
1992	185 297	99 895	287.3	99.2
1993	192 880	92 772	266.9	92.9
1994	224 776	89 172	256.1	96.1
1995	232 653	90 081	258.7	101.0
1996	273 246	102 873	295.5	114.2
1997	270 889	104 617	300.5	101.7
1998	298 174	109 158	313.5	104.3
1999	299 662	117 754	338.2	107.9
2000	311 359	120 589	346.4	102.4
2001	327 111	125 034	359.2	103.7
2002	340 757	133 835	384.4	107.0
2003	337 406	146 925	422.0	109.8
年平均增长率 Average Annual Growth Rate			**6.2**	

6-5 农业总产值(按1990年不变价格计算)

GROSS OUTPUT VALUE OF AGRICULTURE(AT 1990 CONSTANT PRICES)(2000—2003)

项目	Item	2000	2001	2002	2003
农业总产值(万元)	**Gross output Value of Agriculture(10 000 yuan)**	**120 589**	**125 034**	**133 835**	**146 925**
种植业	Planting	33 541	35 112	46 745	45 546
林业	Forestry	886	794	701	1 019
牧业	Animal Husbandry	46 309	48 082	41 247	42 290
农林牧渔服务业	Services of Farming,Forestry,Animal Husbandry and Fishery	5 405	5 021	3 559	3 087
渔业	Fishery	34 448	36 025	41 583	54 983

6-6 耕地面积及其变动情况

INCREASE AND DECREASE OF AREAS UNDER CULTIVATION

(1979—2003)

单位:万亩 (10 000 mu)

年　份 Year	年末实有耕地面积 Year-end Areas under Cultivation	水(旱)田 Paddy Fields	旱　地 Dry Fields	平均每个农业人口有耕地(亩) Cultivated Areas per Agricultural Person (mu)	平均每个农业劳动力有耕地(亩) Cultivated Areas per Agricultural Labor(mu)	当年增加的耕地面积 Newly Increased Cultivated Areas	当年减少的耕地面积 Newly Decreased Cultivated Areas
1979	53.21	41.01	12.20				1.19
1980	49.01	37.56	11.45				4.20
1981	45.98	35.08	10.90				2.83
1982	43.91	33.67	10.24				2.69
1983	42.99	32.87	10.12				1.30
1984	40.14	30.66	9.48				2.97
1985	33.94	25.40	8.54				6.30
1986	32.91	24.90	8.01	1.38	5.83	1.41	2.43
1987	30.98	23.48	7.50	1.24	5.50	0.27	2.21
1988	29.46	22.76	6.70	1.17	5.37	0.11	1.62
1989	28.25	21.80	6.45	1.12	5.69	0.16	1.37
1990	28.01	21.75	6.26	1.11	5.60	0.12	0.36
1991	22.67	16.95	5.72	0.84	4.86	0.03	4.93
1992	15.50	10.26	5.24	0.41	1.21	0.03	7.26
1993	9.05	6.06	2.99	0.38	0.77	0.06	6.61
1994	6.86	4.96	1.90	0.28	2.56	0.23	2.42
1995	6.58	4.86	1.72	0.27	2.44	0.13	0.41
1996	7.66	5.46	2.20	0.32	2.82	1.38	0.30
1997	6.36	4.17	2.19	0.27	2.23	0.20	1.49
1998	6.20	4.70	1.50	0.25	2.25	0.21	0.36
1999	6.03	4.63	1.40	0.24	2.38		0.17
2000	6.03	4.73	1.30	0.25	2.84	0.09	0.09
2001	5.65	4.04	1.61	0.23	2.84	0.04	0.42
2002	5.76	4.14	1.62	0.26	2.84	0.01	0.26
2003	5.27	4.24	1.03	0.11	2.81	0.02	0.51

6-7 耕地面积指数

INDICES OF AREAS UNDER CULTIVATION

(1980—2003)

单位:% (%)

年 份 Year	以1979年为100 1979=100			以上年为100 Preceding Year=100		
	耕地面积 Areas Under Cultivation	水(旱)田 Paddy Fields	旱 地 Dry Fields	耕地面积 Areas Under Cultivation	水(旱)田 Paddy Fields	旱 地 Dry Fields
1980	92.1	91.6	93.9	92.1	91.6	93.9
1981	86.4	85.5	89.3	93.8	93.4	95.2
1982	82.5	82.1	83.9	95.5	96.0	93.9
1983	80.8	80.2	83.0	97.9	97.6	98.8
1984	75.4	74.8	77.7	93.4	93.3	93.7
1985	63.8	61.9	70.0	84.6	82.8	90.1
1986	61.8	60.7	65.7	97.0	98.0	93.8
1987	58.2	57.3	61.5	94.1	94.5	93.6
1988	55.4	55.5	54.9	95.1	96.9	89.3
1989	53.1	53.2	52.9	95.9	95.8	96.3
1990	52.6	53.0	51.3	99.2	99.8	97.1
1991	42.6	41.3	46.9	80.9	77.9	91.4
1992	29.1	25.0	43.0	68.4	60.5	91.6
1993	17.0	14.8	24.5	58.4	59.1	57.1
1994	12.9	12.1	15.6	75.8	81.8	63.5
1995	12.4	11.9	14.1	95.9	98.0	90.5
1996	14.4	13.3	18.0	116.4	112.3	127.9
1997	12.0	10.2	18.0	83.0	76.4	99.5
1998	11.7	11.5	12.3	97.5	112.7	68.5
1999	11.3	11.3	11.5	97.3	98.5	93.3
2000	11.3	11.5	10.7	100.0	102.2	92.9
2001	10.6	9.8	13.2	93.7	85.4	123.8
2002	10.8	10.1	13.3	101.9	102.5	100.6
2003	9.9	10.3	8.5	91.5	102.4	163.6
年平均增长率 Average AnnualGrowth Rate	**-9.2**	**-9.0**	**-9.8**			

6-8 农作物播种面积

TOTAL SOWN AREAS OF FARM CROPS

单位:亩 (1979—2003) (mu)

年 份 Year	一、农作物总播种面积 Total Sown Areas	1、粮食作物合 计 Grain Crops	#稻 谷 Rice	#薯 类 Tubers	2、经济作物合 计 Cash Crops	#花 生 Peanuts
1979	953 300	758 100	683 701	55 095	165 800	107 148
1980	808 500	646 000	601 200	38 663	125 500	100 186
1981	728 400	576 000	546 383	27 457	119 200	96 606
1982	739 500	536 000	506 264	27 219	125 200	97 152
1983	711 300	536 400	505 800	27 700	95 103	65 700
1984	705 078	507 255	476 623	28 036	91 147	68 523
1985	625 716	379 247	352 631	22 690	85 356	61 095
1986	632 747	363 895	337 810	22 755	89 810	60 765
1987	617 290	331 531	303 047	24 911	84 466	57 508
1988	607 146	284 545	261 966	19 370	77 678	51 331
1989	591 309	280 930	260 163	18 897	71 134	51 120
1990	573 090	261 454	240 736	18 177	67 306	52 035
1991	523 174	194 055	170 960	19 529	63 530	49 146
1992	355 244	103 946	87 880	13 348	31 910	30 545
1993	191 711	21 361	12 131	6 711	12 118	9 579
1994	163 838	16 136	5 265	6 029	5 022	4 544
1995	164 870	16 970	6 513	6 814	5 031	3 965
1996	205 078	19 448	5 886	9 444	6 151	4 675
1997	175 250	14 907	3 705	7 183	5 386	3 854
1998	180 525	11 742	3 123	5 946	6 770	3 224
1999	177 372	10 354	2 228	5 381	5 616	2 680
2000	187 401	9 714	1 284	5 559	5 138	2 842
2001	184 038	8 023	740	5 194	4 098	2 568
2002	159 063	6 480	95	4 442	3 357	1 142
2003	164 363	4 679	29	2 490	1 227	807

6-8 续表　continued

年　份 Year	3、其它作物 合　计 Other Crops	#蔬　菜 Vegetable	二、茶园面积 Area of Tea Plantations (year-end)	三、果园面积 Area of Orchards (year-end)	#柑桔橙 Citrus	#荔　枝 Litcji
1979	22 813	14 798		55 604	6 248	18 600
1980	28 802	15 712		56 701	8 169	19 760
1981	24 327	17 935		55 353	7 476	21 021
1982	68 296	44 020		56 040	6 331	25 399
1983	72 219	66 048		85 897	15 154	4 687
1984	98 843	86 037		85 567	11 204	39 384
1985	154 494	139 353		108 418	16 889	44 979
1986	172 688	160 467		168 790	38 698	70 782
1987	196 065	185 202		218 396	59 358	91 744
1988	240 104	223 191		236 876	69 972	100 912
1989	235 349	217 929		245 516	71 429	107 979
1990	240 865	231 308		256 110	72 632	109 477
1991	261 772	244 591		254 021	73 350	111 324
1992	217 456	201 422		227 207	60 844	104 390
1993	157 909	144 468		191 838	50 147	92 227
1994	142 640	133 284	460	188 411	44 124	97 613
1995	142 849	135 212	3 003	185 285	36 267	98 358
1996	179 479	167 063	2 976	195 926	32 532	111 332
1997	154 957	145 591	2 968	216 996	26 733	136 123
1998	162 013	153 026	2 440	215 058	26 240	136 006
1999	161 402	152 890	2 435	218 811	22 013	144 201
2000	172 549	166 916	2 355	224 820	19 551	152 804
2001	171 917	168 147	353	209 232	16 406	142 580
2002	149 226	147 278	348	191 031	9 949	130 896
2003	158 457	156 899	350	159 817	11 066	102 095

6-9　主要农业产品产量

YIELD OF MAJOR FARM CROPS

(1979—2003)

单位：吨 (ton)

年　份 Year	粮　食 Grain	#稻　谷 Rice	#薯　类 Tubers	花　生 Peanuts	蔬　菜 Vegetable	茶　叶 Tea	水　果 Fruits	#柑桔橙 Citrus	#荔　枝 Litcji
1979	132 584	127 559	4 285	6 877	8 639		2 401	157	742
1980	126 461	123 022	3 003	7 323	14 593		2 280	388	1 127
1981	116 489	114 070	2 310	8 641	22 772		3 245	284	1 534
1982	124 189	121 026	3 046	9 276	34 484		2 866	571	798
1983	126 977	122 936	3 906	5 761	74 251		3 575	1 105	839
1984	126 960	123 205	3 595	6 060	107 820		5 752	1 579	1 829
1985	94 465	90 106	4 026	5 208	162 898		6 420	1 726	1 559
1986	92 495	88 369	3 787	5 894	151 629		13 249	3 467	3 522
1987	85 534	80 110	5 081	5 634	159 937		18 180	5 368	1 336
1988	76 263	72 114	3 850	5 275	182 190		21 324	7 931	2 366
1989	82 215	77 928	3 974	5 777	193 367		23 928	10 910	1 293
1990	81 018	75 380	5 161	6 107	227 346		39 986	23 769	4 184
1991	59 138	52 847	5 418	6 284	238 716		52 392	35 195	2 855
1992	32 906	27 924	4 211	3 874	201 517		59 505	36 082	8 230
1993	6 950	3 838	2 077	1 315	151 421		45 807	31 968	2 791
1994	5 166	1 660	1 676	652	141 899	2	42 744	26 949	4 886
1995	4 887	1 848	1 700	613	147 171	4	40 914	22 973	5 674
1996	6 586	1 801	2 557	735	193 966	4	36 961	21 148	5 944
1997	4 990	954	1 793	595	169 683	5	39 775	21 509	7 546
1998	3 781	743	1 367	496	185 747	8	34 310	22 042	2 055
1999	3 412	555	1 235	444	183 517	9	43 183	19 662	13 516
2000	3 700	429	1 579	556	210 479	14	27 498	14 114	4 513
2001	3 966	248	2 331	548	194 849	11	24 835	10 571	5 250
2002	3 094	31	1 219	384	217185	12	35 279	7 085	18 393
2003	1 850	8	773	184	201 395	11	29 087	8 323	8 753

6-10 农作物亩产量

OUTPUT OF FARM CROPS PER MU

(1979—2003)

单位:千克 (kg)

年 份 Year	粮 食 Grain	稻 谷 Rice	薯 类 Tubers	花 生 Peanuts	蔬 菜 Vegetable	茶 叶 Tea	水 果 Fruits	柑桔橙 Citrus
1979	175	187	78	64	584			
1980	196	205	78	73	929			
1981	202	209	84	89	1 269			
1982	232	239	112	95	783			
1983	237	243	141	87	1 124			
1984	251	259	128	88	1 253			
1985	249	256	178	85	1 169			
1986	254	261	166	97	945			
1987	258	264	204	98	864			
1988	268	275	199	103	816			
1989	293	300	210	113	887			
1990	310	313	284	117	983			
1991	305	309	277	128	976			
1992	317	318	315	127	1 000			
1993	325	316	309	137	1 048			
1994	340	324	302	107	1 064	4.76	467	786
1995	288	284	249	155	1 088	6.45	414	765
1996	339	305	271	157	1 161	6.06	345	799
1997	335	257	257	154	1 165	6.30	307	897
1998	322	238	230	154	1 214	3.40	456	840
1999	330	249	230	166	1 200	3.70	322	958
2000	381	334	284	196	1 261	5.94	122	722
2001	494	335	449	213	1 266	31.16	119	644
2002	477	326	274	336	1 475	34.48	185	712
2003	395	276	310	228	1 284	31.43	182	752

6-11 畜牧业、林业、渔业

ANIMAL HUSBANDRY, FORESTRY AND FISHERY

(1979—2003)

年份 Year	畜牧业 Animal Husbandry					
	牛年末头数(头) Number of Cattle (Year-end)	#奶牛 Milk Cows	山羊年末头数(头) Goats (Year-end)	牛奶产量(吨) Milk Output (ton)	生猪饲养量(万头) Raised Hogs (the whole year) (10 000)	生猪年末存栏量(万头) Raised Hogs (Year-end) (10 000)
1979	25 633	465		1 622	22.90	11.69
1980	24 451	2 365		2 876	15.58	8.42
1981	28 917	3 066		5 214	10.69	6.06
1982	31 301	3 233		6 852	15.61	8.51
1983	31 200	3 642		7 411	17.60	9.40
1984	30 716	4 506		9 830	18.59	8.89
1985	28 474	5 352		10 815	20.34	9.58
1986	27 685	6 204	302	12 837	25.41	12.29
1987	26 587	6 460	278	14 237	36.02	16.94
1988	24 759	6 764	164	13 720	52.20	21.90
1989	24 618	7 384	305	16 729	65.28	24.45
1990	24 105	7 715	109	18 887	59.37	22.58
1991	20 660	7 380	30	20 566	64.23	22.07
1992	16 451	7 059		20 592	61.36	20.89
1993	11 460	7 107		20 255	62.39	20.77
1994	9 780	7 235		20 080	64.49	23.38
1995	9 960	7 955		19 475	68.09	25.76
1996	9 509	8 152		20 420	75.61	27.35
1997	8 900	7 478		18 857	80.26	30.52
1998	8 625	7 575		19 851	89.36	30.09
1999	8 881	7 990	86	22 480	85.98	28.16
2000	9 808	9 094	560	24 926	93.02	26.88
2001	9 661	8 883	460	22 176	92.23	27.08
2002	9 740	9 285	38	22 802	96.11	31.42
2003	8 196	6 780		24 128	79.31	18.56

6-11 续表 1 continued

年 份 Year	畜 牧 业 Animal Husbandry					造林面积 (万亩) Areas of Forestation (10 000 mu)
	肉猪全年出栏量(万头) Slaughtered Fattened Hogs (10 000)	三鸟饲养量 (万只) Raised Poultry (10 000)	# 出栏量 Slaughtered Fattened Poultry	鲜蛋(吨) Fresh eggs (ton)	当年出售肉类总产量(吨) Total Output of Meat Sold (ton)	
1979	11.21	99.59	69.71	57	6 726	1.84
1980	7.16	160.90	112.63	88	4 296	1.65
1981	4.63	321.84	257.42	119	2 778	1.38
1982	7.10	578.61	506.31	265	4 260	2.62
1983	8.20	786.79	586.40	1 352	4 920	2.37
1984	9.70	857.31	686.27	1 137	12 648	1.78
1985	10.76	1 305.20	944.32	1 085	22 932	16.85
1986	13.12	1 548.94	1 115.77	1 169	25 323	4.01
1987	19.08	1 955.78	1 371.76	805	33 935	15.38
1988	30.30	2 634.80	1 892.70	1 335	47 449	13.32
1989	40.83	3 101.80	2 291.00	1 212	65 300	5.33
1990	36.79	3 330.80	2 445.20	1 895	62 513	5.92
1991	42.16	3 522.27	2 964.39	3 462	79 022	13.10
1992	40.47	4 063.21	2 911.96	4 172	74 081	0.62
1993	41.62	3 534.32	2 668.70	2 472	77 254	0.15
1994	41.11	2 988.07	2 280.63	2 100	67 043	1.10
1995	42.33	2 635.46	2 015.59	2 120	70 277	1.85
1996	48.26	2 111.72	1 633.59	1 351	64 280	3.74
1997	49.74	2 142.36	2 142.36	1 333	65 911	6.27
1998	59.27	2 900.24	2 462.97	1 421	82 947	4.93
1999	57.82	3 090.74	2 616.25	1 130	77 608	3.44
2000	66.14	2 340.20	1 953.85	1 546	79 893	3.30
2001	65.15	2 503.53	1 871.64	922	73 495	2.63
2002	64.68	2 158.62	1 803.00	380	75 531	2.47
2003	60.74	1 698.14	1 515.24	289	66 730	4.96

6-11 续表 2 continued

年 份 Year	渔 业 Fishery							
	水产品生产总量(吨) Total Output of Aquatic Products(ton)	1、海水产品 Seawater Aquatic Products	# 鱼 类 Fish	2、淡水产品 Freshwater Aquatic Products	# 鱼 类 Fish	养殖面积(万亩) Cultured Areas of Aquatic (10 000 mu)	1、海水面积 Seawater	2、淡水面积 Freshwater
1979	7 039	6 068		971				1.13
1980	7 667	5 315		2 352				3.27
1981	7 410	5 048		2 362				3.54
1982	10 406	6 128		4 278				4.24
1983	12 303							
1984	16 086							4.68
1985	16 762	4 485		12 277				8.84
1986	23 654	5 595	3 716	18 059		19.33	7.88	11.45
1987	26 889	17 363		9 526		21.16	13.40	7.76
1988	31 535	20 923	16 515	10 612	6 860	20.92	7.53	13.39
1989	32 148	20 153	16 454	11 995	11 995	21.36	14.18	7.18
1990	38 587	24 239	18 420	14 348	13 793	21.88	14.73	7.15
1991	41 740	12 076	8 402	29 664	29 664	16.91	7.81	9.10
1992	44 349	27 558	18 488	16 791	15 836	18.77	13.64	5.13
1993	31 104	11 527	8 423	19 577	19 577	11.77	5.90	5.87
1994	28 196	10 661	6 733	17 535	17 535			
1995	37 394	30 041	26 438	7 353	7 353			
1996	41 183	21 957	17 718	19 226	19 188	16.00	13.60	2.40
1997	55 569	47 687	32 229	7 882	7 773	13.47	10.82	2.65
1998	58 315	50 352	32 371	7 963	7 962	13.61	10.52	3.09
1999	59 764	52 410	34 888	7 354	7 334	11.19	8.16	3.03
2000	59 881	51 191	31 649	8 690	8 690	11.41	8.50	2.91
2001	65 784	56 566	32 850	9 218	9 218	10.84	7.20	3.64
2002	64 059	54 757	22 248	9 302	9 116	9.31	6.59	2.72
2003	85 324	77 506	50 446	7 818	7 610	8.81	6.89	1.92

6-12 农村经济收益及其指数

ANNUAL INCOME AND ITS INDICES IN RURAL AREA

(1979—2003)

年 份 Year	农村经济总收入(万元) Total Income of Rural Area (10 000 yuan)	农民纯收入总额 (万元) Total Net Income of Rural Residents (10 000 yuan)	农民人均纯收入(元) Per Capita Net Income of Rural Residents (yuan)	劳平纯收入(元) Net Income Per Rural Laborer (yuan)	以上年为 100 Preceding Year=100 农村经济总收入(%) Total Income of Rural Area (%)	农民纯收入总额(%) Total Net Income of Rural Residents (%)	农民人均纯收入(%) Per Capita Net Income of Rural Residents (%)	劳平纯收入(%) Net Income Per Rural Laborer (%)
1979	8 617	3 469	152	350				
1980	11 196	4 650	208	482	129.9	134.0	136.8	137.7
1981	17 753	5 196	230	524	158.6	111.7	110.6	108.7
1982	22 121	8 964	393	882	124.6	172.5	170.9	168.3
1983	31 572	10 982	469	1 146	142.7	122.5	119.3	129.9
1984	55 913	15 370	656	1 573	177.1	140.0	139.9	137.3
1985	87 188	17 648	750	1 777	155.9	114.8	114.3	113.0
1986	102 522	20 786	894	2 110	117.6	117.8	119.2	118.7
1987	141 944	25 565	1 097	2 552	138.5	123.0	122.7	120.9
1988	193 185	31 016	1 317	3 040	136.1	121.3	120.1	119.1
1989	247 496	38 394	1 622	3 678	128.1	123.8	123.2	121.0
1990	297 194	46 124	1 954	4 335	120.1	120.1	120.5	117.7
1991	376 185	54 342	2 270	4 934	126.6	117.8	116.2	113.8
1992	513 527	69 252	2 833	6 041	136.5	127.4	124.8	122.4
1993	604 519	63 047	3 050	6 287	117.7	91.0	107.7	104.1
1994	689 319	81 861	3 692	7 025	114.0	129.8	121.0	111.7
1995	813 398	101 777	4 517	7 868	118.0	124.3	122.3	112.0
1996	904 268	124 269	5 415	10 761	111.2	122.1	119.9	136.8
1997	1 005 883	138 898	6 256	9 129	111.2	111.8	115.5	84.8
1998	1 107 365	162 450	7 350	10 494	110.1	117.0	117.5	115.0
1999	1 189 015	176 456	8 131	14 116	107.4	108.6	110.6	98.2
2000	1 184 526	199 281	9 270	16 334	108.0	112.9	114.0	115.1
2001	1 251 050	211 203	9 869	17 312	105.6	106.0	106.5	106.0
2002	1 333 964	226 002	10 610	19 652	106.6	107.0	107.5	113.5
2003	1 461 113	240 085	11 346	20 013	109.5	106.2	106.9	101.8
年平均增长率 **Average Annual Growth Rate**	**24.3**	**19.3**	**19.7**	**8.4**				

6-13 农村经济收益分配情况

DISTRIBUTION OF ANNUAL INCOME IN RURAL AREA

(2003)

单位:万元 (10 000 yuan)

指标	Item	合计 Total	宝安 Baoan	龙岗 Longgang
一、镇村经济总收入	**Total Income of Rural Area**	**1 461 113**	**703 695**	**757 418**
农业	Agriculture	94 016	30 151	63 865
工业	Industry	934 654	454 248	480 406
建筑业	Construction	36 274	11 360	24 914
交通运输业	Transportation	40 543	23 561	16 982
商业、饮食业	Commerce and Catering Trade	64 034	29 155	34 879
服务业	Services	42 233	14 123	28 110
其他	Others	249 359	141 097	108 262
二、镇村经济总费用	**Total Expenditure of Rural Area**	**949 828**	**457 096**	**492 732**
# 生产费	Productive Expenditure	450 366	184 391	265 975
管理费	Management Expenditure	214 800	96 531	118 269
三、镇村可分配净收入总额	**Net Income of Rural Area Available for Distribution**	**540 430**	**265 097**	**275 333**
# 国家税金	Taxes	49 420	22 741	26 679
企业各项留利	Profits	130 763	45 297	85 466
乡村集体所得	Collective Income	192 065	116 855	75 210
农民经营所得	Income from Household Business Operation	135 635	76 507	59 128
四、农民从集体再分配收入	**Income of Rural Residents from Collective Redistribution**	**104 450**	**63 496**	**40 954**
五、农民纯收入总额	**Total Net Income of Rural Residents**	**240 085**	**140 003**	**100 082**
六、农民人均纯收入(元)	**Per Capita Net Income of Rural Residents(yuan)**	**11 346.3**	**12 671.7**	**9 898.1**
七、劳平纯收入(元)	**Net Income per Rural Laborer(yuan)**	**20 013**	**21 036**	**18 738**
八、户平纯收入(元)	**Net Income per Rural Household (yuan)**	**26 193**	**30 798**	**21 663**

第七部分　固定资产

Investment In Fixed Assets

CHAPTER 7

2003年深圳固定资产投资回顾及2004年展望

2003年,政府把扩大投资作为政策调控取向的重中之重,在消费需求增长没有明显加速的情况下,突出投资需求对经济增长的拉动作用,主要表现在:一是全市保持较大的投资规模,加速以基础设施为重点的项目建设;二是调动和引导民间资本与外资的投资积极性。全市固定资产投资出现了规模不断扩大、结构有所优化、重点项目建设进展良好的喜人局面,为保持深圳市国民经济持续稳定增长,起到了积极的推动作用。

一、2003年固定资产投资基本特点

(一)投资总量创历史新高

2003年,深圳市全社会固定资产投资完成949.10亿元,比上年增长20.4%,增幅比上年提高5.6个百分点。固定资产投资扭转了自2000年来投资不足、低位徘徊的状态,总量创历史新高,其增长速度近四年来首次超过深圳市GDP增幅。从固定资产构成来看:基本建设投资增速稳健,完成359.92亿元,同比增长25.8%,是全社会固定资产投资增长最主要的影响因素;更新改造投资完成56.17亿元,同比增长45.9%;随着减少土地供应、规范贷款以防止房地产开发过热的政策调控下,房地产开发投资进入理性调整阶段,增速明显回落,房地产开发投资完成412.66亿元,同比增长6.2%,增速比上年回落16.9个百分点。但仍然为全市固定资产投资增长作出重要贡献。

(二)重大建设项目发挥支撑作用

2003年,深圳市安排重点建设项目95项,完成投资190.20亿元,创历史新高,占全社会固定资产投资额的20.0%。95个重大项目中,交通港口、电力等城市基础设施安排了32个,完成投资98亿元,占重点建设项目投资额51.5%;制造业安排了32个,完成投资41亿元,占21.6%;基础设施及制造业完成投资所占比例超过7成。重点项目尤其是盐田港区集装箱码头三期工程、地铁一期工程的顺利建设推动着基本建设投资总量创历史新高。

(三)外商投资形势喜人

2003年,深圳市全社会固定资产投资完成额中,从资金来源看,非国有经济投资539.50亿元,占全社会固定资产投资的56.8%,与上年基本持平。其中港澳台及外资资金166.54亿元,同比增长34.3%,比重比上年提高1.8个百分点。随着深圳市投资环境的改善和招商力度的加大,外商投资形势喜人,项目个数、项目规模不断加大,盐田港区集装箱码头三期工程、赛格三星彩管玻壳扩建工程等项目,在行业投资上占着绝对的优势。外商直接投资资金主要来源香港(占60.5%)、台湾(占16.6%)、韩国(占10.9%)和英国(占8.2%)。

(四)更新改造投资上升幅度大

随着国家技改贴息政策的贯彻落实,深圳市更新改造投资增长迅速。2003年更新改造投资完成56.17亿元,同比增长45.9%,增速比全社会固定资产投资快25.5个百分点,占全社会固定资产投资的比重为5.9%,同比上升1个百分点。更新改造投资规模扩大的主要原因是深圳本地大集团公司今年积极主动进行技术改造。其中总投资超亿元的公司有14家,投资达到31.62亿元,占全年更改总额的50.9%。一批重点更改项目如商贸物流华润万佳深圳配送中心、家禽批发市场、蛇口水产品批发交易市场已基本竣工,中兴CDMA2000数字蜂窝移动通讯系统、康佳集团股份有限公司数字电视技改、南虹迭层片式电感今年完成投资超1亿元以上。

(五)各区投资结构各具特色

从投资的总量上看,福田辖区固定资产投资额仍居六区之首,2003年完成255.51亿元,占全市比重的26.9%,比重比上年下降4.4个百分点;南山、宝安、龙岗三辖区分别完成192.34亿元、180.32亿元、168.80亿元,比重相当,约占全市的20%;罗湖、盐田二辖区各占10.0%和6.0%。

从增长速度看,盐田区增速列各区前茅,同比增长82.0%;宝安区同比增长48.6%,龙岗区同比增

长40.7%。这三个辖区的高速增长总体上反映了全市固定资产投资重心的转移和后续发展潜在的优势。

从各辖区投资特点来看,福田区全力打造中心区经济文化区、实施"大经济、大文化、大服务"的发展战略。2003年福田辖区二、三产业投资比重分别为9.4%、90.6%,第三产业增幅比上年提高1.5个百分点,辖区投资由第二产业"单拉动"向二、三产业"双拉动"转变;罗湖区以经营城区的理念,规划、建设、改造、管理城区,大力实施"净畅宁"工程,着力营造"三优"环境。2003年罗湖辖区以商品房建设及城市基础设施改造为主,投资比重分别为79.4%、10.2%;宝安区在推进城市化进程中、市政基础设施继续保持较快的增长势头。2003年宝安辖区完成市政基础设施建设投资26.3亿元,比上年增长23.8%。龙岗区的产业结构向适度重型和多样化发展,表现在工业投资快速增加、比重上升。2003年龙岗辖区基本建设和更新改造中工业投资达46.6亿,占基本建设和更新改造的比重为56.0%,比上年增长36.8%。工业投资中机械制造、汽车挂车制造、集装箱制造及电力生产等投资15.21亿元,占工业投资的比重为32.6%,比上年增长19.8%;宝安区在2003年投资额超过1000万元的项目数达96个,完成投资高达64.8亿元,占全区投资额的35.9%;南山区的地域优势使得房地产开发投资明显增加,2003年辖区房地产投资占全市房地产开发投资的24.4%,占南山区全社会投资的52%,显现出全市房地产投资重心西移的趋势;盐田区的港口物流业的投资持续快速增长,占辖区投资的主导地位。2003年盐田辖区港口物流业的投资达38.1亿,占该区全社会固定资产投资的69.5%,使盐田区的固定资产投资能实现高速增长。

二、固定资产投资存在的问题

在深圳投资总体保持较好增长态势中,也存在着影响投资进一步持续健康增长的问题。

(一)基本建设的本年资金来源中市、区自筹资金比例过高,城市基础设施建设过度依赖政府投资

1998-2003年,深圳市基本建设中市、区政府投资资金占所有资金来源的比重分别是34.6%、35.2%、39.7%、40.9%、38.6%、35.7%。在这里,除了1999-2001年有少量国家预算内资金注入以外,均为市、区两级政府投资资金。这么高的比例在全国的各大中城市对比中是基本没有的,全国在实施扩张性货币政策和财政政策的1997年到2001年,政府预算内资金占资金来源的比重也只从2.6%提高到6.7%;在经济发达的江浙两省及上海市这一比重都不超过20%。政府投资主要集中在城市基础设施。由于深圳的基础建设缺乏政府之外的投融资主体,目前市政公用项目对政府投资的依赖性仍很大,政府投资兴建的项目占市政公用投资的九成以上.民间投资未能有效激活。基础设施的投融资主体的缺位,是深圳投资目前面临的一个大问题。

(二)集体私人投资突然加快必须考虑城市整体的合理规划

1998-2002年深圳市固定资产投资中集体私人投资的年平均增长速度不超过8%,但2003年却出现大幅度的增长,特别是农村集体和农村私人投资比上年同期分别增长81.6%和64.0%。这与宝安、龙岗两区农村向城市化转变的步伐加快有关。由于目前农村土地仍属集体所有,建设规划不太完善甚至滞后。值得注意的是,农村区域的基础设施建设相对落后。政府有关部门应该尽早统筹规划,合理安排政府资金用于基础设施建设,为后续发展进一步夯实基础。

三、2004年固定资产投资展望

2004年固定资产投资仍有较好的发展环境和有利条件。一是宏观调控政策对深圳市的影响。目前,全国固定资产投资规模过大,部分行业如钢铁、水泥和电解铝等行业投资增长过快,导致信贷投放增幅过大,造成煤油电供应趋紧。国家已经做出了坚决遏制盲目投资和低水平扩张的宏观调控政策。开始适度控制货币信贷增长,加强土地管理,控制新开工项目。从深圳市来看,投资项目中没有宏观调控重点行业的项目,也没有低水平重复建设,房地产开发投资自2003年以来一直在有效控制,所以宏观政策对深圳市的影响较弱;二是深圳市将适度保持基本建设投资的规模。促进水利、污水处理、重大高新技术产业、能源、交通、公路改造等一批项目从前期进入实质性实施阶段。一批重大建设项目的加快实施,如续建的盐田港区集装箱三期、深圳地铁、深港西部通道、城市防洪等重大项目的加快实施,为2004年投资增长积蓄了较大的后劲。从第一季度的投资完成情况看,这些政策的实施效果是显著的:2004年1-3月深圳市全社会实际完成投资206.02亿元,比上年同期增长33.6%。基本建设投资完成83.47亿元,比上年同期增长61.6%;更新改造投资完成8.59亿元,比上年同期增长181.6%;房地产开发投资完成95.81亿元,比上年同期增长15.0%。三是2004年是我国加入世贸组织的第三年,我国将按照入世协议进一步推进政府体制等各项改革,入世的积极效应进一步显现,有利于吸引

外商直接投资和扩大深圳市传统工业品的出口，为投资增长注入了活力。四是CEPA的签订落实和泛珠三角经济合作将为深圳投资尤其是制造业和房地产开发获得更大的市场空间和资金支持。另一方面，投资增长也存在一些制约因素，如建设项目资金短缺、土地资源制约性矛盾仍比较突出、民间资金投资渠道还不畅，第一季度的新开工项目同比减少等。

综合以上分析，随着国家宏观调控政策的到位和深圳市各项投资政策的落实，2004年深圳市投资将从第一季度高速增长向逐步趋缓发展，预计2004年深圳市固定资产投资将保持平稳态势。初步预测2004年投资额在1100亿元，增长15%左右。

（撰稿：甘腾芳、程海伟）

解读 2003 年深圳房地产市场

2003 年，在全国房地产市场持续升温的情况下，中国人民银行发布了《关于进一步加强房地产信贷业务管理的通知》(银发[2003]121 号)，其后国务院又下发了《国务院关于促进房地产市场持续健康发展的通知》(国发[2003]18 号文)，就深圳房地产市场存在的种种问题，深圳市政府出台了《关于进一步调控和规范深圳市房地产市场，促进房地产市场健康发展的若干规定》，并有效减少商品房土地供应量。针对各级政府对房地产市场的频频警示，深圳房地产市场主动而积极地进行了市场调整，2003 年深圳房地产市场呈现平稳、健康、理性的增长态势。

一、2003 年深圳房地产市场基本情况

（一）房地产开发投资增幅回落，但对国民经济的贡献仍保持较高的比重

作为基础性和先导性行业，深圳房地产业自 1998 年以来，一直保持持续、高速的增长态势，但这一高速增长的趋势在 2003 年出现了拐点，全年完成房地产开发投资 412.66 亿元，比上年增长 6.2%，增幅回落 16.9 个百分点，同年实现 GDP 2895.41 亿元，增长 19.2%，房地产开发投资增长比 GDP 增长速度低十多个百分点，显示房地产开发投资并未过热。在房地产开发投资增幅大幅度回落的同时，房地产业增加值占 GDP 的比重为 6.7%，比上年提高了 1.2 个百分点。

1998-2003房地产开发投资与GDP增长曲线图

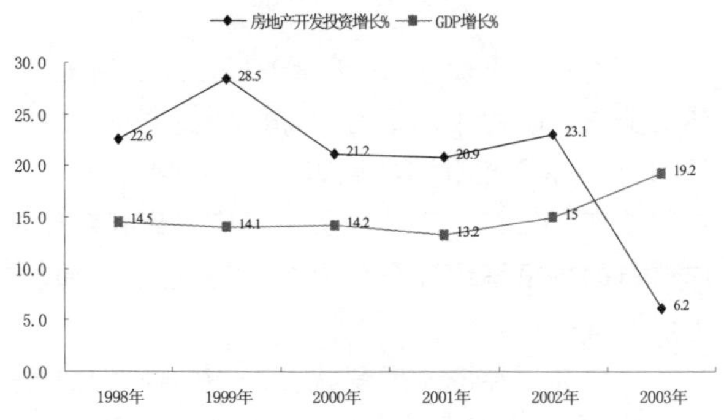

1998-2003年房地产增加值占全市增加值的比重(%)

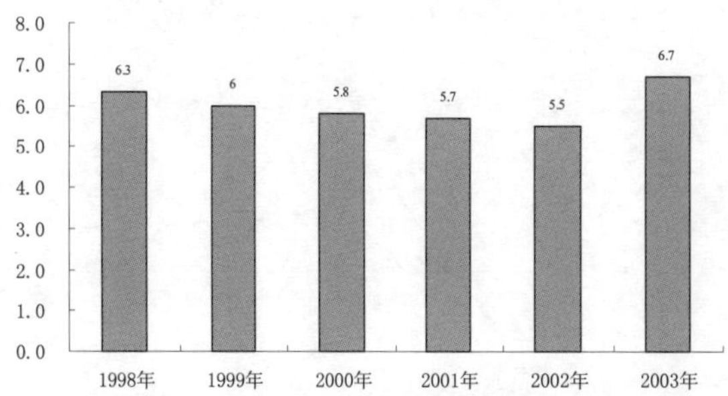

（二）商品房供给与需求同步增长，供给略大于需求

从供给方面看，2003 年深圳市商品房竣工面积 1020.31 万平方米，比上年增长 14.4%；从需求方面看，2003 年商品房销售面积 899.9 万平方米，比上年增长 11.9%，商品房供给增长速度高于需求增长速度 2.5 个百分点，2003 年深圳房地产市场供给略大于需求，市场表现为商品房空置面积增加。2003 年深圳商品房空置面积 319.93 万平方米，比上年增长 2.9%。

1998-2003年竣工面积与销售面积增长曲线图

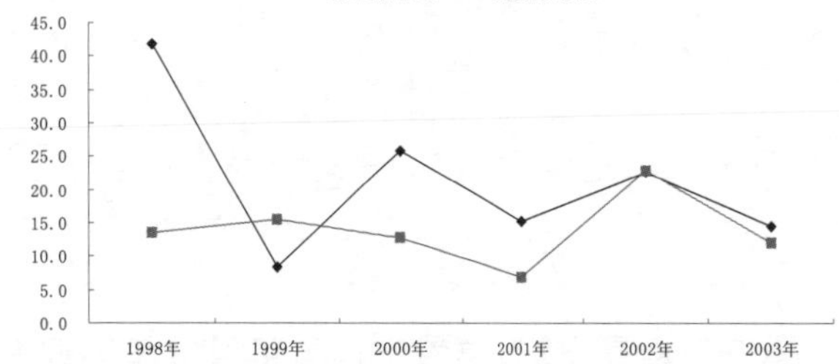

1998-2003年空置面积柱形图

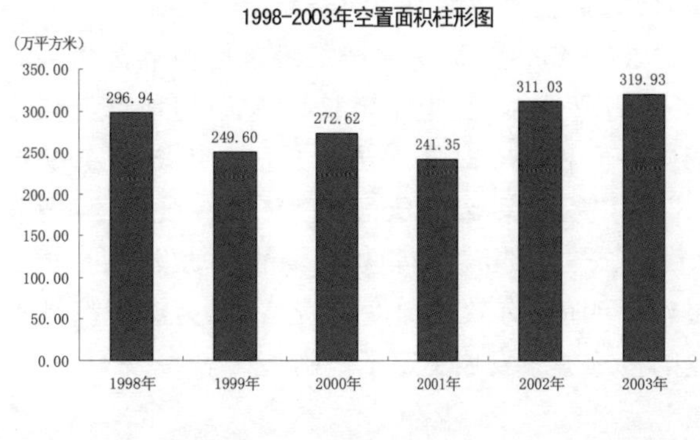

（三）商品房价格小幅上扬，房价收入比基本合理

2003 年，深圳市商品房平均销售价格 6215 元/m2，比上年增长 1.1%，其中：住宅平均销售价格 5879 元/m2，上升 3.2%；写字楼 8667 元/m2，下降了 0.06%；商业营业用房 11626 元/m2，下降 0.08%。2003 年全市人均可支配收入 25935.84 元，比上年增长 4%，居民收入增长高于房价增长 2.9 个百分点。若以建筑面积为 90m2 的标准住宅进行计算，房价收入比为 6.8 倍，略高于临界值(已超过了房价收入应控制的范围)。

1998-2003年住宅价格与居民可支配收入增长曲线图

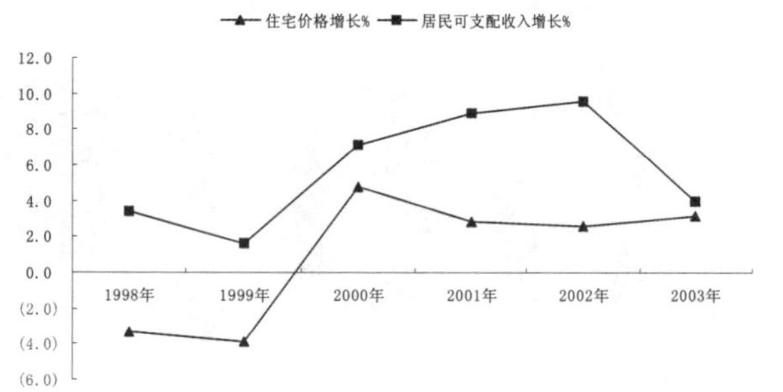

（四）商品房在建规模的扩张趋势明显减缓

表现在 2003 年商品房施工期面积 2838.2 万平方米，比上年增长 2.2%，增幅回落了 13.8 个百分点，商品房新开工面积 932.86 万平方米，比上年下降 2.8%；商品房竣工面积 1020.3 万平方米，比上年增长 14.4%，竣工面积的增长速度大于施工期面积的增长速度，说明商品房在建规模的进一步扩张的趋势已得到有效的控制。

1998-2003年施工面积、竣工面积、新开工面积增长曲线图

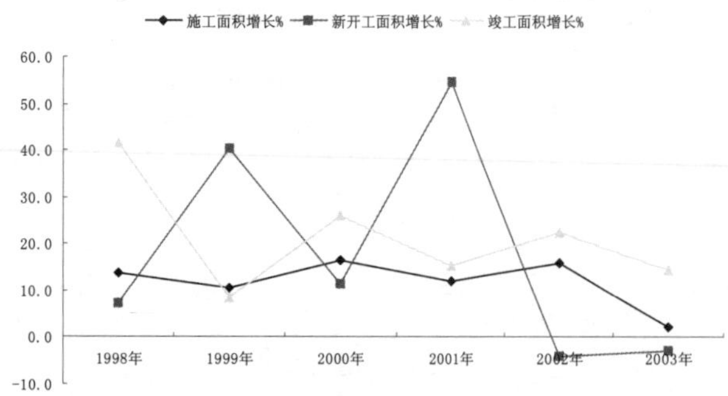

（五）增量市场，存量市场与租赁市场协调发展，形成了住房梯度消费的格局

2003 年，深圳房地产二级市场住宅销售面积 899.9 万平方米，比上年增长 11.9%；房地产三级市场交易面积 496.83 万平方米，比上年增长 49.9%；房屋租赁面积 6263.06 万平方米，比上年增长 9.1%。二、三级市场与租赁市场的联动发展，形成了层次分明的、有效的梯度消费结构，为深圳房地产业的持续健康发展奠定了基础。

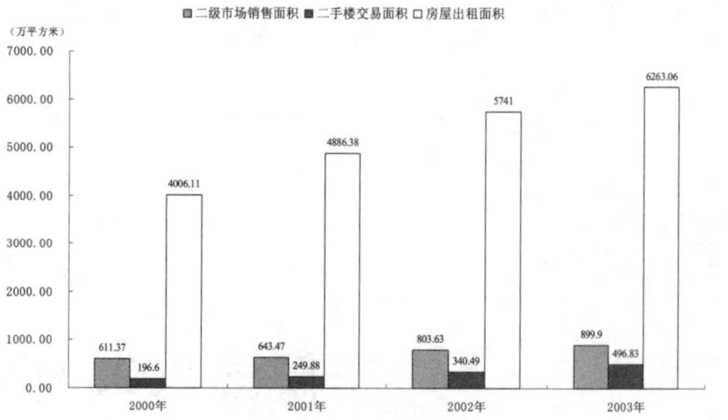

（六）房地产市场消费结构合理

2003 年，深圳个人购房 792.73 万平方米，占全市商品房销售面积的 88.1%，外销面积 45.38m2，占 5%，购房者绝大多数为自用，炒楼现象不甚明显。

（七）房屋设计人性化，房地产行业整体素质进一步提高

作为中国房地产业的"风向标"，深圳房地产市场一直走在全国的前面，房屋设计功能性强，通风采光好，充分地考虑到了不同收入人群的需要，产品设计更为个性化，物业管理的水平也有了较大提高，物业管理面也进一步拓宽。2003 年，全市纳入物业管理的房屋面积 18912.38 万平方米，比上年增长了 34.0%，物业管理覆盖面达 90.0%。从消费者投诉焦点看，房地产开发业的投诉比例明显下降，而装修、建筑材料投诉明显增加。表明房地产开发业的行业整体素质已明显提高。

（八）房地产行业效益明显提高，民营企业是推动其发展的主导力量

2003 年，深圳市房地产开发企业全年实现销售收入 499.08 亿元，比上年增长 30.8%，其中民营企业实现销售收入 266.26 亿元，占全市的 53.4%；全市实现利润总额 68.53 亿元，增长 19.5%，其中民营企业 32.44 亿元，占全市的 47.3%，表明民营经济已成为深圳市房地产业的主要力量。

二、对 2004 年深圳房地产市场的预测

房地产的发展与国民经济的健康、稳定发展密不可分，因此，分析和预测 2004 年的房地产市场，必须立足于深圳市乃至我国经济社会发展的基本面。

从宏观经济面看，由于全国部分地区房地产过热的势头已引起了国家有关部门的高度重视，并于 2004 年一季度相继两次调高银行存款准备金率，如果房地产开发投资增长的势头不能得到有效控制，原材料的价格继续在高位运行，银行进一步加息的可能性将提高。

从深圳市经济发展现状看：一方面深圳经济持续增长，为房地产业的发展奠定了基础。2004 年一

季度，深圳市GDP继续保持19.1%的增长速度，由于经济的持续、稳定增长，人们的预期收入也呈增长趋势。2003年深圳市家庭生活抽样调查资料显示，居民可支配收入25935.84元，比上年增长4.0%，由于收入的提高，消费结构也发生了较大的变化。居民消费结构中，住房消费占11.9%，比上年增长了59.8%。收入的增加和消费结构的改变为深圳市房地产业的发展提供了强大的需求动力；另一方面，2004年随着深圳城市化进程的加快，将进一步缩小宝安、龙岗与特区内各区的差距，也将极大地推动深圳房地产业的发展。

预测2004年在有效控制土地供应量的前提下，房地产开发投资将呈平稳增长趋势，增长速度在10%以内，商品房供需基本平衡，空置面积进一步下降，房地产市场仍将呈健康平衡的发展之势。

（撰稿：朱青）

7-1 全社会固定资产投资额

TOTAL INVESTMENT IN FIXED ASSETS

(1979—2003)

单位:万元 (10 000 yuan)

年 份 Year	全社会固定资产投资额 Total Investment in Fixed Assets	基本建设 Capital Construction	更新改造 Technical Updates and Transformation	房地产开发 Investment in Commodity Houses	集体经济单位 Collective-owened Units	城乡私人建房 Buildings Construction by Individuals	其他 Others
1979	5 938	4 988	90		860		
1980	13 801	12 487	390		924		
"六五"时期 The Sixth Five-year Plan Period	**739 561**						
1981	29 684	27 039			1 137	1 508	
1982	73 750	63 265	515		2 709	7 261	
1983	108 320	88 593	2 450		8 474	8 803	
1984	194 572	155 466	700		23 696	14 710	
1985	333 235	276 125	2 105		39 015	15 990	
"七五"时期 TheSeventhFive-year Plan Period	**2 049 076**						
1986	248 551	191 490	10 140		32 840	12 311	1 770
1987	285 193	215 701	3 009		47 277	15 078	4 128
1988	436 191	347 307	2 572		49 678	32 840	3 794
1989	499 919	435 438	9 140		30 465	15 405	9 471
1990	579 222	427 134	24 661	67 842	25 914	20 943	12 728
"八五"时期 The Eighth Five-year Plan Period	**9 222 065**						
1991	793 620	528 725	36 949	136 896	59 741	31 309	
1992	1 410 128	741 573	44 678	342 706	223 405	57 766	
1993	1 950 507	1 222 146	20 794	500 332	151 916	55 319	
1994	2 309 567	1 281 065	66 191	794 754	119 369	48 188	
1995	2 758 243	1 401 235	70 484	1 030 368	185 967	70 189	
"九五"时期 The Ninth Five-year Plan Period	**23 902 699**						
1996	3 275 270	1 569 208	113 836	1 248 251	262 762	81 213	
1997	3 930 657	2 015 620	167 033	1 366 545	279 365	98 459	3 635
1998	4 803 901	2 395 732	201 514	1 674 854	381 675	131 038	19 088
1999	5 695 878	2 724 871	274 707	2 152 541	397 505	106 857	23 380
2000	6 196 993	2 779 690	316 008	2 609 694	404 647	63 574	24 000
"十五"时期 The Tenth Five-year Plan Period							
2001	6 863 749	2 844 010	338 886	3 156 364	431 227	69 176	24 086
2002	7 881 459	2 861 079	385 050	3 884 445	482 987	158 170	109 728
2003	9 491 016	3 599 182	561 722	4 126 636	571 194	243 144	389 138
累计 Total	**60 169 364**	**28 209 169**	**2 653 624**	**23 092 228**	**4 214 749**	**1 359 251**	**640 343**

注:因2003年实施在地统计,为保持统计数据的一致,对2001、2002年数据做了相应调整。
Because of enforcement statistics Zonation in 2003,the data of 2001 and 2002 are adjusted in order to keep the coincident statistical data.

7-2 全社会固定资产投资额指数

INDICES OF TOTAL INVESTMENT IN FIXED ASSETS

(1980-2003)

(以上年为 100) (preceding year=100)

年份 Year	全社会固定资产投资额 Total Investment in Fixed Assets	基本建设 Capital Construction	更新改造 Technical Updates and Transformation	房地产开发 Investment in Commodity Houses	集体经济单位 Collective-owened Units	城乡私人建房 Buildings Construction by Individuals	其他 Others
1980	232.4	250.3	433.3		107.4		
1981	215.1	216.5			123.1		
1982	248.5	234.0			238.3	481.5	
1983	146.9	140.0	475.7		312.8	121.2	
1984	179.6	175.5	28.6		279.6	167.1	
1985	171.3	177.6	300.7		164.6	108.7	
1986	74.6	69.3	481.7		84.2	77.0	
1987	114.7	112.6	29.7		144.0	122.5	233.2
1988	152.9	161.0	85.5		105.1	217.8	91.9
1989	114.6	125.4	355.4		61.3	46.9	249.6
1990	115.9	98.1	269.8		85.1	135.9	134.3
1991	137.0	123.8	149.8	201.8	230.5	149.5	
1992	177.7	140.3	120.9	250.3	374.0	184.5	
1993	138.3	164.8	46.5	146.0	68.0	95.8	
1994	118.4	104.8	318.3	158.8	78.6	87.1	
1995	119.4	109.4	106.5	129.6	155.8	145.7	
1996	118.7	112.0	161.5	121.1	141.3	115.7	
1997	120.0	128.4	146.7	109.5	106.3	121.2	
1998	122.2	118.9	120.6	122.6	136.6	133.1	525.1
1999	118.6	113.7	136.3	128.5	104.1	81.5	122.4
2000	108.8	102.0	115.0	121.2	101.8	59.5	102.7
2001	110.8	102.3	107.2	120.9	106.6	108.8	100.4
2002	114.8	100.6	113.6	123.1	112.0	228.6	114.8
2003	120.4	125.8	145.9	106.2	118.3	153.7	160.0

7-3 全社会新增固定资产

NEWLY INCREASED FIXED ASSETS

(1979-2003)

单位:万元 (10 000 yuan)

年　份 Year	合　计 Total	基本建设 Capital Construction	更新改造 Technical Updates and Transformation	房地产开发 Investment in Commodity Houses	集体经济单位 Collective-owened Units	城乡私人建房 Buildings Construction by Individuals	其他 Others
1979	3 201	2 243	98		860		
1980	7 753	6 654	175		924		
"六五"时期 The Sixth Five-year Plan Period	**482 682**						
1981	19 032	16 387			1 137	1 508	
1982	42 369	31 756	643		2 709	7 261	
1983	81 902	62 576	2 049		8 474	8 803	
1984	149 020	110 087	527		23 696	14 710	
1985	190 359	134 696	658		39 015	15 990	
"七五"时期 TheSeventhFive-year Plan Period	**1 410 599**						
1986	192 016	151 486	5 359		22 860	12 311	
1987	185 758	133 910	2 602		33 745	15 078	423
1988	269 475	191 734	1 752		44 083	31 906	
1989	384 183	332 699	5 350		29 876	15 405	853
1990	379 167	260 718	10 749	68 252	15 949	20 943	2 556
"八五"时期 The Eighth Five-year Plan Period	**5 443 591**						
1991	573 793	387 315	31 324	83 594	40 251	31 309	
1992	682 768	332 281	22 055	126 174	144 492	57 766	
1993	1 010 590	633 055	2 711	212 568	106 937	55 319	
1994	1 542 090	937 960	84 681	342 361	117 441	59 647	
1995	1 634 350	729 913	36 725	652 570	144 953	70 189	
"九五"时期 The Ninth Five-year Plan Period	**19 443 242**						
1996	2 549 663	939 154	107 401	1 246 877	175 018	81 213	
1997	2 997 015	1 458 695	174 104	1 044 707	219 911	98 459	1 139
1998	3 865 634	1 600 634	153 238	1 676 557	289 173	131 038	14 994
1999	4 556 303	1 930 945	227 149	1 894 736	378 444	106 857	18 172
2000	5 474 627	2 254 230	302 154	2 493 228	338 280	63 574	23 161
"十五"时期 The Tenth Five-year Plan Period							
2001	5 378 592	1 786 965	243 273	2 727 522	504 670	69 176	46 986
2002	6 153 318	1 842 223	279 983	3 432 591	472 205	78 180	48 136
2003	5 527 718	1 145 748	305 867	3 073 693	507 382	243 144	251 884
累计　Total	**38 322 978**	**16 268 316**	**1 694 760**	**16 001 737**	**3 155 103**	**1 046 642**	**156 420**

7-4 按国民经济行业分的基本建设投资

INVESTMENT IN CAPITAL CONSTRUCTION OF STATE-OWNED UNITS BY SECTOR

(1979-2003)

单位:万元 continued

年份 Year	合计 Total	农、林、牧渔业 Farming, Forestry,Animal Husbandry and Fishery	采矿业 Mining and Quarrying	制造业 Manufacturing	电力、煤气及水的生产和供应业 Electric Power, Gas and Water Production and Supply	建筑业 Construction	交通运输、仓储和邮政业 Transportation, Storage and Post Services
1979	4 988	976		824	768	125	210
1980	12 487	657		5 112	267	248	1 300
1981	27 039	717		6 270	311	107	314
1982	63 265	2 006		6 464	327	373	2 421
1983	88 593	642		10 271	520	1 261	5 627
1984	155 466	1 666		18 319	10 937	3 979	8 136
1985	276 125	3 740	1 350	42 003	15 702	9 682	17 730
1986	191 490	2 361	381	43 535	4 423	2 962	12 436
1987	215 701	3 153	1 140	48 257	7 568	1 827	13 871
1988	347 307	3 956	1 472	107 970	16 243	3 771	26 629
1989	435 438	3 507		107 977	16 081	27 549	51 206
1990	427 134	2 406		150 215	89 188	8 907	61 162
1991	528 725	3 441		106 253	92 008	3 334	93 946
1992	741 573	6 797		170 753	113 037	8 758	154 369
1993	1 222 146	10 015	1 218	164 678	173 144	41 103	187 473
1994	1 281 065	9 807	750	144 517	139 951	76 569	299 651
1995	1 401 235	5 853	400	150 054	172 412	41 884	249 416
1996	1 569 208	9 780		187 407	225 157	11 608	294 605
1997	2 015 620	13 981		332 142	199 653	23 626	398 958
1998	2 395 732	16 010		313 269	97 153	49 719	417 028
1999	2 724 871	27 308		552 816	62 005	59 999	282 095
2000	2 779 690	46 000		666 087	88 508	60 416	367 972
2001	2 844 010	18 961	18 232	583 101	225 730	1 860	308 935
2002	2 861 079	12 555	28 302	770 838	255 944	8 628	261 890
2003	3 599 182	39 351	14 200	760 812	300 911	142 764	823 019
累计 Total	**28 209 169**	**245 646**	**67 445**	**5 449 944**	**2 307 948**	**591 059**	**4 340 399**

注:此表按"国民经济行业分类"(GB/T4754-2002)分类。

The list is grouped by National Economy Classification(GB/T4754-2002).

单位:万元

7-4 续表 1 continued

年份 Year	信息传输、计算机服务和软件业 Information Transfer,computer and Software Services	批发和零售业 Wholesale and Retail Sales	住宿和餐饮业 Accommodation and Catering Trade	金融业 Banking	房地产业 Real Estate Trade	租赁和商务服务业 Leasing Industry and Commercial Services
1979	76	293	196	36		
1980	200	706	470	77		198
1981	273	1 315	876	142	2 331	2 163
1982	374	4 538	3 025	263	4 201	3 898
1983	1 304	6 916	4 610	492	6 006	5 573
1984	1 885	14 521	9 680	1 728	30 344	3 601
1985	4 108	24 720	16 480	4 955	56 781	6 739
1986	2 881	11 747	7 831	7 178	25 700	4 135
1987	3 213	6 888	4 592	5 205	59 009	2 211
1988	6 169	13 451	8 967	245	72 845	6 771
1989	11 863	9 744	6 496	3 824	73 884	4 995
1990	14 169	4 956	3 304	227	12 380	3 952
1991	21 764	10 011	4 290	602	14 014	15 451
1992	35 763	15 894	6 812	510	19 650	15 009
1993	43 432	11 570	4 958	7 228	114 582	70 612
1994	69 421	16 283	6 979	8 335	76 900	56 036
1995	57 783	52 302	22 415	18 831	86 193	59 129
1996	68 252	86 951	21 738	25 269	91 997	50 300
1997	92 427	31722	21 148	5 521	120 121	83 618
1998	96 613	45 386	13 590	2 700	249 892	85 012
1999	65 353	44 934	13 290	4 300	196 445	73 386
2000	85 249	93 452	12 302		134 025	62 707
2001	71 572	68 760	12 467		123 370	53 577
2002	60 672	72 290	6 534	12 201	132 482	34 236
2003	190 670	41 454	390	7 405	146 359	12 035
累计 Total	**1 005 486**	**690 804**	**213 440**	**117 274**	**1 849 511**	**715 344**

(10 000 yuan)

科学研究、技术服务和地质勘查业 Scientific Research, Technical Services and Geological Prospecting	水利、环境和公共设施管理业 Water Conservancy, Environment Management and Public Amenities	居民服务和其他服务业 Resident Services and Other Services	教育 Education	卫生、社会保障和社会福利业 Health Care, Social Insurance and Welfare	文化、体育和娱乐业 Culture,Education and Entertainment	公共管理和社会组织 Public Services and Social Organizations	国际组织 International Organizations
115	451					918	
163	742	49	178	152	520	1 448	
335	8 112	541	346	179	1 018	2 689	
473	14 788	975	889	430	9 070	8 750	
632	21 185	1 393	800	909	9 202	11 250	
1 611	13 566	900	6 550	1 845	11 447	14 751	
1 623	25 416	1 685	6 476	5 135	14 250	17 550	
1 994	15 778	1 034	8 417	2 400	18 028	18 269	
3 210	18 945	553	4 555	2 124	13 033	16 347	
4 095	25 516	1 693	4 660	3 072	10 442	29 340	
4 196	19 649	1 249	10 501	3 746	46 549	32 422	
4 197	19 119	988	7 284	2 978	25 935	15 767	
8 100	61 600	3 863	10 378	15 133	41 972	22 565	
7 413	64 934	3 752	11 543	11 175	61 041	34 363	
8 265	269 784	17 653	11 164	17 390	45 541	22 336	
9 486	219 584	14 009	15 189	17 801	45 443	54 354	
10 585	244 839	14 782	25 420	25 368	66 758	96 811	
14 605	215 867	12 575	36 422	26 595	73 602	116 478	
11 696	369 717	10 905	69 645	34 224	80 337	116 179	
12 603	642 082	8 253	84 941	59 412	75 140	126 929	
18 361	914 870	3 346	93 427	59 706	119 484	133 746	
25 653	672 651	2 677	94 846	57 998	92 867	216 280	
42 027	812 146	1 394	101 440	53 614	161 057	185 767	
25 896	702 155	1 559	115 296	39 970	144 006	175 625	
18 851	511 305	797	128 813	27 734	245 927	186 385	
236 185	**5 884 801**	**106 625**	**849 180**	**469 090**	**1 412 669**	**1 657 319**	

7-5 基本建设投资构成

COMPOSITION OF INVESTMENT IN CAPITAL CONSTRUCTION BY USE OF FUNDS

(1990-2003)

单位:万元 (10 000 yuan)

年份 Year	投资额 Total	按构成分 By Use of Funds 建筑安装工程 Construction and Installation	设备、工器具购置 Purchase of Equipment and Instruments	其他费用 Others
1990	427 134	244 356	133 757	49 021
1991	528 725	362 110	118 015	48 600
1992	741 573	506 693	160 723	74 157
1993	1 222 146	912 874	225 947	83 325
1994	1 281 065	946 734	220 847	113 484
1995	1 401 235	1 008 297	195 853	197 085
1996	1 569 208	1 131 817	295 631	141 760
1997	2 015 620	1 416 486	437 057	162 077
1998	2 395 732	1 718 382	403 771	273 579
1999	2 724 871	2 010 298	411 764	302 809
2000	2 779 690	1 905 312	673 609	200 769
2001	2 844 010	1 953 150	640 497	250 363
2002	2 861 079	1 898 547	769 846	192 686
2003	3 599 182	2 547 079	710 959	341 144

7-6 基本建设投资财务拨款额

FINANCIAL APPROPRIATION OF INVESTMENT IN CAPITAL CONSTRUCTION

(1990-2003)

单位:万元 (10 000 yuan)

年份 Year	财务拨款额 Financial Appropriation	# 国家预算内资金 State Budgetary Appropriations	# 国内贷款 Domestic Loans	# 债券 Securities	# 利用外资 Foreign Investment	# 自筹资金 Fund-Raising	# 其他资金 Others
1990	499 843	2 635	115 044		164 068	181 413	36 683
1991	586 178	2 000	192 603		123 358	211 958	56 259
1992	768 887	500	230 860		87 252	370 673	79 602
1993	1 239 162		246 153	21 049	156 054	673 895	142 011
1994	1 326 714		175 767	10 339	174 809	830 151	135 648
1995	1 390 619		167 510		230 560	909 593	82 956
1996	1 524 924		190 060		324 436	931 551	78 877
1997	2 029 449		157 498		522 576	1 287 817	61 558
1998	2 144 748	4 730	192 894		128 538	1 737 315	81 271
1999	2 543 350	48 750	294 627		224 075	1 847 630	128 268
2000	2 673 582	23 649	212 704		182 471	2 137 226	117 532
2001	2 792 446	65 777	361 639	1 003	133 277	2 176 172	54 578
2002	2 923 151	7 155	382 960	0	275 091	2 221 310	36 635
2003	4 106 574	5 758	575 824	12 679	304 191	3 122 514	85 608

7-7 基建投资主要经济效益指标

MAIN ECONOMIC EFFICIENCY INDEXES OF INVESTMENT IN CAPITAL CONSTRUCTION (1990-2003)

年份 Year	一、建设项目投产率(%) Rate of Construction Projects Completed and Put into Use (%)	施工建设项目数(个) Number of Projects Under Construction (unit)	建成投产项目数(个) Number of Projects Completed and Put into Use (unit)	二、建设项目平均建设周期(年) Average Time Taken by Construction Projects (year)	施工项目计划总投资(万元) Investment Planning of Construction Projects (10 000 yuan)	完成投资额(万元) Investment in Construction Projects (10 000 yuan)
1990	41.76	352	147	3.20	1 368 562	427 134
1991	41.76	376	157	3.18	1 679 975	528 725
1992	34.70	415	144	2.88	2 135 561	741 573
1993	36.44	365	133	2.84	3 469 534	1 222 146
1994	39.03	433	169	3.53	4 519 880	1 281 065
1995	27.86	384	107	4.59	6 437 126	1 401 235
1996	38.58	394	152	4.72	7 403 125	1 569 208
1997	39.42	449	177	4.03	8 131 400	2 015 620
1998	39.52	463	183	4.39	10 528 602	2 395 732
1999	44.16	428	189	3.90	10 635 512	2 724 871
2000	41.42	466	193	4.64	12 910 845	2 779 690
2001	30.32	465	141	5.37	15 265 997	2 844 010
2002	30.38	474	144	5.63	16 095 578	2 861 079
2003	35.81	578	207	5.93	21 349 628	3 599 182

7-7 续表 continued

年份 Year	三、固定资产交付使用率(%) Rate of Fixed Assets Put into Use (%)	完成投资额(万元) Investment in Fixed Assets (10 000 yuan)	新增固定资产(万元) Newly Increased Fixed Assets (10 000 yuan)	房屋建筑面积竣工率(%) Rate of Floor Space of Buildings Completed (%)	施工房屋面积(万平方米) Floor Space of Buildings Under Construction (10 000 sq.m)	竣工房屋面积(万平方米) Floor Space of Buildings Completed (10 000 sq.m)
1990	61.04	427 134	260 718	34.96	408.71	142.90
1991	73.25	528 725	387 315	31.21	533.66	166.58
1992	44.81	741 573	332 281	35.67	532.45	189.92
1993	51.80	1 222 146	633 055	37.57	566.70	212.91
1994	73.21	1 281 065	937 960	31.54	704.15	222.06
1995	52.09	1 401 235	729 913	27.53	951.68	262.02
1996	59.85	1 569 208	939 154	30.52	965.41	294.65
1997	72.37	2 015 620	1 458 695	35.80	847.14	303.29
1998	66.81	2 395 732	1 600 634	30.90	862.96	266.63
1999	70.86	2 724 871	1 930 945	37.05	829.19	307.22
2000	81.10	2 779 690	2 254 230	30.83	790.57	243.74
2001	62.83	2 844 010	1 786 965	30.46	977.07	297.60
2002	64.39	2 861 079	1 842 223	29.48	861.88	254.07
2003	31.83	3 599 182	1 145 748	13.43	1 277.01	171.49

7-8 按国民经济行业分的更新改造投资

单位:万元

(1986—2003)

年　　份 Year	合　　计 Total	农、林、牧渔业 Farming, Forestry,Animal Husbandry and Fishery	采矿业 Mining and Quarrying	制造业 Manufacturing	电力、煤气及水的生产和供应业 Electric Power, Gas and Water Production and Supply	建筑业 Construction	交通运输、仓储和邮政业 Transportation, Storage and Post Services
1979	90			90			
1980	390			390			
1981							
1982	515			515			
1983	2 450			2 450			
1984	700			700			
1985	2 105			2 105			
1986	10 140			10 140			
1987	3 009			3 004			
1988	2 572			1 819			655
1989	9 140			6 806			1 295
1990	24 661			4 313			14 903
1991	36 949	1 029		5 110			24 402
1992	44 678			8 605	3 000		6 338
1993	20 794			2 607			14 520
1994	66 191			9 435	4 000		31 432
1995	70 484			31 600	5 141		13 704
1996	113 836			71 615	6 735		23 412
1997	167 033			121 942	6 249		20 141
1998	201 514			153 168	7 194		10 513
1999	274 707	10 490		191 479	6 880		26 453
2000	316 008	2 389		208 416	7 121		42 616
2001	338 886			245 441	9 146		42 512
2002	385 050	148		234 685	63 254		43 171
2003	561 722		104 731	204 668	79 663		28 359
累计　Total	**2 653 624**	**14 056**	**104 731**	**1 521 103**	**198 383**		**344 426**

注:此表按"国民经济行业分类(GB/T4754-2002)"分类。

The list is grouped by National Economy Classification(GB/T4754-2002).

INVESTMENT IN INNOVATION BY MAIN SECTORS

(1986—2003)

(10 000 yuan)

信息传输、计算机服务和软件业 Information Transfer,computer and Software Services	批发和零售业 Wholesale and Retail Sales	住宿和餐饮业 Accommodation and Catering Trade	金融业 Banking	房地产业 Real Estate Trade	租赁和商务服务业 Leasing Industry and Commercial Services	科学研究、技术服务和地质勘查业 Scientific Research, Technical Services and Geological Prospecting
	98					
		750				
	17					
5 400					184	
2 000				563		
	2 000					
	6 411					
2 699	4 903					
3 982	7 074					
3 708	5 173	619	406	1 417	1 077	3 148
1 090	3 800	384	797	892	743	167
1 385	4 481	243	648	440	400	271
1 195	11 473	197	15 317	911	552	1 493
21 459	**45 430**	**2 193**	**17 168**	**4 223**	**2 956**	**5 079**

单位:万元

7-8 续表 continued

年　　份 Year	水利、环境和公共设施管理业 Water Conservancy, Environment Management and Public Amenities	居民服务和其他服务业 Resident Services and Other Services	教育 Education	卫生、社会保障和社会福利业 Health Care, Social Insurance and Welfare	文化、教育和娱乐业 Culture,Education and Entertainment	公共管理和社会组织 Public Services and Social Organizations	国际组织 International Organizations
1979							
1980							
1981							
1982							
1983							
1984							
1985							
1986							
1987				5			
1988							
1989	289						
1990	5 000			428			
1991	794			30			
1992	24 000	172					
1993	3 317	350					
1994	21 324						
1995	20 039						
1996	5 842	906	2 000	1 326			
1997	3 233	1 249	3 000	4 808			
1998	201 714	1 958		365			
1999	18 629	3 142	1 063	5 515			
2000	25 268	810	1 342	9 604	2 871	23	
2001	7 044	1 676	2 619	14 355	5 449	2 771	
2002	8 753	814	3 445	3 047	3 483	16 382	
2003	23 427	300	4 393	7 080	9 197	68 766	
累计　Total	**187 673**	**11 377**	**17 862**	**46 563**	**21 000**	**87 942**	

7-9 按构成分更新改造投资

INVESTMENT IN INNOVATION BY USE OF FUNDS

(1986—2003)

单位:万元 (10 000 yuan)

年份 Year	合计 Total	一、按构成分 Grouped by Use of Funds		
		建筑安装工程 Constructionand Installation	设备、工器具购置 Purchases of Equipment and Instruments	其他费用 Others
1986	10 140	2 786	7 277	77
1987	3 009	513	2 261	235
1988	2 572	1 038	1 406	128
1989	9 140	3 251	5 481	408
1990	24 661	14 960	9 448	253
1991	36 949	23 038	13 023	888
1992	44 678	42 640	881	1 157
1993	20 794	16 233	2 033	2 528
1994	66 191	52 376	12 351	1 464
1995	70 484	36 092	30 232	4 160
1996	113 836	43 489	57 289	13 058
1997	167 033	47 243	116 611	3 179
1998	201 514	62 541	122 179	16 794
1999	274 707	88 322	157619	28 766
2000	316 008	107 652	195 142	13 214
2001	338 886	101 215	203 641	34 030
2002	385 050	78 867	291 694	14 489
2003	561 722	93 928	328 467	139 327

7-10 更新改造投资财务拨款额

FINANCIAL APPROPRIATION OF INVESTMENT IN INNOVATION

(1986—2003)

单位:万元 (10 000 yuan)

年 份 Year	财务拨款额 Financial Appropriation	国家预算内资金 State Budgetary Appropriations	国内贷款 Domestic Loans	利用外资 Foreign Investment	自筹资金 Fund-Raising	其他投资 Others
1986	10 140	773	6 931	716	1 446	274
1987	3 009	250	1 613	92	1 054	
1988	2 572		156		2 416	
1989	9 140		4 296	1 577	3 267	
1990	24 661		2 955	4 699	13 383	3 624
1991	38 380	70	7 119		31 191	
1992	42 817		11 295	65	19 651	11 806
1993	11 090		5 434		5 656	
1994	66 417		50 674		12 243	3 500
1995	70 309		9 501	2 908	51 815	6 085
1996	109 989		16 995	38 553	41 855	12 586
1997	146 263		40 736	22 712	79 715	3 100
1998	199 432	58	48 406	24 120	121 968	4 880
1999	260 557	680	23 266	27 037	206 874	2 700
2000	305 952		19 507	38 805	246 522	1 118
2001	349 279		8 077	51 232	289 968	2
2002	420 665		57 717	94 813	265 906	2 229
2003	619 076	60	52 443	63 054	477 216	26 303

7-11 房地产开发投资

INVESTMENT IN REAL ESTATE DEVELOPMENT

(1990-2003)

单位:万元 (10 000 yuan)

年 份 Year	一、合计 Total		按构成分 By Use of Funds		
		# 住宅 Residential Housing	建筑安装工程 Construction and Installation	设备、工器具购置 Purchase of Equipment and Instruments	其他费用 Others
1990	67 842	50 554	61 822	3 515	2 505
1991	136 896	100 094	118 855	4 116	13 925
1992	342 706	268 007	248 303	14 136	80 267
1993	500 332	337 090	453 047	23 207	24 078
1994	794 754	359 373	634 953	53 323	106 478
1995	1 030 368	487 022	793 170	67 516	169 682
1996	1 248 251	544 541	922 172	123 803	202 276
1997	1 366 545	855 049	984 052	63 593	318 900
1998	1 674 854	998 850	1 157 899	73 471	443 484
1999	2 152 541	1 413 106	1 502 564	104 667	545 310
2000	2 609 694	1 786 789	1 879 042	95 904	634 748
2001	3 026 364	1 967 062	2 046 850	63 937	915 577
2002	3 554 445	2 379 217	2 481 074	113 510	959 861
2003	4 126 634	2 501 914	2 980 842	126 335	1 019 457

7-12 房地产开发投资财务拨款额

FINANCIAL APPROPRIATION OF INVESTMENT IN REAL ESTATE DEVELOPMENT

(1990-2003)

单位:万元 (10 000 yuan)

年 份 Year	财务拨款额 Financial Appropriation	国内贷款 Domestic Loans	利用外资 Foreign Investment	自筹资金 Fund-Raising	其他投资 Others
1990	89 493	16 165	34 398	23 604	15 326
1991	185 497	34 199	54 700	74 049	22 549
1992	407 607	124 784	49 374	152 201	81 248
1993	674 001	130 387	66 859	321 156	155 599
1994	774 549	141 764	159 588	368 531	104 666
1995	1 478 346	314 292	281 422	494 117	388 515
1996	1 491 019	294 547	283 050	454 877	458 545
1997	1 681 137	309 060	201 470	611 982	558 625
1998	2 230 372	550 266	93 078	803 217	783 811
1999	2 528 811	595 875	46 407	833 132	1 053 397
2000	3 333 643	890 609	66 816	961 060	1 415 158
2001	3 914 725	1 026 355	89 342	1 313 799	1 485 229
2002	5 164 077	1 270 100	92 443	1 389 629	2 411 905
2003	6 446 967	1 663 684	80 195	1 791 880	2 911 208

7-13 房地产开发房屋建筑面积、价值、造价

FLOOR SPACE, VALUE AND COST OF COMMERCIAL HOUSES

(2003)

项目	Item	合计 Total	住宅 Residential Housing	办公楼 Offic Building	商业营业用房 Commerce	其他 Others
施工房屋建筑面积(万平方米)	Floor Space of Buildings Under Construction (10 000 sq.m)	2 838.22	2 072.89	134.29	317.74	313.30
竣工房屋建筑面积(万平方米)	Floor Space of Buildings Completed (10 000 sq.m)	1 020.31	816.62	24.43	95.63	83.63
竣工房屋价值(万元)	Value of Buildings Completed(10 000 yuan)	2 682 754	2 145 006	70 919	260 389	206 440
竣工房屋造价(元/平方米)	Cost of Buildings Completed(yuan/sq.m)	2 629	2 626	2 903	2723	2 468

7-14 房地产开发房屋实际销售面积、销售额、平均价格

FLOOR SPACE,SALES AND AVERAE PRICES OF COMMERCIAL HOUSES SOLD

(2003)

项目	Item	合计 Total	住宅 Residential Housing	办公楼 Office Building	商业营业用房 Commerce	其他 Others
实际销售面积(万平方米)	Floor Space (10 000 sq.m)	899.90	810.82	30.24	45.17	13.67
实际销售额(万元)	Total Sales (10 000 yuan)	5 592 606	4 766 814	262 392	525 055	38 345
实际销售平均价格(元/平方米)	Average Prices (yuan/sq.m)	6 215	5 879	8 678	11 624	2 804

注:表中"实际销售面积、销售额"均含现楼和楼花。

The data of floor space and total sales include finished buildings and pre-sale buildings.

7-15 全社会房屋施工建筑面积

FLOOR SPACE OF BUILDINGS UNDER CONSTRUCTION

(1979-2003)

单位:万平方米 (10 000 sq.m)

年　份 Year	合　计 Total	基本建设 Capital Construction	更新改造 Technical Updates and Transformation	房地产开发 Investment in Commodity Houses	集体经济单位 Collective-owened Units	城乡私人建房 Buildings Construction by Individuals	其他 Others
1979		29.26					
1980		52.36					
1981		96.88					
1982		250.71					
1983		368.40					
1984		644.59					
1985		1 030.94					
1986	940.39	771.29	7.00		93.21	68.89	
1987	887.21	642.48	2.10		152.09	90.54	
1988	1 161.77	888.29	1.51		174.69	97.28	
1989	1 088.02	926.36	9.83		103.68	48.15	
1990	772.42	408.71	22.29	228.39	57.20	55.83	
1991	1 128.70	533.66	14.96	339.33	139.96	100.79	
1992	1 494.09	532.45	0.93	630.35	183.91	146.45	
1993	1 848.31	566.70	0.34	925.35	248.91	107.01	
1994	1 998.73	704.15	0.93	932.71	267.84	93.10	
1995	2 733.57	951.68	47.07	1 371.04	260.04	103.74	
1996	2 878.53	965.41	9.66	1 495.27	301.92	106.27	
1997	2 775.82	847.14	9.25	1 454.17	336.10	129.16	
1998	3 218.81	862.96	6.64	1 656.65	508.69	170.47	13.40
1999	3 369.43	829.19	2.05	1 834.13	530.03	149.03	25.00
2000	3 591.22	790.57	5.75	2 134.95	573.76	77.43	8.76
2001	4 137.47	977.07	12.39	2 392.77	644.29	82.20	28.75
2002	4 467.16	861.88	9.60	2 776.29	657.31	140.1	21.98
2003	5 567.66	1 277.01	16.38	2 838.22	977.57	314.16	144.32

7-16 全社会房屋竣工建筑面积

FLOOR SPACE OF BUILDINGS COMPLETED

(1979-2003)

单位:万平方米 (10 000 sq.m)

年 份 Year	合 计 Total	基本建设 Capital Construction	更新改造 Technical Updates and Transformation	房地产开发 Investment in Commodity Houses	集体经济单位 Collective-owened Units	城乡私人建房 Buildings Construction by Individuals	其他 Others
1979		13.01					
1980		34.63					
1981		54.59					
1982		92.67					
1983		146.86					
1984		266.63					
1985		320.94					
1986	453.07	297.27	4.17		82.74	68.89	
1987	464.69	240.58	0.63		132.94	90.54	
1988	567.38	321.99			148.11	97.28	
1989	563.01	419.52	3.32		92.02	48.15	
1990	347.33	142.90	2.99	97.32	45.29	58.83	
1991	504.81	166.58	4.60	116.05	116.79	100.79	
1992	635.21	189.92	0.53	151.32	146.99	146.45	
1993	672.89	212.91	0.34	173.28	179.35	107.01	
1994	676.84	222.06	0.16	204.32	157.20	93.10	
1995	838.46	262.02	19.55	311.55	141.60	103.74	
1996	964.52	294.65	3.77	394.32	165.51	106.27	
1997	942.91	303.29	1.89	327.04	181.53	128.91	0.25
1998	1 211.89	266.63	4.96	463.31	302.02	170.47	4.50
1999	1 267.00	307.22	1.28	502.15	302.16	149.03	5.16
2000	1 287.21	243.74	3.06	632.05	324.23	77.43	6.70
2001	1 526.90	297.60	7.41	727.97	389.82	82.20	21.90
2002	1 668.25	254.07	0.11	892.24	366.08	140.1	15.65
2003	2 228.44	171.49	6.37	1 020.31	633.58	314.16	82.53

7-17 全社会竣工房屋价值

VALUE OF BUILDINGS COMPLETED

(1979-2003)

单位:万元 (10 000 yuan)

年份 Year	合计 Total	基本建设 Capital Construction	更新改造 Technical Updates and Transformation	房地产开发 Investment in Commodity Houses	集体经济单位 Collective-owened Units	城乡私人建房 Buildings Construction by Individuals	其他 Others
1979		1 207					
1980		4 607					
1981		9 189					
1982		20 865					
1983		37 164					
1984		79 318					
1985		103 970					
1986	157 701	112 918	1 557		30 915	12 311	
1987	151 670	92 746	214		43 632	15 078	
1988	348 453	263 936			51 677	32 840	
1989	276 535	229 764	1 450		29 916	15 405	
1990	210 323	97 015	2 455	66 676	23 234	20 943	
1991	308 940	108 924	13 586	99 649	55 472	31 309	
1992	601 150	169 894	267	160 027	213 196	57 766	
1993	640 545	228 558	490	237 913	118 265	55 319	
1994	784 100	287 106	299	333 945	114 562	48 188	
1995	1 343 491	359 878	20 502	753 927	138 995	70 189	
1996	1 825 063	409 095	9 607	1 135 867	189 281	81 213	
1997	1 745 964	552 222	3 353	914 166	177 407	98 459	357
1998	2 416 223	544 777	8 700	1 465 010	257 198	131 038	9 500
1999	2 670 993	524 501	2 536	1 474 413	277 717	105 809	286 017
2000	2 955 291	536 982	12 980	2 059 424	273 324	62 844	9 737
2001	2 795 702	552 557	12 386	1 766 694	374 104	69 176	20 785
2002	3 601 624	491 526	240	2 608 858	393 102	78 170	29 728
2003	4 260 940	365 698	13 000	2 682 754	800 785	243 144	155 559

7-18 全社会住宅投资

INVESTMENT IN RESIDENTIAL HOUSING

(1979-2003)

单位:万元 (10 000 yuan)

年份 Year	合计 Total	基本建设 Capital Construction	更新改造 Technical Updates and Transformation	房地产开发 Investment in Commodity Houses	集体经济单位 Collective-owened Units	城乡私人建房 Buildings Construction by Individuals	其他 Others
1979		914					
1980		2 838					
1981		6 428					
1982		19 021					
1983		27 640					
1984		38 372	34				
1985		64 827	36				
1986	46 940	32 656	15		2 918	11 351	
1987	54 629	36 269	88		4 228	14 044	
1988	114 993	78 522			4 745	31 726	
1989	123 617	101 466	189		7 478	14 484	
1990	164 518	92 429	20	50 554	1 663	19 852	
1991	315 480	173 346	425	100 094	11 704	29 911	
1992	703 879	342 331	519	268 007	40 464	52 558	
1993	582 283	161 494	100	337 090	33 836	49 763	
1994	616 790	177 141		359 373	38 907	41 369	
1995	795 949	187 993	2 296	487 022	53 108	65 530	
1996	859 803	153 068	6 220	544 541	85 575	70 399	1 000
1997	1 135 054	146 509	1 766	855 049	47 015	84 715	
1998	1 500 548	261 719	4 800	998 850	107 458	116 617	11 104
1999	1 874 853	259 989	1 065	1 413 106	84 424	101 817	14 452
2000	2 185 195	217 496	3 346	1 786 789	115 320	61 344	900
2001	2 341 654	220 698	6 316	1 967 062	69 616	67 631	10 331
2002	2 716 596	143 975	583	2 379 217	133 809	58 999	13
2003	2 987 720	168 126	1 160	2 501 914	97 956	194 142	24 422

7-19 全社会住宅施工建筑面积

FLOOR SPACE OF RESIDENTIAL HOUSING UNDER CONSTRUCTION

(1979-2003)

单位:万平方米 (10 000 sq.m)

年份 Year	合计 Total	基本建设 Capital Construction	更新改造 Technical Updates and Transformation	房地产开发 Investment in Commodity Houses	集体经济单位 Collective-owened Units	城乡私人建房 Buildings Construction by Individuals	其它 Others
1979		13.41					
1980		27.81					
1981		43.34					
1982		128.30					
1983		155.68					
1984		258.52					
1985		362.70					
1986	366.59	284.92	0.37		12.46	68.84	
1987	339.69	228.10	0.15		24.30	87.14	
1988	447.03	342.03			18.04	86.96	
1989	434.43	364.58	0.99		23.78	45.08	
1990	359.73	133.49	0.03	158.86	10.13	57.22	
1991	604.58	190.63	8.77	252.61	54.70	97.87	
1992	920.04	200.16	0.79	480.23	105.72	133.14	
1993	1 032.92	231.73	0.20	640.19	65.82	94.98	
1994	1 090.32	324.46		614.40	64.72	86.74	
1995	1 443.72	406.46	8.33	844.17	86.94	98.72	
1996	1 474.14	325.21	2.33	940.61	107.50	98.49	
1997	1 465.45	285.19	1.29	966.19	102.35	110.43	
1998	1 866.76	400.22	0.65	1 146.97	149.25	159.73	9.94
1999	1 944.88	274.59	0.10	1 355.62	157.23	143.95	13.39
2000	2 059.39	247.72	0.31	1 576.89	159.26	73.43	1.78
2001	2 261.63	248.35	3.40	1 790.49	120.41	81.38	17.6
2002	2 575.33	159.16	1.36	2 124.86	151.11	134.75	4.09
2003	2 824.41	194.47	1.35	2 072.89	239.73	273.22	42.75

7-20 全社会住宅竣工建筑面积

FLOOR SPACE OF RESIDENTIAL HOUSING COMPLETED

(1979-2003)

单位:万平方米 (10 000 sq.m)

年　份 Year	合　计 Total	基本建设 Capital Construction	更新改造 Technical Updates and Transformation	房地产开发 Investment in Commodity Houses	集体经济单位 Collective-owened Units	城乡私人建房 Buildings Construction by Individuals	其它 Others
1979		5.26					
1980		17.85					
1981		23.41					
1982		45.57					
1983		62.42					
1984		123.76					
1985		139.31					
1986	197.15	116.73	0.21		11.37	68.84	
1987	199.09	89.58	0.15		22.22	87.14	
1988	245.10	143.83			14.31	86.96	
1989	236.98	169.86	0.99		21.05	45.08	
1990	183.24	55.77	0.03	62.87	7.35	57.22	
1991	301.08	64.25	4.60	87.13	47.23	97.87	
1992	405.75	65.27	0.39	120.34	86.61	133.14	
1993	371.75	110.50	0.20	128.14	37.93	94.98	
1994	373.77	112.48		141.44	33.11	86.74	
1995	485.23	116.87	4.43	216.38	49.73	97.82	
1996	565.86	156.14	2.33	250.51	58.39	98.49	
1997	512.24	102.00	0.40	243.19	56.22	110.43	
1998	729.48	120.01	0.65	356.30	89.09	159.73	3.7
1999	800.60	140.18		412.46	103.64	143.95	0.37
2000	755.59	68.73		524.55	88.48	73.45	0.38
2001	852.58	120.57	0.93	573.21	61.74	81.39	14.74
2002	1 000.19	77.55	0.01	698.32	86.87	134.75	2.69
2003	1 290.61	37.45	0.75	816.62	130.31	273.22	32.26

7-21 全社会住宅竣工价值

VALUE OF RESIDENTIAL HOUSING COMPLETED

(1979-2003)

单位:万元 (10 000 yuan)

年份 Year	合计 Total	基本建设 Capital Construction	更新改造 Technical Updates and Transformation	房地产开发 Investment in Commodity Houses	集体经济单位 Collective-owened Units	城乡私人建房 Buildings Construction by Individuals	其它 Others
1979		449					
1980		2 440					
1981		4 322					
1982		9 873					
1983		15 043					
1984		37 418					
1985		38 341					
1986	54 880	40 169	44		3 316	11 351	
1987	46 707	26 261	83		6 319	14 044	
1988	88 625	52 663			4 236	31 726	
1989	109 242	87 117	317		7 324	14 484	
1990	105 056	31 272	15	50 915	3 002	19 852	
1991	180 594	34 811	13 586	83 039	19 247	29 911	
1992	256 111	37 275	159	130 010	36 109	52 558	
1993	351 941	104 136	140	168 939	28 963	49 763	
1994	432 365	121 501		234 568	34 927	41 369	
1995	754 577	137 462	3 810	498 207	49 568	65 530	
1996	918 088	180 532	6 291	597 390	63 476	70 399	
1997	879 347	132 583	600	598 621	62 828	84 715	
1998	1 426 708	165 262	1 900	1 044 859	90 590	116 617	7 480
1999	1 604 378	208 863		1 191 097	102 501	101 817	100
2000	2 023 916	139 532		1 728 371	94 669	61 344	0
2001	1 768 793	209 663	1 100	1 408 325	65 424	67 631	16 650
2002	2 317 417	82 781	10	2 060 726	95 715	75 185	3 000
2003	2 718 868	87 961	1 830	2 145 006	199 465	231 450	53 156

第八部分　商业、物价

Domestic Trade and Price

CHAPTER 8

2003年深圳市物价总水平温和回升

—2003年物价走势回顾及2004年展望

2003年,深圳市在继续保持较快经济增长速度的同时,价格总水平在低位运行多年后开始走出低谷,呈现出在平稳运行中缓慢回升的良好局面。居民消费价格总水平比上年上升0.7%,升幅较为温和,零售物价总水平则与上年持平。

一、2003年价格运行的新特点

(一)物价升幅呈现前低后高,商品价格涨跌各半

从分月指数看,居民消费价格总水平呈现前低后高走势,1月份居民消费价格总水平同比下降0.1%,为全年最低点,随着2月份进入春节的消费旺季,价格开始回升,升幅温和、平稳,2至10月份升幅均维持在0.2%到0.8%之间,10月份以后受粮油及建材价格上升影响,价格回升力度加大,11月和12月居民消费价格总水平同比分别上升1.1%和1.9%,成为全年升幅最大的月份。总体而言,居民消费价格总水平仍处于平稳运行之中。

从分类指数看,价格比上年上升的有:食品类、烟酒类、居住类和服务项目;价格下降的有:交通和通讯类、家庭设备及维修服务类;价格基本持平的有衣着类、医疗保健和个人用品类、娱乐教育文化用品类。总体而言,价格上涨的商品数量与价格下降的商品数量大体相同。

(二)基础产品价格率先回升

2003年物价运行的最重要特点是基础产品价格率先走出低谷,价格上升明显并带动相关产品价格的回升,其中主要的有:粮油、燃料和以钢材、水泥为代表的建材价格回升明显。

粮油价格在低位运行了数年,农民产粮积极性降低,纷纷转产经济价值较高的其它经济作物,粮食产量下降,供求关系之间的变化使得粮油价格开始回升,与上年同期比粮食价格上升3.1%,食用油价格上升5.4%。粮油价格的上涨带动饲料价格回升进而带动"菜篮子"价格全面回升,使食品价格上升1.2%。

燃料价格的上升则与国际石油价格的波动密切相关。随着居民汽车拥有量的不断增长,居民对燃料的需求也不断扩大,我国已成为石油进口大国,燃料价格随国际油价上下波动成为必然。由于伊拉克战争,国际石油价格一路走高,车用燃料、液化石油气、管道煤气价格也随之上扬,虽然战争结束后石油价格有所回调,但车用燃料及零配件价格仍比上年上升8.3%,液化石油气价格更是上升二成。

以钢材和水泥为代表的建材价格上升明显,其中,水泥价格比上年同期升6.1%,胶合板价格上升二成。由于固定资产投资规模的扩大,对钢材和水泥的需求十分旺盛,11月份部分地区曾短时间出现水泥供应紧张的情况,这是较为典型的投资增长拉动价格上涨的实例。基础建材价格的上涨带动了房地产价格和居住类价格的回升,使居住价格比上年同期升5.0%。

(三)汽车及电子类工业消费品价格呈下降趋势

2003年是汽车需求最旺盛的一年,销售量节节上升,但车价却一路走低,比上年同期下降6.0%,部分品种价格下降一成以上,为什么汽车需求的高速增长不能拉动汽车价格上涨呢?这是由供求关系决定的。汽车需求的增长速度虽然很快,但供给的增长速度同样很快。当需求的增长速度与供给的增长速度趋于一致时,价格趋于平稳,当供给的增长速度高于需求的增长速度时,价格必然向下回落,反之亦然。目前我国已成为汽车生产大国,汽车的产量还在不断增长,预计车价仍有下降空间。

电子类工业消费品价格一直疲软，其中通讯工具类价格下降幅度较大，手机价格比上年降26.7%，通讯类价格下降12.5%。电脑、电视机、音响、摄像机、照相机、收录机等电子类工业消费品价格均有不同程度的回落，导致文娱用耐用消费品价格下降2.4%。受汽车及电子类价格下降影响，2003年交通和通讯类价格下降3.0%。

（四）金价创近年新高，酒价探底回升

由于美元疲软，黄金和铂金需求激增，使国际金价节节上升，纯金饰品价格也随之逐月上扬，999纯金饰品价格已由2003年初的98元/克涨至12月份的123元/克，创下近年新高，使个人饰品价格比上年同期上涨了7.6%。

受白酒产销政策影响，酒价在低位徘徊多年后，2003年酒价开始回升，白酒、果酒和啤酒价格均有不同程度的回升，酒价比上年同期升4.0%。

（五）服务项目价格上升1.6%

服务项目价格上升的主要有：学杂托幼费、耐用消费品修理服务费、文娱费、家庭服务及加工维修费等。

受“非典”期间人口流动大幅减少影响，城市间交通费、旅游及外出费则分别下降了7.0%和6.6%。

二、2004年展望

2004年1至4月份，深圳市物价总水平仍表现为稳中有升态势，居民消费价格比上年同期上升0.4%，其中食品价格上升4.9%，成为2004年最主要的新涨价因素，会不会出现通货膨胀再度成为社会关注的焦点。

展望2004年，在我国经济不断向好并将步入新一轮增长周期的大环境下，在CEPA开始实施的新形势下，我们认为影响深圳市物价平稳运行的有利因素和不利因素将同时存在，有利因素是主要的，处于主导地位，不利因素是次要的，是支流。

（一）影响物价平稳运行的有利因素

1、宏观因素：

(1)、国民经济稳定发展是物价平稳运行的基础

2004年国家将继续执行积极的财政政策，努力扩大内需和出口，国民经济有望保持适度快速增长，工农业产品将极为丰富，供应充足，这是深圳市物价平稳运行的基础，物价暴涨的可能性极微。

(2)商品供求基本平衡是物价平稳运行的物质条件

目前深圳市的商品供应是充足的，大多数商品供求基本平衡，部分商品出现供过于求，只有极少数商品供不应求，这就为物价的平稳运行提供了坚实的物质条件。

2、微观因素：

(1)2004年一季度升幅较大的主要是粮油价格，从目前价位来看，粮油价格的回升是合理的，能刺激农民产粮的积极性，粮价现在已上了一个台阶，接下来再大幅上升的可能性大大减小，再小幅上升居民是可以承受的。

(2)受投资需求拉动，价格上升幅度较大的钢材、水泥、原材料价格继续大幅上升的动力减弱。国家有关部门已采取宏观调控措施防止出现经济过热，部分行业投资过度或重复投资的现象将会得到有效遏止，人民银行调高了存款准备金率并加大公开市场业务的力度以回笼资金，从而控制信贷规模的快速膨胀，因此原材料等基础产品的价格的涨升将放缓，部分原材料价格已开始从高位回落。

(3)受国际石油价格上升拉动，石油化工产品价格出现上涨势头。不过现在石油价格已在高位，其价格如果再大幅上涨必将影响西方各国的经济增长，因此各方面都有稳定油价的要求，油价在高位再上大台阶的可能性较小。燃料等石油化工产品价格将继续小幅上升，相信幅度不会很大。

(4)粮油、原材料等基础产品价格涨价的滞后影响将逐步显现，滞后期一般为半年左右，因此第2季度开始将是滞后影响较为明显的时期，但居民消费的热点商品汽车、手机等电子产品价格的疲软一时难以扭转，这一因素大大抵消了价格总水平的涨升力度。

（二）影响物价平稳运行的不利因素：

1、随着世界经济一体化进程的加快，部分商品价格跟国际价格关系更为密切，特别是进口依赖程度比较高的石油，如果其价格波动大，将会影响相关工业消费品价格的波动，而这种波动可控制性较差，只能被动地跟随其波动。

2、我国经济的高速增长，可能会导致部分行业投资过热，进而影响相关产品价格的波动。而基建及固定资产投资规模的过快增长也可能会引起能源等基础产品的供求失衡。

3、台风等自然灾害和其它不可预见的突发情况也可能影响物价的平稳运行。

综上所述，我们认为2004年深圳市价格总水平仍将呈现基本平稳略有上升的态势，升幅将略高于2003年，预计居民消费价格总水平同比上升1.5%左右。

（撰稿：陈振中）

2003年深圳市批发零售业发展状况及建议

2003年是实施“十五”规划的第3年,深圳市批发零售业继续呈现出较好的发展势头。全年批发零售业实现商品销售总额1782.61亿元,比上年增长20.8%,比2000年增长70.4%,年平均增长19.4%。消费品市场活跃,销售畅旺。2003年全市社会消费品零售总额801.77亿元,比上年增长16.3%。全行业在经过数年的整合之后,已开始显露出基本的行业格局:市场开放度高,行业竞争激烈,竞争使行业分工细化,企业经营及盈利手段逐步走向多元化、规模化,消费结构随着消费热点的转移而不断升级变化。

一、蓬勃发展的批发业

(一)批发销售情况良好,主要指标快速增长

从历年的商品销售情况看,特别是进入“十五”以后,深圳市批发零售业的商品批发额其实是在低物价基础上的实实在在的高速增长。2003年全市批发零售业商品批发额为1121.61亿元,比上年增长20.7%,比2000年增长79.8%,年平均增长21.6%。而从限额以上批发业销售中可以看出,批发业企业出口所占的比重在逐年上升,已经从2000年的17%上升到2003年的24%。2003年深圳市限额以上批发企业出口额为207.89亿元,比2000年增长1.3倍。这也说明,深圳市批发业企业在做好国内贸易市场的同时大力开拓国际市场。

(二)行业竞争使企业适者存

在批发业的9个行业分类中,各行业的发展状况不同。2003年各类批发业的商品销售与2000年相比,有半数以上的行业销售额呈现增长势头,发展速度较快的行业有文化体育用品及器材批发业和石油及制品批发业,这两个行业2003年的销售额分别比2000年增长5.8倍和2.5倍,其中石油及制品批发业的销售额占全部批发业销售额的二成多。与之相比,建材及化工产品批发业,米面制品、食用油批发业以及其他批发业等行业则呈现持续萎缩之势,2003年销售额分别比2000年下降51.9%、6.9%和39.4%。说明已有部分行业批发业务逐渐被其他流通渠道所替代。

(三)国有经济主导地位不变

从近几年不同登记注册类型批发企业的经营状况来看,各种经济类型的企业发展变化是不同步的。在限额以上批发企业中,2003年国有及国有控股企业的资产合计、销售收入、利润总额等主要财务指标占全部批发企业的比重虽比2000年有所下降,但仍占据主导位置。外商和港澳台商投资企业以及私营企业的各项主要财务指标虽然在批发企业中上升较快,但其所占比重仍然不大(详见下表)。

限额以上批发企业主要财务指标构成

(按登记注册类型分组)

计量单位:%

企业类型	2003年			2000年		
	资产合计	商品销售收入	利润总额	资产合计	商品销售收入	利润总额
合计	100.0	100.0	100.0	100.0	100.0	100.0
#国有企业	41.7	36.7	37.7	66.8	65.5	84.0
股份有限公司	19.5	14.2	15.5	14.0	8.1	14.2
其他有限责任公司	22.3	24.3	25.1	11.7	12.6	-10.3
私营企业	9.0	10.5	8.7	1.3	3.8	1.8
外商及港澳台商企业	5.3	12.1	11.2	3.9	6.6	7.9
集体及其他企业	2.2	2.2	1.8	2.3	3.4	2.4
合计中: 国有及国有控股	74.3	68.5	76.5	86.2	85.2	86.7

(四)整体效益及盈利水平逐年上升

从2000—2003年限额以上批发企业的盈利数据可以看出,深圳市批发企业的利润总额每年都是在上升的,而且增长幅度都保持在较高的水平。2003年虽然受到“非典”疫情影响,但企业的赢利水平仍保持上升态势,全年批发企业的销售利润率(每百元销售收入实现利润总额)为2.8%,比2000年提高0.2个百分点。企业的整体效益继续有较大幅度提高。全年批发企业实现利润总额25.15亿元,比上年增长18.5%,比2000年增长1.4倍。

2000—2003 年限额以上批发企业实现利润总额

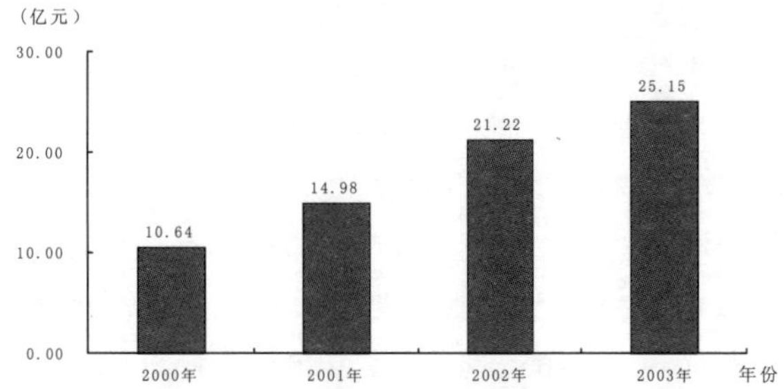

（五）多种营销手段激活流通市场

随着现代物流手段的大量出现和商品交易方式日趋多样化，以及各种配送中心的迅速崛起，对传统的批发业形成了较大冲击。生产商直接为零售商和用户供货，使商品流通环节进一步简化，厂、商、用户建立了更为简捷的链路，减少了中间成本。同时，商业经纪及代理商的发展，使得大批分销商和代理商从传统的批发业手中抢占了大量的市场份额。受上述因素的影响，近年来大量批发企业不得不加大零售业务的比重，部分企业则逐渐退出了这一行业。从限额以上数据可以看出，批发零售业商品批发额占销售额的比重从 2000 年的 73.3%下降为 2003 年的 68.0%。

二、优化整合中的零售业

（一）零售市场连锁经营成为趋势，消费需求稳步增长

从 2000—2003 年深圳市零售业的发展轨迹看，其变化特征与批发业有所不同。2003 年零售市场上一个突出的特征是连锁零售业市场占有率加大，而且有 9 家连锁零售业的商品零售额超过 10 亿元，这 9 家连锁零售业零售额占全市批发零售业商品零售额的五分之一强。2003 年全市批发零售业商品零售额为 661.35 亿元，比上年增长 20.5%，比 2000 年增长 56.6%，年平均增长 16.1%，年均增长速度虽比批发业减少 5.5 个百分点，但发展仍处于稳步增长状态。从剔除物价后的批发零售业商品零售额的年实际增长率来看，基本保持在 14—20%之间。这说明近几年深圳市居民和集团的商品性消费需求基本处于一个平稳的上升阶段。

2000-2003 年批发零售业商品零售额增长幅度

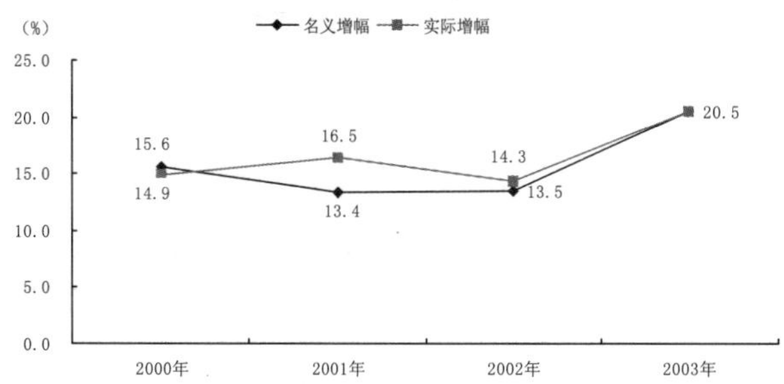

（二）消费结构升级、亮点突出

进入新千年后，深圳市消费品市场一个最显著的特点是"物丰稳"，人们的消费观念、方式、内容以及消费市场的供求关系都发生了较大变化。人们正把更多的钱花在"食"以外的方面，消费热点也在逐步成熟。从限额以上分类商品零售变化情况来看，增长速度最快的是与住房有关的建筑材料类，比 2000 年增长 16.9 倍，其次是家具类、通讯器材类、机电产品及设备类(含汽车类)、文化办公用品类，其零售额分别比 2000 年增长 8.2 倍、6.2 倍、3.2 倍和 1.9 倍。

（三）零售业态结构日趋合理

通过观察不同业态零售企业的经营情况可以看出，越来越多的新企业加入到零售行业竞争的行列，从而降低了市场零售业态的集中度。百货商店的市场份额逐渐被超级市场和专业(专卖)店所抢占(详见下表)。新来者不论是以挑战者还是强者出现，主要手段都是依靠差异化行销来取得市场，除要对产品进行差异化处理外，更要对市场进行差异化对待，这就是说，企业将自己的产品定位更加细化，从而能在消费市场中分一杯羹。

限额以上零售企业主要财务指标零售业态构成

计量单位：%

业态分组	2003 年			2000 年		
	资产合计	商品销售收入	利润总额	资产合计	商品销售收入	利润总额
合　计	100.0	100.0	100.0	100.0	100.0	100.0
百货商店	33.5	25.2	57.1	40.9	29.1	35.1
超级市场	32.8	30.9	-17.9	18.1	10.7	-1.2
专业(专卖)商店	28.3	36.2	52.1	18.6	24.6	28.4
其他	5.4	7.7	8.7	22.4	35.6	37.7

（四）同业间的竞争使商家获利难度加大

2003 年对零售业企业来说是比较困难的一年，企业内部结构的调整以及受突发因素的影响，使得 2003 年限额以上零售企业的商品销售利润率仅为 3.2%，而 2000 年则为 6.3%。零售企业的效益并没有随着销售额的增长而提高，从侧面说明企业的经营难度加大。这主要是因为企业成本增长过快，毛利率下降，使得零售业获利难度加大。近年来，深圳市商品零售市场竞争十分激烈，特别是同业间的竞争加剧，商家不得不采取打折、让利等手段吸引消费者，使得商品销售额的增长速度低于商品销售成本及费用的上升速度，导致毛利下滑。2003 年限额以上零售业毛利率为 12.7%，比 2000 年减少 0.4 个百分点。而 2003 年零售业企业费用率为 14.2%，毛利率过低已使零售业难以通过商品销售过程获利。

（五）商家盈利手段呈现多元化

开展多种经营是现阶段零售业企业提高经济效

益的有效手段。零售企业为了适应激烈的市场竞争，在搞好主业的基础上，大力开展多种经营，通过压低商品价格，吸引消费者，使人气聚集，从而带动其他营业活动的发展，这种经营策略取得了良好效果。近年来，零售业企业的其他业务利润一直保持较高的增长，2003 年限额以上零售业企业的其他业务利润比 2000 年增长 2.3 倍，弥补了企业由于主营业务利润的下滑而影响企业整体赢利水平，说明企业盈利的手段已经呈现多元化。

（六）经济成分的多样化为消费市场注入生机

随着改革开放的深入，深圳市经济逐渐融入国际化，批发零售业投资主体多元化的趋势也日益明显，使得批发零售业的所有制格局发生了较大的变化。从近几年不同经济类型零售企业的经营状况来看，国有企业在零售业虽然仍占有一席之地，但其在零售业中的比重下降得较快。在限额以上零售企业中，2003 年国有及国有控股企业的资产合计为 55.23亿元，占比重 30.7%，销售收入为 86.93 亿元，占比重为 27.5%。这两类主要指标所占全部零售企业的比重均比 2000 年减少 39 个百分点以上，利润总额下降幅度更大。而私营企业、外商投资企业、港澳台商投资企业则是零售企业中发展最快的，2003 限额以上零售额分别比 2000 年增长 3.9 倍、3.1 倍和 70%。可见，这些经济成分企业的快速发展为深圳市消费市场的稳定起到了积极的作用。

三、批发零售业发展中存在问题及建议

（一）近年来，深圳市批发零售业发展迅速，但企业亏损面仍然较高，2003 年亏损企业达 22.2%，其中批发企业为 16.5%，零售企业为 32.2%。针对这一情况，企业应立足挖掘潜力，寻求突破，抓住商机、求开拓，企业作为市场竞争的主体能否敏锐、有效地抓住机会是最为关键的发展条件。

（二）2003 年深圳市限额以上零售业连锁门店 1964 家，比上年增长 50.4%，其中直营店 1441 家，加盟店 521 家，分别比上年增长 53.3%和 42.3%。从深圳市连锁经营情况看，连锁企业的效益并没有随销售规模的扩大而提高，特别是超级市场连锁经营的情况，虽然市场占有率在扩大，企业效益却没有摆脱困境。这也说明规模效应带来的只是营业额的高速攀升，并没有给企业带来规模利润。深圳市连锁经营应从目前的偏重直营连锁向特许连锁等多种形式发展，从偏重商品零售，向多种形式的连锁服务业发展。这样既有利于提高连锁业态对零售市场的占有率，也有利于企业在做强做大的同时提高自身的效益。

（三）中国加入 WTO 后，对国内贸易企业是一个考验也是机会。国内批发零售企业存在着资本、管理和品牌等方面的先天不足，无论规模、实力还是手段、水平都与国外存在差距。因此，政府在引入外资企业的同时，应该加强外资企业和国内企业的合作，而不是让外资企业进入来“消灭”国内企业。做好世贸知识和有关条文的宣传，企业也应该多掌握这方面的知识，积极应对市场上一切可能出现的新情况新问题，使得国内批发零售企业在市场竞争中立于不败之地。

（四）提高政府运作的效率和信息的透明度，加快出口退税和进行融资救助等工作支持国内企业开拓国际市场。国有企业应关注结构优化问题，主要是在内部管理结构和经营销售快速反应机制方面，寻找和认清自己的潜力与相对优势，加快改革步伐，大力发展新型营销方式，在激烈的市场竞争中努力形成和发展自身独特的核心业务，突出主业，以脚踏实地的经营来获取社会平均利润。

（撰稿：张苑飞）

8-1 限额以上批发零售贸易业商品分类销售

TOTAL SALES OF ENTERPRISES OVER LEVELS IN WHOLESALE AND RETAIL SALE TRADES GROUPED BY CATEGORY OF COMMODITIES (2003)

单位:万元 (10 000 yuan)

项 目	Item	批发额 Value in Wholesale Trade	零售额 Value in Retail Sale Trade
总 计	**Total**	**8 764 074.4**	**4 117 762.1**
食品、饮料、烟酒类	Food,Beverage,Tobacco and Liquor	1 431 580.3	895 171.8
针、纺织品类	Knitted Goods and Textiles	181 593.1	33 012.8
服装、鞋帽类	Garments,Shoes and hats	284 068.4	447 144.8
化妆品类	Cosmetics	1 342.0	65 225.3
日用品类	Articles for Daily Use	273 828.9	264 885.1
五金、电料类	Hardwares,Electric Appliances	63 143.2	17 005.9
家用电器及音像器材类	Household Electric Appliances and Sound and Photo Appliances	289 600.5	375 362.3
电子出版类及音像制品类	Electronic Publications and Sound and Photo Products	669.6	12 369.5
体育、娱乐用品类	Sports and Recreational Articles	24 671.0	30 378.6
文化、办公用品类	Articles For Culture and Office Use	187 718.8	63 621.6
金银珠宝类	Jewelry	14 871.0	39 784.8
家具类	Furnitures	51 164.0	57 549.6
中西药品类	Medicines	603 330.1	143 272.7
书报杂志类	Books and Newspapers	3 487.0	48 845.2
通讯器材类	Telecommunications Appliances	870 227.4	67 390.4
建筑材料类	Building Materials	80 087.8	43 061.0
木材及制品类	Timber	29 955.0	--
化工材料及制品类	Chemical Materials and Products	492 740.9	4 697.2
金属材料类	Metal Matterials	600 315.4	4 911.0
机电设备及零件类	Mechanical and Electrical Products and Accessories	1 207 623.5	708 448.4
煤炭及制品类	Coal and Coal Products	21 512.5	134.0
石油及制品类	Petroleum and Petroleum Products	1 539 760.2	642 290.3
种子饲料类	Seeds and Forage	26 003.2	11.0
棉麻类	Cotton, Fiber,Local and Livesstock Products	1 247.8	--
其他类	Others	483 532.8	153 188.8

8-2 限额以上国有批发零售贸易业商品分类销售

TOTAL SALES OF STATE-OWNED ENTERPRISES OVER LEVELS IN WHOLESALE AND RETAIL SALE TRADES GROUPED BY CATEGORY OF COMMODITIES (2003)

单位:万元 (10 000 yuan)

项 目	Item	批发额 Value in Wholesale Trade	零售额 Value in Retail Sale Trade
总 计	**Total**	**2 399 737.4**	**337 178.8**
食品、饮料、烟酒类	Food,Beverage,Tobacco and Liquor	688 568.7	17 064.2
针、纺织品类	Knitted Goods and Textiles	71 590.4	--
服装、鞋帽类	Garments,Shoes and hats	188 457.0	33 025.4
化妆品类	Cosmetics	887.0	826.0
日用品类	Articles for Daily Use	97 920.8	1 656.0
五金、电料类	Hardwares,Electric Appliances	30 638.2	931.0
家用电器及音像器材类	Household Electric Appliances and Sound and Photo Appliances	37 472.5	4 936.0
电子出版类及音像制品类	Electronic Publications and Sound and Photo Products	544.0	2 302.0
体育、娱乐用品类	Sports and Recreational Articles	13 368.6	2 932.0
文化、办公用品类	Articles For Culture and Office Use	56 044.5	6 142.0
金银珠宝类	Jewelry	--	51 46.0
家具类	Furnitures	46 005.0	--
中西药品类	Medicines	150 612.3	59 943.6
书报杂志类	Books and Newspapers	1 208.0	30 648.9
通讯器材类	Telecommunications Appliances	65 860.4	--
建筑材料类	Building Materials	55 004.9	--
木材及制品类	Timber and Products	7 794.4	--
化工材料及制品类	Chemical Materials and Products	123 152.8	--
金属材料类	Metal Matterials	366 970.8	4 735.0
机电设备及零件类	Mechanical and Electrical Products and Accessories	162 361.4	76 352.6
煤炭及制品类	Coal and Coal Products	17 656.0	--
石油及制品类	Petroleum and Petroleum Products	57 629.0	90 527.1
种子饲料类	Seeds and Forage	13 295.0	11.0
棉麻类	Cotton Products	1 000.0	--
其他类	Others	145 695.7	--

8-3 限额以上批发零售贸易企业主要商品销售及库存数量

TOTAL SALES AND INVENTORY OF PRINCIPAL GOODS OF ENTERPRISES OVER LEVELS IN WHOLESALE AND RETAIL SALE TRADES (2003)

项目	Item	批发 Value in Wholesale Trade	零售 Value in Retail Sale Trade	年末库存 Inventory (year-end)
粮　食(吨)	Grain (ton)	552 979	59 942	61 897
食用植物油(吨)	Edible Vegetable Oil(ton)	46 984	19 655	1 906
食　糖(吨)	Sugar (ton)	8	6 139	1 663
卷烟(万支)	Cigarettes (10000 Pieces)	2 886 502	191 136	68 695
酒(吨)	Liquor (ton)	5 619	146 619	21 935
服装(百件)	Garments (100)	817 928	247 253	18 616
汽车(辆)	Automobiles	6 883	35 181	3 741
移动电话机(部)	Mobile Telephone Sets	6 201 009	214 230	27 097
电话机(部)	Telephone Sets	3 073 050	353 665	13 594
影碟机(台)	Video-CD Players	554 030	215 587	12 297
摄像机(台)	Pickup Camera	32 380	10 932	3 074
彩色电视机(台)	Color TV Sets	12 533	276 698	20 467
个人电脑(台)	Personal Computer	3 487 222	60 172	3 005
照相机(台)	Cameras	76 054	96 893	14 910
组合音响(套)	Hi-Fi Stereo Component Players	311 423	69 739	5 093
热水器(台)	Water Heater	948	86 124	7 817
房间空调器(台)	Household Air Conditioners	370 333	258 180	43 990
家用洗衣机(台)	Household Washing Machines	41 568	169 606	15 667
家用电冰箱(台)	Household Refrigerators	45 675	184 766	19 461
微波炉(台)	Microwave Ovens	6 497	98 523	11 012
煤　炭(吨)	Coal (ton)	827 657	2 363	320
汽　油(吨)	Petrol (ton)	599 212	608 650	26 327
柴　油(吨)	Diesel Oil (ton)	1 514 602	713 740	32 546
化学肥料(吨)	Chemical Fertilizers(ton)	536 391	--	51 555
化学农药(吨)	Chemical Pesticide (ton)	18 025	--	12
木材(立方米)	Timber (cu.m)	72 900	52	414
铜(吨)	Copper (ton)	482 717	--	218
铝(吨)	Aluminium (ton)	1 252 376	--	6
钢　材(吨)	Steel (ton)	988 179	1 200	19 825
水　泥(吨)	Cement (ton)	8 792	--	--

8-4 限额以上国有批发零售贸易企业主要商品销售及库存数量

TOTAL SALES AND INVENTORY OF PRINCIPAL GOODS OF STATE-OWNED ENTERPRISES OVER LEVELS IN WHOLESALE AND RETAIL SALE TRADES (2003)

项　目	Item	批发 Value in Wholesale Trade	零售 Value in Retail Sale Trade	年末库存 Inventory (year-end)
粮　食(吨)	Grain (ton)	199 363	11 191	24 017
食用植物油(吨)	Edible Vegetable Oil(ton)	2 854	147	26
食　糖(吨)	Sugar (ton)	8	4 737	--
卷烟(万支)	Cigarettes (10000 Pieces)	2 245 137	33 920	54 939
酒(吨)	Liquor (ton)	1 582	199	549
服装(百件)	Garments (100)	399 516	1 389	1 115
移动电话机(部)	Mobile Telephone Sets	283 260	766	--
电话机(部)	Telephone Sets	2 129 720	126	74
影碟机(台)	Video-CD Players	--	45	16
摄像机(台)	Pickup Camera	31 924	72	57
彩色电视机(台)	Color TV Sets	616	--	--
照相机(台)	Cameras	478	339	111
组合音响(套)	Hi-Fi Stereo Component Players	29 536	--	--
热水器(台)	Water Heater	--	22	11
房间空调器(台)	Household Air Conditioners	--	--	--
家用洗衣机(台)	Household Washing Machines	2 256	--	--
家用电冰箱(台)	Household Refrigerators	2 492	--	--
微波炉(台)	Microwave Ovens	62	6	35
煤　炭(吨)	Coal (ton)	668 001	--	--
汽　油(吨)	Petrol (ton)	1 660	27 091	543
柴　油(吨)	Diesel Oil (ton)	6 039	56 305	32
化学肥料(吨)	Chemical Fertilizers(ton)	273 227	--	--
化学农药(吨)	Chemical Pesticide (ton)	5 726	--	--
木材(立方米)	Timber (cu.m)	30 286	--	--
铜(吨)	Copper (ton)	258 713	--	--
铝(吨)	Aluminium (ton)	23 066	--	--
钢　材(吨)	Steel (ton)	590 796	--	4 691
水　泥(吨)	Cement (ton)	8 792	--	--

8-5 社会消费品零售总额

TOTAL RETAIL SALES OF CONSUMER GOODS

(1979—2003)

单位：万元 (10 000 yuan)

年份 Year	社会消费品零售总额 Total Retail Sales of Consumer Goods	按行业分 By Sector			
		批发零售贸易业 Wholesale and Retail Sale Trades	餐饮业 Catering Trade	制造业 Manufacturing	其他行业 Others
全市 Total					
1979	11 259	9 912	833	30	484
1980	19 615	16 067	2 221	106	1 221
1981	34 229	29 013	2 410	609	2 197
1982	54 185	46 547	4 877	656	2 105
1983	123 794	102 693	6 909	1 802	12 390
1984	201 107	153 129	13 579	6 306	28 093
1985	265 642	208 702	20 014	4 406	32 520
1986	273 712	204 076	22 145	4 901	42 590
1987	324 364	253 039	32 773	7 462	31 090
1988	502 430	407 426	45 476	6 519	43 009
1989	545 741	411 647	59 489	6 817	67 788
1990	667 580	477 206	74 720	6 330	109 324
1991	828 341	560 044	100 147	10 999	157 151
1992	1 148 908	724 861	145 209	15 827	263 011
1993	1 605 130	1 004 775	195 970	17 351	387 034
1994	2 211 404	1 239 285	283 581	17 804	670 734
1995	2 593 269	1 376 569	312 059	22 787	881 854
1996	2 970 159	1 589 765	405 002	35 620	939 772
1997	3 264 806	1 793 106	512 675	36 058	922 967
1998	4 196 424	2 382 672	800 301	39 535	973 916
1999	4 674 483	2 762 217	922 934	44 105	945 227
2000	5 381 652	4 224 455	1 063 244	35 996	57 957
2001	6 092 629	4 805 689	1 204 228	22 982	59 730
2002	6 895 928	5 472 106	1 342 400	10 780	70 642
2003	8 017 726	6 613 497	1 339 108	--	65 121
特区 Urban					
1980	11 762	8 813	2 065	106	778
1981	23 433	19 015	2 244	609	1 565
1982	44 086	37 220	4 682	656	1 528
1983	107 887	92 380	6 909	1 802	6 796
1984	170 973	138 168	13 579	6 306	12 920
1985	217 273	179 393	19 217	4 361	14 302
1986	220 426	164 745	20 323	4 901	30 457
1987	267 843	209 980	30 124	7 462	20 277
1988	426 630	353 690	41 099	6 519	25 322
1989	452 166	346 595	52 419	6 817	46 335
1990	552 311	395 434	66 881	6 330	83 666
1991	692 703	471 756	89 497	10 999	120 451
1992	956 606	593 630	131 012	15 805	216 159
1993	1 285 330	793 182	162 383	16 575	313 190
1994	1 808 564	1 001 057	266 760	17 404	523 343
1995	2 078 803	1 113 478	282 768	20 043	662 514
1996	2 481 130	1 303 607	336 117	31 026	810 380
1997	2 683 531	1 441 451	463 583	31 942	746 555
1998	3 311 322	1 811 425	659 455	34 462	805 980
1999	3 658 839	2 099 974	760 506	38 446	759 913
2000	4 323 483	3 369 325	876 123	31 377	46 658
2001	4 894 664	3 832 903	992 295	20 033	49 433
2002	5 522 324	4 341 927	1 114 548	9 401	56 448
2003	6 428 739	5 263 888	1 110 815	--	54 036

注：1998年社会消费品零售总额采用新口径统计数，不能与上年直接对比。

Total retail sales of consumer goods in 1998 is estimated by new method and can not be compared with preceding year directly.

8-6 社会消费品零售总额指数

INDICES OF TOTAL RETAIL SALES OF CONSUMER GOODS

(1979—2003)

年 份 Year	社会消费品零售总额(万元) Total Retail Sales of Consumer Goods (10 000 yuan)	社会消费品零售总额指数(%) Retail Sales Indices(%) 以1979年为100 (1979=100)	以上年为100 (Preceding year=100)
1979	11 259	100.0	
1980	19 615	174.2	174.2
1981	34 229	304.0	174.5
1982	54 185	481.3	158.3
1983	123 794	1 099.5	228.5
1984	201 107	1 786.2	162.5
1985	265 642	2 359.4	132.1
1986	273 712	2 431.1	103.0
1987	324 364	2 880.9	118.5
1988	502 430	4 462.5	154.9
1989	545 741	4 847.2	108.6
1990	667 580	5 929.3	122.3
1991	828 341	7 357.1	124.1
1992	1 148 908	10 204.4	138.7
1993	1 605 130	14 256.4	139.7
1994	2 211 404	19 641.2	137.8
1995	2 593 269	23 032.9	117.3
1996	2 970 159	26 380.3	114.5
1997	3 264 806	28 997.3	109.9
1998	4 196 424	30 940.1	106.7
1999	4 674 483	34 467.3	111.4
2000	5 381 652	39 671.9	115.1
2001	6 092 629	44 908.6	113.2
2002	6 895 928	50 836.5	113.2
2003	8 017 726	59 122.8	116.3
年平均增长率 Average Annual Growth Rate	**--**	**30.5**	**--**

8-7 批发零售贸易业商品购销存总额

TOTAL PURCHASES,SALES AND INVENTORY IN WHOLESALE AND RETAIL SALE TRADES (2003)

单位:万元 (10 000 yuan)

项 目	Item	总 计 Total	# 国有批发零售贸易业 State-Owned	# 限额以上批发零售贸易业 Enterprise over Levels
一、商品购进总额	**Total Goods Purchase**	**15 098 698.0**	**2 497 405.0**	**11 390 481.2**
二、商品销售总额	**Total Sales**	**17 826 125.5**	**2 736 916.2**	**12 881 836.5**
1、批发合计	Total Wholesale	11 212 628.5	2 399 737.4	8 764 074.4
2、对居民和社会集团消费品零售	Total Retail Sales	6 613 497.0	337 178.8	4 117 762.1
三、年末库存额	**Inventory (year-end)**	**986 385.7**	**128 519.4**	**887 131.6**

8-8 限额以上批发零售贸易业主要财务指标

MAIN FINANCIAL INDICATORS OF ENTERPRISES OVER LEVELS IN WHOLESALE AND RETAIL SALE TRADES (1999—2003)

单位：万元 (10 000 yuan)

项 目	Item	1999	2000	2001	2002	2003
实收资本	Called up Capital		814 078	1 189 075	1 225 748	1 248 141
流动资产年末合计	Total Circulating Funds (year-end)	2 435 021	2 775 849	3 119 133	3 870 512	4 270 512
#存货	Inventory	462 622	576 429	725 582	778 910	805 774
固定资产合计	Total Fixed Assets	1 007 855	980 654	1 177 539	1 116 852	1 240 681
固定资产原价合计	Original Value of Fixed Assets	1 146 591	1 203 097	1 396 234	1 273 425	1 559 064
累计折旧	Depreciation of Fixed Assets	289 737	359 530	374 763	393 259	440 052
无形及递延资产合计	Intangible and Deferred Assets	229 816	203 572	140 643		
资产总计	Total Assets	4 400 829	4 576 787	5 203 553	6 126 868	6 897 607
流动负债	Liquid Liabilities	2 524 706	2 608 832	3 084 574		
长期负债	Long-Term Liabilities	367 168	406 799	282 089		
负债合计	Total Liabilities	2 892 410	3 129 070	3 485 564	4 049 732	4 645 157
所有者权益	Creditors′ Equity	1 508 419	1 447 717	1 717 989	2 077 136	2 252 451
商品销售收入	Sales Revenue	5 326 005	6 396 227	7 616 650	9 854 639	12 122 548
商品销售成本	Cost of Sales	4 744 442	5 763 206	6 849 082	8 887 336	10 993 713
商品销售税金及附加费	Sales Tax and Extra Charges	9 262	12 273	12 266	16 768	13 899
商品销售利润	Sales Profits	318 642	320 156	387 839	490 835	499 586
管理费用	Management Expenses	261 771	326 524	291 370	360 640	355 448
#税金	Taxes	6 817	6 287	5 672	9 564	10 356
利润总额	Total Profits	113 417	182 232	210 335	261 636	306 207
本年应付工资	Total Wages Payable in the Year	111 950	125 414	130 158	178 043	259 947
本年应付福利费	Welfare Expenses payable in the Year	11 205	13 465	13 635	17 997	29 504
本年应交增值税	Value Added Tax Payable in the Year	56 963	100 023	274 444	229 429	274 667

8-9 限额以上国有批发零售贸易业主要财务指标

MAIN FINANCIAL INDICATORS OF STATE-OWNED ENTERPRISES OVER LEVELS IN WHOLESALE AND RETAIL SALE TRADES (1999—2003)

单位:万元 (10 000 yuan)

项目	Item	1999	2000	2001	2002	2003
实收资本	Called up Capital		385 126	335 091	361 474	233 938
流动资产年末合计	Total Circulating Funds (year-end)	1 220 260	1 496 558	1 329 858	1 157 870	1 028 347
#存货	Inventory	230 716	336 575	302 243	211 542	135 544
固定资产合计	Total Fixed Assets	450 579	431 246	366 813	343 142	346 286
固定资产原价合计	Original Value of Fixed Assets	486 221	502 465	434 655	410 331	406 049
累计折旧	Depreciation of Fixed Assets	129 940	141 990	137 021	129 285	120 561
无形及递延资产合计	Intangible and Deferred Assets	115 927	91 026	30 747		
资产总计	Total Assets	2 161 809	2 362 148	2 065 197	1 912 052	1 867 416
流动负债	Liquid Liabilities	1 291 798	1 438 548	1 271 845		
长期负债	Long-Term Liabilities	143 943	236 432	90 703		
负债合计	Total Liabilities	1 435 763	1 674 981	1 363 130	1 218 142	1 238 818
所有者权益	Creditors' Equity	726 047	687 167	702 067	693 909	628 598
商品销售收入	Sales Revenue	2 838 310	3 551 301	2 753 625	2 975 916	2 591 904
商品销售成本	Cost of Sales	2 601 649	3 273 395	2 528 544	2 741 267	2 391 473
商品销售税金及附加费	Sales Tax and Extra Charges	3 296	4 620	3 978	3 274	2 240
商品销售利润	Sales Profits	137 267	131 330	110 004	123 463	110 435
管理费用	Management Expenses	124 190	173 573	88 984	103 739	87 361
#税金	Taxes	3 391	3 560	2 130	3 866	2 894
利润总额	Total Profits	51 776	110 690	73 952	95 840	71 916
本年应付工资	Total Wages Payable in the Year	48 128	56 924	47 427	46 356	51 021
本年应付福利费	Welfare Expenses payable in the Year	6 035	5 770	5 107	5 641	5 314
本年应交增值税	Value Added Tax Payable in the Year	22 764	39 973	35 232	137 116	28 904

8-10 物价指数

PRICE INDICES

(1979—2003)

年份 Year	以上年价格为100 Preceding Year=100			以1979年价格为100 1979=100		
	居民消费价格总指数 General Consumer Price Index	# 食品类 Food	# 服务项目 Services	居民消费价格总指数 General Consumer Price Index	# 食品类 Food	# 服务项目 Services
1979	100.0	100.0	100.0	100.0	100.0	100.0
1980	105.0	108.3	100.7	105.0	108.3	100.7
1981	110.7	117.9	101.6	116.2	127.7	102.3
1982	107.8	116.6	108.7	125.3	148.9	111.2
1983	102.0	105.9	100.9	127.8	157.7	112.2
1984	106.8	106.6	119.3	136.5	168.1	133.9
1985	122.5	128.5	117.2	167.2	216.0	156.9
1986	106.1	108.1	106.9	177.4	233.5	167.7
1987	114.4	118.7	107.4	203.0	277.1	180.1
1988	128.1	133.7	112.2	260.0	370.5	202.1
1989	125.4	126.6	125.7	326.0	469.1	254.1
1990	101.6	95.4	127.7	331.2	447.5	324.4
1991	103.0	99.2	115.4	341.2	443.9	374.4
1992	107.3	109.2	109.4	366.1	484.8	409.6
1993	120.1	122.6	120.9	439.7	594.3	495.2
1994	118.2	120.2	118.1	519.7	714.4	584.8
1995	112.4	116.7	118.1	584.1	833.7	690.6
1996	107.7	105.2	110.7	629.1	877.1	764.5
1997	103.3	100.2	118.2	649.9	878.9	903.6
1998	99.3	97.2	105.3	645.4	854.3	951.5
1999	99.3	94.5	107.7	640.9	807.3	1 024.8
2000	102.8	100.2	114.0	658.8	808.9	1 168.3
2001	97.8	97.5	99.3	644.3	788.7	1 160.1
2002	101.2	100.5	106.5	652.0	792.6	1235.5
2003	100.7	101.2	101.6	656.6	802.1	1255.3

8-11 居民消费价格总指数

GENERAL CONSUMER PRICE INDEX

(2003)

以上年价格为 100 (preceding year=100)

项目	Item	指数 Index	项目	Item	指数 Index
居民消费价格总指数	**General Consumer Price Index**	**100.7**	**四、家庭设备用品及维修服务**	**Household Facilities Articles and Repair Services**	**98.1**
一、食品	**Food**	**101.2**	1、耐用消费品	Durable Consumer Goods	95.2
1、粮食	Grain	103.1	2、室内装饰品	Interior Decorations	100.4
2、淀粉及薯类	Starch and Potato	99.1	3、床上用品	Bed Articles	98.0
3、干豆类及豆制品	Dried Beans and Their Products	104.2	4、家庭日用杂品	Daily Use Household Articles	101.8
4、油脂	Oil or Fat	105.4	5、家庭服务及加工维修服务	Household Services and Processing and Repair Services	104.5
5、肉禽及其制品	Meal, Poultry and Their Products	99.4	**五、医疗保健和个人用品**	**Medicine, Medical and Personal Articles**	**100.3**
6、蛋	Eggs	100.7	1、医疗保健	Medicine and Medical	99.7
7、水产品	Aquatic Products	103.3	2、个人用品及服务	Personal Articles and Services	101.0
8、菜	Vegetable	105.4	**六、交通和通讯**	**Transportation and Communication**	**97.0**
9、调味品	Flavoring	102.1	1、交通	Transportation	96.5
10、糖	Carbohydrate	102.7	2、通信	Communication	97.5
11、茶及饮料	Tea and Beverages	99.6	**七、娱乐教育文化用品及服务**	**Recreation, Education and Culture Articles and Services**	**100.2**
12、干鲜瓜果	Dried and Fresh Melons and Fruits	102.8	1、文娱用耐用消费品及服务	Durable consumer Goods and Services for Recreational Use	97.6
13、糕点饼干面包	Cake,Biscuit and Bread	100.4	2、教育	Education	106.0
14、奶及奶制品	Milk and Its Products	95.4	3、文化娱乐用品	Recreation and Culture Articles	101.7
15、在外用膳食品	Dining Out	100.0	4、旅游及外出	Tourism	93.4
16、其他食品及食品加工服务	Other Food and Food Processing Services	101.3	**八、居住**	**Residence**	**105.0**
二、烟酒及用品	**Tobacco, Liquor and Articles**	**102.8**	1、建房及装修材料	Buildings Construction and Decoration Materials	105.7
1、烟草	Tobacco	102.0	2、租房	Rent	112.1
2、酒	Liquor	104.0	3、自有住房	Self Owned	102.5
3、吸烟饮酒用品	Articles	102.1	4、水、电、燃料	Water, Electricity and Fuels	101.2
三、衣着	**Clothing**	**99.7**			
1、服装	Garments	99.7			
2、衣着材料	Clothing Materials	99.4			
3、鞋袜帽	Shoes, Socks and Hats	100.1			
4、衣着加工服务	Clothing Processing Services	92.8			

8-12 房地产销售价格指数

PRICE INDICES OF REAL ESTATE SALES

(1999—2003)

以上年价格为 100 (preceding year=100)

类别	Item	1999	2000	2001	2002	2003
总指数	**General Index**	**97.8**	**99.2**	**101.1**	**100.4**	**102.2**
商品房	Commodity Housing	98.5	101.0	102.3	100.6	102.4
其中：住宅	Residential Housing	98.4	101.4	102.2	100.6	102.1
#普通住宅	Ordinary Housing	98.7	101.3	102.2	100.7	102.2
#多层住宅	Below 10 Stories	100.0	102.6	103.9	102.1	103.5
高层住宅	10 Stories and Over	97.8	100.8	102.1	100.3	101.8
豪华住宅	Magnifivent Housing	95.7	102.2	101.8	99.1	101.8
#别墅	Villas	92.0	103.1	101.7	98.7	101.2
高档公寓	Flats	96.5	101.3	101.4	99.1	102.2
非住宅	Non-residence	98.8	99.1	102.9	100.8	103.7
#写字楼	Office Building	94.4	95.2	100.4	101.4	103.3
商业用房	Commercial Housing	98.6	100.5	104.8	101.3	104.5
其他	Others	101.2	100.9	104.2		
公房	Public Housing	100.0	100.0	101.9	101.2	--
其中：住宅	Residential Housing	100.0	100.0	101.9	101.2	--
私房	Private Housing	93.9	89.7	95.7	99.7	101.5
其中：住宅	Residential Housing	94.7	89.7	95.8	99.1	100.6
非住宅	Non-residence	80.1	--	89.4	102.2	103.0

8-13 房地产租赁价格指数

PRICE INDICES OF REAL ESTATE HIRING

(1999—2003)

以上年价格为 100 (preceding year=100)

类别	Item	1999	2000	2001	2002	2003
总指数	**General Index**	**91.3**	**95.7**	**99.6**	**100.2**	**99.9**
住宅	Residential Housing	90.4	89.5	97.7	99.7	98.6
#公有住房	Public Housing	97.5	98.6	98.4	99.7	99.7
私房	Private Housing	89.7	86.4	97.5	99.6	98.5
办公用房	Office	96.8	97.3	99.7	99.9	100.0
#高标准写字楼	High Standard Office	96.2	97.6	99.8	100.1	101.2
普通用房	Ordinary	97.4	96.8	99.6	99.7	98.3
商业用房	Commercial Housing	93.1	96.2	100.2	100.1	99.4
厂房仓库房	Workshop and Storehouse	92.0	97.3	101.1	101.6	101.8
#工业用房	Industrial	91.1	97.1	102.3	101.9	100.4
仓库	Storehouse	97.7	99.4	94.2	100.9	105.9

8-14 工业品出厂价格指数

EX-FACTORY PRICE INDICES OF INDUSTRIAL PRODUCTS

(1997—2003)

以上年价格为 100 (Preceding year=100)

项 目	Item	1997	1998	1999	2000	2001	2002	2003
全部工业品	**General Index**	**98.0**	**95.5**	**98.7**	**98.4**	**96.3**	**93.8**	**97.7**
按轻重工业分	**Grouped by industries**							
轻工业	Light Industry	101.7	93.2	95.1	94.9	97.8	94.3	97.0
重工业	Heavy Industry	95.4	96.2	103.6	102.7	95.3	93.5	99.6
按生产、生活资料分	**Grouped by Means of Production and Consumer Goods**							
生产资料	Means of Production	95.5	96.3	102.4	101.5	95.3	93.8	97.8
生活资料	Consumer Goods	101.8	93.0	94.9	94.9	98.4	93.7	97.5
按工业部门分	**Grouped by Industrial Department**							
冶金工业	Metallurgical Industry	91.9	94.0	101.6	112.1	101.5	97.5	100.7
电力工业	Power Industry	95.8	99.6	109.2	113.3	99.7	94.8	93.3
化工工业	Chemical Industry	104.1	88.4	98.9	96.8	100.8	99.4	100.8
机械工业	Engineering Industry	99.4	94.9	93.6	90.3	92.2	91.5	95.9
建筑材料工业	Building Materials Industry	87.6	91.8	99.5	109.0	96.6	94.1	99.4
森林工业	Timber Industry	99.7	68.5	108.6	95.7	97.8	88.2	100.2
食品工业	Food Industry	97.9	97.9	96.6	97.3	100.9	100.2	101.4
纺织工业	Textile Industry	103.5	98.6	95.8	94.6	98.5	98.5	98.1
皮革工业	Leather Industry	104.9	106.8	100.0	91.2	97.8	103.1	100.3
造纸工业	Paper Industry	92.7	167.9	93.2	95.9	90.4	97.5	99.5
文教艺术工业	Cultural, Educational & Handicrafts Articles	91.0	79.7	68.0	100.2	100.5	101.0	99.1
其它工业	Others	102.9	104.0	111.2	111.4	102.9	106.6	102.1

8-15 原材料、燃料、动力购进价格指数

PURCHASING PRICE INDICES OF REW MATERIALS, FUELS AND POWER

(2001—2003)

以上年价格为 100 (Preceding year=100)

项 目	Item	2001	2002	2003
总指数	**General Index**	**100.2**	**99.0**	**100.5**
燃料、动力类	Fuels and Power	101.7	99.5	99.9
黑色金属材料类	Ferrous Materials	101.1	98.6	103.9
其中：钢材	Steel	100.9	98.6	104.5
其它	Others	78.1		98.2
有色金融材料及电线类	Nonferrous Materials and Electris Wire	98.0	98.1	103.5
化工原料类	Chemical raw Materials	100.5	100.4	100.9
木材及纸浆类	Wood and Paper Pulps	98.3	99.4	100.3
建筑材料及非金属矿类	Building Materials and Nonmetals	97.3	100.7	101.0
其它工业原材料及半成品类	Other Industrial Raw and Processed Materials	95.3	98.0	98.5
农副产品类	Farm and Sideline Products	102.7	99.2	103.0
纺织原料类	Textile Raw Material	101.1	98.5	99.8

第九部分 财政、金融

Public Finance and Banking

CHAPTER 9

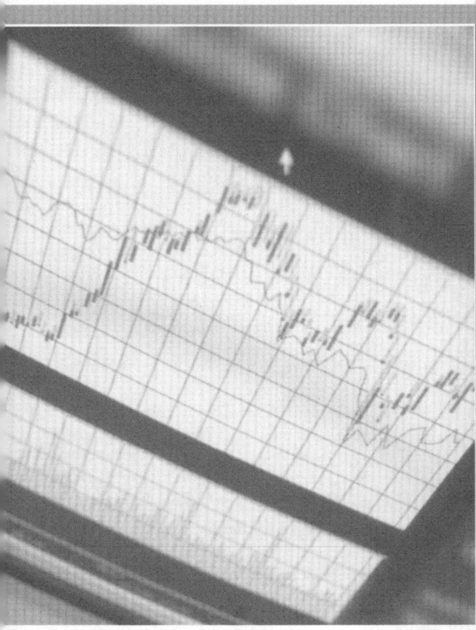

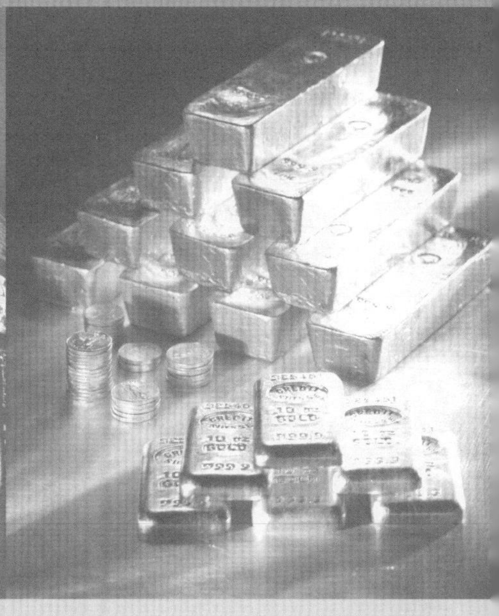

2003年深圳财政金融保险业运行情况与2004年展望

2003年，全市人民在深圳市委、市政府的领导下，以“三个代表”重要思想为指导，全面贯彻十六大和十六届三中全会精神，积极应对国内外形势新变化，尽管遭受非典疫情的肆虐，深圳市的国民经济仍保持持续快速健康发展，全年实现本市生产总值(GDP)2895.41亿元，按可比口径计算，比上年增长19.2%，其中金融保险业完成增加值247.65亿元，比上年增长3.7%。良好的经济形势为财政收入的稳定增长奠定了坚实的基础，同时也为深圳市的金融保险业运行营造了良好的氛围。

一、财政

（一）2003年财政经济总体情况

2003年，全市的财政收入增势良好。尽管深圳市财政经济面临多方面的挑战，尤其在6月份出现了自建特区以来首次未完成年中预算进度这样一个严峻局面，深圳市财税部门紧紧依靠经济发展，努力工作，广开财源，终于圆满地完成了全年财政预算。全市累计完成地方预算内财政收入299.14亿元，按照所得税分享比例调整后的新口径计算比上年增长17.6%，超额完成年度预算的5.6%；完成一般预算收入290.84亿元，按可比口径计算，比上年增收39.63亿元，增长15.8%。

本市生产总值与一般预算财政收入累计同比增幅变化图

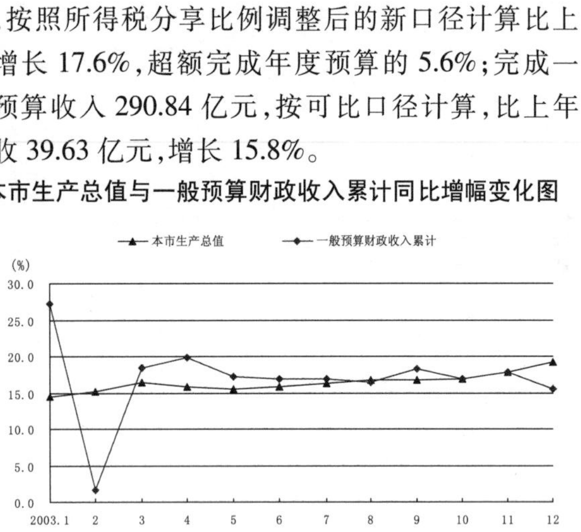

从各月完成进度看，一季度波动较大，主要原因是受“免抵”调库的影响。实际上，“免抵”调库最大得益的月份是3月，其次是6月和7月。若剔除“免抵”调库的影响，3月、9月、10月、11月和12月的一般预算收入相当喜人，而2月份则由于春节长假使财政收入偏低，其余月度进账情况比较平稳。

2003年，地方预算内财政支出359.15亿元，在上年总量较高的基础上增加支出46.95亿元，增长15.0%；其中一般预算支出完成348.95亿元，增长13.4%。

考虑体制性的下划、上解因素后，深圳市连续23年实现了财政收支平衡、略有结余的目标。

（二）主要特点

1、财政收入结构持续向好

2003年，深圳市一般预算收入中各项税收完成252.55亿元，按可比口径计算比上年增长16.7%，其中与深圳经济增长速度息息相关的四个主体税种(增值税、营业税、企业所得税和个人所得税)对全市财政一般预算收入增长的贡献率达到82.2%，平均增幅为16.2%，基本与经济增长保持同步，但它们的合计数占各项税收的比重比上年有轻微下降，为92.5%，下降了0.8个百分点。四个主体税种中，营业税与增值税在各项税收中所占的比重为66.6%，基本与上年持平。值得注意的是：营业税对各项税收增长的贡献率则达45.2%，比上年提高9.1个百分点，考虑到非典疫情对第三次产业的冲击、非典期间政府对有些行业所实施的税收优惠政策以及现行的房地产营业税计税依据调整等一系列因素，再加之在2002年营业税收入基数大、增速高的前提下，营业税依然保持增长16.0%，实在难能可贵；另外，由于2004年国家将实行新的出口退税政策，以往的“免抵”调库所给地方带来的增值税的增加(2003年“免抵”调库为增值税带来了14亿的收入)将不复存在，因此，今后营业税将在各项税收中起着举足轻重的作用。

综上所述，深圳市主体税种在一般预算收入中的支柱地位进一步巩固，贡献能力进一步提高，表明了我市财政收入结构继续向好。

2、财政支出进一步优化，有力地推动了经济建设的发展

2003年，深圳市继续实施积极的财政政策，发挥财政推动经济建设的职能作用。一年来，全市用于基本建设支出、企业挖潜改造资金以及科技三项费用合计118.36亿元，占财政一般预算支出的33.9%。财政还转变了对经济发展的支持方式，一是财政资金向公共技术研发平台倾斜，支持建立和完善了服装、家具、电子等五个公共技术研发平台；二是发挥财政资金的杠杆效应，通过贴息、担保、资助等方式带动企业投资，增加对企业技术改造的投入。

3、以人为本，关爱人民的生命安危

防治非典是2003年深圳市的重要任务。在这一场没有硝烟的特殊战争中，全市各级政府以人为本，在资金上全力以赴支持抗非斗争，为赢得抗击非典胜利提供了坚实的财力保障。据统计，截止2003年7月31日，全市安排防治非典资金总计3.57亿元，主要用于“非典”的预防、救治、医疗设备购置和药品储备、消毒及非典药物研制等。

财政还进一步加大了对教育、治安、环保、城市维护和医疗卫生的投入，让人民群众切实分享到经济发展带来的成果，促进社会经济协调发展。2003年，在全市财政一般预算支出中教育支出、公检法司支出、城市维持费和医疗卫生支出分别比上年增长了21.0%、34.8%、13.9%和19.3%，四项共支出98.14亿元，比上年增加支出18.99亿元；同时，深圳市财政还完成了4.85亿元抚恤、社会福利救济和社会保障补助的投入，比去年增加支出1.14亿元，重点保障了“两保”和帮助了社会弱势群体。

（三）2004年展望

2004年是实现“十五”计划目标关键性的一年，也是深圳市进入新一轮经济增长周期的重要一年。今年，扩大内需仍是我国经济发展的关键，积极的财政政策仍将有利于本市的经济持续平稳健康发展，而国民经济的持续健康发展也是财政收入的必要保障。

但是，随着深圳市税收征管潜力的不断释放，税收收入中的“浮财”不断减少，深圳市的财政收入的增幅也将会放缓；与此同时，受经济结构的调整和国家出口退税政策的调整等政策因素的影响，深圳市的财政经济面临的压力将更大，任务更加艰巨：一方面，财政作为政府调节经济的杠杆，既要积极扶持和引导产业发展，培养新的经济增长点，提高城市的竞争力；另一方面，财政收入又要面临诸多不利因素的影响。但我们仍然有理由相信：随着我国经济体制改革的不断深化以及结构调整的不断推进，在全球经济缓慢复苏的大环境下，2004年深圳市的国民经济将继续保持平稳发展，深圳市的财政收入也将更上一个新台阶。

二、金融保险

（一）运行情况及特点

1、金融机构人民币各项存贷款与现金流继续保持快速增长

2003年末，深圳市国内金融机构人民币各项存款余额为6079.48亿元，比年初增长22.7%，增幅比上年提高1.6个百分点。其中企业存款余额2859.31亿元，比年初增长22.1%；储蓄存款余额2199.45亿元，比年初增长25.2%；年末国内金融机构人民币各项存款增量首次突破千亿元，达1126.75亿元，为历年之最，其中企业存款增量517.39亿元，占新增存款的45.9%，储蓄存款增量442. 96亿元，占新增存款的39.3%。从全年各月的各项存款余额走势看，除7月份比6月份出现小幅回落外，其他各月呈现逐月攀升之势。

2003年末，深圳市国内金融机构人民币贷款余额为4525.05亿元，比年初增长24.6%。其中短期贷款余额为2097.11亿元，比年初增长20.4%；中长期贷款余额为1644.11亿元，比年初增长31.9%，其中基本建设贷款为276.07亿元，比年初增长33.9%；中期流动资金贷款余额为181.85亿元，比年初增长3.9%；票据融资为547.53亿元，较年初增长27.0%。年末人民币贷款增量为893.03亿元，其中短期贷款、中长期贷款和票据融资三项增量占全部新增贷款比例分别为39.8%、44.5%和13.1%。值得注意的是：年末中长期贷款余额中个人消费贷款达1012.79亿元，占年末中长期贷款余额的61.6%，比年初增长32.8%，说明个人信贷款规模正日益扩大。与金融机构人民币各项存款余额全年走势一样，国内金融机构人民币各项贷款余额除7月份比6月份

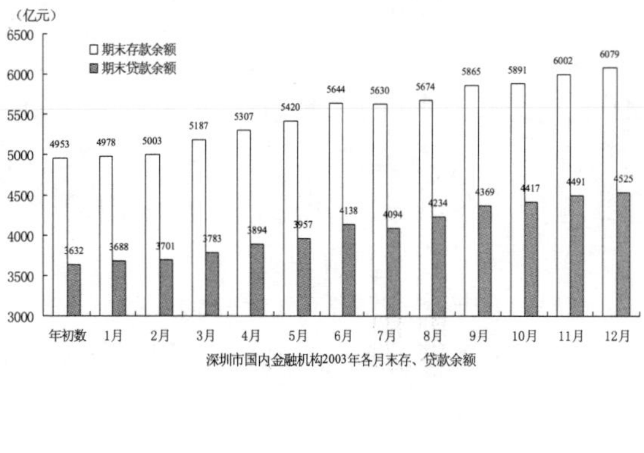

深圳市国内金融机构2003年各月末存、贷款余额

统计资料表明，深圳市金融机构人民币存贷款年末余额均在全国大中城市中排列第四位。

2003年深圳市金融机构人民币现金收支继续保持快速增长势头。全年现金累计收入8449.47亿元，同比增长24.9%；现金累计支出9295.59亿元，

同比增长24.9%；在金融机构人民币现金收支的累计中，储蓄存款的累计收支占有绝对比重，分别为78.3%和77.7%；全年金融机构人民币现金净投放累计846.12亿元，与上年同比增长24.7%，这主要是众多的企事业单位借助于银行来代发工资所致。

2、金融机构外币各项存贷款增减互现

2003年末，深圳市国内金融机构外币各项存款余额为101.43亿美元，比年初减少3.06亿美元，降幅为2.9%，其中单位存款为43.61亿美元，比年初减少2.25亿美元，下降4.9%；储蓄存款余额为44.70亿美元，比年初减少0.06亿美元，下降0.1%。预料在人民币升值预期的压力下，外币储蓄存款尤其是定期储蓄存款会有下降的趋势。

深圳市国内金融机构外币各项贷款余额为72.38亿美元，比年初增加9.57亿美元，增长15.3%，其中外币短期贷款比年初增加6.2亿美元，外币进出口贸易融资贷款比年初增加4.51亿美元，而外币中长期贷款则比年初减少1.71亿美元。

3、外汇市场交投活跃

2003年，深圳外汇交易承接上年交易增长之势继续保持增长。全年累计成交70.41亿美元，比上年增加20.21亿美元，增长40.3%；其中卖出交易额为45.32亿美元，比上年增加12.98亿美元，增长40.1%，买入交易额为25.09亿美元，比上年增加7.23亿美元，增长40.5%。全年银行外汇结汇累计收入236.99亿美元，比上年增加64.29亿美元，增长37.2%，银行售汇累计支出142.15亿美元，比上年增加36.20亿美元，增长34.2%，实现结售汇顺差94.84亿美元，比上年增加28.09亿美元，增长42.1%。

4、证券市场交易平淡，筹资额再度下降

截止到2003年末，深圳证券交易所上市公司505家，上市股票548只，年内无新股上市。上市股票中，A股491只，比上年减少3只，B股57只，与上年持平；上市基金29只，与上年持平；上市企业债券9只，新增5只；上市可转换债券10只，新增4只；上市国债31只，新增6只。

2003年末，深市股票市价总值12652.79亿元，比上年下降2.4%，流通市值4977.37亿元，比上年下降0.8%；基金市价总值338.90亿元，比上年增长7.0%；企业债券市价总值123.91亿元，较上年增长41.5%；可转换债券市价总值82.48亿元，较上年增长77.7%。

2003年，深圳证券交易所证券总成交12151.60亿元人民币，比上年下降13.5%，其中股票成交11291.13亿元，比上年增加259.77亿元，增长2.4%；基金成交320.49亿元，较上年减少289.36亿元，下降47.5%；企业债券成交47.84亿元，比上年增加28.55亿元，增长148.0%；可转换债券成交218.08亿元，比上年增加167.20亿元，增长328.6%，国债成交274.06亿元，比上年减少2054.24亿元，下降88.2%。2003年末深证成份指数3479.79，比上年末上涨720.49；深证综合指数收报378.6，比上年末下降10.1。

2003年末，深市开户数3381.47万户，比上年增加122.15万户，增长3.8%。其中个人投资者为3363.22万户，比上年增加120.65万户，增长3.7%，机构开户数为18.25万户，比上年增加1.5万户，增长9.0%。

2003年，深圳证券市场通过增发与配股为企业筹资87.22亿元，比上年减少55.24亿元，下降38.8%。其中为深圳本地企业筹资29.78亿元，比上年增加27.20亿元，增长10倍多。2003年末上市公司平均市盈率为36.19倍，比上年下降2.1%。2003年深圳证券市场上缴证券交易印花税43.55亿元，比上年增加1.23亿元，增长2.9%。

5、保险业务发展迅猛

按照《国民经济行业分类》(GB/T4754-2002)的分类标准统计，2003年末深圳市的保险机构数为44家，其中经营性保险公司20家，比上年新增5家，保险经纪或代理公司19家。保险公司资产总额为137.29亿元，比上年增加49.16亿元，增长55.8%。全年保险公司保险承保额达23583.27亿元，比上年增加4966.58亿元，增长26.7%；保费收入78.75亿元，比上年增加13.10亿元，增长20.0%，其中产险保费收入36.08亿元，寿险保费收入42.67亿元，分别比上年增长19.6%和20.3%；保险赔款给付支出23.86亿元，比上年增加5.43亿元，增长29.5%。全市保险深度为2.8%，比上年下降0.1个百分点；保险密度1412.75元，比上年增加110.82元，增长8.5%。

（二）2004年展望

2003年，深圳市国民经济承接近几年的发展趋势在平稳快速中运行，作为一个以外向型经济为主导的城市，在基数较大、增速较高的基础上长久地依赖外需来拉动经济需要密切关注国际经济形势的变幻；其次，产业结构调整的力度不够，扩大内需的措施有待进一步提升，这些都是今后若干年经济发展中亟待解决的问题。2004年，随着经济全球化进一步发展，国际间的交往与合作日益紧密，深圳仍将面临一个宽松的外部环境，在积极的财政政策和稳健的货币政策支持下，大力发展高新技术、现代物流业和金融业，深化体制改革，扩大内需，深圳的国民经济仍将保持健康持续的发展。

2004 年，深圳金融业将以维护金融安全为己任，不断深化金融体制改革，继续贯彻执行稳健的货币政策，适度地把握信贷增长，提升金融对经济的支持力度，有效地实施宏观调控，开拓创新进取，促进深圳经济全面发展。

深圳证券交易所在停止发行新股三年多后将于 2004 年的 6 月启动中小企业板，昭示着深圳的金融业地位不容忽视，也标志着深交所的历史揭开了新的一页，深圳作为“国际化区域性金融中心”的发展定位也将借此得到进一步明确和巩固。相信这股春风，将会为深圳建设成为金融创新的高地、金融开放的前沿阵地、金融资源的聚集地以及高新技术、中小企业与金融资本结合的最佳孵化地创造了良好的机遇。深圳的保险业将在面临经济形势向好、营商环境位居全国前列这样的一个氛围下，积极增强国际竞争力，保持稳定的发展。

（撰稿：羊　蔚）

9-1 地方预算内财政收支

LOCAL FINANCIAL REVENUE AND EXPENDITURE IN BUDGET

(2001—2003)

单位:万元 (10 000 yuan)

项　目	Item	2001	2002	2003
地方预算内财政收入	**Local Financial Revenue in Budget**	**2 656 532**	**2 691 998**	**2 991 419**
一般预算收入	General Revenue	2 624 944	2 659 287	2 908 370
#各项税收	Taxes	2 375 357	2 311 973	2 525 477
行政性收费收入	Collect Fee	35 213	46 600	79 176
罚没收入	Penalty	97 755	100 606	76 926
专项收入	Special Revenue	43 734	49 867	60 859
基金预算收入	Funds Revenue	31 588	32 711	83 049
地方预算内财政支出	**Local Financial Expenditure in Budget**	**2 600 790**	**3 121 929**	**3 591 471**
一般预算支出	General Expenditure	2 537 019	3 077 761	3 489 526
#基本建设支出	Expenditure for Capital Construction	864 816	975 608	967 480
企业挖潜改造资金	Expenditure for Innovation Enterprises	55 846	76 164	67 583
科技三项费用	Expenditure for Science and Technology Promotion	85 500	168 543	148 567
教育事业费	Expenditure for Education	273 612	321 830	389 452
科学事业费	Expenditure for Science	13 190	14 076	15 274
卫生事业费	Expenditure for Public Health	100 016	108 940	129 977
行政事业单位离退休经费	Pension for Retires of Administrative Units and Institutions	35 439	32 856	41 733
行政管理费	Expenditure for Government Administration	137 592	184 477	266 062
公检法司支出	Expenditure for public Security Agency, Procuratorial Agency , Court of Justice and Judicial Organs	209 439	244 007	329 012
城市维护费	Expenditure for City Maintenance	118 564	116 713	132 964
专项支出	Special Expenditure	40 858	46 033	51 079
基金预算支出	Funds Expenditure	63 771	44 168	101 945

9-2 地方预算内财政收支指数

INDICES OF LOCAL FINANCIAL REVENUE AND EXPENDITURE IN BUDGET

(1979—2003)

年　份 Year	收入(万元) Financial Revenue (10 000 yuan)	指　数(%) Index(%)		支出(万元) Expenditure (10 000 yuan)	指　数(%) Index(%)	
		以 1979 年为 100 1979=100	以上年为 100 Preceding Year=100		以 1979 年为 100 1979=100	以上年为 100 Preceding Year=100
1979	1 721	100.0		2 971	100.0	
1980	3 043	176.8	176.8	4 003	134.7	134.7
1981	8 787	510.6	288.8	8 411	283.1	210.1
1982	9 163	532.4	104.3	8 815	296.7	104.8
1983	15 605	906.7	170.3	15 025	505.7	170.4
1984	29 435	1 710.3	188.6	27 954	940.9	186.0
1985	62 894	3 654.5	213.7	58 651	1 974.1	209.8
1986	74 160	4 309.1	117.9	68 073	2 291.2	116.1
1987	87 521	5 085.5	118.0	69 688	2 345.6	102.4
1988	146 521	8 513.7	167.4	110 992	3 735.8	159.3
1989	228 668	13 286.9	156.1	173 007	5 823.2	155.9
1990	217 037	12 611.1	94.9	198 073	6 666.9	114.5
1991	273 291	15 879.8	125.9	243 012	8 179.5	122.7
1992	429 599	24 962.2	157.2	420 035	14 137.8	172.8
1993	672 507	39 076.5	156.5	593 327	19 970.6	141.3
1994	743 992	43 230.2	110.6	746 181	25 115.5	125.8
1995	880 174	51 143.2	118.3	934 041	31 438.6	125.2
1996	1 317 490	76 553.7	149.7	1 380 376	46 461.7	147.8
1997	1 447 709	84 119.7	109.9	1 426 983	48 030.4	103.4
1998	1 649 067	95 820.3	113.9	1 770 007	59 576.1	124.0
1999	1 847 908	107 374.1	112.1	2 117 164	71 261.0	119.6
2000	2 250 212	130 750.3	121.8	2 292 096	77 149.0	108.3
2001	2 656 532	154 359.8	118.1	2 600 790	87 539.2	113.5
2002	2 691 998	156 420.6	101.3	3 121 929	105 080.1	120.0
2003	2 991 419	173 818.7	111.1	3 591 471	120 884.2	115.0
年平均增长率 Average Annual Growt rate		**36.5**			**34.4**	

注:2003 年地方预算内财政收入的环比指数按可比口径为 17.6%。

The chain index of local financial revenue in budget is 120.5% by calculating from comparable scope.

9-3 银行现金收支、信贷情况

CASH INCOME AND EXPENDITURE AND CREDIT FUNDS OF BANKS

(1979—2003)

单位:万元 (10 000 yuan)

年 份 Year	现金收入 Cash Income	现金支出 Cash Expenditure	现金净投放、回笼(-) Currency Issuance and Cash Withdrawn(-)	各项存款余额 Deposits	# 企业存款 Depoits of Enterprises	# 城乡居民储蓄 Saving Deposits of Urban and Rural Residents
金融机构 Banking System						
1979	24 252	33 793	9 541	10 125	2 756	3 713
1980	32 700	39 685	6 985	20 284	7 033	5 338
1981	50 125	53 313	3 188	43 713	20 040	10 294
1982	60 275	67 995	7 720	63 707	31 403	15 149
1983	84 654	116 047	31 393	112 554	64 283	23 993
1984	160 574	244 273	83 699	349 763	243 853	54 176
1985	272 742	315 403	42 661	302 567	183 833	79 989
1986	313 736	343 439	29 703	551 112	349 895	121 122
1987	544 866	561 471	16 605	808 545	492 704	188 403
1988	1 200 579	1 118 715	−81 864	1 317 381	770 617	300 003
1989	1 637 542	1 639 552	2 010	1 376 310	685 986	391 787
1990	2 945 381	2 831 142	−114 239	1 946 923	951 490	574 474
1991	4 243 982	3 917 119	−326 863	3 009 164	1 633 636	885 995
1992	10 755 638	10 492 935	−262 703	5 504 616	2 957 816	1 539 518
1993	14 414 432	14 412 911	−1 522	6 573 461	3 664 320	1 751 290
1994	15 638 047	15 377 602	−260 445	9 333 699	5 582 300	2 903 733
1995	22 162 733	21 446 876	−715 857	12 029 322	6 379 138	4 664 222
1996	34 870 719	34 313 589	−557 130	15 334 600	8 416 900	5 822 300
1997	40 537 482	40 230 805	−306 677	18 227 000	10 011 600	7 076 700
1998	40 618 223	40 640 124	21 901	22 383 700	12 060 900	8 618 800
1999	45 116 712	46 152 181	1 035 469	25 589 900	13 538 300	9 519 900
2000	53 763 834	55 549 495	1 785 661	31 690 000	17 098 000	10 826 400
2001	59 646 988	64 221 078	4 574 090	40 925 700	20 824 000	13 733 900
2002	67 642 520	74 429 513	6 786 993	49 527 300	23 419 200	17 564 900
2003	84 494 714	92 955 919	8 461 205	60 794 800	28 593 100	21 994 500
国家银行 State Banks						
1980				19 966	7 033	1 901
1981				42 583	20 040	3 563
1982				61 851	31 403	5 707
1983				108 659	64 283	10 901
1984				333 141	243 853	28 667
1985				275 003	183 833	47 598
1986				505 702	349 895	74 602
1987				690 881	478 457	122 262
1988				1 061 106	716 885	205 716
1989				1 105 386	631 638	282 460
1990				1 507 176	864 835	426 561
1991				2 502 907	1 436 818	676 974
1992				4 487 424	2 637 735	1 197 599
1993				4 944 444	2 852 245	1 303 110
1994				6 425 486	3 972 846	2 194 776
1995				8 188 465	4 292 692	3 507 298
1996				10 167 500	5 539 300	4 214 300
1997				12 437 200	6 578 500	5 154 600
1998				13 619 400	6 846 900	6 100 400
1999				15 573 100	7 928 500	6 754 000
2000				18 745 400	9 978 100	7 504 700
2001				22 833 400	11 185 600	9 123 300
2002				25 668 000	11 390 900	11 409 800
2003				29 929 000	12 567 500	13 830 500

9-3 续表 continued

年 份 Year	各 项 贷款余额 Loans	# 短期贷款 Short-Term Loans	# 工业贷款 Loans to Industrial Enterprises	# 商业贷款 Loans to Commercial Enterprises	# 农业贷款 Agricultural Loans	# 中长期贷款 Medium-Term & Long-Term Loans
金融机构 Banking System						
1979	7 523	5 791	498	5 037	892	73
1980	13 452	7 934	653	6 927	1 189	1 532
1981	23 944	12 643	1 725	10 156	1 472	909
1982	63 013	36 341	3 987	29 277	3 121	19 634
1983	119 471	67 102	9 808	49 377	5 745	41 816
1984	451 034	260 024	33 469	182 795	15 165	120 253
1985	537 014	296 576	70 433	183 211	17 220	159 084
1986	730 855	381 567	86 937	248 711	19 793	174 208
1987	1 065 176	683 521	201 257	408 106	26 067	189 612
1988	1 536 202	1 023 309	288 212	575 205	34 303	228 242
1989	1 789 834	1 225 462	455 387	641 693	39 139	230 507
1990	2 386 157	1 609 682	657 037	815 850	48 054	273 450
1991	2 797 500	2 064 682	846 623	992 634	52 804	306 051
1992	3 707 067	2 741 451	1 120 337	1 232 889	58 475	344 234
1993	5 015 868	3 513 610	1 432 355	1 585 883	48 482	393 662
1994	6 421 390	4 388 553	1 761 125	1 344 986	35 428	560 216
1995	7 863 364	5 530 853	2 075 856	1 627 228	40 344	926 411
1996	9 652 000	6 424 600	2 343 300	1 921 200	47 500	1 164 100
1997	12 025 800	9 735 700	2 772 400	2 324 600	48 200	1 394 300
1998	15 503 700	11 621 900	2 976 800	2 965 400	59 500	1 980 300
1999	18 481 600	13 451 700	2 683 700	3 171 800	58 300	2 312 000
2000	22 921 800	16 826 900	2 562 200	3 248 400	52 400	3 092 700
2001	28 607 500	15 649 700	2 997 200	4 238 000	43 500	9 094 700
2002	35 124 800	17 252 500	3 218 600	4 008 900	52 600	11 440 800
2003	45 250 500	20 971 100	3 731 600	4 969 600	76 100	16 441 100
国家银行 State Banks						
1980	12 921	7 815	653	6 927	777	1 532
1981	22 868	12 297	1 725	10 156	742	909
1982	60 527	35 558	3 987	29 277	1 418	19 634
1983	114 780	65 364	9 808	49 377	2 792	41 816
1984	432 952	249 271	33 469	182 795	7 836	120 253
1985	479 998	280 909	70 433	183 211	8 322	159 084
1986	634 543	361 574	86 937	248 711	10 054	174 208
1987	883 864	599 713	183 644	373 807	15 208	184 854
1988	1 212 622	892 117	247 840	527 985	24 774	201 857
1989	1 404 266	1 065 658	415 409	572 291	28 164	206 348
1990	1 790 938	1 375 207	591 455	706 225	31 945	255 347
1991	2 180 306	1 713 068	736 740	838 919	32 145	290 722
1992	2 822 180	2 241 049	1 023 854	1 001 913	35 098	329 043
1993	3 516 287	2 554 486	1 217 336	1 157 861	24 806	380 168
1994	4 228 382	2 997 502	1 410 066	813 394	29 927	543 609
1995	4 989 605	3 780 767	1 683 029	1 038 359	35 918	725 706
1996	5 888 000	4 429 200	1 938 300	1 240 900	36 700	806 500
1997	7 887 300	6 843 600	2 448 100	1 637 300	33 700	866 000
1998	8 974 800	7 335 200	2 520 800	2 043 200	29 700	1 113 900
1999	10 860 300	8 492 800	2 213 800	2 316 800	32 300	1 684 100
2000	12 803 400	9 754 300	2 053 800	2 032 600	33 200	2 310 400
2001	15 012 800	7 158 300	2 048 500	2 117 100	21 400	6 557 800
2002	16 417 900	6 905 000	2 265 700	1 854 100	26 100	7 821 400
2003	20 843 900	7 544 500	1 740 600	1 990 800	24 600	10 594 500

第十部分　对外经济贸易和旅游

Foreign Trade And Tourism

CHAPTER 10

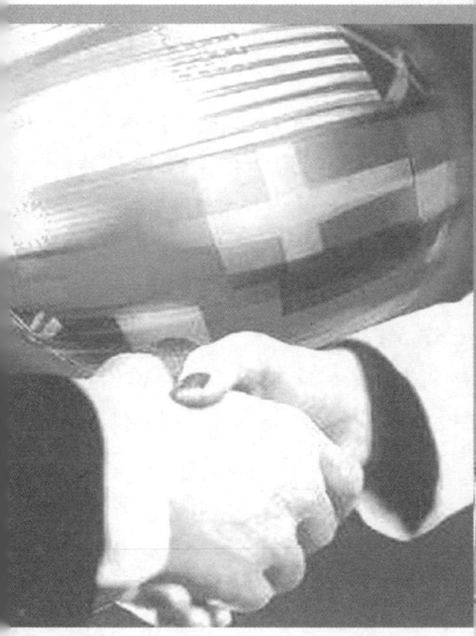

2003年深圳市利用外资特点、问题和建议

2003年,面对国际形势风云变幻,国内遭遇突如其来的"非典"疫情,深圳市各级部门,不畏困难,积极迎接挑战,采取了有力措施,保持了经济较快增长,招商引资工作也取得了较好的成绩,实际利用外资额在上年较高基数的情况下,依然完成了全年50亿美元的目标,再创历史新高,全年实际利用外资达50.42亿美元。

一、2003年深圳市利用外资特点

(一)利用外资各项指标均创历史新高

2003年,深圳市新批准外商投资项目共2573项,比上年增长17.4%。协议利用外资58.29亿美元,增长12.4%。实际利用外资50.42亿美元,增长2.9%。均创历史新高。利用外资结构也进一步得到优化,外商直接投资不仅比重增大,而且增长速度快。在外商直接投资中,全年签订协议项目2254项,增长17.6%,协议利用外资额48.47亿美元,增长36.8%,实际利用外资额36.23亿美元,增长13.6%。

在外商直接投资大幅度增长的同时,外商其他投资中利用外资却大幅度下降,其中来料加工合同金额3.85亿美元,实际利用外资6.88亿美元,分别比上年下降41.3%和6.6%,对外发行股票合同金额4173万美元,实际利用外资金额1.52亿美元,分别比上年下降93.1%和68.4%。

(二)外商投资中制造业依然占主导地位,而第三产业利用外资大幅增长

2003年,第二产业依然是外商投资的主要产业,合同外资金额达36.26亿美元,比上年增长1.5%,但占总额比重已由上年的68.9%下降到62.2%,在第二产业中,纺织业、医药制造业、机械制造业、专用设备制造业合同外资金额都取得了较大幅度的增长,分别增长360.4%、228.9%、176.0%和74.6%,而传统产业电子通讯设备制造业却出现下降,降幅达8.7%,反映出深圳市引进外资方面出现的新变化。与第二产业小幅增长相比,第三产业利用外资增长较快,2003年合同外资金额达21.96亿美元,增长50.3%,所占比重达37.7%,比上年提高了8.7个百分点。第三产业合同金额增长较快的行业有科学研究和综合技术服务业、房地产业和社会服务业,分别增长816.0%、323.3%和40.6%,其中科学研究和综合技术服务业利用外资金额首次突破2亿美元,反映深圳市第三产业利用外资后劲十足,在深圳市设立研发中心也越来越多,深圳市正逐渐成为许多跨国公司重要的研发基地。

(三)新增外资大项目增多,但全球500强企业合同外资金额减少

2003年,深圳市外商直接投资中,每个项目平均合同投资金额达215.03万美元,比上年增长16.3%,其中新批投资1000万美元以上的项目达75个,投资总额净增资3000万美元以上的大项目有8家企业。2003年深圳市经济发展保持良好势头,促使原有外商投资企业纷纷追加投资,扩大规模,增资扩股,增资项目达730个,合同增资15.99亿美元,分别比上年增长12.3%和57.9%。

截止到2003年,国际知名企业、跨国公司、世界500强企业在深投资企业已达98家,实际利用外资金额已达15亿美元,2003年新增投资总额2.03亿美元,比上年增长6.3%,但投资项目和新增合同外资金额都有所减少。

(四)外资来源地日益广泛

2003年,香港依然是深圳市外商直接投资的主要来源地,合同外资金额达26.16亿美元,占全市合同外资总额的54.0%,此外,维尔京群岛、开曼群岛、美国也是外商直接投资的主要来源地,这些国家和地区占全市合同外资总额的比例分别为19.9%、8.4%、3.5%。2003年外商直接投资比上年大幅增长的国家和地区主要有英国、开曼群岛、新加坡、日本等,分别比上年增长了1577.5%、360.0%、68.7%和383.7%。

二、当前深圳市招商引资的有利因素和存在的主要问题

当前,深圳市面临的国际环境在总体上趋于改

善，世界经济特别是美日经济复苏加快，对外投资增加，同时，随着我国加入WTO、CEPA协议的签订、我国与东盟自由贸易区协议的实施，国内市场进一步开放，国际资本将会大量涌入。从国内形势来看，我国经济依然保持稳步快速的增长势头。从深圳市方面来看，市政府为改善投资环境，采取了一系列措施：一是改进机关作风，提高工作效率，简化审批手续，采取"一站式"、"窗口式"办公方式，为各外商投资企业提供良好的服务；二是降低电费，改革整顿过路桥收费体制，降低企业运行成本；三是进一步完善道路交通管理，实施"净畅宁"工程，加大道路改造工作。这些措施，对于改善深圳市投资环境，吸引更多的国外厂商前来投资创业，起到了积极的作用。

2003年，尽管深圳市招商引资工作取得了突出的成绩，但也应该看到，一些突出的问题依然存在，特别是2004年1-3月份，深圳市实际利用外资金额下降32.6%，今年招商引资工作将面临新的困难和压力。当前深圳市利用外资工作主要问题表现在以下几个方面：

（一）吸引外资的优势在减弱

随着中国加入WTO，我国全方位对外开放格局已经形成，深圳作为特区，许多优惠政策已经不存在了，深圳的区位优势也在削弱。随着特区的发展，租金、劳动力、水电、物业管理等各种成本的上涨，相当多劳动密集型企业外迁。当前全国群雄并起，各省市都把招商引资作为经济工作的重点，一些大城市采取积极措施和优惠政策吸引人才，改善投资软环境，深圳市吸引外资方面，不仅面临来自上海、苏州等大中城市的竞争，也受到一些中小城市如东莞等地的压力。而近几年来，跨国公司进入中国主要考虑的是占领中国市场，因而投资首选地就是考虑对占领中国市场有利的位置。长江三角洲和环渤海湾两大经济区的市场辐射面较大，这些都给深圳引资带来了压力和挑战。

（二）CEPA协议的负面影响

尽管CEPA协议在总体上为深圳市吸引外资创造了有利条件，为香港在深圳市金融、商贸、物流、社会服务业等一些服务业的领域的投资将大幅度增长，但另一方面，一些有意投资国内的国外投资也必将投资转向香港，减少在深圳市的投资，甚至部分在深投资的香港企业也将可能回流，从而导致深圳市外商企业的减少。

（三）引进外资质量有待提高

2003年，深圳市引进外资的项目从总的平均水平来看依然不高，直接投资项目合同金额的平均水平始终处在200万美元左右，这一水平同苏州、上海无法相比，大项目过少。而加工装配项目依然在利用外资中占有较大的比重，外商投资企业中轻工业居多，基础不稳，形势发生变化时，这些企业极容易外迁。

（四）、土地资源日益稀缺

随着深圳市经济的迅猛发展，土地资源短缺的矛盾日益突出，对深圳市今后的招商引资工作带来不利影响。

三、对深圳市招商引资工作的对策建议

引进和利用外资对深圳市经济发展起了很大的作用。从1979年开始，深圳市累计批准外商投资协议项目超过3万个，外商实际投入资金超过365.20亿美元。深圳市现有外商投资企业1万多家，来料加工企业8000多家，外资弥补了深圳市建设资金的不足，引进先进技术和管理经验，推动了深圳市电子、机械、通讯、建材、医药等许多行业的产品提高技术水平和生产工艺，促进了出口贸易的快速发展，同时还解决了大量的就业问题。深圳市要争取引进更多的外资，必须采取有力措施，营造良好的投资环境，吸引更多的外商前来投资创业。现就2004年引进外资工作提出如下对策建议：

（一）、充分利用现有的优势

虽然深圳市地理位置和优惠政策的优势已经逐步弱化，但其他方面的优势依然存在：一是深圳的综合环境具有比较优势。这两年，深圳从政务、法治、市场、治安、营运成本、环保等方面着手，采取了一系列有针对性的措施，努力营造法制健全、管理规范、服务高效、秩序优良、环境优美、企业营运成本较低的投资发展环境。二是产业结构的优势。近年来，深圳大力推进产业结构调整，高新技术产业已成为制造业的主体。近几年，深圳高新技术产业产品总值占工业总产值的比重，每年都不断提高。三是深圳市现代物流业发展很快，深圳海港和空港运输，每年都以30—50%的增长速度发展，港口集装箱的吞吐量，2003年已达到全国第二位。此外深圳市还初步建成了以银行、证券、保险、基金为主体，其他多种类型金融机构并存的现代金融体系。深圳市应该充分发挥现有的这些优势，并全力推进发展投资软环境，包括政务、法制、市场、营商等环境，以便大力吸引外商投资，让更多的外国公司在选择投资方向的时候将更多的眼光投向深圳。

（二）加强与香港的融合，进一步促进深港经济一体化

当今世界经济的发展有两个趋势：一个是经济全球化，另一个是经济区域化。面临着这两大趋势，

一个城市的发展不能只是考虑自己的发展，更不能把自己的周边城市作为竞争对手，因此，深圳选择了与香港结成合作伙伴，着眼于全球竞争，在“一国两制”框架下携手紧密合作，共谋比翼齐飞。深港要把合作领域从“三来一补”发展到基础设施、环境保护、高新技术产业、金融、商贸、航运、交通、物流、旅游、高等教育、医疗卫生等领域，深港基本实现了资源、城市功能、产业结构的互补，借助香港优势来发展深圳。

（三）优化外商投资结构，推进深圳市经济可持续发展

深圳市要积极利用投资导向，促进经济结构的调整和升级。一是要继续大力发展高新技术产业，引进规模大、竞争力强、产业带动作用明显的汽车、石化、机械制造等技术、资金密集型的产业，实现深圳市适度重工业化的目标。特别是要大力吸引世界500强、国际知名企业、跨国公司来深设立生产制造中心和培训基地，鼓励其将区域总部和研发中心向深圳转移。二是要充分利用加入WTO后全国服务业开放的新格局，充分利用CEPA协议下香港在服务业的优势，积极推动外商在第三产业的投资，使金融业、物流业等服务行业利用外资工作取得新的突破和增长点。

（四）合理利用现有的土地资源，提高资源的使用效率

当前深圳市资源有限，特别是在土地、水、电方面处于紧缺的状态，因此要充分合理地利用好现有的资源，提高资源的使用效率，有效地整合零散的土地资源，尽量在引进投资或者外商增资扩股时克服资源瓶颈限制。

（撰稿：梁达军）

2003年深圳市外贸出口再创新高

2003年，深圳市经济经受了建市以来最严峻的考验，国际形势风云变幻，国内遭遇非典疫情。面对困难和挑战，深圳市对外贸易工作紧紧围绕市委、市政府确定的目标，抓住加入世贸和世界经济复苏的机遇，克服各种困难，不断开拓创新，外贸经济取得了突破性进展。据深圳海关统计，2003年深圳市外贸进出口总额达1173.99亿美元，其中出口额629.62亿美元。出口额连续十一年位居全国23个大中城市之首。

一、外贸进出口总体运行特点

2003年深圳市进出口额突破1000亿美元大关，达1173.99亿美元，比上年增长34.6%，其中出口629.62亿美元，进口544.37亿美元，分别比上年增长35.2%和33.8%，贸易顺差85.25亿美元，各项指标均创历史最高水平。

从结构上看，2003年深圳市进出口运行呈现以下特点：

（一）、各项贸易方式指标均保持高速增长

在贸易方式方面，各种贸易方式出口齐头并进，呈现持续全面快速增长的良好态势。2003年全市一般贸易出口79.91亿美元，比上年增长43.5%，占出口总值达12.7%，反映出深圳市出口贸易结果进一步优化；而占深圳市出口总值七成的加工贸易出口498.11亿美元，增长32.3%，占全市出口总值的79.1%；其中，进料加工出口372.93亿美元，增长42.4%；来料加工出口125.18亿美元，增长9.1%；其它贸易出口51.61亿美元，增长55.0%，继续呈迅猛增长态势。其他贸易之所以增长迅猛主要是保税贸易快速增长的结果，2003年，深圳市保税贸易出口51.60亿美元，同比增长53.4%。

（二）"三资"企业依然是深圳市外贸出口的主力军，集体及民营企业保持强劲增长

在出口主体方面，2003年全市外商投资企业出口403.71亿美元，比上年增长44.2%，占全市出口总值的64.1%，比全市出口增幅高9个百分点，继续保持高速增长态势。由于近几年来深圳市不断深化外贸经营体制改革，对进出口经营权取消审批制，实行核准制，激发了一大批民营企业从事出口业务的积极性，促使更多有开拓国际市场能力的民营集体企业加入外贸进出口行列来，促进了外贸经营主体的多元化，民营集体企业成为深圳市外贸出口发展最快的经营群体，2003年出口额44.41亿美元，增长73.0%；而国有企业出口由于出口退税滞后，挤占企业大量退税资金，影响企业扩大一般贸易出口的积极性，出口增长幅度相对较缓，全年出口181.50亿美元，增长13.5%。

（三）机电产品和高新技术产品出口增势迅猛，远洋贸易大幅增长

深圳市2003年机电产品出口达到461.34亿美元，比上年增长43.1%，较全市出口总额增幅高7.9个百分点；高新技术产品出口251.55亿美元，增长60.3%，较全市出口总额增幅高25.1个百分点，这两大类产品出口继续保持强劲增长的良好态势，成为支撑深圳市外贸出口增长和优化出口商品结构的重要力量。远洋贸易继续保持近年来快速增长的势头，2003年远洋贸易出口191.09亿美元，增长53.5%，远洋贸易进出口总额占总量的比重达21.2%。

（四）、受政策影响，9月份过后深圳市外贸出口速度大幅度增长

2003年10月13日，国家公布了新调整的出口退税政策，适当降低出口退税率，平均下调了3个百分点，受这一影响，深圳市外贸企业出口速度明显加快，大部分出口企业将2004年初的部分订单提前在2003年年底前完成出口任务，9月份过后，每月出口额均达到60亿美元以上，其中12月出口额高达76.09亿美元，超过2002年出口的最高纪录(49.01亿美元)27.08亿美元，增幅为55.3%，创下深圳市单月出口历史新纪录。

（五）外贸进口增长连续21个月大于出口增长

为履行加入WTO的承诺，一方面我国大幅度降低关税水平，我国进口关税总水平2004年将下降到11%；另一方面增加了关税配额商品的配额总量，对进口的调控手段尤其是行政手段也逐步减少，直接刺激了一般贸易进口的增加，同时国际市场需求大幅增加，带动加工贸易所需的原材料、零配件进口快速增长。自2002年4月以来，深圳市进出口贸易在高速发展的同时，进口速度一直大于出口，这在深圳市外贸历史上是从未出现过的，反映了深圳市外贸方面新的变化。

二、当前深圳市出口所面临的问题

今年深圳市外贸出口虽然保持了一定的增速，但增幅和全国、全省相比，依然存在的较大的差距，导致深圳市出口增速放缓的主要原因有如下几个不利因素：

（一） 出口退税率下调的影响

根据国家公布了新调整的出口退税政策，适当降低现出口退税率，从新调整的出口退税政策对深圳市外贸出口的主要影响来看，对一般贸易出口影响较小，但对加工贸易的影响则十分突出，从2004年1–5月份统计数字显示，深圳市一般贸易出口增长30.4%，而加工贸易仅增长17.2%。 由于深圳市外贸出口的机电产品已占全市出口总额的72%，且深圳市出口的机电产品出口退税率大部分属于从17%降为13%的范围内，很大程度上影响深圳市机电产品出口。因此这次退税政策改革对深圳市外贸影响较大。

（二） 外经贸工作面临来自全国的挑战

当前国内外环境竞争日益激烈的，深圳招商引资及对外贸易工作压力越来越大。同位于长江三角洲的上海和苏州相比，2003年深圳市实际利用外资中的外商直接投资为36.23亿美元，同比增长13.6%，而上海市为58.50亿美元，增长30.1%，苏州市为68.05亿美元，增长41.4%，无论其规模还是速度均远超过深圳；2003年深圳市出口总额为629.62亿美元，同比增长35.2%，而上海市为484.82亿美元，增长51.2%，苏州为市326.34亿美元，增长76.2%，两市外贸出口的发展速度均远超深圳；2004年1–5月深圳市外贸出口总额已经被上海市超过。而从区域范围来看，深圳所处的珠三角地区外贸规模已经被以上海、苏州为代表的长三角地区全面赶超。

（三） 贸易保护主义抬头

近年来国际贸易保护主义抬头，目前，我国已成为全球反倾销、技术性贸易措施受害最严重的国家。2003年以来，国外对我国贸易保护主义涉案商品金额越来越大，参与设限的国家越来越多。根据WTO的统计，近年来，针对中国的反倾销调查始终排在第一位。许多世界贸易组织成员国家纷纷采用反倾销、保障措施等世贸规则允许的手段来保护国内产业利益。继日本、欧盟之后，美国2003年出台了限制中国纺织品进口的有关法律程序性文件。2004年5月14日，美国对华彩电反倾销案作出终裁裁定，中国彩电对美国同行业构成损害。最近，美国声称要对中国的针织品、胸衣、袍服等三类纺织品启动"特保措施"，这标志着一种比反倾销更具杀伤力的贸易保护武器进入实质使用阶段。我国机电产品出口也屡遭欧盟等发达国家的市场准入限制。此外，以技术标准、检验检疫措施、知识产权保护、环保和劳工标准等为主要手段的技术性贸易壁垒有增无减，在相当程度上恶化了国际市场环境。由于人民币汇率短期内将坚持稳定，预计中国产品遭遇的反倾销调查和技术性贸易壁垒将呈现递增之势，给出口企业带来的成本和风险损失将继续增加。美国经济复苏加快使美元缺乏继续下跌的经济基础，在人民币继续盯住美元并保持稳定的前提下，美元稳中趋升导致我国出口产品价格竞争力下降，不利于出口的增长。

（四）国外“普惠制”调整削减对中国优惠幅度

欧盟已从2003年11月1日起削减50%的优惠幅度，今年5月1日起更取消对中国"普惠制"的全部优惠安排。日本则已经修改普惠制方案，取消了产自中国的氧化铅、餐具用陶瓷制品和床上用品等3种共6个税号的普惠资格，将对深圳市出口日本的大宗商品如纺织服装、日用轻工制品和农产品等产生较大影响。

（五） 利用外资的形势不容乐观，土地水电等资源的短缺也必将影响深圳市外贸发展的后劲

今年由于全国各大城市引进外资的竞争加剧，深圳市实际利用外资中，外商直接投资下降了30.4%，特别是引进大项目越来越困难；目前深圳市可供开发的土地也极为有限，水电供应日益紧张，电力缺口不断扩大，错峰用电的时间不断提前，所有这些不利因素都极大地制约了深圳市对外出口。

三、2004年深圳市对外贸易发展展望

2003年，虽然受到美伊战争和非典疫情的短暂的影响，但世界经济复苏的进程仍在延续，全球贸易回升强劲。作为世界经济发展火车头的美、日、欧的经济持续向好，带动外部需求大幅增加，从内部环境看，深圳市经济规模不断扩大，竞争实力不断增强，固定资产投资步伐加快，招商引资工作颇有成效，利用外资规模扩大，财政金融运行平稳，企业家信心指数和企业景气指数明显提高，为深圳市外贸工作形成了良好的经济基础。近几年深圳市社会主义市场经济体制逐步完善，外贸出口已初步形成稳定的政策导向、坚实的微观基础、有序的运行机制和良好的市场环境。所有这些因素促使2004年深圳市外贸仍将保持快速增长的良好态势。

2004年前5个月，深圳市外贸进出口三项指标持续保持快速增长，表明深圳市发展外贸进出口依然存在一定的有利因素，其主要表现以下几个方面：

（一）从世界形势上看，当前以美国为龙头的世界经济有望出现较快的复苏态势，联合国、国际货币基金组织、世界银行等权威机构预测，2004年世界经济比前两年有所好转，增长率将比2003年提高0.5至1个百分点，世界贸易增长率也将提高1.5至3个百分点。美、日、欧三大经济体的经济出现好转，有利于我国外贸环境的改善，也有利于深圳市外贸出口。

（二）从国内环境来看，在国家产业政策的大力扶持下，科技兴贸战略、鼓励高新技术产品出口的长期政策效应得以体现；另一方面，大量跨国公司将生产和研发部门移到中国，外商投资的重点也由过去的一般制造业转向基础产业和高新技术产业，他们出口的增长带动了我国机电产品和高新技术产品的快速增长，这对于改善和优化深圳市外贸出口结构，增加出口产品高附加值起到了积极的作用。

另外，根据我国加入世贸组织的承诺，自2003年9月1日起，商务部再次降低外贸门槛，国内企业外贸经营权进一步放开，2004年所有的外资企业都将拥有完全的对外贸易经营权。这不仅优化我国外贸经营主体结构，培植新的经营主体，壮大我国外贸队伍，而且对促进外贸持续、快速、健康发展起重要作用。

从全国的经济形势来看，2004年国民经济增长可望继续保持8%以上的增长。经济的较快增长，也为扩大出口提供了充足的货源。

(三)从深圳市的经济发展状况来看，近年来深圳市通过不断优化产业结构和投资环境，吸引了大量外资特别是跨国公司将其在世界其他地区的生产基地迁移至深圳市或加大了在深圳市的投资规模。即使在受非典疫情影响期间，在深圳市的部分跨国公司仍按原定计划扩大生产规模或引进新的生产线，加快新产品的研发和生产，为深圳市外贸出口持续增长起到了积极促进作用。

四、对策建议

从2004年1–5月份外贸出口的形势看，深圳市外贸进出口指标增长幅度不仅低于全国的平均水平10个百分点以上，也低于全省的增速。在外贸出口方面，前5月已首次被上海赶超，形势十分严峻。要完成2004年深圳市外贸出口增长8.0%的目标，2004年下半年的月均出口额必须达到59.3亿美元，具有一定的压力。从全国范围来看，深圳市对外贸易发展速度趋缓是客观现状使然，由于近年来上海在全国经济中心地位不断巩固，苏州等长三角地区外商投资热潮的兴起，出口成“井喷”式增长，其强势地位短期内很难改变，因此，深圳市必须依托现有产业群以及物流中心地位，扬长避短，发挥自身的优势和特色，以保持较快的出口增速。

（一）优化对外贸易结构。深圳市在稳定发展加工贸易的同时，应大力促进一般贸易出口，积极扶持有自主知识产权的龙头产品出口；支持中小规模民营科技生产型企业的出口；在力保欧、美、日等市场份额的同时，扩大对新兴市场的出口，尤其把俄罗斯、东盟、拉美、印度、东欧作为开拓市场的重点。同时，培养深圳的跨国企业，鼓励电子通信、家电、纺织服装等优势行业中具备条件的企业开展境外加工贸易项目，实施“走出去”战略。

（二）不断完善外经贸促进体系，积极推进各方面改革的进程。在完善外经贸促进体系方面，深圳市应结合世贸规则，继续制定鼓励外贸出口若干措施；加大银贸合作力度，全面推行出口退税帐户托管贷款业务；积极与进出口银行合作，促进出口信用保险政策和政策性金融支持体系的完善。

（三）要运用经济杠杆作用，保持优势产品出口量。一般类型的机电产品、服装、棉纺织品等，属于深圳市常见类型的出口退税产品，特别是属于本市出口型工业企业生产的出口产品较多。这次退税率调整，受冲击较大，势必影响深圳市外贸出口整体水平。深圳市政府有关部门应采取鼓励外贸出口的措施，对这类型的出口产品进行适当倾斜。

（四）鼓励高新技术产品出口，保持单位价格增量。虽然这次出口退税机制改革对高新技术产品存在不利的一面，但该类产品附加值高，竞争优势仍然明显。政府有关部门应运用政策导向，鼓励外贸企业多出口高新技术产品，以促进深圳市外贸出口保持增量发展

（五）充分利用深圳市现代物流业迅速发展的机会，保持出口优势。深圳是全国唯一拥有3个保税区的城市，同时拥有我国第二大集装箱港和国际货运发达的机场，具备发展物流业的优势。自我国加入WTO后，深圳市应凭借毗邻香港的地理优势、优越的通关环境以及三个保税区的优势，努力抓住

CEPA的契机，发展成为华南地区重要的跨国采购和物流配送基地,鼓励在这一带投资设厂的跨国公司借助保税区开展物流配送和产品分拨业务,设立物流中心。

(六)积极应对国外贸易保护措施。一是要意识到其危害性,时刻保持高度警惕性;二是在遭遇进口国的反倾销、特保措施调查时,企业应当积极应对,针对进口国提出的进口量增加和市场扰乱等问题提出抗辩，尽可能避免进口国采取实质性措施;三是注意"贸易转移"的问题,避免同一产品遭到多个国家或地区的反倾销、特保措施调查;四是坚持市场多元化战略,拓宽销售渠道,避免出口市场过于集中,增强抗国际市场风险的能力;五是要塑造产品品牌、提高产品综合竞争力,在出口产品总量相对稳定的条件下,利用品牌价值提升企业出口效益;企业在出口经营中也应遵循一定的规范,加强行业自律,避免竞相压价出口的局面;六是企业要积极配合行业协会及政府有关部门，加强预警工作,积极报送有关预警数据,及时接收行业协会和有关部门发布的预警信息。

(撰稿:梁达军)

披艰历险的深圳旅游业

2003年，伴随着神州大地遭遇“非典”肆虐的冲击，作为深圳市第三产业重要支柱的旅游业首当其冲受到严重影响。“非典”期间，来深游客大幅度减少，出境游业务基本停顿，旅游行业的各项经济指标大幅下降。但面对这次严峻考验，深圳市各级旅游部门能够迎接挑战、积极面对困难，在市委、市政府的领导下，在各有关部门的大力支持下，度过了这段最艰难的时刻。5月23日，世界卫生组织撤消了对广东省的旅游警告后，深圳市旅游业开始逐步恢复，6月份，已开始呈现复苏迹象，并逐步走向平稳增长。现就深圳市2003年旅游业发展特点分析如下：

一、“非典”对2003年深圳市旅游业的影响巨大

（一）全年接待过夜旅游者人数减少，但主要集中在“非典”期间

2003年，深圳市共接待过夜游客1448.82万人次，比上年下降4.9%，其中接待海外过夜游客455.13万人次，下降3.2%，接待过夜外国游客69.89万人次，下降13.3%，接待过夜香港游客328.92万人次，增长3.9%，接待台湾同胞33.79万人次，下降30.9%。全市宾馆酒店开房率55.2 %，下降8.9个百分点。

从2003年分月情况来看，深圳市旅游业大幅度下降的情形主要集中在“非典”疫情较为严重的4、5月份。年初的1–2月旅游业走势良好，保持了持续、稳定、高速发展的势头，接待过夜游客为258.73万人次，其中海外游客64.1万人次，分别比上年同期增长17.7%和7.4%。从3月开始逐步下滑，随着4月2日世界卫生组织发出旅游警告开始，来深游客人数急剧下降，4月份，深圳市接待过夜游客仅77.89万人次，只有上年同期的61.5%，平均开房率仅35.9 %，比3月份下降了29.7 个百分点，更比上年同期下降了33.4个百分点，而5月份本是“黄金周”旅游旺季，但受“非典”影响，国家取消了“黄金周”假日，导致旅游业进一步下滑，深圳市接待过夜游客仅59.3万人次，接待人数不及上年一半。

（二）来深游客在深停留时间缩短

2003年来深海外游客在深停留时间为人均2.07天，比上年缩短了0.3天，其中只有外国游客的人均停留时间变动不大，为3.45天，港澳台同胞的人均停留有所减少，其中台湾同胞人均停留时间降幅最大，减少了将近1天，降幅达30%，由于受“非典”影响，香港同胞在深停留时间明显缩短，另外由于两地有着特殊的地缘关系，香港同胞来往深港越来越方便，在深圳市停留时间也出现缩短的趋势。

（三）各旅游企业经济效益下滑，宾馆、酒店亏损严重

2003年旅游企业营业收入为82.32亿元，比上年下降8.0%，其中宾馆酒店营业收入43.41亿元，旅行社营业收入23.20亿元，旅游景点营业收入15.72亿元，分别下降3.5%、15.1%和8.4%。旅游企业亏损额529.83万元，而上年则盈利3.14亿元，其中主要是宾馆酒店亏损12088.62万元所致，而旅行社利润总额3694.57万元，旅游景点利润总额7864.22万元，也分别比上年下降了46.0%和45.9%。主要原因是受“非典”影响，旅游企业各项经济指标出现不同程度的下降，企业亏损严重。

2003年，深圳市旅游外汇收入为13.01亿美元，比上年下降24.5%，在全国主要旅游城市排第四位。

二、“非典”过后的下半年，旅游业逐步复苏

（一）从6月开始，深圳市旅游业稳步回升

5月23号，世界卫生组织撤消了对广东省的旅游警告后，深圳市各行各业逐步恢复正常。6月份，旅游业已开始呈现恢复趋势，接待过夜人数99.09万人次，其中海外游客41.46万人次，比4月、5月有较大幅度提高。进入8月份后，深圳市旅游业完全走出“非典”的影响，开始呈现出快速增长的态势，7–12月深圳市接待过夜游客869.50万人次，其中海外游客270.00万人次，分别比上年同期增长11.6%和19.8%。随着旅游业的升温，各旅游企业也适时抓住机遇，开展各式各样的促销活动，旅行社、

旅游公司不断推出新的旅游产品吸引各地游客，一些大型会议纷纷在深圳市召开，不仅带来了大量的客源，也带来的丰厚的旅游收入。

（二）旅游社组团出境人数增长较快

尽管4、5月份爆发的“非典”疫情一度让旅行社出境游业务陷入停顿，但作为生活质量提高的体现，深圳市居民出境旅游的热情依然高涨。2003年深圳市旅行社组织本市居民出境旅游人数为44.46万人次，比上年增长了7.1%，其中出国游人数为17.61万人次，增长12.7%，港澳游人数为26.85万人次，增长3.7%。在出境游当中，深圳市居民首选地依然是东南亚地区，其中首站前往香港的有36.60万人次，比上年增长了8.0%，前往澳门的有9.66万人次，比上年增长了29.0%，前往泰国的有9.19万人次，比上年增长了44.7%，前往新加坡的有6.21万人次，比上年增长了19.8%。随着多条欧洲线路的开辟，欧洲游成为新的热点，前往欧洲旅游的人数为3388人次，比上年增长了5倍。

（三）受“非典”影响，从总体上看“黄金周”假日期间深圳市接待人数有所减少，但春节、“十一”两个黄金周依然火爆

2003年春节、“五一”、“十一”三个黄金周期间，来深过节度假的外地游客801.17万人次，比上年同期下降8.1%。下降的主要原因是“五一”黄金周由于“非典”的影响，国家取消了7日长假，导致接待人数大幅度减少。2003年“五一”黄金周期间接待游客总人数77.6万人次，海外游客20.42万人次，分别比上年同期下降65.0%和32.03%，与之对比，在“非典”尚未扩散的春节黄金周和“非典”过后的“十一”黄金周，接待总人数分别比上年同期增长了29.8%和12.4%。2003年三个“黄金周”共实现旅游收入62.84亿元，占全年总收入的21.3%，比上年同期下降2.8%，其中国际旅游收入1.78亿美元，下降9.2%。春节、“五一”、“十一”黄金周旅游收入分别比上年同期增长34.6%、下降68.0%和增长3.1%。

三、发展旅游业的对策和建议

作为一个短暂的特殊时期，“非典”对旅游业的影响是巨大的，但并没有造成致命的影响，因为随着疫情结束后，旅游业出现了逐渐恢复的态势。随着深圳市社会经济的迅猛发展，人们的生活水平逐步从量到质的变化，生活更讲品质。旅游作为人们解决温饱之后更高层次的生活需要，也将随着建设小康社会的进程实现飞跃性的发展。这将极大地推动旅游业的发展，旅游行业将拥有更为广阔的市场空间。从2004年1–4月旅游数据显示，深圳市接待过夜旅游人数499.38万人次，其中海外游客137.06万人次，分别比上年同期增长18.6%和27.7%。“五一”黄金周期间接待来深游客308.44万人次，比2002年增长11.84%，充分说明深圳市旅游行业已经走出“非典”的阴影，增强了信心。当前旅游部门应抓住机遇，积极进取，开拓一个新局面。

（一）加快旅游项目的建设工作

旅游产业同其他产业一样，产品是基础，名牌精品则是提高档次、占领市场、形成综合效益的关键。无特色、无拳头产品的旅游业是缺乏生机和活力的。为此，要重点扶持一批有特色、上规模、高档次的优势骨干项目加快开发建设。深圳市应该根据地理位置的特点，有计划、有重点地开发建设一批有民族地方特色、文化特色、适应市民不同消费层次的旅游项目。

（二）管理部门要建立危机管理，进行战略重组

虽然疫情造成的旅游经济的下滑是暂时的，但已造成的损失是深远的，作为管理者，旅游行政部门应该从中吸取教训，强化危机管理体系，尤其应思考如何进行危机过后负面旅游形象的改善和旅游信心重建。

（三）大力发展会展经济和商务旅游

会展经济以低投入、低污染、高效益等为特点，已是全国各大中城市作为重点发展的产业，对旅游业的带动作用是最直接的。目前深圳市已成功举办了五届“高交会”，在海内外的知名度不断提高，“家具展”、“房交会”也在国内外享有一定的知名度。当前，深圳会展中心即将建成，硬件基础设施得到进一步完善，为此，有关部门应做好行业规划工作，努力提高服务质量和水平，以争取吸引更多的国际性、全国性的大型会议和商贸展览展销等活动在深圳举办。

（四）深化改革，吸引多种经济成分投资旅游产业

旅游业的投入很大，仅仅靠政府的投入是不够的，有限的资金只能投向旅游基础设施。因此政府部门要转变观念，转变职能，努力改善旅游投资软环境，规范市场行为，加大招商引资力度，吸纳民间投资，同时千方百计减轻旅游企业负担，维护旅游投资者和经营者的合法权益。要明晰产权，使旅游企业真正成为自主决策自负盈亏的市场经济的真实主体，充分调动起企业的主动性、积极性。随着我国加入WTO和CEPA协议的签订，外国和港澳台地区资本的强势进入将是大势所趋，这对深圳塑造新的资源优势，运用竞争性、市场化手段充实行业总量，提升行业服务和管理水平，具有很大的意义。

（撰稿：梁达军）

10-1 利用外资签订协议(合同)项目

NUMBER OF THE SIGNED AGREEMENTS AND CONTRACTS FOR UTILIZATION OF FOREIGN CAPITAL

(1979-2003)

单位:项 (unit)

年份 Year	总计 Total	一、按投资方式分 Grouped by Investment Mode					
		对外借款 Foreign Loans	外商直接投资 Direct Foreign Investments	# 合资经营 Joint Ventures	# 合作经营 Cooperative Operation	# 外商独资 Solo-Foreign Enterprises	外商其他投资 Other Foreign Investments
1979	169		37	7	30		132
1980	303		33	4	24	5	270
1981	578		70	13	39	18	508
1982	577		66	11	47	8	511
1983	878		253	92	149	12	625
1984	988	5	334	188	134	12	649
1985	1 203	40	282	192	73	17	881
1986	454	31	224	152	64	8	199
1987	334	13	310	231	62	17	11
1988	694	4	591	443	93	55	99
1989	711	5	647	473	94	80	59
1990	796	6	757	434	100	223	33
1991	986	6	951	534	122	295	29
1992	1 561	1	1 553	822	227	504	7
1993	3 257	2	3 255	1 735	358	1 162	
1994	2 223	2	2 221	1 049	208	964	
1995	1 638	5	1 633	764	109	760	
1996	999		999	491	38	470	
1997	1 786		957	454	30	471	829
1998	1 915		1 391	513	31	844	524
1999	1 558		797	321	15	461	761
2000	1 835		1 130	339	24	766	705
2001	1 860		1 501	396	18	1 087	359
2002	2 191		1 917	361	8	1 544	274
2003	2 573		2 254	333	6	1 913	319
累计 Total	**32 067**	**120**	**24 163**	**10 352**	**2 103**	**11 696**	**7 784**

10-1 续表 1　continued

年　份 Year	二、按国民经济行业分 Grouped by Sector						
	农、林、牧、渔水利业 Farming,Forestry, Animal Husbandry and Fishery	工　业 Industry	地质勘查业 Geological Prospecting	建筑业 Construction	交通运输、邮电通讯业 Transportation, Postal and Telecommuni-cations Services	商业、饮食业、物资供销仓储业 Commerce,Catering Services,Materials Supply,Marketing and Storage	房地产业、社会服务业 Real Estate Management and Social Services
1979	6	112			3	5	3
1980	8	243			4	10	14
1981	9	321			5	5	28
1982	3	457			1	25	8
1983	19	714			15	87	21
1984	14	148			15	117	31
1985	10	164			8	84	15
1986	6	172		3	1	20	14
1987	7	303				1	10
1988	5	646		4	5	12	11
1989	5	666			3	12	10
1990	3	766		2	3	6	3
1991	5	908		3	6	22	30
1992	6	1 464		2	8	20	51
1993	10	2 836	4	18	23	115	205
1994	6	1 815	1	20	16	168	135
1995	5	1 377		10	15	104	59
1996	10	858		7	8	53	30
1997	8	1 526		4	13	89	138
1998	5	1 401		3	12	65	286
1999	3	1 351		3	7	28	157
2000	4	1 450		1	23	34	307
2001	3	1 397		1	22	43	315
2002	3	1 616	1	4	33	103	394
2003		1 660		2	48	100	439
累计　Total	**163**	**24 371**	**6**	**87**	**297**	**1 328**	**2 714**

年　份 Year	二、按国民经济行业分 Grouped by Sector					
	卫生、体育和社会福利事业 Health Care, Sports and Social Welfare	教育、文艺和广播、电影、电视事业 Education,Culture and Arts,Radio, Film and Television	科研和综合技术服务业 Scientific Research and Polytechnical Services	金融、保险业 Banking and Insurance	国家机关、政党机关、社会团体 Government Agencies, Party Agencies and Social Organizations	其他行业 Others
1979						40
1980						24
1981						210
1982						83
1983						22
1984						663
1985						922
1986	1	2	1	1		233
1987				7		6
1988				4		7
1989		4	4			7
1990	1		5			7
1991		2	2	6		2
1992		4	4	1		1
1993	6	1	5	1		33
1994	5	8	33	1		15
1995	19	4	31	1		13
1996	8	3	11	2		9
1997	1		7			
1998	1	1	138			3
1999			9			
2000	1	2	13			
2001		1	77			1
2002	1		26	5		5
2003	1	2	298	6		17
累计　Total	**45**	**34**	**664**	**35**		**2 323**

10-1 续表 3 continued

年 份 Year	三、按国别(地区)分 Grouped by Country (Territory)							
	香港、澳门 HongKong and Macao	台湾 Taiwan	新加坡 Singapore	韩国 Korea Rep.	日本 Japan	泰国 Thailand	澳大利亚 Australia	马来西亚 Malaysia
1986	387		6		28	1	1	
1987	284		8		25	2	2	
1988	610	8	10		24			3
1989	630	25	2		16	1	2	
1990	699	45	5		12	2	2	1
1991	885	36	8	3	17	3	1	
1992	1 330	88	20	5	16	8	6	3
1993	2 834	154	24	8	27	15	14	5
1994	1 885	124	29	8	25	8	7	3
1995	1 288	100	26	14	36	11	9	6
1996	760	85	15	11	15	4	6	6
1997	1 576	85	14	9	13	3	5	5
1998	1 614	119	19	7	12	1	4	2
1999	1 355	45	14	7	8		2	
2000	1 474	67	19	12	9	1	7	2
2001	1 288	179	28	22	25	3	10	6
2002	1 498	239	34	25	35	3	13	11
2003	1 852	260	25	35	33	3	14	6

10-1 续表 4 continued

年 份 Year	三、按国别(地区)分 Grouped by Country (Territory)							
	美国 United States	加拿大 Canada	德国 Germany	法国 France	英国 United Kingdom	瑞士 Switzerland	荷兰 Netherlands	其他 Others
1986	12	2	1	5	5	1	2	3
1987	10			1	1			1
1988	31	1	2	1	2			2
1989	16	2	1	9			1	6
1990	16	2		1	2	3		6
1991	18	2	2	3	2	1	1	4
1992	57	8	1	2	5		1	11
1993	104	22	2	4	16	2	3	23
1994	74	10	5	3	19		1	22
1995	71	9	3	1	18	2	4	40
1996	42	7	3	4	14	1	2	24
1997	35	8	2	3	5	3		20
1998	58	4	5	1	4	1	3	61
1999	37	12	3		4		1	70
2000	52	17	4	1	3		2	165
2001	72	14	2	2	2	2	2	203
2002	77	12	4	3	9	1	7	220
2003	72	23	2	3	7		4	234

10-2 协议利用外资额

AMOUNT OF FOREIGN CAPITAL TO BE UTILIZED IN THE SIGNED AGREEMENTS AND CONTRACTS

(1979-2003)

单位:万美元 (USD 10 000)

年份 Year	总计 Total	一、按投资方式分 Grouped by Investment Mode					
		1、对外借款 Foreign Loans	2、外商直接投资 Direct Foreign Investments	# 合资经营 Joint Ventures	# 合作经营 Cooperative Operation	# 外商独资 Solo-Foreign Enterprises	3、外商其他投资 Other Foreign Investments
1979	2 984		1 790	851	939		1 194
1980	27 122		23 966	1 021	13 966	8 979	3 156
1981	86 360		86 360	442	72 636	13 282	
1982	18 028		17 546	643	14 498	2 405	482
1983	33 451		29 355	8 052	17 605	3 698	4 096
1984	64 564	1 962	53 342	21 240	31 704	398	9 260
1985	102 647	19 320	79 323	18 544	58 046	2 733	4 004
1986	51 360	22 474	24 396	9 776	13 189	1 431	4 490
1987	64 893	7 812	56 675	10 993	7 370	38 312	406
1988	48 739	4 500	43 021	25 163	9 310	8 548	1 218
1989	48 904	576	46 945	25 120	11 501	10 324	1 383
1990	69 344	1 062	67 899	18 869	16 099	32 931	383
1991	115 158	5 038	108 611	35 419	23 072	50 120	1 509
1992	251 774	1 188	249 496	75 010	65 597	108 889	1 090
1993	497 737	800	496 937	211 828	71 588	213 521	
1994	298 649	15 521	283 128	92 731	47 632	142 765	
1995	359 654	13 347	346 307	125 589	63 561	157 157	
1996	168 000		168 000	99 879	26 192	41 929	
1997	176 896		135 387	63 177	10 224	59 657	41 509
1998	274 571	42 093	203 475	78 016	8 484	115 293	29 003
1999	223 018	64 077	121 017	16 345	7 242	96 585	37 924
2000	263 996	43 671	173 813	28 374	11 926	128 739	46 512
2001	400 393	50 527	272 318	43 530	82 902	145 184	77 548
2002	518 626	38 735	354 400	61 955	5 952	202 075	125 491
2003	582 896	55 570	484 687	124 831	11 157	335 571	42 639
累计 Total	**4 749 764**	**388 273**	**3 928 194**	**1 197 398**	**702 392**	**1 920 526**	**433 297**

年　份 Year	二、按国民经济行业分 Grouped by Sector						
	农、林、牧、渔水利业 Farming,Forestry, Animal Husbandry and Fishery	工　业 Industry	地质勘查业 Geological Prospecting	建筑业 Construction	交通运输、邮电通讯业 Transportation, Postal and Telecommuni-cations Services	商业、饮食业、物资供销仓储业 Commerce,Catering Services,Materials Supply,Marketing and Storage	房地产业、社会服务业 Real Estate Management and Social Services
1979	119	1 163			537	179	538
1980	1 085	10 577			4 883	1 628	4 883
1981	3 454	33 680			15 545	5 182	15 675
1982	213	6 269			3 245	1 082	3 245
1983	1 345	13 145			5 978	2 085	6 042
1984	214	16 936			1 933	27 152	6 349
1985	439	56 558			3 935	13 510	4 928
1986	187	12 197		3 849	102	3 773	4 075
1987	359	54 644				13	2 065
1988	273	36 686		149	899	2 403	3 568
1989	120	37 885			643	3 499	4 939
1990	99	55 931		138	378	5 197	3 802
1991	888	77 756		3 839	1 665	5 742	17 197
1992	2 878	176 536		1 180	8 321	4 724	51 153
1993	378	292 842	293	3 646	37 086	48 641	77 660
1994	263	177 967	7	1 264	1 585	37 774	59 615
1995	438	243 725		4 468	21 376	21 903	51 630
1996	763	123 973		11 905	1 827	12 443	9 200
1997	481	129 826		2 671	4 864	7 977	29 839
1998	1 417	184 011		3 678	16 008	11 323	44 075
1999	89	207 778		225	−2 439	2 359	16 108
2000	94	216 845		−913	2 990	7 795	36 672
2001	−202	343 834		445	6 299	5 936	38 853
2002	98	357 927		650	29 752	15 303	43677
2003	699	362 144	5 107	466	40 517	18 346	89 112
累计　Total	**16 191**	**3 230 835**	**5 407**	**37 660**	**207 929**	**265 969**	**624 900**

年 份 Year	二、按国民经济行业分 Grouped by Sector					
	卫生、体育和社会福利事业 Health Care, Sports and Social Welfare	教育、文艺和广播、电影、电视事业 Education,Culture and Arts,Radio, Film and Television	科研和综合技术服务业 Scientific Research and Polytechnical Services	金融、保险业 Banking and Insurance	国家机关、政党机关、社会团体 Government Agencies, Party Agencies and Social Organizations	其他行业 Others
1979						448
1980						4 066
1981						12 824
1982						3 974
1983						4 856
1984						11 980
1985						23 277
1986	19	16	4	129		27 009
1987				6 000		1 812
1988				4 500		261
1989		300	108			1 410
1990	2 574		123			1 102
1991		669	240	5 038		2 124
1992		3 239	97	1 188		2 458
1993	991	2 900	94	2 100		31 106
1994	628	6 552	1 393	29		11 572
1995	625	1 250	1 103	2 170		2 966
1996	2 664	1 750	487	2 301		687
1997	161		426			651
1998	1 584	36	8 043	4 911		-515
1999	-5 037		579			3 356
2000	-460	158	486	27		302
2001	120	793	5 886	1 000		-2 571
2002	707	38	2 396	60 980		7 098
2003	779	2 071	21 947	13 654		28 054
累计 Total	**13 355**	**19 772**	**43 412**	**104 027**		**180 307**

10-2 续表 3　continued

年　份 Year	三、按国别(地区)分 Grouped by Country (Territory)							
	香港、澳门 HongKong and Macao	台湾 Taiwan	新加坡 Singapore	韩国 Korea Rep.	日本 Japan	泰国 Thailand	澳大利亚 Australia	马来西亚 Malaysia
1986	23 953		5 014		8 790	59	1 285	
1987	16 431		427		10 336	112	85	
1988	33 363	1 407	1 735		6 762			41
1989	40 214	986	328		1 131	2 585	48	
1990	54 729	4 839	3 134		1 058	1 092	550	17
1991	98 476	2 652	693	264	7 987	67	480	
1992	206 231	10 814	2 151	1 174	5 843	416	3 198	1 679
1993	411 673	21 908	2 132	665	7 491	5 284	7 934	392
1994	260 535	12 075	6 996	384	2 692	1 421	184	114
1995	274 815	7 344	7 940	1 926	20 914	978	227	2 024
1996	80 115	3 376	1 847	50 895	1 120	347	340	210
1997	98 839	4 951	1 874		2 517	59		293
1998	153 002	6 375	10 002	343	15 184	1 030		
1999	111 587	2 965	6 569	7	15 842		32	−154
2000	141 259	3 976	5 359	628	1 677	7	511	300
2001	180 030	19 328	6 371	888	8 379	115	920	56
2002	205 225	26 226	5 879	1 543	1 998	−939	2 381	1 570
2003	340 288	18 290	9 916	2 608	10 027	1 165	340	96

10-2 续表 4　continued

年　份 Year	三、按国别(地区)分 Grouped by Country (Territory)							
	美国 United States	加拿大 Canada	德国 Germany	法国 France	英国 United Kingdom	瑞士 Switzerland	荷兰 Netherlands	其他 Others
1986	1 049	1 202	134	3 364	3 649	2 500	11	350
1987	779			300	23			36 400
1988	3 441	100	1 162	22	603			103
1989	2 290	63	48	249			562	400
1990	1 253	115		8	772	809		968
1991	981	34	210	392	1 700	83	819	320
1992	4 764	4 067	31	111	5 373		5	5 917
1993	18 289	7 245	368	534	7 352	500	175	5 795
1994	8 010	921	222	78	2 421		25	2 571
1995	17 020	426	1 995	3 900	3 641	6	6 315	10 183
1996	3 876	368	357	227	2 493	15	2 659	19 755
1997	2 177	553	1 365	182		128	1 061	62 897
1998	10 759	215	3 077	21 270	7 489		4 142	41 683
1999	22 954	144	2 367	23 561	8 543	−17	2 853	25 765
2000	11 611	987	3 214	26 698	11 894		1 388	54 487
2001	5 239	997	1 224	33 920	5 987	683	−1 383	137 639
2002	79 346	−32	492	24 533	65 794	1 565	−199	103 244
2003	17 082	907	399	3 753	10 540	83	7 219	160 183

10-3 实际利用外资额

AMOUNT OF FOREIGN CAPITAL ACTUALLY USED

(1979-2003)

单位:万美元 (USD 10 000)

年份 Year	总计 Total	一、按投资方式分 Grouped by Investment Mode					
		对外借款 Foreign Loans	外商直接投资 Direct Foreign Investments	# 合资经营 Joint Ventures	# 合作经营 Cooperative Operation	# 外商独资 Solo-Foreign Enterprises	外商其他投资 Other Foreign Investments
1979	1 537		548	192	356		989
1980	3 264		2 755	252	1 891	612	509
1981	11 282		8 618	1 073	5 427	2 118	2 664
1982	7 379		5 771	1 114	3 823	834	1 608
1983	14 394		11 316	1 906	6 077	3 333	3 078
1984	23 013	1 962	18 640	8 008	5 990	4 642	2 411
1985	32 925	13 585	17 989	6 993	10 316	680	1 351
1986	48 933	10 860	36 450	5 124	30 241	1 085	1 623
1987	40 449	12 436	27 379	8 489	17 826	1 064	634
1988	44 429	14 430	28 716	9 644	10 085	8 987	1 283
1989	45 809	15 563	29 252	16 852	7 182	5 218	994
1990	51 857	12 360	38 994	26 849	4 917	7 228	503
1991	57 988	17 184	39 875	27 330	5 185	7 360	929
1992	71 539	25 808	44 879	20 554	8 716	15 609	852
1993	143 217	43 762	98 900	48 165	15 097	35 638	555
1994	172 959	47 367	125 046	49 312	21 388	54 346	546
1995	173 545	42 556	130 989	33 120	28 003	69 866	
1996	242 242	37 177	205 065	89 228	26 776	89 061	
1997	287 168	57 095	166 112	53 271	20 771	92 070	63 961
1998	255 222	55 717	166 357	73 762	22 354	67 561	33 148
1999	275 422	64 077	177 839	74 848	18 954	82 556	33 506
2000	296 839	43 671	196 145	71 789	19 102	103 061	57 023
2001	360 277	44 527	259 080	59 076	56 621	139 157	56 670
2002	490 220	49 511	319 101	79 480	39 550	149 642	121 608
2003	504 213	57 928	362 344	115 245	20 850	193 915	83 941
累计 Total	**3 656 122**	**667 576**	**2 518 160**	**881 676**	**407 498**	**1 135 643**	**470 386**

10-3 续表 1　continued

年　份 Year	二、按国民经济行业分 Grouped by Sector						
	农、林、牧、渔水利业 Farming,Forestry, Animal Husbandry and Fishery	工　业 Industry	地质勘查业 Geological Prospecting	建筑业 Construction	交通运输、邮电通讯业 Transportation, Postal and Telecommuni-cations Services	商业、饮食业、物资供销仓储业 Commerce,Catering Services,Materials Supply,Marketing and Storage	房地产业、社会服务业 Real Estate Management and Social Services
1979	30	645			31	200	553
1980	65	1 371			65	424	1 175
1981	226	4 738			226	1 467	4 061
1982	148	3 099			148	959	2 656
1983	216	6 013			273	1 809	5 124
1984	57	8 235			881	5 251	4 412
1985	73	6 549			1 457	1 221	7 976
1986	138	31 874		13	416	974	2 965
1987	232	25 216		239	432	387	454
1988	383	28 645		45	917	1 069	4 652
1989	200	27 406		53	1 071	1 530	4 744
1990	28	32 306		6	440	858	5 576
1991	143	34 869		12	894	831	10 835
1992	55	44 056		122	300	807	9 503
1993	94	74 851		54	18 514	3 216	31 664
1994	626	113 192			18 900	6 798	14 220
1995	433	121 125			17 195	2 305	15 982
1996		193 141		30	6 944	11 852	16 970
1997	64	222 822		3 195	26 095	3 318	14 372
1998	428	156 925		7 906	35 333	7 715	31 208
1999	1 049	195 450		412	10 182	8 794	48 992
2000	145	222 702		5 384	12 129	5 587	40 473
2001	294	293 765		776	9 476	9 283	44 137
2002	27	336 943		657	18 696	13 115	51 018
2003	824	315 730	5 124	1 102	45 608	29 410	64 587
累计　Total	**5 978**	**2 501 668**	**5 124**	**20 006**	**226 623**	**119 180**	**438 309**

年 份 Year	二、按国民经济行业分 Grouped by Sector					
	卫生、体育和社会福利事业 Health Care, Sports and Social Welfare	教育、文艺和广播、电影、电视事业 Education,Culture and Arts,Radio, Film and Television	科研和综合技术服务业 Scientific Research and Polytechnical Services	金融、保险业 Banking and Insurance	国家机关、政党机关、社会团体 Government Agencies, Party Agencies and Social Organizations	其他行业 Others
1979						78
1980						164
1981						564
1982						369
1983						959
1984						4 177
1985						15 649
1986		6		8 948		3 599
1987	6	39		10 247		3 197
1988	161	30	20	4 168		4 339
1989		33		10 666		106
1990		34		5 913		6 696
1991	35			9 837		532
1992	13	17		14 008		2 658
1993	500			254		14 070
1994	234	1 445	132	5 751		11 661
1995	10 921	625		4 327		632
1996	1 236	68	550	9 339		2 112
1997	1 750	470	17	6 638		8 427
1998	831	548	234	12 021		2 073
1999	4 659	441	3 383			2 060
2000	1 600	377	379	1 579		6 484
2001	758	18	501	1 000		269
2002	1 514	63	2 846	58 734		6 607
2003	220	626	2 809	18 587		19 586
累计 Total	**24 438**	**4 840**	**10 871**	**182 017**		**117 068**

10-3 续表 3　continued

年　份 Year	三、按国别(地区)分 Grouped by Country (Territory)							
	香港、澳门 HongKong and Macao	台湾 Taiwan	新加坡 Singapore	韩国 Korea Rep.	日本 Japan	泰国 Thailand	澳大利亚 Australia	马来西亚 Malaysia
1986	38 587		11		7 009	13	16	
1987	25 632		247		9 291	32	29	
1988	28 198	316	146		14 567		10	
1989	28 729	1 006	1 177		10 004		166	
1990	26 291	371	897		17 257		723	
1991	32 375	216	339	125	14 265		700	
1992	46 134	475	475		15 806	914	323	117
1993	92 455	4 532	1 197	170	20 822	1 577	155	
1994	125 890	10 671	1 270		18 740	102	645	
1995	105 172	6 954	845		32 067		520	
1996	150 126	13 665	7 525	7 094	29 860	3 381	340	2 024
1997	203 035	6 732	2 502	309	17 616	1 133	19	750
1998	182 956	3 479	1 089	352	8 959	257	56	45
1999	144 214	3 842	9 855	11 133	18 666	1 047	145	64
2000	184 531	3 940	6 023	8 136	5 113		219	1 724
2001	194 212	12 518	7 521	162	8 183	6	365	263
2002	216 516	28 876	8 449	541	10 498	1 307	687	245
2003	318 337	28 479	10 471	4 489	12 154	69	172	348

10-3 续表 4　continued

年　份 Year	三、按国别(地区)分 Grouped by Country (Territory)							
	美国 United States	加拿大 Canada	德国 Germany	法国 France	英国 United Kingdom	瑞士 Switzerland	荷兰 Netherlands	其他 Others
1986	2 560	200		499	15			23
1987	3 101	899	18	1 194	6			
1988	294	150	201	501	5			41
1989	1 143	16		3 399	112			57
1990	4 011		35	1 112	235	500	337	88
1991	6 963	5		1 668	457		819	56
1992	2 029			3 225	1 109	84	633	155
1993	14 531	450		3 153	64	510	3 511	90
1994	3 371	628	130	2 206	6 662		2 520	124
1995	14 145	194	250	8 963	1 099	2 623		713
1996	10 576	162	911	2 985	1 820	794	125	10 854
1997	24 306	215	1 365	182	3 888	6		25 110
1998	4 326	364	505	24 610	9 002	188	1 601	17 433
1999	688	22 111	650	23 933	9 291	170	5 721	23 892
2000	11 498	739	3 477	26 613	11 498	1 080	3 677	28 571
2001	5 929	668	1 339	27 912	8 238	1 551	497	90 913
2002	63 310	632	1 811	24 814	49 112	1 142	2 783	79 506
2003	10 540	907	289	3 759	9 417	1 006	1 686	102 090

10-4 利用外资合同、协议金额、实际利用外资额指数

INDICES OF FOREIGN CAPITAL USED

(1979-2003)

年份 Year	签订合同项目(项) Number of the Signed Agreements Contracts (unit)	指数(以上年为100) Index (preceding year=100)	协议利用外资额(万美元) Amount of Foreign Capital to be Utilized in the Signed Agreements & Contracts	指数(以上年为100) Index (preceding year=100)	实际利用外资额(万美元) Foreign Capital Actually Used (USD 10 000)	指数(以上年为100) Index (preceding year=100)
1979	169		2 984		1 537	
1980	303	179.3	27 122	908.9	3 264	212.4
1981	578	190.8	86 360	318.4	11 282	345.6
1982	577	99.8	18 028	20.9	7 379	65.4
1983	878	152.2	33 451	185.6	14 394	195.1
1984	988	112.5	64 564	193.0	23 013	159.9
1985	1 203	121.8	102 647	159.0	32 925	143.1
1986	454	37.7	51 360	50.0	48 933	148.6
1987	334	73.6	64 893	126.3	40 449	82.7
1988	694	207.8	48 739	75.1	44 429	109.8
1989	711	102.4	48 904	100.3	45 809	103.1
1990	796	112.0	69 344	141.8	51 857	113.2
1991	986	123.9	115 158	166.1	57 988	111.8
1992	1 561	158.3	251 774	218.6	71 539	123.4
1993	3 257	208.6	497 737	197.7	143 217	200.2
1994	2 223	68.3	298 649	60.0	172 959	120.8
1995	1 638	73.7	359 654	120.4	173 545	100.3
1996	999	61.0	168 000	46.7	242 242	139.6
1997	1 786	178.8	176 896	105.3	287 168	118.5
1998	1 915	107.2	274 571	155.2	255 222	88.9
1999	1 558	81.4	223 018	81.2	275 422	107.9
2000	1 835	117.8	263 996	118.4	296 839	107.8
2001	1 860	101.4	400 393	151.7	360 277	121.4
2002	2 191	117.8	518 626	129.5	490 220	136.1
2003	2 573	117.4	582 896	112.4	504 213	102.9

10-5 进出口总额

TOTAL IMPORTS AND EXPORTS

(1979-2003)

单位:万美元 (USD 10 000)

年 份 Year	进出口总额 Total Imports and Exports	出口总额 Total Exports	进口总额 Total Imports	进出口差额 Balance
1979	1 676	930	746	184
1980	1 751	1 124	627	497
1981	2 807	1 745	1 062	683
1982	2 534	1 597	937	660
1983	78 642	6 230	72 412	-66 182
1984	107 247	26 539	80 708	-54 169
1985	130 632	56 340	74 292	-17 952
1986	184 696	72 552	112 144	-39 592
1987	255 784	141 354	114 430	26 924
1988	344 277	184 949	159 328	25 621
1989	375 259	217 428	157 831	59 597
1990	1 570 136	815 165	754 971	60 194
1991	1 947 635	986 240	961 395	24 845
1992	2 357 562	1 200 019	1 157 543	42 476
1993	2 820 392	1 421 776	1 398 616	23 160
1994	3 498 281	1 830 921	1 667 360	163 561
1995	3 876 960	2 052 736	1 824 224	228 512
1996	3 905 342	2 120 781	1 784 561	336 220
1997	4 500 921	2 561 844	1 939 077	622 767
1998	4 527 417	2 639 611	1 887 806	751 805
1999	5 042 750	2 820 811	2 221 939	598 872
2000	6 393 982	3 456 333	2 937 649	518 684
2001	6 861 055	3 747 955	3 113 100	634 855
2002	8 723 148	4 655 704	4 067 444	588 260
2003	11 739 941	6 296 208	5 443 733	852 475

注:1:本表 1992 年以前为市贸工局口径数;1993 年以后为海关口径数,按现行统计方法计算。

The figures adopted from shenzhen bureau of Trade and Industry before 1992 and calculated from shenzhen CIQ after 1993 by active statistical method.

10-6 进出口总额指数

INDICES OF TOTAL IMPORTS AND EXPORTS

(1980-2003)

单位:% (%)

年份 Year	以上年为100 Preceding Year=100			以1979年为100 1979=100		
	进出口总额 Total Imports and Exports	出口总额 Total Exports	进口总额 Total Imports	进出口总额 Total Imports and Exports	出口总额 Total Exports	进口总额 Total Imports
1980	104.5	120.9	84.0	104.5	120.9	84.0
1981	160.3	155.2	169.4	167.5	187.6	142.4
1982	90.3	91.5	88.2	151.2	171.7	125.6
1983	3 103.5	390.1	7 728.1	4 692.2	669.9	9 706.7
1984	136.4	426.0	111.5	6 399.0	2 853.7	10 818.8
1985	121.8	212.3	92.1	7 794.3	6 058.1	9 958.7
1986	141.4	128.8	151.0	11 020.0	7 801.3	15 032.7
1987	138.5	194.8	102.0	15 261.6	15 199.4	15 339.1
1988	134.6	130.8	139.2	20 541.6	19 887.0	21 357.6
1989	109.0	117.6	99.1	22 390.2	23 379.4	21 157.0
1990	145.8	137.8	156.8	32 643.8	32 213.0	33 180.8
1991	124.0	121.0	127.3	40 478.3	38 977.7	42 239.2
1992	121.0	121.7	120.4	48 978.8	47 435.9	50 856.0
1993	119.6	118.5	120.8	58 578.6	56 211.5	61 434.0
1994	124.0	128.8	119.2	72 637.5	72 400.5	73 229.3
1995	110.8	112.1	109.4	80 482.3	81 160.9	80 112.9
1996	100.7	103.3	97.8	81 045.7	83 839.2	78 350.4
1997	115.3	120.8	108.7	93 445.7	101 277.8	85 166.9
1998	100.6	103.0	97.4	94 006.4	104 316.1	82 952.6
1999	111.4	106.9	117.7	104 706.7	111 477.0	97 634.8
2000	126.8	122.5	132.2	132 763.4	136 592.5	129 084.0
2001	107.3	108.4	106.0	142 455.1	148 066.3	136 829.0
2002	127.1	124.2	130.7	181 060.4	183 898.3	178 835.5
2003	134.6	135.2	133.8	243 707.3	248 630.5	239 281.9
年平均增长率 Average Annual Growth Rate				**38.4**	**38.5**	**38.3**

10-7 进出口总额

TOTAL IMPORTS AND EXPORTS

(2001-2003)

单位:万美元 (USD 10 000)

项 目	Item	2001 全 市 Total	2002 全 市 Total	2003 全 市 Total
进出口总额	**Total Imports and Exports**	**6 861 055**	**8 723 148**	**11 739 941**
一、出口总额	**Total Exports**	**3 747 955**	**4 655 704**	**6 296 208**
按隶属关系分类:	Grouped by Administrative Relationship			
1、深圳市属企业	Shenzhen	1 440 169	1 750 058	2 173 603
2、中央、省属企业	Central Government and Guangdong	106 003	106 339	85 468
3、"三资"企业	Foreign Investment Enterprises	2 201 783	2 799 307	4 037 137
按贸易方式分类:	Grouped by Form of Trade			
1、一般贸易	Original Trade	408 723	556 977	799 121
2、补偿贸易	Compensation Trade	710	602	136
3、来料加工装配贸易	Processing and Assembly Trade	1 087 958	1 146 892	1 251 665
4、进料加工贸易	Processing Trade for Imported Material	2 030 845	2 618 285	3 729 266
5、出料加工贸易	Processing Trade for Exported Material			8
6、易货贸易	Transaction in Kind			
7、其他	Others	219 719	332 948	516 012
二、进口总额	**Total Imports**	**3 113 100**	**4 067 444**	**5 443 733**
按隶属关系分类:	Grouped by Administrative Relationship			
1、深圳市属企业	Shenzhen	1 296 143	1 569 793	1 938 159
2、中央、省属企业	Central Government and Guangdong	130 479	127 380	148 393
3、"三资"企业	Foreign Investment Enterprises	1 686 478	2 370 271	3 357 181
按贸易方式分类:	Grouped by Form of Trade			
1、一般贸易	Original Trade	795 380	1 035 408	1 465 604
2、补偿贸易	Compensation Trade	11	3	2
3、来料加工装配贸易	Processing and Assembly Trade	640 121	699 912	755 128
4、进料加工贸易	Processing Trade for Imported Material	1 325 763	1 823 784	2 490 940
5、以工缴费补偿期进口的设备	Imported Equipment Compensated With	61 268	67 141	81 082
	the Processing and Assembling Costs			9 038
6、租赁贸易	International Leasing			
7、外商投资企业作为投资进口的设备	Imported Equipment and Materials as Investment of Foreign Investment Enterprises	85 497	101 208	128 257
8、外商投资企业进口供加工内销产品的料、件	Imorted Materials and Parts of Foreign Investment Enterprises for Processing and Sold Inside Country			
9、易货贸易	Transaction in Kind			
10、其 他	Others	205 060	339 988	513 682

10-8 深圳市同主要国家(地区)进出口总额

SHENZHEN'S FOREIGN TRADE WITH MAIN RELATED COUNTRIES AND TERRITORIES

(2001-2003)

单位:万美元 (USD 10 000)

项目	Item	2001			2002			2003		
		合计 Total Imports and Exports	出口总额 Exports	进口总额 Imports	合计 Total Imports and Exports	出口总额 Exports	进口总额 Imports	合计 Total Imports and Exports	出口总额 Exports	进口总额 Imports
香港	Hongkong	1 508 736	1341 901	166 835	2 000 813	1 829 210	171 603	2841 516	2 638 010	203 506
日本	Japan	914 230	350 254	563 976	1 115 137	368 798	746 339	1 474 450	450 673	1 023 777
美国	United States	1 200 098	965 963	234 135	1 391 834	1 128 758	263 076	1 670 883	1 398 952	271 931
法国	France	90 622	48 122	42 500	81 043	51 829	29 214	121 430	83 573	37 857
德国	Germany	221 256	128 907	92 349	248 990	133 170	115 820	290 381	175 091	115 290
泰国	Thailand	170 364	55 650	114 714	176 903	62 451	114 452	240 445	73 611	166 834
新加坡	Singapore	222 517	114 551	107 966	284 645	131 453	153 192	386 752	156 418	230 334
韩国	Korea Rep.	251 976	30 059	221 917	330 796	31 836	298 960	473 068	45 052	428 016
台湾	Taiwan	610 077	77 702	532 375	829 003	94 328	734 675	1 053 557	116 635	936 922
澳大利亚	Australia	121 543	30 006	91 537	123215	42651	80 564	103 173	59 402	43 771
印度尼西亚	Indonesia	70 122	19 760	50 362	80 509	23 850	56 659	90 669	32 996	57 673
马来西亚	Malaysia	187 010	36 387	150 623	296 299	47 893	248 406	389 180	60 048	329 132
英国	United Kingdom	136 376	107 347	29 029	132 849	104 661	28 188	176 117	147 135	28 982
意大利	Italy	50 969	24 628	26 341	66 503	30 355	36 148	80 621	47 876	32 745
巴西	Brazil	19 476	13 982	5 494	22 281	14 532	7 749	32 379	18 726	13 653
加拿大	Canada	48 867	25 685	23 182	61 521	36 832	24 689	83 586	51 390	32 196
其它		1 035 937	3 762 040	659 697	1 480 807	523 097	957 710	2 231 734	740 620	1 491 114

10-9 主要商品进口数量

MAIN IMPORT COMMODITIES IN VOLUME

(2001-2003)

项目	Item	全市 Total 2001	2002	2003
1、汽车(辆)	Motor Vehicles	5 306	9 110	10 087
2、复印机(台)	Duplicators	13 792	23 624	13 607
3、自动数据处理及部件(万台)	Deta Processing Equipment and Components(10 000)	2 422.63	3 800.56	6 122.20
4、彩色电视机(万台)	Color TV Sets (10 000)	0.82	7.79	81.09
5、成品油(万吨)	Oil Products (10 000 ton)	179.31	209.33	218.63
6、钢材(万吨)	Rolled-Steel(10 000 ton)	216.81	252.07	290.32
7、谷物(吨)	Rice(ton)	301 372	365 739	380 869
8、食糖(吨)	Sugar(ton)	5 536	11 711	12 327
9、肥料(吨)	Fertilizer(ton)	1 363 922	1 394 909	1 116 190

10-10 主要商品出口数量

MAIN EXPORT COMMODITIES IN VOLUME

(2001-2003)

项目	Item	全市 Total 2001	2002	2003
1、肉用活猪(万头)	Live Hogs(10 000 heads)	5.7	5.2	6.1
2、活家禽(万只)	Live Poultry (10 000 heads)	1 931.7	1 635.2	1 389.9
3、活鲜鱼(吨)	Live Fish (ton)	20 322.8	23 054.9	32 179.7
4、棉布(万米)	Cotton Cloth (10 000m)	18 592.5	20 422.6	23 546.1
5、服装(万套)	Garments (10 000)	190 293.1	229 761.2	337 905.5
6、彩色电视机(万台)	Color TV Sets(10 000)	276.7	387.4	913.9
7、收录音机及组合音响(万台)	Radio Cassette Players and Hi-Fi Stereo Component System(10 000)	13 998.7	20 361.2	24 939.9
8、电话机(万部)	Telephone Sets (10 000)	6 848.7	7 854.7	9 177.8
9、自行车(万辆)	Bicycles(10 000)	765.5	843.3	840.9
10、沙石(万吨)	Sand and Stone(10 000 ton)	164.9	100.4	334.1

10-11 旅游业基本情况(宾馆部分)

BASIC CONDITIONS OF TOURISM (HOTELS)

(1990—2003)

年 份 Year	过夜国际游客(宾馆部分)(万人) International Tourists (10 000 persons)	外国人 Foreigners	华 侨 Overseas Chinese	港澳同胞 Compatriots from Hongkong and Macao	台 胞 Compatriots Form Taiwan
1990	148.24	9.32	0.68	131.94	6.30
1991	182.98	10.84	1.66	163.74	6.74
1992	214.37	16.98	1.29	183.14	12.96
1993	180.87	20.41	2.73	144.42	13.31
1994	186.39	31.07	2.58	139.75	12.99
1995	185.37	35.32	1.10	131.41	17.54
1996	151.47	30.91	1.37	101.48	17.71
1997	140.41	32.00	0.75	89.49	18.17
1998	148.47	30.83	0.72	97.52	19.41
1999	158.08	35.49	1.45	101.03	20.11
2000	397.34	61.09		287.62	48.63
2001	423.87	67.95		307.33	48.59
2002	449.35	80.59		319.87	48.89
2003	435.13	69.89		331.45	33.79

注:1990-1999 年过夜国际游客为宾馆、酒店部分,2000 年后为旅游全口径,包括:宾馆、酒店、饭店、招待所、居民家住等各种住宿设施所接待的国际游客。

The figures of international tourists before 1999 have been collected from hotels and guesthouses, and from 2000, it is the whole scope,include hotels,guesthouses, public houses and stay in residential houses.

10-11 续表 continued

年 份 Year	过夜国内游客(宾馆部分)(万人) Domestic Tourists (10 000 persons)	旅游外汇收入(万美元) Total Foreign Exchange Earnings from International Tourism (USD 10 000)	商品性收入 Commodities	劳务性收入 Services	宾馆、酒店、度假村开房率(%) Room Occupancy Rate of Hotels and Holiday Countries (%)
1990	314.97	20 933	11 389	9 544	68.1
1991	442.41	20 911	9 410	11 501	72.3
1992	497.77	39 100	14 774	24 326	79.6
1993	435.79	39 128	15 068	24 060	68.0
1994	373.32	48 821	17 483	31 338	63.0
1995	357.27	63 633	20 574	43 059	58.9
1996	360.55	58 384	21 489	36 895	56.3
1997	341.11	53 225	17 176	36 049	57.6
1998	340.33	59 025	18 413	40 612	55.5
1999	346.81	62 186	19 743	42 443	57.9
2000	927.71	141 100			62.5
2001	1 031.70	151 054	95 037	56 017	64.3
2002	1 073.54	172 342	98 904	73 438	64.1
2003	1 013.69	130 097	77 703	52 394	55.2

注:1990-1999 年过夜国内游客为宾馆、酒店部分,2000 年后为旅游全口径,包括:宾馆、酒店、饭店、招待所、居民家住等各种住宿设施所接待的国内游客。

The figures of domestic tourists before 1999 have been collected from hotels and guesthouses,and from 2000 it is the whole scope ,include hotels ,guesthouses ,public houses and stay in residential houses.

10-12 按国别分的外国旅游者人数

NUMBER OF FOREIGN TOURISTS BY COUNTRY

(1990-2003)

单位:人 (person)

国别	Country	1990	1991	1992	1993	1994	1995	1996
合计	**Total**	**93 175**	**108 379**	**169 818**	**204 104**	**310 751**	**353 152**	**309 126**
日本	Japan	28 203	32 503	38 747	60 851	80 336	89 555	83 203
菲律宾	Philippines	2 553	1 946	2 116	3 157	3 661	3 167	3 134
新加坡	Singapore	6 443	8 727	18 034	19 115	20 891	17 151	19 024
泰国	Thailand	3 962	6 570	7 179	5 791	5 711	6 901	8 550
印度尼西亚	Indonesia	1 617	2 367	9 175	8 280	9 439	8 467	12 688
英国	United Kingdom	5 209	6 064	8 058	9 931	13 772	13 361	10 820
法国	France	3 277	1 954	4 425	3 253	4 241	3 439	4 265
德国	Germany	1 496	1 360	2 063	1 938	3 504	3 026	5 234
意大利	Italy	1 271	766	1 621	1 804	3 312	2 390	2 163
美国	United States	13 374	14 963	23 075	26 486	46 760	47 217	39 173
加拿大	Canada	3 809	3 753	6 855	5 376	7 000	6 297	6 939
澳大利亚	Australia	1 985	2 326	4 311	3 981	5 906	5 242	6 205
新西兰	New Zealand	430	364	552	812	1 274	750	993
俄罗斯	Russia	367	795	708	466	814	432	656
韩国	Korea Rep.		951	4 277	5 129	7 078	10 899	32 015
马来西亚	Malaysia		3 032	12 220	15 723	11 909	19 081	24 430
其他	Others	19 179	19 938	26 402	32 011	851	115 777	49 634

10-12 续表 continued

国别	Country	1997	1998	1999	2000	2001	2002	2003
合 计	**Total**	**320 076**	**308 279**	**354 911**	**610 900**	**679 464**	**805 937**	**698 867**
日 本	Japan	78 264	74 275	93 172	150 479	197 853	245 265	221 780
菲律宾	Philippines	3 338	4 266	5 042	9 158	12 461	15 204	7 161
新加坡	Singapore	19 266	24 264	29 337	42 264	53 788	59 668	37 391
泰 国	Thailand	6 176	4 536	4 613	6 531	18 344	29 367	24 451
印度尼西亚	Indonesia	14 329	5 779	6 217	29 010	33 909	40 714	33 322
英 国	United Kingdom	9 043	10 007	12 242	17 728	20 916	23 925	23 915
法 国	France	4 826	6 524	6 765	10 529	15 722	15 331	13 316
德 国	Germany	4 720	6 549	7 842	9 015	11 337	13 848	14 859
意大利	Italy	2 399	3 043	3 636	3 627	4 108	6 722	7 133
美 国	United States	32 771	39 490	49 130	64 083	75 328	104 130	92 608
加拿大	Canada	6 208	8 476	9 217	11 431	14 092	16 356	14 183
澳大利亚	Australia	5 441	6 851	10 124	10 985	12 796	15 219	14 413
新西兰	New Zealand	804	1 397	1 642	1 702	2 292	2 937	2 888
俄罗斯	Russia	2 084	874	893	2 102	4 018	3 514	3 539
韩 国	Korea Rep.	30 885	18 696	20 133	27 612	45 172	65 443	69 068
马来西亚	Malaysia	23 269	43 931	50 554	50 537	42 186	50 516	32 075
其他	Others	76 253	49 321	44 352	164 107	115 142	97 778	86 765

10-13 旅游部门主要财务指标

MAIN FINANCIAL INDICATORS OF TOURISM

单位:万元 (2003) (10 000 yuan)

指 标	Item	合 计 Total	旅行社 Travel Services	宾馆、酒店 Hotels	旅游点 Tourist Spots
营业收入	Business Revenue	823 141.13	231 865.78	434 060.20	157 215.15
营业成本	Business Cost	352 987.88	207 107.91	104 342.86	41 537.11
营业费用	Business Expenses	220 892.82	8 586.28	177 828.34	34 478.20
营业税金及附加	Business Taxes and Extra Charges	30 405.92	1 416.29	20 090.55	8 899.08
经营利润	Operating Profits	218 854.51	14755.30	131 798.45	72 300.76
管理费用	Management Expenses	202 849.49	11 712.93	135 626.64	55 509.92
财务费用	Financial Expenses	20 255.87	384.48	8 470.44	11 400.95
营业利润	Business Profits	−4 250.85	2 657.89	−12 298.63	5 389.89
投资收益	Earnings of Investment	3 485.11	215.01	2 611.20	658.90
营业外收支差	Non−operating Net Revenue or Expenditure	235.91	821.67	−2 401.19	1 815.43
利润总额	Total Profits	−529.83	3 694.57	−12 088.62	7 864.22
年末固定资产原值	Original Value of Fixed Assets(year−end)	1 748 536.57	37 776.54	974 374.51	736 385.52
年末固定资产净值	Net Value of Fixed Assets (year−end)	1 085 975.48	21 123.95	615 425.08	449 426.45
年末职工人数(人)	Number of Staff and Workers (year−end)(person)	66 228	5 043	49 508	11 677

10-14 主要宾馆(酒店)设施情况

FACILITIES OF MAIN TOURIST HOTELS

(2003)

宾馆(酒店)名称 Name	客房数(间) Number of Dining Rooms	床位数(张) Number of Beds	开房率(%) Room Occupancy Rate
五星级 Five-Star	**3 877**	**5 818**	**57.14**
富苑酒店	351	450	51.12
景轩大酒店(深圳)有限公司	221	365	56.40
富临大酒店	500	806	42.40
深圳骏豪酒店有限公司	360	539	48.58
深圳南海酒店有限公司	368	560	51.68
深圳彭年酒店	527	662	60.37
深圳圣廷苑酒店有限公司	297	580	73.69
深圳华侨城威尼斯酒店有限公司	376	542	66.51
深圳香格里拉大酒店有限公司	502	813	61.67
深圳阳光酒店	375	501	65.67
四星级 Four-Star	**4 432**	**7 482**	**63.48**
大梅沙海景酒店	324	550	47.07
晶都酒店	338	526	45.53
庐山国际大酒店	234	364	56.49
明华国际会议中心	265	540	68.39
深圳东华假日酒店管理有限公司	285	455	74.72
深圳都之都大酒店管理有限公司	249	339	64.89
深圳市宝安宝利来大酒店	204	352	74.56
深圳市宝明城花园酒店	108	209	64.28
深圳市格兰云天大酒店有限公司	242	378	70.80
深圳市廷苑酒店有限公司	136	188	67.55
深圳湾大酒店	308	593	58.07
深圳新都酒店股份有限公司	366	645	53.60
深圳新世纪酒店有限公司	247	398	73.85
深圳云深有限公司金碧酒店	284	474	56.31
雅兰置业(深圳)有限公司雅兰酒店	204	352	46.80
中南海滨大酒店	130	205	79.98
三星级 Three-Star	**9 297**	**16 356**	**54.40**
香蜜湖渡假村	218	436	13.26
碧海恒城酒店	70	90	61.83
蔡屋围大酒店	75	150	60.49
长城大酒店	162	246	62.14
帝豪酒店	124	225	56.95
国丰大酒店	120	194	40.57
海景酒店	457	812	78.55

宾馆(酒店)名称 Name	客房数(间) Number of Dining Rooms	床位数(张) Number of Beds	开房率(%) Room Occupancy Rate
火车站大酒店	226	320	65.60
晶都城酒店	52	103	38.07
凯利宾馆	173	281	75.84
凯丽莱酒店	228	456	51.89
老地方酒店	266	532	57.04
南岭求水山公园度假村	189	336	25.30
深圳港龙酒店有限公司	188	311	33.15
深圳国王大酒店有限公司	50	85	48.49
深圳海燕大酒店有限公司	238	446	42.31
深圳恒丰大酒店有限公司	36	65	53.12
深圳环宇大酒店	258	476	41.25
深圳金鹏大酒店胡限公司	149	219	71.44
深圳丽都酒店	265	458	48.45
深圳三九大酒店	149	244	67.23
深圳上海宾馆	162	285	86.16
深圳深华国宾大酒店有限公司	228	386	48.90
深圳北方大酒店	98	161	58.90
深圳市长安大厦实业有限公司	192	330	56.74
深圳东湖宾馆	145	290	60.86
深圳市丰乐园大酒店有限公司	94	130	48.72
深圳市鸿波酒店投资有限公司	130	241	70.87
深圳市江南酒店	127	268	42.51
深圳市金湾酒店有限公司	81	155	76.69
深圳市京鹏实业有限公司	213	400	45.58
深圳市南方苑酒店	92	133	58.75
深圳市青海大酒店	84	152	48.59
深圳市山水大酒店	79	146	70.00
深圳市西丽大酒店	224	448	62.80
深圳市西丽湖度假村	286	572	29.73
深圳市银湖旅游中心	193	354	52.40
深圳市友谊酒店	133	220	73.53
深圳市云鹏大酒店	122	214	48.93
深圳市中农实业发展有限公司名兰苑酒店	77	142	72.08
深圳特发小梅沙旅游中心	166	332	42.57

10-14 续表 2　continued

宾馆(酒店)名称 Name	客房数(间) Number of Dining Rooms	床位数(张) Number of Beds	开房率(%) Room Occupancy Rate
深圳特基实业有限公司景明达酒店	145	238	69.93
深圳迎宾馆	504	931	51.04
深圳远东大酒店有限公司	278	455	46.82
深圳粤海酒店企业有限公司	278	381	74.08
深圳竹园企业有限公司	189	325	51.37
石岩湖温泉度假村	300	600	24.36
实华宾馆	150	256	79.77
双溪威大酒店	236	378	51.55
四川宾馆	152	300	80.76
投资大厦宾馆	66	126	78.51
文乐酒店	75	129	68.39
怡鸿阁大酒店	111	206	60.58
粤通世纪酒店	74	134	54.04
中油酒店有限公司	187	284	66.34
二星级　Two-Star	**6 814**	**12 655**	**58.30**
城苑大酒楼	48	81	71.97
广深铁路大酒店	110	200	63.25
广信酒店	181	324	43.88
航空大酒店	100	181	57.51
航运宾馆	146	247	52.61
和平酒店	75	175	56.82
红岭宾馆	69	143	45.84
鸿图大酒店	101	144	51.83
华海宾馆	120	204	87.33
华联宾馆	66	124	77.37
华盐宾馆	96	193	54.67
华中国际酒店(深圳华侨服务中心)	169	240	43.39
汇都大酒店	51	84	47.38
佳豪酒店	44	83	45.49
嘉旅宾馆	59	118	36.84
科苑宾馆	43	86	46.72
老地方酒店	60	120	58.02
联城酒店	84	154	61.94
罗芳大酒店	32	56	43.08

10-14 续表 3　continued

宾馆(酒店)名称 Name	客房数(间) Number of Dining Rooms	床位数(张) Number of Beds	开房率(%) Room Occupancy Rate
罗湖宾馆	70	135	59.02
闽江宾馆	60	112	72.16
名都酒店	304	522	67.53
名士酒店	45	80	55.24
深铁大厦酒店	166	300	43.28
深圳大学学术交流中心(文山湖宾馆)	147	333	40.07
深圳迪富宾馆	320	558	62.35
深圳漓江春酒店	87	165	29.96
深圳润南酒店	60	110	67.12
深圳市奥盛华洋实业有限公司华洋宾馆	110	198	78.81
深圳市宝安丽晶酒店	112	156	67.14
深圳市宝安区京华大酒店	42	82	66.52
深圳市广深宾馆有限公司	151	282	80.10
深圳市国旅酒店有限公司	110	210	66.46
深圳市河东宾馆有限公司	104	190	65.20
深圳市华强宾馆有限公司	88	178	58.72
深圳市华侨大厦	170	323	47.72
深圳市华侨酒店	155	296	60.06
深圳市江苏宾馆有限公司	75	125	67.45
深圳市金地宾馆	42	89	61.90
深圳市三金实业有限公司皇岗宾馆	87	147	41.41
深圳市依迪店有限公司	72	140	71.23
深圳兴华宾馆	143	290	58.05
太子宾馆	182	357	65.84
泰然宾馆	95	197	38.98
天地宾馆	72	150	61.57
田心酒店	80	160	41.52
温莎酒店	50	85	45.52
梧桐山宾馆	56	115	35.58
西湖宾馆	68	142	72.79
西江酒店	76	150	42.46

宾馆(酒店)名称 Name	客房数(间) Number of Dining Rooms	床位数(张) Number of Beds	开房率(%) Room Occupancy Rate
新安京洋宾馆	108	220	25.61
新安酒店	131	276	46.32
新华都酒店	82	181	61.53
新明珠大酒店	73	105	39.07
新新地酒店	88	166	60.96
益成酒店	38	50	43.90
银都酒店	53	88	41.31
永安大酒店	93	146	64.56
永通酒店	79	160	57.74
振兴宾馆	64	101	74.13
一星级　One-Star	**121**	**244**	**61.44**
鸿雁大酒店	50	101	61.48
穆斯林宾馆	71	143	61.41
无星级　Others	**8 845**	**15 633**	**52.88**
安发宾馆	25	40	31.27
安永昌酒店	50	72	27.18
坂田大酒店	66	112	40.64
宝安联华酒店	25	90	28.71
宝得宾馆	40	56	54.37
宝富酒店	48	83	75.63
宝华园宾馆	55	100	78.21
贝岭居宾馆	130	245	38.99
滨海明珠大酒店	92	184	25.54
彩龙宾馆	28	50	48.86
长鸿酒店	40	90	22.74
潮乐丰宾馆	40	80	53.21
大铲宾馆	73	111	38.82
大江南酒店	65	136	45.29
大鹏皇都酒店	13	21	26.34
大新宾馆	91	157	50.38
第一城酒店	48	68	36.08
东方酒店	50	80	23.11
东方威斯酒店	117	226	38.83
芳菲苑酒店	39	75	43.20

10-14 续表 5　continued

宾馆(酒店)名称 Name	客房数(间) Number of Dining Rooms	床位数(张) Number of Beds	开房率(%) Room Occupancy Rate
凤凰酒店	140	268	67.29
富豪城酒店	88	157	73.42
富丽安酒店	53	73	28.02
富龙山酒店	17	27	38.62
港都酒店	44	80	30.61
格兰德假日酒店	289	560	72.39
广东边防大酒店	150	266	50.13
广银西友酒店	88	163	34.01
海山宾馆	55	44	25.84
海上田园风光旅业部	114	190	33.66
海洋酒店	99	191	59.40
汉深宾馆	39	67	58.47
濠江酒店	29	62	63.30
恒丰海悦大酒店	266	450	35.76
横岗宾馆	56	106	35.11
横岗大厦	58	110	28.01
华登宾馆	38	60	47.66
华商宾馆	40	72	55.77
华通大酒店	30	63	41.03
皇都酒店	9	14	31.44
机场大酒店	70	125	81.90
机场民航酒店	45	90	58.75
嘉宝大酒店	10	18	27.81
江南春酒店	71	140	53.22
金都大酒店	50	76	58.87
金都酒店	20	46	64.00
金丰盈酒店	50	100	32.79
金福禄宾馆	58	90	40.17
金皇宾馆	18	30	42.07
金沙湾大酒店	117	218	50.62
金水湾渡假村	200	355	42.67
金禚业大酒店	23	38	25.02
金宜酒店	38	58	43.95

10-14 续表 6　continued

宾馆(酒店)名称 Name	客房数(间) Number of Dining Rooms	床位数(张) Number of Beds	开房率(%) Room Occupancy Rate
锦湖宾馆	156	300	76.38
经发大酒店	61	76	50.37
经盛酒店	72	147	64.35
聚豪酒店	60	106	24.33
君逸酒店	376	616	30.37
兰花酒店	80	140	59.34
荔山酒店有限公司	46	92	64.72
灵芝大酒店	48	88	66.89
龙堡酒店	56	72	36.69
龙东宾馆	23	40	47.03
龙都酒店	88	154	30.55
龙岗金鼎大酒店	30	59	68.32
龙岗金龙酒店	78	146	28.22
龙岗南天阁酒店	25	47	25.83
龙岗区干部疗养院	99	173	29.49
龙岗三阳宾馆	32	60	53.86
龙华新一代酒店	60	100	26.10
龙江河酒店	48	90	25.77
龙泉酒店	132	203	59.25
龙苑宾馆	39	51	57.90
龙之都酒店	20	40	52.51
绿远大酒店	39	75	47.15
梅州大酒店	89	143	64.09
南澳大酒店	149	298	35.56
南澳福源宾馆	70	134	32.30
南方联合大酒店	201	340	50.45
南航机场宾馆	60	159	70.02
南蓉新酒店有限公司	123	230	29.09
南油酒店	114	225	75.11
鹏星酒店	45	72	56.81
平湖平建大酒店	42	150	46.76
平湖迎宾馆	70	108	23.15
坪山帝王酒店	64	105	67.89
千富大酒店	74	33	22.37

10-14 续表 7 continued

宾馆(酒店)名称 Name	客房数(间) Number of Dining Rooms	床位数(张) Number of Beds	开房率(%) Room Occupancy Rate
沁茗泉酒店	21	33	22.37
青青世界旅馆	100	180	56.66
日华宾馆	33	66	49.43
森林酒店	15	23	42.22
沙河酒店	40	68	30.41
沙穗酒店	34	48	27.31
沙田酒店	80	127	70.60
沙头角宾馆	89	171	67.68
山水宾馆	88	141	51.58
蛇口海涛培训酒店	72	108	72.00
深运大酒店	48	61	63.42
深圳春湖大酒店有限公司	42	63	73.33
深圳帝都酒店有限公司	67	139	50.03
深圳旅游学院燕晗山酒店	85	171	72.78
深圳麒麟山庄	284	488	37.33
深圳青少年渡假营	60	120	25.84
汉永酒店	125	198	54.81
深圳市报业酒店	52	104	58.71
深圳市翠珊园酒店有限公司	16	32	40.31
深圳市东方之珠大酒店有限公司	72	138	74.75
深圳市东风宾馆有限公司	54	84	59.56
深圳市芙蓉宾馆有限责任公司	148	267	59.68
深圳市富丽华大酒店	244	550	51.38
深圳市公共交通集团有限公司东门酒店	119	227	29.98
深圳市海湾大酒店有限公司	271	480	73.58
深圳市鸿隆商务发展有限公司鸿隆公寓	103	153	86.18
深圳市湖北大厦有限公司楚天大酒店	192	335	66.87
深圳市华储仓储服务有限公司锦苑大酒店	80	160	28.36
深圳市皇悦酒店有限公司	148	224	74.52
深圳市蛇口久申实业有限公司久申宾馆	49	99	55.90
深圳市沈阳金奉宾馆有限公司	48	72	54.39
深圳市松乔酒店有限公司	68	120	38.63

10-14 续表 8　continued

宾馆(酒店)名称 Name	客房数(间) Number of Dining Rooms	床位数(张) Number of Beds	开房率(%) Room Occupancy Rate
深圳市天银泉酒店	90	160	41.46
深圳市万德诺富特酒店有限公司	140	181	78.92
深圳市五洲宾馆	334	650	61.98
深圳市银园宾馆	63	113	71.19
深圳市越众(集团)服从有限公司招待所	28	78	71.46
盛华大酒店	118	236	34.38
石岩京洋宾馆	53	99	45.22
世纪海景乡村(高尔夫)俱乐部	22	32	42.27
松江山庄	27	38	34.66
泰和宾馆	35	80	60.25
潭海酒店	60	108	44.13
天天渔港酒店	38	68	81.06
同心宾馆	59	96	60.98
王母大酒店	65	130	28.67
望族酒店	40	75	37.22
西苑宾馆	73	129	66.46
溪冲工人休养渡假村	202	400	24.85
新丰宾馆	60	112	50.97
新光酒店	50	92	53.22
新华苑宾馆	65	130	68.59
新梅园大酒店	129	218	59.00
新上南酒店	40	70	51.88
新王朝酒店	94	184	52.52
新兴宾馆	49	80	54.58
新雅大酒店	38	57	59.76
新业酒店	40	72	60.23
鑫湖宾馆	30	60	31.32
银都酒家	49	98	25.89
永恒假日酒店	45	70	55.86
源丰酒店	97	175	47.76
悦凯酒店	55	78	53.33
粤安大酒店	70	122	22.66
粤佳宾馆	28	56	23.28
造厦宾馆	29	60	35.85
中贸宾馆	36	96	43.33

第十一部分　劳动工资

Labor Force and Wage

CHAPTER 11

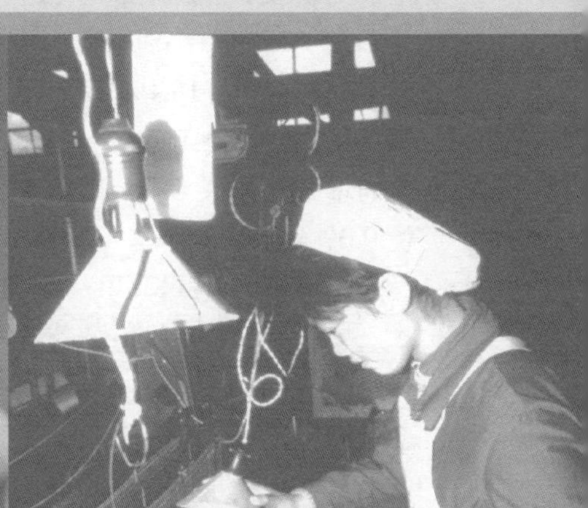

2003年深圳市职工工资增长特点及2004年预测

2003年,深圳市国民经济增长速度加快,综合经济实力和发展后劲进一步增强,经济增长率创8年来新高。在此形势下,在岗职工工资总额继续增长,在岗职工年平均工资突破3万元。主要特点表现在:

一、职工工资收入与经济协调增长

(一)职工工资总额持续增长

2003年本市生产总值(GDP)达2895.41亿元,增长19.2%,经济的快速发展带来职工就业和职工工资的增长;年末在岗职工人数为108.20万人,增长幅度为6.3%;在岗职工工资总额为3259896万元,增长幅度为15.1%。工资总额的增长因素主要是职工人数的增加和工资水平的提高,其中因职工人数的增加而增长6.1%,因职工工资水平的提高而增长9.0%(见表一)。

表一: 职工工资总额增长情况

	1999年	2000年	2001年	2002年	2003年
职工工资总额增幅(%)	12.9	11.8	15.5	16.0	15.1
本市生产总值增幅(%)	14.2	14.2	13.2	15.0	19.2
在岗职工人数增幅(%)	0.6	0.9	1.6	7.2	6.3

(二)在岗职工年平均工资突破3万元

职工平均工资是反映职工工资水平的主要指标。2003年全市在岗职工年平均工资为30611元,比上年增长8.5%,增幅有所回落(见表二)。从各种经济类型看,国有经济职工年平均工资为40893元,集体经济职工年平均工资为17061元,其他经济职工年平均工资为26940元,分别比上年增长15.2%、0.5%和5.5%,国有经济职工工资水平增长大于集体经济和其他经济职工工资水平增长。

表二: 职工工资水平增长情况

	1999年	2000年	2001年	2002年	2003年
职工年平均工资(元)	20714	23039	25941	28218	30611
平均工资增幅(%)	12.7	11.2	12.6	8.8	8.5

(三)其他从业人员劳动报酬增长最快

其他从业人员是指再就业的离退休人员以及在各单位中工作的外方人员和港澳台方人员、兼职人员、借用的外单位人员和第二职业者。2003年深圳市其他从业人员劳动报酬79836.8万元,比上年增长33.4%;其他从业人员年平均劳动报酬82930元,比上年增长21.8%,由于外方和港澳台方人员占其他从业人员的比重增加,且其劳动报酬增长较快,使其他从业人员的劳动报酬总额和人均劳动报酬的增长都明显大于在岗职工工资总额和在岗职工平均工资的增长(见表三)。

表三: 其他从业人员及劳动报酬情况

	期末人数(人)	劳动报酬总额(万元)	比上年增长(%)	平均劳动报酬(元)	比上年增长(%)
从业人员	1091740	3339732.6	15.5	31080	8.8
1、在岗职工	1081970	3259895.8	15.1	30611	8.5
2、其他从业人员	9770	79836.8	33.4	82930	21.8
#外资和港澳台	2083	51342.4	50.9	248752	22.1

(四)离岗职工平均生活费大幅提高

随着各级政府加大对下岗、内退等低收入职工的关注,各项政策落实到位,离岗职工生活费有较大增长,同时,由于机关、事业单位和一些经济效益较好的单位也出现了离岗职工,使离岗职工生活费产生结构性变化的增长。2003年,深圳市离岗职工年平均生活费15044元,比上年增长29.3%,比在岗职工平均工资增幅高出20.8个百分点。

(五)外资企业职工工资增幅大于内资和港澳台资企业

从企业登记注册类型来看,内资企业(包括国有企业、集体企业、股份合作企业、联营企业、有限责任公司、股份有限公司和其他企业)、港、澳、台商投资企业和外商投资企业职工的工资水平都有不同程度的增长。内资企业的职工工资水平最高,2003年为31514元,比上年增长6.4%;其次是外商投资企业,工资水平为25682元,比上年增长7.5%,增幅最大;最低工资水平的是港、澳、台商投资企业20756元,比上年增长5.1%,增幅也最小(见表四)。

表四：　　企业在岗职工年平均工资情况

按登记注册类型分组	2002年（元）	2003年（元）	增长%
企业合计	25995	27447	5.6
1、内资企业	29628	31514	6.4
# 国有企业	29381	31675	7.8
集体企业	16955	17036	0.5
股份合作企业	13452	15219	13.1
联营企业	24111	23857	-1.1
有限责任公司	35824	36363	1.5
股份有限公司	28899	31392	8.6
其他内资	35986	43719	21.5
2、港、澳、台商投资企业	19749	20756	5.1
3、外商投资企业	23880	25682	7.5

二、不同行业、产业、城市间工资增长差异较大

（一）国民经济各行业工资水平增长各异，部分行业出现负增长

2003 年起，国民经济行业使用新的分类标准，从新行业的大类分组来看，在岗职工工资水平增长各异，带有垄断性质的行业、技术含量较高的行业和一些目前相对热门的行业，工资水平较高，且大部分工资增幅也较大，如金融保险、科研、广播电视、物流业等；而劳动密集型的传统行业和一些受"非典"影响的行业，工资水平较低，增长幅度较小，部分行业出现负增长，如皮革羽毛制品业、文教体育用品制造业、旅游业、娱乐业等；行业间工资水平差距逐年拉大，2003 年，在 95 个行业大类中，工资水平最高的是保险业(78614 元)，工资水平最低的是皮革羽毛制品业(12390 元)，高工资行业与低工资行业的平均工资差距由 2002 年的 62963 元扩大到 2003 年的 66224 元，工资差距进一步拉大。最高工资的十大行业和最低工资的十大行业工资情况(见表五)。

表五：十大最高工资和最低工资行业年平均工资情况

单位：元

高工资行业	平均工资	低工资行业	平均工资
保险业	78614	皮革羽毛制品业	12390
证券业	75382	文教体用品制造业	12767
广播电视电影和音像	73039	电气机械器材制造	15341
烟草制品业	72380	服装鞋帽制造	15642
银行业	63483	农业	15829
电力热力的生产供应	60978	橡胶制品业	15991
石油和天然气开采业	60253	渔业	16263
高等教育	59631	纺织业	16820
房地产中介服务	55912	餐饮业	17405
其他金融活动	55829	金属制品业	17783

（二）不同产业间职工工资水平差距继续加大

2003 年，深圳市第一产业的在岗职工年平均工资为 23672 元，增幅为 16.7%，大于第二和第三产业(见表六)；第二产业在岗职工年平均工资为 23762 元，增幅 3.4%；第三产业的在岗职工年平均工资为 38750 元，仍居首位，增幅也较大，为 10.5%。一、三产业间职工工资水平差距由 2002 年的 14656 元扩大到 2003 年的 15078 元。

表六：　深圳市不同产业在岗职工年平均工资情况

按产业分组	2002年（元）	2003年（元）	同期对比%
总计	28218	30611	8.5
1、第一产业	20398	23672	16.1
2、第二产业	22982	23762	3.4
3、第三产业	35054	38750	10.5

（三）各城市间工资水平和增长速度差异大

改革开放以来，深圳各项事业蓬勃发展，经济增长速度世人瞩目，与国内大中城市相比，本市生产总值、规模以上工业总产值、地方财政收入、利用外资等主要指标排位均居前列。职工工资收入与经济发展水平、经济增长速度是紧密联系的。2003 年，深圳在岗职工工资水平在 19 个副省级城市中处于领先地位，但增长幅度只居第 17 位(见表七)，各城市间工资水平及增长速度差异较大。

表七：　副省级以上城市在岗职工平均工资增幅排序

市别	年平均工资（元）	比上年增长（%）	位次
南京	22190	15.9	1
北京	25312	15.8	2
杭州	24668	15.2	3
沈阳	14965	15.1	4
天津	18648	14.7	5
上海	27304	14.0	6
哈尔滨	12077	13.6	7
重庆	12425	13.4	8
大连	17561	13.1	9
武汉	13729	13.9	10
宁波	23690	12.2	11
成都	15275	11.4	12
西安	13504	11.3	13
济南	15837	10.0	14
广州	28806	9.9	15
青岛	15335	8.7	16
深圳	30611	8.5	17
长春	13867	7.6	18
厦门	19024	6.6	19

三、2004 年预测

深圳市委三届八次全会提出了深圳市 2004 年工作总体要求和主要经济预期目标：抓住实施内地与香港更紧密经贸关系安排的契机，以发展为主题，以完善社会主义市场经济体制为动力，以人民群众的根本利益为出发点和归宿，实现经济持续快速协调健康发展。2004 年经济增长预期目标计划为 13%，比上年的预期目标增加了一个百分点。据此，我们预计如下：

（一）城镇在岗职工工资总额增长 15%左右

为了实现 13%的经济增长目标，2004 年深圳市将进一步优化产业结构，提高经济效益，加快高新技术产业、现代物流业和金融服务业三大支柱产业的发展，加大固定资产投资力度，扩大对内对外开放等，这些措施的落实，必将带来就业需求的增加和劳动报酬的增长；同时，根据 1999 年--2003 年城镇在岗职工工资总额平均增长为 14.2%和经济增长预期目标加快的态势来分析，预计 2004 年城镇在

岗职工工资总额将有15.0%左右的增长。

（二）城镇在岗职工平均工资增长小于8.0%

除了经济的增长带来职工工资水平的普遍提高外，就业结构的变化也能使职工工资总体水平发生结构性调整的增长。随着加快发展三大支柱产业的政策实施，从事通信设备业、金融证券业、交通运输业、科研和综合技术服务业的职工人数增长较快，这些行业工资水平相对比较高；同时，随着人口的增加和城区的不断扩大，教育、卫生、电力、煤气及水的生产和供应业等行业的职工人数也有所增加，这些行业的工资水平均高于全市平均水平；而工资水平相对较低的皮革制品业、服装鞋帽制品业、建筑业和批发零售贸易业等职工人数则逐年减少或增长很小，这种较高工资行业的职工人数增加、较低工资行业的职工人数减少，使职工工资的总体水平提高。但由于目前深圳市职工工资水平基数相对较高，国家对一些垄断行业的工资增长加强了监管，机关事业单位今年还没有调资计划，因此，工资水平大幅增长的可能性不大。根据1999年--2004年城镇在岗职工工资水平的平均增长为10.7%和工资水平增幅呈回落态势来分析，预计2004年城镇在岗职工平均工资增幅将小于8.0%。

（撰稿：陈利萍）

11-1 职工人数、工资总额及平均工资

NUMBER, TOTAL WAGES AND AVERAGE WAGE OF STAFF AND WORKERS

(1979-2003)

年 份 Year	年末职工人数 (万人) Number of Staff and Workers Year-end (10 000persons)	# 国有单位 State-owned Units	工资总额 (万元) Total Wages (10 000yuan)	# 国有单位 State-owned Units	年平均工资 (元) Average Yearly Wages (yuan)	# 国有单位 State-owned Units
全市 Total						
1979	4.02	3.37	2 952	2 505	769	785
1980	4.86	4.05	4 366	3 691	979	990
1981	5.31	4.51	5 930	5 046	1 132	1 119
1982	8.28	7.00	10 000	8 477	1 366	1 358
1983	12.57	10.10	16 142	12 976	1 545	1 571
1984	18.33	14.14	35 306	28 642	2 179	2 257
1985	22.66	16.84	51 912	38 465	2 418	2 427
1986	25.88	18.97	59 773	44 324	2 452	2 476
1987	32.29	22.04	80 013	54 333	2 677	2 637
1988	41.74	28.04	134 218	87 607	3 388	3 269
1989	48.24	30.34	179 042	114 650	3 858	3 917
1990	55.41	33.85	227 392	140 935	4 304	4 339
1991	64.89	38.77	307 950	175 169	5 016	4 908
1992	71.10	38.85	403 790	226 079	5 931	6 026
1993	78.11	41.45	619 647	356 949	8 145	8 854
1994	82.29	38.71	852 332	445 286	10 572	11 632
1995	88.75	40.17	1 076 083	545 013	12 276	13 709
1996	89.13	41.07	1 284 558	679 349	14 507	16 625
1997	91.18	40.92	1 479 515	744 781	16 531	18 515
1998	91.93	33.75	1 674 771	707 004	18 381	21 161
1999	92.52	32.94	1 890 338	775 020	20 714	23 602
2000	93.36	31.00	2 113 366	805 421	23 039	26 193
2001	94.88	31.31	2 441 713	968 330	25 941	31 187
2002	101.76	29.62	2 832 799	1 035 092	28 218	35 501
2003	108.20	30.10	3 259 896	1 213 966	30 611	40 893
特区 Urban						
1980	2.65	2.65	2 697	2 697	1 133	1 133
1981	3.85	3.85	4 603	4 603	1 196	1 196
1982	6.68	6.08	8 296	7 361	1 408	1 366
1983	10.67	8.70	13 689	10 770	1 610	1 610
1984	15.45	11.78	30 705	24 902	2 266	2 363
1985	19.31	14.00	46 070	33 553	2 524	2 558
1986	22.13	15.64	53 625	38 826	2 568	2 624
1987	27.35	17.72	71 027	46 596	2 798	2 789
1988	35.79	22.94	119 989	75 667	3 543	3 455
1989	41.20	24.37	156 795	95 707	3 919	3 930
1990	47.59	27.10	199 609	118 263	4 397	4 468
1991	55.47	30.29	272 413	147 863	5 196	5 124
1992	60.06	33.04	356 496	198 202	6 151	6 198
1993	68.32	34.93	555 961	310 909	8 335	9 119
1994	72.33	32.98	768 535	389 924	10 815	11 926
1995	74.67	33.70	947 900	469 341	12 838	14 047
1996	77.52	34.81	1 146 233	586 662	14 903	16 941
1997	80.36	35.40	1 333 670	654 603	16 896	18 783
1998	80.47	28.20	1 507 327	604 604	18 896	21 641
1999	78.87	26.72	1 693 559	657 106	21 644	24 682
2000	79.84	25.64	1 889 103	683 176	24 095	26 869
2001	81.78	26.07	2 183 742	813 454	27 086	31 410
2002	87.39	24.06	2 536 488	862 633	29 465	36 395
2003	86.96	23.93	2 598 421	978 501	30 307	41 039

11-2 职工工资总额指数和平均工资指数

RELATED INDICES OF TOTAL WAGES AND AVERAGE WAGE OF STAFF AND WORKERS

(1980-2003)

以上年为 100 (preceding year=100)

年份 Year	工资总额指数 Related Indices of Total Wages	# 国有单位 State-owned Units	职工平均货币工资指数 Related Indices of Average Money Wage	# 国有单位 State-owned Units	职工平均实际工资指数 Related Indices of Average Real Wage	# 国有单位 State-owned Units
1980	147.9	147.3	127.3	126.1	121.2	120.1
1981	135.8	136.7	115.6	113.0	104.4	102.1
1982	168.6	168.0	120.8	121.4	112.1	112.6
1983	161.4	153.1	113.1	115.7	110.9	113.4
1984	218.7	220.7	141.0	143.7	132.0	134.6
1985	147.0	134.3	111.0	107.5	90.6	87.8
1986	115.1	115.2	101.4	102.0	95.6	96.1
1987	133.9	122.6	109.2	106.5	95.5	93.1
1988	167.7	161.2	126.6	124.0	98.8	96.8
1989	133.4	130.9	113.9	119.8	90.8	95.5
1990	127.0	122.9	111.6	110.8	109.8	109.1
1991	135.4	124.3	116.5	113.1	113.1	109.8
1992	131.1	129.1	118.2	122.8	110.2	114.4
1993	153.5	157.9	137.3	146.9	114.3	122.3
1994	137.6	124.7	129.8	131.4	109.8	111.2
1995	126.3	122.4	116.1	117.9	103.3	104.9
1996	119.4	124.6	118.2	121.3	109.7	112.6
1997	115.2	109.6	114.0	111.4	110.3	107.8
1998	113.8	95.7	110.2	112.3	111.0	113.1
1999	112.9	109.6	112.7	111.5	113.5	112.3
2000	111.8	103.9	111.2	111.0	108.2	108.0
2001	115.5	120.2	112.6	119.1	115.1	121.8
2002	116.0	106.9	108.8	113.8	107.5	112.5
2003	115.1	117.3	108.5	115.2	107.7	114.4

11-3 职工工资总额指数和平均工资指数

RELATED INDICES OF TOTAL WAGES AND AVERAGE WAGE OF STAFF AND WORKERS

(1980-2003)

以 1979 年为 100 (1979=100)

年 份 Year	工资总额指数 Related Indices of Total Wages	# 国有单位 State-owned Units	职工平均货币工资指数 Related Indices of Average Money Wage	# 国有单位 State-owned Units	职工平均实际工资指数 Related Indices of Average Real Wage	# 国有单位 State-owned Units
1980	147.9	147.3	127.3	126.1	121.2	120.1
1981	200.9	201.4	147.2	142.5	126.5	122.6
1982	338.8	338.4	177.6	173.0	141.8	138.0
1983	546.8	518.0	200.9	200.1	157.3	156.5
1984	1 196.0	1 143.4	283.4	287.5	207.6	210.6
1985	1 758.5	1 535.5	314.4	309.2	188.1	184.9
1986	2 024.8	1 769.4	318.9	315.4	179.8	177.7
1987	2 710.5	2 169.0	348.1	335.9	171.7	165.4
1988	4 546.7	3 497.3	440.6	416.4	169.6	160.1
1989	6 065.1	4 576.8	501.7	499.0	154.0	152.9
1990	7 703.0	5 626.1	559.7	552.7	169.1	166.8
1991	10 431.9	6 992.8	652.3	625.2	191.3	183.1
1992	13 678.5	9 025.1	771.3	767.6	210.8	209.5
1993	20 990.8	14 249.5	1 059.2	1 127.9	240.9	256.2
1994	28 873.0	17 775.9	1 374.8	1 481.8	264.5	284.9
1995	36 452.7	21 757.0	1 596.4	1 746.4	273.2	298.9
1996	43 514.8	27 119.7	1 886.5	2 117.8	299.7	336.6
1997	50 119.1	29 731.8	2 149.7	2 358.6	330.6	362.9
1998	57 035.5	28 453.3	2 369.0	2 648.7	367.0	410.4
1999	64 393.1	31 184.8	2 669.9	2 953.3	416.5	460.9
2000	71 991.5	32 401.0	2 968.9	3 278.2	450.7	497.8
2001	83 150.2	38 946.0	3 343.0	3 904.3	518.8	606.3
2002	96 454.2	41 633.3	3 637.2	4 443.1	557.7	682.1
2003	111 018.8	48 835.9	3 946.4	5 118.5	600.6	780.3
年平均增长率(%) Average Annual Growth Rate(%)	**33.9**	**29.4**	**16.5**	**17.8**	**7.8**	**8.9**

11-4 全部职工人数(2003年底)

NUMBER OF STAFF AND WORKERS (END OF 2003)

项目	Item	在岗职工年末人数(人) Number of Staff and Workers Year-end (person)	#女性 Female	#专业技术人员 Professional Technology
总计	**Total**	1 081 970	486 299	246 829
一、按登记注册类型分	Grouped by Registration			
1. 内资单位	Domestic Investment Enterprise	643 050	234 848	182 725
(1)国有单位	State-owned	301 035	114 572	94 176
(2)集体单位	Collective-owned	23 595	8 284	2 837
(3)股份合作单位	Cooperative Shares Enterprise	16 490	7 410	1 105
(4)联营单位	Joint owned	31 896	12 508	6 417
(5)有限责任公司	Companies Limited with Liabilities	173 645	56 447	50 566
(6)股份有限公司	Companies Limited by Shares	96 182	35 563	27 589
(7)其他内资单位	Others	207	64	35
2. 港澳台投资单位	Funded by Entrepreneur from Hongkong, Macao and Taiwan	244 367	129 976	33 671
3. 外商投资单位	Foreign Funded	194 553	121 475	30 433
二、按企业、事业、机关分	Grouped by Enterprises, Institutions and Agencies			
1. 企业	Enterprises	926 523	422 210	190 490
2. 事业	Institutions	87 895	47 297	56 339
3. 机关	Agencies & Organizations	67 552	16 792	
三、按国民经济行业分	Grouped by Sector			
1. 农、林、牧、渔业	Farming, Forestry, Animal Husbandry and Fishery	8 057	2 107	1 603
①农业	Farming	1 477	593	232
②林业	Forestry	186	82	38
③畜牧业	Animal Husbandry	5 622	1 200	1 087
④渔业	Fishery	241	70	53
⑤农、林、牧、渔服务业	Services of Farming,Fprestry,Animal Husbandry and Fishery	531	162	193
2. 采矿业	Mining and Quarrying	648	84	87
3. 制造业	Manufacturing	489 096	281 034	85 674
4. 电力、煤气及水的生产和供应业	Electricity,Gas and Water Production and Supply	13 257	2 949	5 249
5. 建筑业	Construction	71 349	7 962	15 022
#房屋和土木工程建筑业	Civil Engineering	62 626	6 004	12 316
6. 交通运输、仓储和邮政业	Transportation, Storage and Post Services	71 857	20 014	11 370
#铁路运输业	Railway Transportation	10 155	2 183	1 427
道路运输业	Road Transportation	15 107	4 057	1 657
航空运输业	Air Transportation	7 342	2 481	2 722
仓储业	Storage	4 054	1 460	604
邮政业	Post Services	4 622	2 502	619
7. 信息传输、计算机服务和软件业	Information Transfer, Computer and Software Services	17 419	6 876	5 907

11-4 续表 continued

项　　目 Item		在岗职工年末人数(人) Number of Staff and Workers Year-end (person)	# 女　性 Female	# 专业技术人员 Professional Technology
8. 批发和零售业	Wholesale and Retail Trade & Catering Services	73 065	33 211	11 881
①批发业	Wholesale	36 330	13 613	7 549
②零售业	Retail Sales	36 735	19 598	4 332
9. 住宿和餐饮业	Accommodation and Catering Services	34 734	17 931	4 680
①住宿业	Accommodation	17 811	9 196	2 460
②餐饮业	Catering Services	16 923	8 735	2 220
10. 金融、保险业	Banking and Insurance	33 616	15 888	21 480
①金融业	Banking	30 929	14 573	20 145
②保险业	Insurance	2 687	1 315	1 335
11. 房地产业	Real Estate Trade	54 246	15 545	10 945
# 房地产开发经营	Real Estate Development and Operation	15 412	6 317	4 536
物业管理	Real Estate Management	35 999	7 978	5 150
12. 租赁和商务服务业	Leasing Industry and Commercial Services	35 476	9 438	5 914
13. 科学研究、技术服务和地质勘查业	Scientific Research, Technical Services and Geological Prospecting	12 108	3 590	8 177
# 研究与试验发展	Research and Experiment Development	453	182	329
专业技术服务业	Professional Technology Services	10 564	3 095	7 414
14. 水利、环境和公共设施管理业	Water Conservancy, Environment Management and Public Amenities	14 698	5 736	1 780
# 水利管理业	Water Conservancy Administration	918	245	278
环境管理业	Environment Management	6 307	2 991	387
15. 居民服务和其他服务业	Resident Services and Other Services	1 432	465	288
# 居民服务业	Resident Services	969	325	177
16. 教育	Education	40 371	22 548	30 339
# 初等教育	Primary Schools	16 062	10 013	12 692
中等教育	Regular Secondary Schools	16 390	8 289	13 384
高等教育	Regular Institution of Higher Education	3 345	1 215	2 172
17. 卫生、社会保障和社会福利业	Healh Care, Social Insurance and Social Welfare	30 350	18 612	21 756
①卫生	Health Care	28 562	17 815	21 587
②社会保障业	Social Insurance	961	395	38
③社会福利业	Social Welfare	827	402	131
18. 文化、体育和娱乐业	Culture, Education and Entertainment	11 443	5 153	4 223
# 文化	Culture	6 044	2 453	3 365
体育	Sports	1 087	416	271
19. 公共管理和社会组织	Public Services and Social Organizations	68 748	17 156	454
# 国家机构	Government Agencies	66 766	16 512	454

11-5 分经济类型和行业职工工资总额、平均人数和平均工资

TOTAL WAGES, AVERAGE NUMBER AND AVERAGE WAGE OF STAFF AND WORKERS BY OWNERSHIP AND SECTOR (2003)

项目	Item	在岗职工工资总额(万元) Total Wages (10 000 yuan)	在岗职工年平均人数(人) Average Number (person)	年平均工资(元) Average Yearly Wages (yuan)
总计	**Total**	**3 259 895.8**	**1 064 941**	**30 611**
一、按登记注册类型分	Grouped by Registration			
1. 内资单位	Domestic Investment Enterprise	2 272 528.3	633 505	35 872
(1)国有单位	State-owned	1 213 965.6	296 864	40 893
(2)集体单位	Collective-owned	40 159.6	23 539	17 061
(3)股份合作单位	Cooperative Shares Enterprise	24 690.8	16 224	15 219
(4)联营单位	Joint owned	73 833.4	30 948	23 857
(5)有限责任公司	Companies Limited with Liabilities	620 550.7	170 656	36 363
(6)股份有限公司	Companies Limited by Shares	298 458.2	95 075	31 392
(7)其他内资单位	Others	870.0	199	43 719
2. 港澳台投资单位	Funded by Entrepreneur from Hongkong, Macao and Taiwan	508 291.9	244 893	20 756
3. 外商投资单位	Foreign Funded	479 075.6	186 543	25 682
二、按企业、事业、机关分	Grouped by Enterprises, Institutions and Agencies			
1. 企业	Enterprises	2 512 010.4	915 231	27 447
2. 事业	Institutions	414 554.6	85 851	48 288
3. 机关	Agencies & Organizations	333 330.8	63 859	52 198
三、按国民经济行业分	Grouped by Sector			
1. 农、林、牧、渔业	Farming, Forestry, Animal Husbandry and Fishery	19 247.8	8 131	23 672
①农业	Farming	2 333.2	1 474	15 829
②林业	Forestry	488.5	185	26 405
③畜牧业	Animal Husbandry	13 860.4	5 707	24287
④渔业	Fishery	390.3	240	16 263
⑤农、林、牧、渔服务业	ServicesServices of Farming,Fprestry,Animal Husbandryand Fishery	2 175.4	525	41 436
2. 采矿业	Mining and Quarrying	2 109.9	629	33 544
3. 制造业	Manufacturing	1124 226.0	482 442	23 303
4. 电力、煤气及水的生产和供应业	Electricity,Gas and Water Production and Supply	74 160.7	13 808	53 709
5. 建筑业	Construction	154 153.6	73 218	21 054
#房屋和土木工程建筑业	Civil Engineering	134 126.8	64 745	20 716
6. 交通运输、仓储和邮政业	Transportation, Storage and Post Services	259 902.3	69 599	37 343
#铁路运输业	Railway Transportation	34 855.4	10 169	34 276
道路运输业	Road Transportation	41 243.5	14 793	27 880
航空运输业	Air Transportation	34 750.0	6 907	50 311
仓储业	Storage	15 722.8	4 203	37 409
邮政业	Post Services	17 724.0	4 652	38 100
7. 信息传输、计算机服务和软件业	Information Transfer, Computer and Software Services	79 963.4	17 978	44 478

项 目	Item	在岗职工工资总额(万元) Total Wages (10 000 yuan)	在岗职工年平均人数(人) Average Number (person)	年平均工资(元) Average Yearly Wages (yuan)
8. 批发和零售业	Wholesale and Retail Trade & Catering Services	193 421.0	72 430	26 705
①批发业	Wholesale	111 766.3	36 226	30 853
②零售业	Retail Sales	81 654.7	36 204	22 554
9. 住宿和餐饮业	Accommodation and Catering Services	66 226.8	34 827	19 016
①住宿业	Accommodation	37 426.6	18 280	20 474
②餐饮业	Catering Services	28 800.2	16 547	17 405
10. 金融、保险业	Banking and Insurance	221 712.4	33 251	66 678
①金融业	Banking	201 178.3	30 639	65 661
②保险业	Insurance	20 534.1	2 612	78 614
11. 房地产业	Real Estate Trade	149 526.8	52 495	28 484
# 房地产开发经营	Real Estate Development and Operation	55 033.3	15 668	35 125
物业管理	Real Estate Management	80 372.1	34 300	23 432
12. 租赁和商务服务业	Leasing Industry and Commercial Services	96 213.5	33 347	28 852
13. 科学研究、技术服务和地质勘查业	Scientific Research, Technical Services and Geological Prospecting	54 560.6	11 668	46 761
# 研究与试验发展	Research and Experiment Development	2 826.4	533	53 028
专业技术服务业	Professional Technology Services	48 820.7	10 073	48 467
14. 水利、环境和公共设施管理业	Water Conservancy, Environment Management and Public Amenities	41 730.6	14 658	28 470
# 水利管理业	Water Conservancy Administration	4 283.7	902	47 491
环境管理业	Environment Management	15 014.1	6 112	24565
15. 居民服务和其他服务业	Resident Services and Other Services	4 119.0	1 357	30 354
# 居民服务业	Resident Services	2 448.1	957	25 581
16. 教育	Education	195 285.4	39 309	49 680
# 初等教育	Primary Schools	76 552.6	15 688	48 797
中等教育	Regular Secondary Schools	82 326.2	15 919	51 716
高等教育	Regular Institution of Higher Education	18 998.5	3 186	59 631
17. 卫生、社会保障和社会福利业	Healh Care, Social Insurance and Social Welfare	145 467.6	29 579	49 179
①卫生	Health Care	137 821.7	27 814	49551
②社会保障业	Social Insurance	5 111.7	942	54 264
③社会福利业	Social Welfare	2 534.2	823	30 792
18. 文化、体育和娱乐业	Culture, Education and Entertainment	39 837.2	11 270	35 348
# 文化	Culture	27 844.0	6 030	46 176
体育	Sports	3 924.3	1 069	36 710
19. 公共管理和社会组织	Public Services and Social Organizations	338 031.2	64 945	52 049
# 国家机构	Government Agencies	325 179.4	63 011	51 607

11-6 工业、建筑业企业在岗职工人数和工资

NUMBER AND WAGE OF STAFF AND WORKERS IN INDUSTRY AND CONSTRUCTION ENTERPRISES (2003)

项目	Item	年末人数(人) Year-end Figure (person)	工资总额(万元) Total Wages (10 000 yuan)	年平均工资(元) Average Yearly Wages (yuan)
总　计	**Total**	**574 350**	**1 354 650.2**	**23 762**
一、工　业	Industry	503 001	1 200 496.6	24 161
(一)按登记注册类型分	Grouped by Registration			
1. 国有单位	State-owned Units	17 706	37 123.6	20 630
2. 城镇集体单位	Urban Collective Owned Units	6 331	7 243.1	11 376
3. 其他类型单位	Units of Other Types of Ownership	478 964	1 156 129.9	24 467
(二)按行业分	Grouped by Sector			
2. 采掘业	Mining and Quarrying	648	2 109.9	33 544
煤炭开采洗选业	Coal Mining and Dressing			
石油和天然气开采业	Petroleum and Natural Gas Extraction	158	952.0	60 253
黑色金属矿采选业	Ferrous Metals Mining and Dressing			
有色金属矿采选业	Nonferrous Metals Mining and Dressing			
非金属矿采选业	Nonmetal Minerals Mining and Dressing	490	1 157.9	24 584
其他采矿业	Other Minerals Mining and Dressing			
2. 制造业	Manufacturing	489 096	1 124 226.0	23 303
农副食品加工业	Food Processing	4 926	12 241.0	24 035
食品制造业	Food Manufacturing	3 396	7 659.7	23 239
饮料制造业	Beverage Manufacturing	4 600	14 781.2	30 289
烟草加工业	Tobacco Processing	431	3 235.4	72 380
纺织业	Textile Industry	9 103	14 325.5	16 820
纺织服装、鞋、帽制造业	Textile Garments, Shoes and Hats Products	47 068	72 996.9	15 642
皮革、毛皮、羽毛(绒)及其制品业	Leather, Furs,Down and Related Products	17 379	20 114.5	12 390
木材加工及木、竹、藤、棕、草制品业	Timber Processing, Bamboo, Cane, Palm Fiber and Straw Products	5 355	8 518.9	16 205
家具制造业	Furniture Manufacturing	393	780.5	17 658
造纸及纸制品业	Papermaking and Paper Products	3 192	6 765.6	23 083
印刷业和记录媒介的复制	Printing and Record Medium Reproduction	8 854	20 814.9	23 759
文教体育用品制造业	Cultural, Educational and Sports Goods	13 751	19 836.7	12 767
石油加工、炼焦及核燃料加工业	Petroleum Processing, Coking and Nuclear Fuel Processing	180	683.3	37 544
化学原料及化学制品制造业	Raw Chemical Materials and Chemical Products	3 296	10 653.8	32 412
医药制造业	Medical and Pharmaceutical Products	7 941	26 836.8	34 535

11-6 续表 continued

项 目	Item	年末人数(人) Year-end Figure (person)	工资总额(万元) Total Wages (10 000 yuan)	年平均工资(元) Average Yearly Wages (yuan)
化学纤维制造业	Chemical Fiber	152	430.4	28 316
橡胶制品业	Rubber Products	1 954	2 950.4	15 991
塑料制品业	Plastic Products	11 286	21 134.9	18 564
非金属矿物制品业	Nonmetal Mineral Products	9 168	21 550.7	23 779
黑色金属冶炼及压延加工业	Smelting and Pressing of Ferrous Metals	584	1 320.1	23 829
有色金属冶炼及压延加工业	Smelting and Pressing of Nonferrous Metals	1 204	4 085.5	33 905
金属制品业	Metal Products	39 422	67 828.1	17 783
通用设备制造业	Ordinary Machinery	3 505	9 669.9	30 096
专用设备制造业	Special Purpose Equipment	10 597	27 243.6	26 386
交通运输设备制造业	Transport Equipment	7 269	15 524.7	20 861
电气机械及器材制造业	Electric Equipment and Machinery	34 267	52 157.8	15 341
通信设备、计算机及其他电子设备制造业	Telecommunications, Computer and Other Electronic Equipment	206 395	587 208.6	28 946
仪器仪表及文化、办公用机械制造业	Instruments,Meters,Cultural and Office Machinery	25 537	58 200.2	23 259
工艺品及其他制造业	Handicraft Article and Other Manufacturing	7 891	14 676.4	18 510
废弃资源和废旧材料回收加工业	Waste Resources and Salvage of Waste Material Processing			
3. 电力、煤气及水的生产和供应业	Electricity, Gas and Water Production and Supply	13 257	74 160.7	53 709
电力、热力的生产和供应业	Electricity and Hot Water Production and Supply	7 087	47 081.3	60 978
燃气生产和供应业	Gas Production and Supply	2 426	8 636.7	37 275
水的生产和供应业	Water Production and Supply	3 744	18 442.7	48 920
二、建筑业	Construction	71 349	154 153.6	21 054
按登记注册类型分	Grouped by Registration			
1.国有单位	State-owned Units	27 284	54 886.8	18 686
2.城镇集体单位	Urban Collective Owned Units	4 485	9 639.6	18 931
3.其他单位	Units of Other Types of Ownership	39 580	89 627.2	23 128

11-7 镇、村企业从业人员和工资

NUMBER AND WAGE OF STAFF AND WORKERS IN TOWN AND VILLAGE ENTERPRISES

(2003)

项目	Item	从业人员(人) Employed Persons(person)	工资总额(万元) Total Wages (10 000 yuan)	年平均工资(元) Average Yearly Wages(yuan)
总计	**Total**	**1 733 893**	**1 205 629.9**	**7 032**
1. 农、林、牧、渔业	Farming, Forestry, Animal Husbandry and Fishery	13 855	13 676.0	10 097
2. 采矿业	Mining and Quarrying			
3. 制造业	Manufacturing	1 678 051	1 142 253.9	6 882
4. 电力、煤气及水的生产和供应业	Electricity, Gas and Water Production and Supply	1 810	2 824.3	15 726
5. 建筑业	Construction	15 678	12 185.9	7 908
6. 交通运输、仓储和邮政业	Transportation,Storage and Post Services	701	747.9	10 808
7. 信息传输、计算机服务和软件业	Information Transfer,Computer and Software Services	808	1 033.4	12 885
8. 批发和零售业	Wholesale and Retail Sales	6 756	6 020.3	9 015
9.住宿和餐饮业	Accommodation and Catering Trade	5 394	4 843.7	9 005
10. 金融业	Banking	1 195	3 159.8	26 398
11. 房地产业	Real Estate Trade	1 080	2 190.9	20 886
12. 租赁和商务服务业	Leasing Industry and Commercial Services	3 557	6 284.7	19 132
13. 科学研究、技术服务和地质勘查业	Scientific Research,Technical Services and Geological Prospecting			
14. 水利、环境和公共设施管理业	Water Conservancy,Environment Management and Public Amenities	716	727.1	10 772
15. 居民服务和其他服务业	Resident Services and Other Services	1 412	2 000.4	14 167
16. 教育	Education	2 167	6 408.1	29 571
17. 卫生、社会保障和社会福利业	Health Care,Social Insurance and Welfare	232	618.6	27 372
18. 文化、教育和娱乐业	Culture ,Education and Entertainment	481	654.9	13 475
19. 公共管理和社会组织	Public Services and Social Organizations			
20. 国际组织	International Organizations			

11-8 城乡劳动力资源分配平衡表

BALANCE OF LABOUR RESOURCES IN URBAN AND RURAL AREAS

(2003)

单位:万人 (10 000 persons)

项目	Item	合计 Total
年末劳动力资源总数	**Labour Resources(Year-end)**	**483.1**
# 当年新增加的劳动力资源	Newly Increased Labour Resources	36.5
1. 年末 16 岁以上全部人数	Population aged 16 and Over	451.3
# 不计入劳动力资源的人数	Population not Counted in Labour Resources	2.4
2. 机械变动差额跨地区调整数	Adjustment of Machanical Change	34.2
经济活动人口	**Economically Active Population**	**433.6**
一、从业人员	Employed	422.3
(一)按登记注册类型	Grouped by Ownership	
1. 国有经济	State-owned	30.4
2. 集体经济	Collective-owned	70.5
3. 股份合作经济	Cooperative Shares	2.0
4. 联营经济	Joint Owned	8.5
5. 有限责任经济	Limited With Liabilities	29.1
6. 股份制经济	Share Holding	11.5
7. 私营经济	Private	88.0
8. 其他内资经济	Other Domestic Investment	9.6
9. 港、澳、台投资经济	Funded by Entrepreneur from HongKong, Macao & Taiwan	84.2
10.外商投资经济	Foreign Funded	46.0
11.个体经济	Individual	42.5
(二)按国民经济行业分	Grouped by Sector	
1. 农、林、牧、渔业	Farming, Forestry, Animal Husbandry and Fishery	4.2
2. 采矿业	Mining and Quarrying	0.1
3. 制造业	Manufacturing	230.3
4. 电力、煤气及水的生产和供应业	Electricity, Gas and Water Production and Supply	1.5
5. 建筑业	Construction	8.9
6. 交通运输、仓储和邮政业	Transportation,Storage and Post Services	9.6
7. 信息传输、计算机服务和软件业	Information Transfer,Computer and Software Services	8.1
8. 批发和零售业	Wholesale and Retail Sales	69.6
9. 住宿和餐饮业	Accommodation and Catering Trade	21.8
10. 金融业	Banking	3.9
11. 房地产业	Real Estate Trade	11.5
12. 租赁和商务服务业	Leasing Industry and Commercial Services	16.2
13.科学研究、技术服务和地质勘查业	Scientific Research,Technical Services and Geological Prospecting	4.1
14. 水利、环境和公共设施管理业	Water Conservancy,Environment Management and Public Amenities	3.4
15. 居民服务和其他服务业	Resident Services and Other Services	8.9
16. 教育	Education	7.1
17. 卫生、社会保障和社会福利业	Health Care,Social Insurance and Welfare	3.6
18. 文化、教育和娱乐业	Culture ,Education and Entertainment	2.6
19. 公共管理和社会组织	Public Services and Social Organizations	6.9
20. 国际组织	International Organizations	
二、失业人员	Unemployed	11.3
非经济活动人口	**Noneconomically Active Population**	**49.5**
#16 岁以上在校学生	Students aged 16 and over	10.3
家务劳动者	Household Labour	25.3

第十二部分 科学、教育、文化、卫生

Science,Education,Culture And Health Care

CHAPTER 12

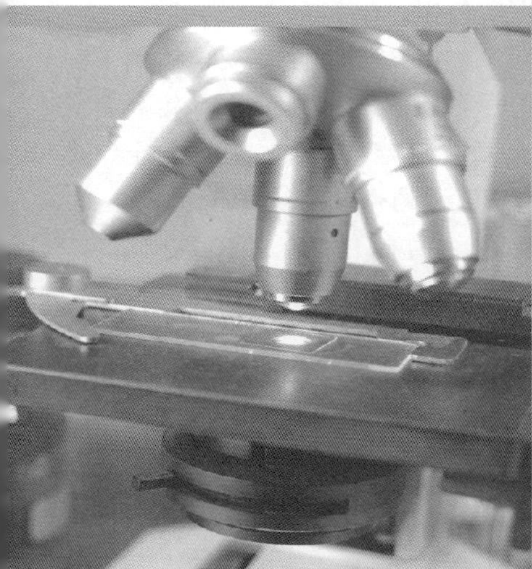

2003年深圳市高新技术产业统计公报

2003 年，在市委、市政府的正确领导下我市高新技术产业继续保持高速发展的良好态势，各项指标均有较大幅度的提高。现将统计结果公告如下：

高新技术产业总体运行良好。全市实现高新技术产品产值为 2482.79 亿元(现价，下同)，比上年增长 45.20%，占全市限额以上工业总产值的比重达到 48.93%，比上年增长 1 个百分点。产品销售收入 2329.68 亿元，比上年增长 41.47%，产销率达到 93.83%；高新技术产品出口 251.55 亿美元，比上年增长 60.35%，占产品销售收入的比重为 89.62%；完成高新技术产品增加值 711.98 亿元，比上年增长 27.66%，占全市本地生产总值的 24.89%。产品创利税 318.93 亿元，比上年增长 43.89%，销售利税率为 13.30%。

高新技术产品资金投入快速增长。全市从事开发、生产高新技术产品的骨干企业有 1439 家，比上年增长 51.47%。共研究、开发和生产高新技术产品 2038 种，比上年增长 36.23%。资金投入总额为 699.78 亿元，比上年增长 22.19%，其中 93.25%的资金来源于企业。在资金投入总额中用于高新技术产品研究、开发的经费达 85.68 亿元，比上年增长 16.97%，占资金投入总额的比重为 12.24%。

自主开发高新技术产品产值份额过半，高新技术产业由引进技术加工制造为主转向自主开发为主。全市具有自主知识产权的高新技术产品产值达到 1389.64 亿元,比上年增长 45.28%，占全部高新技术产品产值的 55.85%，与上年基本持平。

高新技术支柱产业发展稳定，增长迅速。全市电子信息产业的高新技术产品产值达到 2237.24 亿元，比上年增长 44.21%，占全部高新技术产品产值的比重为 90.11%，占全市工业总产值的比重达到 43.86%，产品销售收入和利税分别为 2113.61 亿元和 264.97 亿元，分别比上年增长 40.78%和 42.26%。

新材料及新能源产业的产品产值为 107.49 亿元，比上年增长 53.93%，占全部高新技术产品产值的 4.33%，产品销售收入和利税分别为 95.43 亿元和 23.85 亿元，分别比上年增长 48.36%和 62.13%；生物医药产品产值为 26.57 亿元，比上年增长 34.19%，占全部高新技术产品产值的 1.07%，产品销售收入和利税分别为 23.12 亿元和 8.53 亿元，分别比上年增长 33.12%和 22.38%；光机电一体化的高新技术产品产值为 105.73 亿元，比上年增长 61.98%，占全部高新技术产品产值的 4.26%，产品销售收入和利税分别为 95.36 亿元和 20.96 亿元，分别比上年增长 53.36%和 55.37%。

全市高新技术企业不断增加，企业规模达到了一个新的水平。截止到 2003 年底，我市共认定高新技术企业 673 家，高新技术产品产值过亿元的企业有 223 家，其中超 10 亿元的企业有 42 家，超 20 亿元的有 31 家，超 50 亿元的有 11 家，超 100 亿元的有 7 家。

已认定的高新技术企业开发、生产高新技术产品 1439 种，比上年增长 62.23%，实现产品产值为 2167.08 亿元，比上年增长 54.59%，占全部高新技术产品产值的 87.28%，产品销售收入、出口额和利税分别为 2034.45 亿元、248.31 亿美元和 309.44 亿元，分别比上年增长 48.69%、61.24%和 58.16%，销售利税率达 15.21%。投入研究开发经费为 72.19 亿元，比上年增长 19.80%，占全市高新技术产品研究开发经费的 84.26%。

科技人才队伍不断壮大，人员素质越来越高。全市开发、生产高新技术产品企业的年末职工总数为 359156 人，比上年增长 36.08%，其中高新技术企业年末职工总数为 276821 人，比上年增长 33.21%。全市从事高新技术产品研究、开发的科技人员 58496 人，比上年增长 27.38%，占职工总数的比重为 16.29%，其中高新技术企业从事高新技术产品研究、开发的科技人员 49464 人，比上年增长 31.26%。

高新技术项目发展迅猛。截止 2003 年底，我市累计认定高新技术项目 1489 项，其中有 76 家企业经过自身努力和市政府的扶持已被认定为我市高新技术企业。

深圳市高新技术产业园区中企业的高新技术产品产值达到867.69亿元，比上年增长25.75%，占全市高新技术产品产值的比重为34.95%。

2003年我市专利申请总量为12361件，比上年增长56.13%，授权量为4937件，比上年增长10.05%。其中：发明专利申请量为3526件，比上年增长91.01%，授权量为276件，比上年增长2个百分比；实用新型专利申请量为3797件，比上年增长50.56%，授权量为1879件，比上年增长15.70%；外观设计专利申请量为5038件，比上年增长41.96%，授权量为2782件，比上年增长0.036%。

（由市科技局撰稿）

深圳市大中型工业企业科技活动的主要特点

2003年,深圳市坚持“科学技术是第一生产力”的理念,进一步实施“科教强市”战略,全市大中型工业企业科技投入增加,科技竞争力增强,进一步向优质、高效、创新的新型工业化目标迈进。由于实行新的企业规模划分标准,深圳市2003年大中型工业企业由2002年的217家猛增到641家。其中,开展了科技活动的有179家,占27.9%。主要特点如下:

一、科技人员结构合理、劳动报酬高

2003年末,全市大中型工业企业科技活动人员33239人。其中,专职从事科研工作的全时人员24208人,占全部科技人员的72.8%;科学家和工程师29718人,占科技人员的89.4%;具有高中级技术职称的科技人员15854人,占科技人员的47.7%;无高中级技术职称的大学本科及以上学历人员13864人,占科技人员的41.7%。

人才是企业发展创新的重要因素,企业想方设法留住人才,2003年深圳市大中型工业企业科技活动人员的年人均劳务费(含工资)高达10.7万元,是企业从业人员年平均劳动报酬的5倍多。

二、科技活动经费来源以企业自筹为主

2003年,深圳市大中型工业企业共筹集科技活动经费83.24亿元。其中,企业自筹资金65.06亿元,占经费筹集总额的78.2%;来自金融机构、政府部门、事业单位、国外等渠道的科技活动经费用共计18.18亿元,占21.8%。

三、科技人员、经费、项目重点投向核心科技领域和重点行业

2003年,通信设备、计算机及其他电子设备制造业的大中型工业企业的科技活动人员27372人,占全部大中型工业企业的82.3%;电气机械及器材制造业科技活动人员2060人,占6.2%;仪器仪表及文化、办公用机械制造业科技活动人员1225人,占3.7%。三个重点行业的科技活动人员合计30657人,占全部大中型工业企业的92.2%,其中,从事R&D活动的科技活动人员合计24638人,占74.1%。

2003年,全市大中型工业企业科技活动经费内部支出68.21亿元,其中,通信设备、计算机及其他电子设备制造业60.71亿元,占89.0%;电气机械及器材制造业2.81亿元,占4.1%;仪器仪表及文化、办公用机械制造业1.24亿元,占1.8%。三个重点行业的科技活动内部支出合计64.76亿元,占全部大中型工业企业的94.9%。

为推进企业自主知识产权的研发工作,全市八成以上的科技经费投入在科技活动的核心领域。2003年,研究与试验发展(R&D)经费支出达59.73亿元,占科技活动经费内部支出总额的87.6%。

2003年,深圳市大中型工业企业全年共实施科技项目3719项。其中,立项经费达10万元以上的有462项,占12.4%。在全部项目中,属于科技核心领域且具有创新性的研究与试验发展(R&D)项目共2858项,占全部项目总数的76.8%。研究与试验发展(R&D)项目经费共62.3亿元,占全部项目经费的95.4%。全市共提出专利申请2856件。其中,发明专利申请数1640件,占57.4%。

四、科技经费占销售收入比重最高的行业达到了3.78%

从科技经费投入的强度看,非金属矿物制品业科技经费占销售收入的比例为3.8%,居全市第一位;其次是有色金属冶炼及压延加工业,占比例为2.4%,第三是通信设备、计算机及其他电子设备制造业,占比例为2.2%。

五、有5个行业R&D经费占科技经费的比重达到100%

从开展R&D活动的力度看,“R&D经费占科技经费的比重”有5个行业达到100%,分别为专用设备制造业、医药制造业、饮料制造业、电力、热力的生产和供应业和家具制造业。高于全市平均值67.3%的还有食品制造业和通信设备、计算机及其

他电子设备制造业、非金属矿物制品业、通用设备制造业、金属制品业、文教体育用品制造业和水的生产和供应业。

六、注重开发新产品，经济效益显著

从新产品开发的力度看，“新产品开发经费占科技经费比重”有4个行业达到了100%，分别为专用设备制造业、医药制造业、家具制造业和烟草制造业。高于全市平均水平66.8%的还有电气机械及器材制造业、食品制造业、非金属矿物制品业、有色金属冶炼及压延加工业、仪器仪表及文化、办公用机构制造业、通用设备制造业、电力、热力的生产和供应业、水的生产和供应业、纺织业。

在大中型工业企业开发项目中，属于新产品开发项目共2594项，占69.7%。全年投入新产品开发经费45.0亿元，占全部科技经费内部支出的60.5%，平均每一新产品投入开发经费173万元。同时，企业还投入了新产品工程准备和试生产费用7.49亿元。

企业注重新产品开发，随之带来的经济效益也日益显著。2003年，深圳市大中型工业企业完成新产品产值601.86亿元，占企业总产值的13.9%；实现新产品销售收入689.16亿元，占企业产品销售收入的15.9%。其中，新产品出口销售收入272.62亿元；新产品销售利润50.09亿元。

从新产品产出的绝对量看，全市大中型工业企业新产品产值和销售收入超过九成来自重点行业。2003年，通信设备、计算机及其他电子设备制造业表现最突出，新产品产值达到567.8亿元，占大中型工业企业新产品产值的94.3%；全年新产品销售收入650.64亿元，占94.4%；出口新产品销售收入245.75亿元，占90.1%。

从新产品产出相对效益看，2003年，全市非金属矿物制品业企业“新产品销售收入占产品销售收入的比重”为29.3%，居全市第一位，其次是通信设备、计算机及其他电子设备制造业为23.8%。高于全市平均水平4.2%的还有农副食品加工业、医药制造业、电气机械及器材制造业、有色金属冶炼及压延加工业和交通运输设备制造业。

七、绝大部分企业未建立科技机构

科技机构是科技活动的重要基地，是开展科技创新活动的重要保障。2003年，全市641家大中型工业企业中，仅有83家企业建立了108个技术开发机构，未建立科技机构的企业达558家，占87.1%。已建立的108个技术开发机构有关情况如下：

从行业分类看，通信设备、计算机及其他电子设备制造业有技术开发机构55家，占50.9%，居第一位；其次是电气机械及器材制造业、非金属矿物制品业有技术开发机构各10家，占9.3%。

从学科分类看，九成以上的技术开发机构属于工程与技术科学，共有98家；其余为农业科学4家、自然科学3家、医药科学3家。

从机构运营状况看，有稳定经济来源和一定的测试条件的有105家，其中104家有经常性开发任务。

（撰稿：翟晓崴）

2003年深圳文教卫体发展概况

一、欣欣向荣的文化事业

2003年是深圳文化的改革年、发展年。市委三届六次全会确立了实施“文化立市”战略、建设国际化城市和高品位文化城市的宏伟目标，深圳文化事业蓬勃发展，精品生产硕果累累，文艺活动繁荣活跃，文化设施建设步伐加大，新闻出版事业和广播影视事业取得新进展。

（一）文化精品创作再结硕果

2003年，全市文化系统（包括文化艺术、新闻出版、广播电影电视）共获国际、国家、省级奖981项，比上年增长69%，其中国际级71项，国家级186项，省级724项。大型现代粤剧《驼哥的旗》、电影《邓小平》荣获中宣部第九届精神文明建设“五个一工程奖”，粤剧《驼哥的旗》还荣获2002—2003年度“中国舞台艺术精品剧目提名奖”。群众文艺创作亦喜获丰收，在全国第十二届“群星奖”评奖中，深圳市获得2个金奖、8个优秀奖；在第十一届“中国人口文化奖”评选活动中，深圳市获得3个金奖、4个银奖、7个铜奖。李云迪获得第四届中国金唱片演奏奖、评委会特别奖和纽约时报古典音乐最佳唱片奖。深圳市主创的歌曲《又见西柏坡》、《高高的珠穆朗玛》等主旋律作品，再次在全国产生巨大反响。

（二）文化艺术活动繁荣活跃

2003年，深圳市文化系统内艺术表演团体全年演出377场，艺术表演场所全年艺术演出276场，因受上半年“非典”的影响，分别比上年下降6%和25%。成功举办了“新英雄赞—抗击非典的100个日日夜夜”电视专题晚会、“赞白衣战士，唱时代赞歌”大型音乐会等宣传抗击非典英模事迹的文艺晚会；第十二届大剧院艺术节暨首届中外艺术精品演出季安排20余场中外艺术精彩演出活动；第六届鹏城金秋社区文化艺术节举办了16个项目、68场次社区演出、展览、交流活动；第七届少儿花会与第二届深圳市学校艺术展演同时举行，设有节目比赛和少儿艺术汇演等项目，共有1万人次近千个节目参加选拔；在法国、德国举办的“深圳文化周”活动获得成功，共在两国三地举办了19场钢琴表演、歌舞表演、摄影图片展、水墨画展等活动。

成功举办了第四届“深圳读书月”。以“提升城市品位，享受健康人生”为主题的第四届“深圳读书月”历时30天，共举办各具特色的主题活动102项，参与群众共计450多万人次。

各种展览活动丰富多彩。成功举办了抗SARS海报展、激情岁月—毛泽东诗意和革命圣地作品专题系列展、“深圳设计2003”作品展、“第四届深圳画家画深圳”画展、深圳水彩画家作品展、图像的图像—2003中国当代油画家邀请展等展览。并首次举办“12月的深圳美术版图”系列活动，推出9项大型美术活动，展出1000余件古今中外艺术精品。

（三）群众文化网络日趋完善

2003年，深圳市继续推进基层文化网络建设，社区文化、广场文化、校园文化活动蓬勃开展。在全省文化站评估定级验收中，深圳市47个参评文化站，有37个被评为省特级站，10个被评为省一级站，标志深圳市基层文化建设跃上了新的档次。全市55个文化馆站组织群众文艺活动1765次，比上年增长7%，举办展览412个，比上年增长46%。积极组织社区文艺演出、电影和图书服务等活动，全年组织社区文艺演出120场，观众32.5万人次；组织社区电影1614场，观众182万人次；建设社区（村）图书馆270个，接待社区读者545万人次。继宝安区和南山区获“全国文化先进区”称号后，罗湖区被评为“全国文化先进区”。

（四）公共图书馆事业迅速发展

2003年，深圳市开始实施“图书馆之城”建设计划，并出台《深圳市建设图书馆之城（2003—2005）三年实施方案》。公共图书馆事业发展迅速，在建设好深圳中心图书馆和少儿图书馆改造工程的同时，加强全市基层图书馆的基础建设。2003年，区级以上公共图书馆总藏量为345.5万册(件)，比上年增长17%；总流通人次391.5万人次，与上年基本持平；累计发放有效借书证28万个，比上年增长12%。

（五）文物保护网络和博物馆网络不断完善

2003年，全市各级博物馆文物藏品2万余件，比上年增长37%，举办陈列、展览78个，参观人次39万人次，由于受上半年“非典”的影响，分别比上年减少25%和23%。推进重点文物保护单位的专项保护规划工作，召开了“深圳中英街历史风貌保护规划专家评审会”，编制了《深圳市大鹏所城保护规划》，大鹏镇鹏城村被国家建设部、国家文物局公布为我国首批“历史文化名村”；对南头古城南城门、赤湾天后宫、大万世居等文物保护单位进行了维修，并开始启动新博物馆建设工作。

（六）文化设施建设步伐明显加快

2003年，文化设施建设计划投资10.3亿元，比上年增长37 %；实际完成投资4.5亿元，比上年下降23%。计划总投资近16亿元的重点文化设施深圳文化中心（含音乐厅、中心图书馆）工程和计划总投资5.5亿元的龙岗区文化中心工程正顺利推进，计划总投资2.8亿元的福田区图书馆也开始动工建设。

（七）新闻出版事业成绩显著

2003年，全市公开发行报刊16家，报纸出版印数8.28亿份，与上年基本持平；公开发行期刊40家，杂志出版印数2582.4万册，比上年下降9.2%；期刊滥发现象得到有效控制。图书出版社1家，出版图书638种，其中新版289种，重版349种，图书出版印数546.3万册，比上年增长11.9%；音像出版单位3家，出版音像制品588个品种，发行242万片（盒）；电子出版单位1家，出版电子出版物49个品种，发行30万片（盒）。

（八）广播电影电视事业稳步发展

2003年，全市拥有广播电台1座，广播节目套数4套，平均每日播音时间88小时，比上年增长10%，其中自办节目86小时，比上年增长12%，全年制作广播节目32002小时，比上年增长17%。全市拥有电视台2座，电视节目套数9套，平均每日播出时间165小时，比上年增长7%，全年制作电视节目7508小时，比上年减少32%。有线广播电视节目传输网络总长度达32767公里，与上年基本持平，有线电视用户数143万户，比上年增长23.7%。
2003年，广播人口综合覆盖率为100%，电视人口综合覆盖率为100%。

2003年，电影市场进行了发行体制改革，成立了三家电影院线，电影观众人数有所回升，全市电影观众人数207万人次，比上年增长30%，电影放映单位数119个，比上年减少26%。

二、教育事业

2003年深圳市教育事业取得较大进展，国民教育体系不断完善，终身教育体系正加紧构建，教育质量和效益稳步提高。

2003年，全市有各级各类学校1236所，比上年增加48所，增长4.0%。其中，普通中学增加45所，小学减少19所，幼儿园增加22所。实际招生237781人，增长16.7%。毕业生157984人，增长16.2%。在校学生818662人，增长14.5%。教职工60181人，增长11.6%。其中，专任教师41039人，增长12.1%。

（一）各类教育基本情况

1、普通高校和成人高校各项指标竞相增长

2003年，全市拥有普通高等学校9所（不含暨南大学中旅学院）。招生11915人，增长16.7%。毕业生4740人，增长20.7%。在校学生32106人，增长19.9%。教职工3820人，增长13.4%，其中，专任教师2341人，增长12.5%。

全市拥有成人高等学校1所（深圳电视大学）。成人高等教育（含深圳大学、职业技术学院和新安职业技术学院的函授部）招生8225人，增长50.0%。毕业生3231人，增长55.6%。在校学生19623人，增长49.4%。教职工（仅电视大学）456人，增长10.9%，其中，专任教师235人，增长9.8%。

2、基础教育事业全面进步

2003年，全市有普通小学376所，比上年减少19所。小学招生88203人，增长8.7%。毕业生55017人，增长17.0%。在校学生469684人，增长13.2%，其中：非深户籍332483人，增加48796人，增长17.2%。小学学龄儿童入学率和小学毕业生升学率继续保持100%。教职工23382人，增长13.4%。其中，专任教师17920人，增长13.7%。

2003年，全市有普通初中133所，比上年增加43所。初中招生50612人，增长16.9%。毕业生30300人，增长21.8%。在校学生132933人，增长18.0%，其中：非深户籍63989人，增加13573人，增长26.9%。初中毕业生升学率97.4%，专任教师7167人，增长16.0%。

2003年，全市有普通高中46所，比上年增加2所。高中招生19099人，增长22.9%。毕业生9900人，增长29.8%。在校学生46695人，增长22.8%，其中：非深户籍10242人，增加2488人，增长32.1%。专任教师2822人，增长14.6%。

2003年，全市有幼儿园656所，比上年增加22

所。招生(含学前班,下同)51989人,增长28.3%。离园幼儿48797人,增长11.1%。在园幼儿123856人,增长12.2%。教职工17778人,增长7.9%,其中专任教师9539人,增长7.3%。

3、中等职业教育结构得到有效调整

根据省政府批准的《深圳市中等职业教育布局结构调整方案》,深圳市中等职校由原来的33所调整到目前的16所,招生7587人,增长1.7%。毕业生5913人,比上年减少591人。在校学生21963人,增长7.6%。教职工2374人,增长10.8%,其中,专任教师1618人,增长11.4%。

4、教师队伍得到加强,师资素质不断提高

2003年末,深圳市小学、初中、普通高中专任教师学历合格率分别为99.9%、99.7%、97.4%。小学教师专科以上学历15541人,增加2045人,增长15.2%。初中教师本科以上学历5838人,增加732人,增长14.3%。高中教师研究生以上学历146人,增加25人,增长10.7%。具有高、中级专业技术资格的中小学教师分别为2601人、12091人,分别比上年增长12.4%和6.2%。

5、上等级学校评估力度加大,教育强区强镇建设步伐进一步加快

到2003年底,深圳市6个区全都成为省教育强区,全市20个镇有18个镇成为省教育强镇,基本完成教育强区强镇创建工作任务。全市有91所中小学校、幼儿园、成人学校通过国家、省、市一级评估,其中国家级(职校)1所、省一级45所、市一级45所。目前,全市省一级学校135所,占全省省一级学校总数的四分之一;市一级学校188所。全市省一级中小学占公办中小学总数的28%,市一级中小学占公办中小学总数的33%,市一级以上中小学占公办中小学总数的61%,其中公办高中82%是市一级以上学校,为建设教育强市打下良好基础。

(二)教育事业发展的特点

2003年深圳市教育改革与发展力度较大、成效显著,主要呈现四个特点:

1、发展主题突出

2003年深圳市教育事业规模进一步扩大,各类教育发展思路清晰,成效明显。

高等教育继续扩招,办学层次逐步提升,为实现高等教育普及化创造条件。户籍青年18—22周岁全日制高等教育毛入学率达到37%,比2002年增长8%。

基础教育向均衡化优质化发展,普及程度和整体质量进一步提高。在解决6万多个中小学新增学位的基础上,全市高中提供1.5万个优质高中学位(市一级以上高中),占全市普高学位的76%,初中毕业生升学率达到97.4%。

职业教育完成第三次调整,确立"市场化、社会化、专业化"的发展方向。

成人教育在鼓励发展的同时,管理逐步加以规范。现有各类成人教育机构370个,全年100多万人次参加岗位培训。

2、改革创新积极

教育综合改革方案基本完成。按照教育部的要求,深圳市以建设高水平学习型城市作为目标,进行教育综合改革试点。在调研的基础上,已研究制定《创建高水平学习型城市教育综合改革方案》,将以市政府的名义报省政府和教育部,待批准后付诸实施。

扩大教改实验。2003年随着宝安、龙岗区加入省级教改实验区行列,深圳市6个区和市属学校全面课改,全市参加实验的中小学545所,占中小学总数的99%,基本做到公办、民办学校全面推开。课改作为全面实施素质教育的核心环节,在深圳市抓得早、推进快、力度大、效果良好。

积极推进教育投融资体制改革。深圳实验教育集团9月初正式挂牌成立,南山育才教育集团、宝安民办教育集团也相继组建,探索教育规模化、集团化、优质化发展路子。

改革中考中招制度。为推进素质教育,减轻学生负担,引导全面发展,做好防控非典工作,2003年中考从四个方面进行改革调整:一是减少考试科目,缩短考试时间。二是减少考试内容,减轻学生负担。三是分散设置考场,增加休息时间。四是改革高中阶段学校的录取批次,增加学生选报的范围。这一改革受到多数学生和家长好评,为2004年深化中考中招改革取得经验。

创新学习制度。在市电子学校先行试点,目的是逐步打破户籍、年龄和时间的限制,引入"宽进严出"、"弹性学制"、"学分制"、"学分互认"等办法,实行多样、灵活、开放的办学模式,解决在职人员的工学矛盾,做到"多时空入学,多平台毕业,多资格证书"。

3、重视热点难点

一是多形式解决非户籍生接受义务教育的问题。2003年全市初中和小学解决了39.6万人的义务教育问题,占义务教育阶段在校生总数的65.7%;其中公办学校19.7万人,占就读总数的50.3%。基本解决了非户籍生接受义务教育问题,基本做到了国家规定的"两个为主"。

二是千方百计地制止教育乱收费。继续全面实行“一费制”，完善教育收费公示制度，加强中小学收费规范管理。针对比较难治的民办学校乱收费，教育行政部门会同物价、财政、劳动等部门联手治理，在调研基础上，下发了《关于规范深圳市民办学校收费管理的通知》，使民办学校的收费行为走上了规范有序的轨道。

三是重视育人环境和学校安全工作。为加强法制教育和保证学校及学生安全，继续大力开展警校共建活动，完善一校一警制度，全市聘请919名政法干警兼任中小学法制副校长、法制辅导员（校警）。深圳市教育局还会同市维稳及综治办、公安局、中级人民法院、检察院、司法局等部门联合制发《关于进一步加强中小学安全文明建设和法制副校长辅导员（校警）聘任工作的意见》，完善聘任制度，明确职责要求，实行年度考核培训，建立约束激励机制。2003年3月全省青少年学生法制教育经验交流会在深圳召开，目前全国逐步推广这一做法。为建立学校安全文明的长效机制，研究制定的《深圳市学校安全条例》已进入了立法程序。

4、队伍建设加强

教育系统坚持“教育以人为本，教师以学生为本”，进一步增强专业精神、提高教育服务水平。为搞好新一轮教师继续教育，推出了“百、千、万计划”和海外培训工程，计划在5年时间内输送百名校长和千名骨干教师和学科带头人到发达国家或地区进修培训。目前已派两批赴美培训，还将拓展英国、香港等培训基地。2003年全市表彰第二批名师，其中4位 名校长，44位学科带头人人和233位中青年骨干教师，以“名师”培养带动教师队伍建设。

三、卫生事业

（一）迎难而上，众志成城，“非典”防治工作取得阶段性重大胜利

2003年上半年，深圳市遭遇了突如其来“非典”疫情。在深圳市委市政府的统一领导下，经过全体医务工作者的顽强斗争和全市人民的共同努力，及时有效地控制了疫情，取得了发病率低、死亡率低、治愈率高、医护人员零感染的阶段性重大胜利。全市卫生系统参加抗击“非典”斗争的医疗卫生单位共97个，医务工作者22067人，其中直接参加抗击“非典”第一线的医务人员工作者8021人。深圳市在各级各类医院共设置发热门诊85个，全年共接诊发热病人267477人次。全市各级疾病预防控制机构及健康教育机构组织有关专家编印了24种共500多万份防制“非典”的卫生宣传资料，在社区、公共场所等免费发放，并通过电视、广播、报刊、网站、咨询热线等形式，向市民广为宣传。

（二）把握机遇，真抓实干，大力推进卫生改革与发展

在抗击“非典”的特殊时期，市卫生局党委确定了“一手抓防治“非典”、一手抓卫生事业发展”的战略部署，抓住时机，加速发展、抢先发展，以抗击“非典”为契机，不断充实卫生资源，完善公共卫生体系，推进卫生体制改革。

1、卫生资源不断得到充实

机构与人员：2003年全市拥有各类卫生机构893家，比去年增加132家，增长17.3%，其中医院85家（不含妇幼保健院），比上年增加8家，增长10.4%，急救网络医院62家（其中市级10家），6个专职院前急救科。社区健康服务中心281家，比上年增长10.6%。卫生人员共2.62万人（不含临聘人员），其中卫生技术人员2.12万人，增长14.1%。卫生技术人员中，正高职称512人，增长66.2%，副高职称2830人，增长27.0%。

床位：2003年全市共有病床13588张，其中医院病床12607张，比上年增长6.8%。医院病床使用率全市平均84%，比上年提高3.8个百分点，其中市直属医院为95.6%，区属医院85.3%，镇医院85.8%，其他医院50.1%。病床周转率次数为33.5次，平均住院日数为9.1天。

卫生经费：2003年全市各级政府卫生经费投入19.45 亿元，比上年增长25.0%，其中卫生事业经费12.70亿元，比上年增长20.0%，剔除“非典”防治经费1.27亿元后，实际增长8.0%。基本建设经费6.75亿元，市级财政投入6.48 亿元，其中：卫生事业经费4.31亿元，基本建设经费2.17 亿元。

卫生设施建设：2003年，新立项、在建及已建成的项目有：一是新建滨海医院；二是重建疾病预防控制中心；三是新建第三人民医院（传染病专科医院）；四是改建扩建市人民医院；五是改建扩建北大深圳医院、市中医院、市妇保院、市眼科医院、市康宁医院等项目，也在加紧进行中，有的项目已经竣工投入使用；六是接收深圳铁路医院，改造成深圳市职业病防治院。

公共卫生体系建设已正式启动：根据国家全面加强公共卫生体系建设的要求和深圳市委市政府对深圳市公共卫生体系建设的部署。深圳市卫生局组织有关专家，制订了《全面加强公共卫生体系建设的意见》并提交深圳市政府审议。《意见》对深圳市未来公共卫生体系建设做出了科学的规划，提出用5年时间建设包括突发公共卫生事件应急体系、疾病预防控制体系（含慢性病防治、职业病防治、精神病防治）、卫生执法监督体系、医疗救治体系、妇

幼保健体系、基层卫生体系、健康教育体系、卫生信息体系等8个子体系的公共卫生体系。

2、医疗服务管理不断规范，服务能力进一步增强

各医疗卫生单位在集中力量防治“非典”的同时，通过加大宣传力度，坚持以人为本的服务理念，采取各种措施，狠抓质量管理，保证了市民的就医安全，维护了正常的医疗服务秩序，全年的医疗服务业务量明显增长。

医疗服务：2003年全市完成诊疗量达到3052万人次，比上年增长13.5%，其中非营利性医疗机构占83.1%，营利性医疗机构占16.9%。收诊住院病人41.5万人次，增长16.1%，其中非营利性医疗机构占96.4%，营利性医疗机构占3.6%。

全年医疗急救工作量大幅上升，120指挥调度共受理电话1912141次，比上年增长120.1%；接警64064人次，增长68.9%；调度出车57847次，增长73.28%；抢救病人46238人，增长53.2%。组织抢救3人以上大型事故915宗，增长87%。

干部保健工作完成出色：全年共承担中央首长保健任务98人，累计1492天次，其中，中央一级9人，执行保健任务23天次；中央二级74人，执行任务833天次；中央三级15人，执行任务636天次。来深国家各部委、各省市、军队系统省部级以上领导干部474人，为其随同人员5000余人提供医疗保障服务。

卫生防疫服务：2003年，深圳市常住人口共报告甲、乙类传染病17种8344例，总发病率为157.04/10万，较上年7286例(149.76/10万)上升10.49%。据了解，2003年全省、全国以及全球的传染病均有上升趋势，深圳市上升的病种主要是肠道传染病、性传播传染病以及一些病毒性传染病。去年个别省、市暴发流行霍乱、百日咳、流脑、狂犬病等疾病，而深圳市未发生一例本地感染病例。根据疫情流行的特点，疾病预防控制机构加强了疫苗接种工作，全市适龄儿童的乙脑接种率达97.7%，全市流感疫苗接种量是上年的20倍。

加强了对性病、艾滋病等重大传染病的控制。启动了《中国—欧盟性病艾滋病防治合作项目深圳试点工作计划》，制订了《深圳市孕妇梅毒和先天梅毒患者规范管治暂行办法》，全市共检测各类标本23.38万人份，检出HIV抗体阳性191例，其中HIV感染者147例，AIDS病人44例；全市孕产妇应检数为12.46万人，实际检测数为11.69万人份，检测率为93.8 %，发现10名HIV感染孕产妇；梅毒检测118235人，检测率92.4%，发现阳性555例。对511例孕妇梅毒患者进行了干预治疗，先天梅毒婴儿发生率由2002年63例下降到2003年24例。此外还加强了吸毒人群、劳教人群、发廊从业人员等高危人群的性病艾滋病健康教育行为干预工作。

妇幼保健服务：2003年全市孕产妇系统管理率为68.8%，儿童系统管理率为93.9%。市区两级有3家妇幼保健院通过了ISO9001认证，1家妇幼保健院通过了二甲评审。全年全市共为369.6万个人及68.3万户家庭建立了健康档案，为15.9万3岁以下儿童实行了计划免疫和儿童保健系统管理，为21778位产妇提供了系统保健服务。孕产妇分级管理意识不断提高，各产科医院均设立了高危妊娠门诊，并建立专人负责的定期追踪制度，追踪率达94.1%。全年全市活产数65257例，比上年增长13.23%。。新生儿疾病筛查工作进展顺利，全年共筛查新生儿61768人，筛查率达到94.7%。

居民主要健康指标仍处于较好水平：孕产妇死亡率为18.81/10万，婴儿死亡率为5.1‰，5岁以下儿童死亡率6.7‰(国家要求甲类城市这三项指标分别为20/10万、12‰、15‰以下)。

3、卫生体制改革进展顺利

2003年深圳市卫生体制改革稳步推进，特别是在卫生立法和推行医师执业风险保险管理办法上有新的突破。主要有以下五个方面：

(1)在立法创新方面又迈出了新步子；

(2)药品采购制度进一步完善；

(3)办医体制改革逐渐深入；

(4)《深圳市医疗执业风险保险管理办法》在年底正式颁布实施；

(5)后勤服务社会化改革范围继续扩大。

(三)卫生工作的主要特点

努力解决好市民关注的医疗服务四大热点难点问题，通过采取一系列措施，改善深圳市医疗服务质量。

1、医疗技术不断提高

(1)大力培养和引进高素质人才，注重技术人员队伍的梯队建设。

(2)引进重点设备，提高诊疗水平。

(3)大量引进和开展新技术。

(4)加强对医疗技术的管理。提高了医疗技术准入的门槛，对部分新技术的开展实行审批制度，保证医疗技术的质量。

2、医疗质量不断上档次

(1)加强医疗质量监督管理。

(2)把好人才的准入关。

(3)把好医疗机构的准入关。

(4)重视内涵建设,内部管理逐渐科学化、规范化。

(5)加强社会医疗机构的管理。

(6)加大宣传力度,方便市民就医。

3、医疗费用不合理增长继续得到控制

由于全国物价总体上涨,再加上高新技术在医学领域的应用、新特药的广泛使用、一次性材料的增多等原因,2003年深圳市医疗费用有所增长,但增长幅度仍在合理范围内。我们主要采取了以下措施:

(1)认真落实行政事业性收费公示制度,实行医疗收费网上查询制度,检查督促收费清单制度,完成行政事业性收费的年审。

(2)加强对医疗收费的监督检查。坚决制止乱收费、多收费、开大处方行为,压制收红包、拿回扣等不良风气。

(3)建立医疗服务价格信息公示制度,客观地收集数据,每半年通过各新闻媒体如实地公布全市各级医院当期平均每门诊费用、平均住院费用、药品费用比例以及部分单病种费用,增加了透明度,起到了良好的监督作用。

(4)做好新增医疗服务项目论证,会同物价部门做好特需医疗服务项目的初审备案。此外还完成了深圳市卫生系统票据的更换工作。

(5)改革药品采购制度,继续推行医院药品收支两条线管理,降低药品占业务收入的比例,降低药品零售价格。

(6)重视医院内部财务管理,完善财务管理制度,加强成本核算和绩效分析,严格控制支出,开源节流,降低医疗服务成本。

4、医德医风有根本性的转变

(1)全市各医疗机构采取各种措施,强化医护人员的服务意识,提高服务质量,加强与患者的沟通,精心维护好在抗“非典”时期形成的良好的医患关系。2003深圳市医疗质量评估结果显示,群众对医疗服务的满意度不断提高,达到99.28%。

(2)加强医院文化建设,优化就医环境,推行全程优质服务.

(3)大力推行《深圳市卫生系统工作人员医德医风奖惩办法(试行)》、《医务人员服务承诺》等规章制度,加强对医德医风建设的检查监督,积极开展创建医德医风先进典型活动。

(4)在全体医务工作者中广泛开展新深圳精神大讨论和医患关系大讨论,加强职业道德教育,强化医务人员的服务意识,牢固树立“以病人为中心”、“以人的健康为中心”的服务宗旨。

(5)坚持局领导接访日活动,保证与市民沟通渠道的畅通,听取民声,体察民意,认真对待和妥善处理群众的信访和投诉,及时化解医患双方的矛盾。

四、体育事业

2003年,深圳市的体育事业继续以“三个代表”重要思想和党的十六大精神以及胡锦涛总书记视察广东重要指示为指导,以增强人民体质和提高人民健康水平为首要任务,以提高在国内及国际竞技体育的竞争力为突破口,以加快发展体育产业为国民经济新的增长点,各项工作取得了令人满意的成绩,为建设与现代文明城市相适应的体育强市开创了新的局面。

(一)办好体育盛会,提升层次水平

2003年,本着“简朴、热烈、精彩、圆满”的原则,深圳市成功举办了市规模最大、规格最高的综合性体育盛会——第六届市运会,顺利完成了市委、市政府下达的任务,受到市领导与社会各界的一致好评。本届运动会改革和创新了举办大型运动会的模式:在比赛项目设置上,结合了竞技体育需要与群众体育发展状况,少年组围绕省运会、全运会、奥运会竞技体育设项,成年组则选择深圳市群众基础比较好,运动水平比较高、有利于推动全民健身发展的项目设项,体现了现代竞技体育“有所为有所不为”的特点;在开、闭幕式设置上,将传统场馆模式搬到大型文艺广场,化繁为简,将体育与文化融为一体,使人耳目一新。

深圳市全年举办国际性单项运动会共10次,形成了良好的社会影响力,进一步提升了深圳的国际形象和知名度。

(二)竞技体育实力明显增强

2003年,本着“虚心学习、锻炼队伍、有所提高、有所进步”的指导思想,深圳市体育代表团参加全国第五届城市运动会取得了可喜成绩,获金牌13枚、银牌9枚、铜牌10枚,打破一项世界青年纪录,在78个城市中列第十名,并且86名运动员获得道德风尚奖,实现了运动成绩和精神文明的双丰收,圆满完成了参赛任务。与上届城运会成绩相比,金牌数增加了8枚,排位前进了4位。

第六届市运会设置了23个比赛项目,其中少年组13项,成人组10项,全市共有42个代表团、2559名运动员参赛。罗湖区以183.5枚奖牌列少年项目第一名,深圳大学列成年项目第一名,26个代表团、271名运动员、77名裁判员获得“体育道德风尚奖”。

由此可见,深圳市体育在狠抓后备人才培养和

不断提高科学训练水平中取得了突出成效，竞技体育实力明显增强。

（三）创新科研，完善全民健身管理服务体系

为更好地落实科技为训练和竞赛服务，科研人员对参赛运动员进行了全年跟踪监测，全年完成近6000例生化指标的测试，为解决运动员训练脱水问题科研人员自制平衡饮料几千升，为解决“高原训练”的问题，引进了国外的先进技术，建立了“低压氧仓”等，为体育运动训练和比赛提供了有力的科学保障。

在贯彻《全民健身计划纲要》前提下，深圳市群众体育意识普遍增强，科学健身已形成习惯，国民健康素质明显提高。为满足市民健身需要，深圳市2003年加大体育场地设施的资金投入，向社区投入大量健身路径、室内健身器材，建设全民健身苑，供市民免费使用，受到了市民广泛的欢迎和一致的好评。在抗击非典时期，深圳市坚持“户外、分散、小型”的做法，动员各区各单位积极组织全民健身的各项比赛与活动，掀起了全民健身热潮，举办全民健身活动1350次，同比增长19%，参加活动人数为90万人次，同比增长12%。

深圳市广泛开展国民体质监测工作，测试结果显示成年人的体质合格率为85.4%；同时深圳市社会体育队伍不断壮大，现有各等级社会体育指导员1088人，他们在全民健身活动中发挥了组织和指导的积极作用。

（四）创建体育先进社区，推动社区体育发展

深圳市始终坚持“高起点、高标准、高效益”的要求，指导创建广东省第四批城市体育先进社区，从而推动深圳市社区体育工作的深入开展。通过市区两级体育部门和有关街道办事处的共同努力，深圳市现有全国、省城市体育先进社区14个，占全市30个街道办事处的47%，有力地带动深圳市社区体育工作的开展，使深圳市的社区体育又上了一个台阶。

（五）体育产业发展加快

深圳市逐步建立起以健身服务业、竞赛表演业、体育彩票业和体育用品业为支柱，体育培训、体育中介等多业并进，多种所有制形式并存，结构合理的体育产业体系，2003年依法审批体育经营企业共128家，审批举办临时性体育经营活动共11次。为强化市场监管，使体育产业与国际相接轨，深圳市正式成立了深圳市经纪人协会体育经纪专业委员会。

2003年深圳市顺利完成了广东省第一次体育产业统计调查工作，及时、客观、系统地认清深圳市体育产业发展的基本情况，为制定加强深圳市体育产业发展的政策提供科学依据。

深圳市努力拓宽体育彩票市场，不断推出和开发新的玩法，全市体育彩票投注站共870台，就业人数1538人，总销售额6.5亿元，圆满完成了全年销售任务。

（六）二○○四年体育发展趋势

二○○四年，深圳市继续坚持“有所为有所不为”的原则去发展竞技体育，做好市、区两级重点项目布局，全力以赴做好第十二届省运会的备战工作；根据海滨城市的特点，有计划、有重点地开展海上体育运动项目。要以构建多元化全民健身服务体系为目标，发展群众体育，增强国民体质，实施“科技兴体”战略，大力发展体育产业，同时加大体育法制与宣传力度，着力打造“七个一流”，即一流的体育环境、一流的体育设施、一流的体育产业、一流的体育竞技、一流的体育人才、一流的体育科研、一流的体育赛事，为建设与国际化城市相适应的体育强市打下坚实的基础。

（撰稿：李小燕　吴志伟 万雪莉 曹碧云 严吉祥）

12-1 科学技术研究成果数

NUMBER OF ACHIEVEMENTS IN SCIENTIFIC AND TECHNICAL RESEARCH

(1992—2003)

单位:项 (unit)

年份 Year	科技成果 Achievements in Science and Technology	# 达到国际先进水平 Attaining Advanced World Levels	国内先进水平 Attaining Advanced Domestic Levels	获省科技进步奖 Number of Provincial Scientific and TechnicalProgress Prizes Awarded	获市科技进步奖 Number of Shenzhen Scientific and Technical Prgress Prizes Awarded
1992	81	17	33	5	54
1993	109	15	41	7	55
1994	140	17	38	9	60
1995	111	14	55	13	65
1996	106	19	42	14	65
1997	139	16	47	7	65
1998	157	32	30	11	78
1999	150	34	116	17	142
2000	194	32	102	23	119
2001	251	65	171	17	93
2002	294			19	97
2003	259			33	97

12-2 大中型工业企业技术开发主要指标

MAIN INDICATORS OF TECHNICAL DEVELOPMENT OF LARGE AND MEDIUM-SIZED INDUSTRIAL ENTERPRISES(2000—2003)

单位：万元 (10 000 yuan)

项 目	Item	2000	2001	2002	2003
企业办技术开发机构数(个)	Number of Technical Development Institutions in Enterprises (unit)	59	102	96	108
企业技术开发人员总计(人)	Number of Personnel Engaged in Technical Development in Enterprises (person)	16 989	25 148	25 977	33 239
#科学家和工程师	Scientists and Engineers	15 551	23 218	23 909	29 718
技术开发机构中的科技活动人数(人)	Number of Scientific and Technical Personnel in Technical Development Institutions(person)	12 855	20 180	20 764	26 047
研究与发展人员(人)	Number of Personnel Engaged in Research and Development(person)	14 043	20 114	20 713	18 029
技术开发经费筹集总额	Funds of Technical Development	324 828	595 639	627 624	832 433
#企业资金	Funds Self-raised by Enterprises	285 094	515 662	534 258	650 637
上级拨款	Appropriations from Higher Authorities	4 240	10 936	5 115	8 213
技术开发经费支出总额	Expenditures of Technical Development	308 103	590 022	593 703	744 144
#开发新产品经费	Expenditures for New Products Development	212 111	333 048	382 768	450 014
#技术开发机构经费支出	Expenditures of Technical Development Institutions	237 608	460 906	454 683	491 670
#研究与发展支出	Expenditures of Research and Development	259 893	492 172	495 781	597 349
新产品实现利税额	Sales Revenue of New Products	3 176 973	3 189 815	3 618 936	6 891 560
技术开发项目(课题)数(项)	Number of Technical Development Projects (unit)	1 020	1 893	2 034	3 719
专利申请数(项)	Number of Patent Applications	608	1 161	1 914	2 856
#发明专利数	Number of Patent OF Invention	365	799	1 207	1 640
拥有发明专利	Number of Inventors´ Patent Right		639	761	1 822

12-3 各级各类学校数

NUMBER OF SCHOOL BY LEVEL AND TYPE

(1979—2003)

单位:所 (unit)

年 份 Year	普通高等学校 Institutions of Higher Education	中等专业技术学校 Specialized Secondary Schools	普通中学 Regular Secondary Schools	职业中学 Vocational Secondary School	小 学 Primary Schools	幼儿园 Kinder-gartens
全市 Total						
1979		1	24		226	90
1980		1	24		238	52
1981		4	26		244	32
1982		5	28		246	50
1983	1	4	30		248	69
1984	2	7	35	3	260	87
1985	2	7	38	3	258	79
1986	2	6	40	5	257	273
1987	2	7	43	5	255	187
1988	2	7	47	5	257	195
1989	2	8	47	7	264	207
1990	2	8	49	7	263	228
1991	2	7	51	9	260	257
1992	2	6	53	9	261	282
1993	3	6	51	17	267	281
1994	3	7	56	15	269	333
1995	2	7	62	19	274	349
1996	2	8	71	19	274	380
1997	2	8	73	20	275	446
1998	2	8	78	16	286	488
1999	2	8	83	16	325	560
2000	2	8	94	11	353	562
2001	3	8	107	11	377	587
2002	9	8	134	8	395	634
2003	9	8	179	8	376	656
特区 Urban						
1980		1	7		39	11
1981		4	9		43	13
1982		5	10		45	28
1983	1	4	12		49	24
1984	2	7	14	3	63	43
1985	2	7	16	3	66	44
1986	2	6	18	5	66	92
1987	2	6	21	5	69	106
1988	2	6	23	5	72	80
1989	2	7	25	7	84	107
1990	2	7	24	7	80	103
1991	2	6	24	9	80	114
1992	2	5	26	9	82	142
1993	3	5	32	8	91	137
1994	3	7	35	8	96	177
1995	2	5	37	11	102	193
1996	2	6	42	11	101	205
1997	2	6	44	10	103	235
1998	2	6	44	11	106	254
1999	2	6	46	11	118	279
2000	2	6	55	7	132	277
2001	3	6	57	7	135	290
2002	8	6	65	4	138	319
2003	8	6	68	4	142	337

12-4 各级各类学校教职工数

STAFF AND WORKERS BY LEVEL AND TYPE OF SCHOOL

(1986—2003)

单位：人 (person)

年份 Year	普通高等学校 Institutions of Higher Education	中等专业技术学校 Specialized Secondary Schools	普通中学 Regular Secondary Schools	职业中学 Vocational Secondary Schools	小学 Primary Schools	幼儿园 Kinder-gartens
全市 Total						
1986	816	445	2 871	280	3 632	
1987	972	460	3 182	394	3 959	1 616
1988	1 034	496	3 455	506	4 302	1 558
1989	1 393	541	3 758	578	4 596	1 969
1990	1 348	520	3 920	759	5 061	2 267
1991	1 381	534	4 308	767	5 388	2 716
1992	1 405	585	4 650	843	5 768	3 113
1993	1 536	512	5 106	920	6 337	4 154
1994	2 753	583	5 589	945	7 129	5 294
1995	1 187	598	6 063	1 075	7 666	5 929
1996	1 331	725	6 669	1 074	8 702	6 817
1997	1 430	768	7 079	1 163	9 148	8 328
1998	1 649	801	7 369	1 217	9 786	9 761
1999	1 819	807	7 886	1 291	11 449	11 605
2000	1 902	806	8 739	1 148	14 697	12 787
2001	2 165	803	9 763	1 161	17 370	14 515
2002	3 369	806	11 662	966	20 621	16 483
2003	3 820	980	13 379	842	23 382	17 778
特区 Urban						
1986	816	431	1 608	238	1 941	
1987	972	414	1 831	314	2 242	1 242
1988	1 034	436	2 095	374	2 540	1 161
1989	1 393	479	2 492	396	2 977	1 546
1990	1 348	483	2 454	540	3 143	1 763
1991	1 381	462	2 671	573	3 316	2 252
1992	1 405	512	2 905	656	3 602	2 565
1993	1 536	459	3 226	733	3 869	3 143
1994	2 753	512	3 470	781	4 226	4 051
1995	1 187	503	3 673	905	4 612	4 397
1996	1 331	615	3 968	905	4 919	4 951
1997	1 430	649	4 303	966	5 120	5 496
1998	1 649	665	4 539	1 060	5 383	6 293
1999	1 819	663	5 020	1 112	5 952	7 107
2000	1 902	661	5 701	972	7 046	7 686
2001	2 165	658	6 221	997	8 028	8 028
2002	3 248	658	6 935	792	8 900	9 235
2003	3 616	654	7 660	773	9 559	9 891

12-5　各级各类学校专任教师数

FULL-TIME TEACHERS BY LEVEL AND TYPE OF SCHOOL

(1979—2003)

单位：人　　　　(person)

年　份 Year	普通高等学校 Institutions of Higher Education	中等专业技术学校 Specialized Secondary Schools	普通中学 Regular Secondary Schools	职业中学 Vocational Secondary Schools	小　学 Primary Schools	幼儿园 Kinder-gartens
全市　Total						
1979		22	752		1 588	
1980		25	625		1 763	159
1981		50	676		1 948	141
1982		31	860		1 954	259
1983	80	44	1 044	12	2 025	365
1984	162	133	1 372	67	2 282	575
1985	288	154	1 902	130	2 749	483
1986	406	197	2 138	193	2 977	573
1987	468	226	2 376	314	3 265	1 005
1988	524	263	2 603	413	3 571	937
1989	533	315	2 771	484	3 810	1 193
1990	484	272	2 915	607	4 221	1 317
1991	533	296	3 255	568	4 514	1 451
1992	493	308	3 533	629	4 832	1 698
1993	535	273	3 892	701	5 342	2 288
1994	978	303	4 290	719	6 015	2 745
1995	629	334	4 675	801	6 429	3 202
1996	747	385	5 004	812	7 046	3 665
1997	793	423	5 276	858	7 567	4 613
1998	865	447	5 502	880	7 940	5 257
1999	1 049	457	5 935	948	8 914	6 092
2000	1 114	454	6 596	849	11 550	7 234
2001	1 295	445	7 224	887	13 254	7 690
2002	2080	445	8 643	775	15 763	8 893
2003	2 341	584	9 989	666	17 920	9 539
特区　Urban						
1980		25	192		351	98
1981		50	248		506	57
1982		31	350		610	147
1983	80	44	470	12	700	201
1984	162	133	714	67	981	366
1985	288	154	1 031	111	1 439	244
1986	406	197	1 200	153	1 663	247
1987	468	198	1 373	235	1 924	656
1988	524	225	1 616	285	2 209	568
1989	533	276	1 883	310	2 568	816
1990	484	258	1 849	399	2 711	891
1991	533	245	2 059	385	2 843	1 097
1992	493	261	2 237	457	3 076	1 304
1993	535	248	2 458	531	3 306	1 571
1994	978	269	2 661	573	3 556	2 059
1995	629	278	2 807	665	3 839	2 232
1996	747	318	3 007	680	4 093	2 468
1997	793	351	3 215	726	4 220	2 832
1998	865	361	3 432	767	4 404	3 201
1999	1 049	365	3 842	819	4 742	3 581
2000	1 114	362	4 393	719	5 564	4 319
2001	1 295	352	4 667	770	6 234	4 134
2002	2 007	353	5 352	645	7 052	4 881
2003	2 257	348	5 917	623	7 627	5 208

12-6 各级各类学校在校学生数

STUDENTS ENROLLMENT BY LEVEL AND TYPE OF SCHOOL

(1979—2003)

单位：人 (person)

年 份 Year	普通高等学校 Institutions of Higher Education	中等专业技术学校 Specialized Secondary Schools	普通中学 Regular Secondary Schools	职业中学 Vocational Secondary Schools	小 学 Primary Schools	幼儿园 Kinder-gartens
全市 Total						
1979		80	13 686		47 022	4 587
1980		142	12 296		49 168	3 377
1981		133	13 088		51 560	5 074
1982		262	17 080		54 538	7 723
1983	216	310	20 982	156	56 319	9 252
1984	1 236	1 072	27 636	937	62 021	12 140
1985	3 206	1 661	35 334	2 105	70 277	14 338
1986	3 478	2 167	40 208	3 058	77 884	22 703
1987	4 330	2 868	44 910	4 389	84 601	26 072
1988	4 710	3 610	43 267	6 086	96 474	27 106
1989	4 419	3 348	45 056	6 904	104 041	34 781
1990	3 964	2 897	46 473	8 581	111 711	36 041
1991	3 779	3 090	50 625	7 564	118 460	43 877
1992	3 653	3 218	55 857	8 548	127 978	49 985
1993	3 680	3 153	60 337	9 200	139 272	56 024
1994	4 227	3 273	66 073	9 681	147 186	63 316
1995	5 291	3 490	71 540	9 903	157 210	62 571
1996	6 493	3 741	76 949	10 258	170 983	68 769
1997	7 601	4 048	82 155	10 742	190 192	71 378
1998	8 497	3 898	86 009	10 488	215 652	77 623
1999	10 568	3 689	91 260	11 308	256 060	88 322
2000	14 123	3 707	106 996	10 509	313 852	93 164
2001	18 556	3 720	126 190	9 583	363 657	103 440
2002	26 778	3 797	150 654	8 537	415 097	110 390
2003	32 106	5 624	179 628	7 764	469 684	123 856
特区 Urban						
1980		142	3 718		10 884	1 729
1981		133	4 761		13 458	1 318
1982		262	6 901		15 996	2 869
1983	216	310	9 397	156	18 554	3 916
1984	1 236	1 072	12 883	937	24 826	5 322
1985	3 206	1 661	17 334	1 813	31 846	6 106
1986	3 478	2 167	19 447	2 363	36 977	12 143
1987	4 330	2 434	22 659	2 986	41 026	14 167
1988	4 710	3 075	24 265	3 618	45 973	15 031
1989	4 419	3 077	27 159	3 628	54 778	23 593
1990	3 964	2 666	27 272	4 623	56 300	23 169
1991	3 779	2 478	29 597	4 329	60 981	27 219
1992	3 653	2 687	32 860	5 482	66 871	30 206
1993	3 680	2 835	35 084	6 776	74 439	32 865
1994	4 227	2 794	38 546	7 386	80 301	39 874
1995	5 291	2 811	42 181	7 894	85 558	40 749
1996	6 493	2 947	45 506	8 068	90 486	41 173
1997	7 601	3 214	49 521	8 300	96 620	42 074
1998	8 497	3 004	52 945	8 269	103 904	42 363
1999	10 568	2 756	57 274	9 321	117 801	47 434
2000	14 123	2 767	66 322	8 282	140 923	47 979
2001	18 556	2 695	75 655	7 436	153 590	48 592
2002	26 446	2 332	85 390	6 593	166 013	56 876
2003	31 284	1 629	95 359	6 631	175 647	59 751

12-7 各级各类学校招生数

NEW STUDENTS ENROLLMENT BY LEVEL AND TYPE OF SCHOOL

(1979—2003)

单位：人 (person)

年份 Year	普通高等学校 Institutions of Higher Education	中等专业技术学校 Specialized Secondary Schools	普通中学 Regular Secondary Schools	职业中学 Vocational Secondary Schools	小学 Primary Schools	幼儿园 Kinder-gartens
全市 Total						
1979			5 612		8 978	
1980			5 344		9 064	
1981			5 046		9 978	
1982			7 401		9 561	
1983	216		8 142	156	8 936	
1984	473	615	10 053	582	9 700	8 734
1985	1 482	801	12 954	1 165	11 876	10 148
1986	1 173	1 001	12 826	1 529	14 269	10 932
1987	1 573	1 229	15 121	1 959	15 191	9 344
1988	1 378	1 332	12 583	2 669	17 235	8 369
1989	1 228	863	16 654	2 613	18 525	15 273
1990	1 041	792	17 034	3 352	19 122	17 494
1991	1 126	868	17 956	2 301	19 634	28 493
1992	1 070	964	21 242	3 373	22 129	32 847
1993	1 309	990	22 417	3 275	26 333	37 035
1994	1 664	1 297	24 286	3 211	27 860	26 213
1995	2 134	1 325	26 463	3 906	31 198	35 630
1996	2 470	1 208	27 752	3 381	33 692	37 869
1997	2 580	1 293	29 773	3 439	37 306	33 906
1998	3 078	1 108	31 286	3 859	41 824	32 822
1999	4 211	1 163	34 380	4 226	55 876	39 019
2000	6 522	1 180	41 980	3 018	64 265	39 392
2001	7 239	1 265	48 533	2 992	72 220	50 354
2002	10 210	1 023	58 847	3 130	81 107	40 523
2003	11 915	2 020	69 711	2 680	88 203	51 989
特区 Urban						
1980						
1981			1 821		2 629	
1982			2 767		2 859	
1983	216		3 587	156	3 009	
1984	473	615	4 298	582	4 254	2 676
1985	1 482	801	6 027	873	5 447	2 440
1986	1 173	1 001	5 957	1 035	6 292	2 605
1987	1 573	1 053	7 965	1 118	6 667	5 168
1988	1 378	1 145	8 243	1 386	8 162	4 864
1989	1 228	783	9 341	1 172	9 905	7 730
1990	1 041	692	9 567	1 898	10 067	11 109
1991	1 126	668	10 774	1 484	10 518	15 182
1992	1 070	795	12 401	2 104	11 806	16 776
1993	1 309	829	12 811	2 331	14 647	19 333
1994	1 664	1 058	14 095	2 590	15 227	20 923
1995	2 134	1 045	15 525	3 200	16 722	20 062
1996	2 470	929	16 537	2 412	16 970	18 850
1997	2 580	1 016	17 957	2 578	17 732	17 914
1998	3 078	759	19 088	3 263	18 797	14 244
1999	4 211	842	21 561	3 568	24 139	17 904
2000	6 522	887	25 688	2 085	27 324	17 499
2001	7 239	836	28 209	2 218	28 370	21 569
2002	98 78	295	32 317	2 350	30 788	21 674
2003	11 414	416	35 638	2 290	30 576	25 592

12-8 各级各类学校毕业生数

GRADUATES BY LEVEL AND TYPE OF SCHOOL

(1984—2003)

单位：人 (person)

年 份 Year	普通高等学校 Institutions of Higher Education	中等专业技术学校 Specialized Secondary Schools	普通中学 Regular Secondary Schools	职业中学 Vocational Secondary Schools	小 学 Primary Schools	幼儿园 Kinder-gartens
全市 Total						
1984			4 677		8 505	6 710
1985			7 468	55	10 669	7 824
1986		492	9 169	297	11 481	9 892
1987	1 028	646	11 401	549	14 411	7 529
1988	828	609	14 305	974	8 821	7 741
1989	1 491	1 012	13 388	1 407	12 947	13 090
1990	1 334	769	13 914	1 739	13 363	13 848
1991	1 191	715	11 885	2 360	14 428	23 140
1992	1 187	1 038	14 035	2 351	16 555	27 126
1993	1 203	1 009	14 739	2 873	17 685	30 000
1994	1 064	909	15 345	2 776	19 010	17 749
1995	1 143	813	17 617	3 127	20 876	33 187
1996	1 210	871	18 891	2 873	21 030	25 889
1997	1 474	1 055	20 215	2 876	22 095	32 459
1998	2 126	1 239	23 651	3 656	23 871	26 560
1999	2 146	1 203	23 179	3 284	27 040	35 545
2000	2 382	1 231	24 874	2 915	33 219	39 917
2001	2 779	1 170	28 424	3 493	38 987	44 157
2002	3 927	920	32 503	3 578	47 025	43 912
2003	4 740	1 925	40 200	2 295	55 017	48 797
特区 Urban						
1984			2 305		2 257	1 858
1985			3 848	55	3 667	1 989
1986		492	5 288	297	3 382	2 521
1987	1 028	646	6 029	549	5 344	3 716
1988	828	523	7 307	756	5 722	3 874
1989	1 491	936	7 294	1 042	6 435	6 082
1990	1 334	688	7 758	987	6 493	8 717
1991	1 191	503	7 717	1 402	7 347	12 449
1992	1 187	853	8 098	1 154	8 660	14 790
1993	1 203	911	8 655	1 765	9 253	16 619
1994	1 064	829	9 136	2 197	10 106	13 203
1995	1 143	644	10 376	2 408	11 491	18 510
1996	1 210	711	11 228	2 138	11 770	14 355
1997	1 474	820	11 964	2 294	12 177	15 761
1998	2 126	963	13 931	3 027	12 983	12 939
1999	2 146	933	14 487	2 423	14 731	16 500
2000	2 382	960	15 591	2 264	17 147	17 829
2001	2 779	836	17 823	2 879	19 136	19 710
2002	3 688	615	19 763	2 933	21 438	21 256
2003	4 740	1 068	23 663	2 022	23 419	22 175

12-9 文化事业

CULTURAL INSTITUTIONS

(2000—2003)

项目 Item		2000 全市 Total	2001 全市 Total	2002 全市 Total	2003 全市 Total
电影放映单位(个)	Film Projection Units (unit)	201	201	162	119
# 电影院、影剧院(间)	Cinemas and Theatres	126	126	82	69
电影观众人数(万人次)	Spectators (10 000 person-times)	235	185	159	207
专业艺术表演团体(个)	Art Performance Troupes(unit)	5	5	5	5
艺术表演场所(间)	Art Performance Places(unit)	5	5	6	
群众艺术、文化馆(座)	Art and Cultural Centers(set)	6	6	7	7
公共图书馆(座)	Public Libraries (set)	9	9	10	10
公共图书馆总藏量	Collection of Public Libraries	231.1	245.2	294.7	345.5
(万册件)	(10 000 books)				
博物馆、纪念馆(座)	Museums (set)	8	14	16	16
广播电台(座)	Broadcasting Stations (set)	1	1	1	1
电视台(座)	Television Stations (set)	1	2	2	2
有线电视台(座)	Cable Television Stations(set)	3			
广播人口覆盖率(%)	Listener Rating(%)	100	100	100	100
电视人口覆盖率(%)	Viewer Rating(%)	100	100	100	100
图书出版数(万册)	Books Published(10 000 copies)	348	448	448	546.3
杂志出版数(万册)	Magazines Published(10 000 copies)	2 531	2 563	2 845	2 582
报纸出版数(万份)	Newspapers Published(10 000 copies)	56 453	70 808	82 923	82 807

12-10 卫生事业

PUBLIC HEALTH

(1979—2003)

年份 Year	一、卫生机构数合计 Health Care Institutions (unit)	1. 医院合计 Hospitals	#县及县以上医院 Hospitals at County Level and Above	#综合医院 Compre-hensive Hospitals	2. 疗养院 Sanatoriums	3. 门诊部、卫生室、诊所 Clinics	4. 专科防治所 Specialized Prevention & Treatment Stations	5. 疾病预防控制中心(卫生防疫站) Sanitation and Diseases Control Stations
全市 Total								
1979	62	25	1	1		31	1	1
1980	74	24	1	1		44	1	1
1981	77	24	1	1		47	1	1
1982	121	26	3	3		87	1	2
1983	128	30	7	5		91	1	2
1984	150	29	11	8		109	2	6
1985	215	31	14	10		169	2	6
1986	297	32	14	10	1	234	2	7
1987	311	34	15	11	1	253	2	7
1988	308	35	16	11	1	249	4	6
1989	332	35	18	12	1	271	5	6
1990	354	38	20	14	1	291	4	6
1991	360	41	19	13	1	293	4	6
1992	397	45	22	14	1	326	4	6
1993	400	45	22	14	1	324	3	8
1994	496	48	23	13	1	416	3	8
1995	506	63	23	13	1	407	6	8
1996	1 422	65	34	23	1	1 314	7	8
1997	1 126	72	44	31	1	1 011	7	8
1998	899	72	44	31	1	784	7	8
1999	687	71	45	32	1	574	7	7
2000	683	72	44	31	1	568	4	7
2001	723	75	47	34	1	600	4	7
2002	761	77	51	36	1	638	5	7
2003	893	85	61	44	1	759	5	7
特区 Urban								
1980	43	8				29		
1981	48	8				34		
1982	58	9				47		
1983	77	13				57		
1984	108	11				86		
1985	165	13				138		
1986	239	13	12	8	1	206	2	6
1987	258	14	13	9	1	222	2	6
1988	261	15	12	7	1	225	3	5
1989	276	16	15	9	1	237	4	5
1990	298	19	17	11	1	257	3	5
1991	302	19	16	10	1	260	3	5
1992	312	23	19	14	1	266	3	5
1993	323	23	19	11	1	275	1	6
1994	391	23	19	10	1	342	1	6
1995	409	37	19	10	1	344	3	6
1996	849	38	28	18	1	777	4	6
1997	649	44	36	24	1	572	4	6
1998	579	44	36	24	1	503	4	6
1999	553	43	37	25	1	479	4	5
2000	546	43	37	25	1	474	2	5
2001	559	46	40	28	1	484	2	5
2002	577	46	42	28	1	504	3	5
2003	628	48	44	29	1	553	3	5

注：2002年计划生育指导中心、药检所等不记入卫生事业机构中；医生仅统计执业医师与执业助理医师，护士仅统计注册护士，未取得执业证的医师和未注册的护士计入其他卫生技术人员，不得从事医护工作。

The numder of health care institutions in 2002 does not include birth-control centers and medicines and chemical reagent test labs. The numder of doctors just include registered doctors and registered mediatinus, the number of nurses include registered nurses only.

12-10 续表 1 continued

年 份 Year	6. 妇幼保健所、站 Maternity and Child Care Centers	7. 医学科学(研究)机构 Institutions of Medical Science	8. 中等医药学校 Medical Secondary Schools	9. 其他卫生事业机构 Other Health Care Institutions	二、床位数(张) Beds (unit)	1. 医院病床 Hospital Beds	1、县及县以上医院 Hospitals at County Level and Above	1. 综合医院 Comprehensive Hospitals
全市 Total								
1979	1		1	2	597	597	169	169
1980	1		1	2	643	643	169	169
1981	1		1	2	790	790	261	261
1982	1		1	3	717	717	350	350
1983	1		1	2	1 023	1 023	588	530
1984	1		1	2	1 634	1 634	963	784
1985	1	1	1	4	1 885	1 885	1 403	1 118
1986	5	1	1	5	2 112	2 028	1 521	1 242
1987	6	2	1	5	2 309	2 225	1 682	1 398
1988	5	2	1	5	2 580	2 496	1 968	1 558
1989	5	2	1	6	2 922	2 838	2 363	1 830
1990	5	2	1	6	3 192	3 108	2 541	1 993
1991	6	2	1	6	3 582	3 498	2 855	2 204
1992	6	2	1	6	4 550	4 466	3 485	2 502
1993	7	4	1	7	5 252	5 168	3 794	2 772
1994	7	4	1	8	6 124	6 040	4 338	3 142
1995	7	4	1	9	6 724	6 640	4 561	3 272
1996	7	4	1	15	7 455	7 105	5 169	3 841
1997	7	4	1	15	8 288	7 813	5 800	4 211
1998	7	4	1	15	8 899	8 353	6 235	4 642
1999	7	4	1	15	9 332	8 720	6 377	4 777
2000	7	4	1	19	10 294	9 616	6 993	5 360
2001	7	4	1	24	11 159	10 542	7 580	5 957
2002	7	3	1	22	12 404	11 808	8 570	6 781
2003	7	3	1	25	13 588	12 607	9 018	7 229
特区 Urban								
1980					254	254		
1981					402	402		
1982					367	367		
1983					712	712		
1984					1 143	1 143		
1985					1 295	1 295		
1986	4	1	1	5	1 465	1 381	1 359	1 080
1987	5	2	1	5	1 599	1 515	1 492	1 208
1988	4	2	1	5	1 847	1 763	1 738	1 328
1989	4	2	1	6	2 110	2 026	2 003	1 470
1990	4	2	1	6	2 244	2 160	2 126	1 578
1991	5	2	1	6	2 474	2 390	2 324	1 673
1992	5	2	1	6	3 145	3 061	2 961	1 978
1993	6	4	1	6	3 221	3 137	3 027	2 051
1994	5	4	1	8	3 707	3 623	3 493	2 337
1995	5	4	1	8	4 210	4 126	3 771	2 542
1996	5	4	1	13	4 804	4 460	4 309	3 041
1997	5	4	1	12	5 403	5 023	4 830	3 341
1998	5	4	1	11	5 549	5 195	4 994	3 501
1999	5	4	1	11	5 722	5 302	5 140	3 640
2000	5	4	1	11	6 310	5 870	5 719	4 186
2001	5	4	1	11	6 941	6 511	6 292	4 769
2002	5	3	1	9	7 687	7 318	7 060	5 371
2003	5	3	1	9	7 878	7 239	6 968	5 397

年　份 Year	2. 专科医院 Specialized Hospitals	2街道(镇)卫生院 Neighbourhood Committe Hospitals and Township Hospitals	2. 疗养院 Sanatoriums	3.其他卫生事业机构 Other Health Care Institutions	三、卫生工作人员数(人) Medical Personnel (person)	1. 卫生技术人　员 Medical Technical Personnel	1.执业医师 Registered Doctors
全市　Total							
1979		428			1 214	988	364
1980		474			1 335	1 088	438
1981		529			1 514	1 270	518
1982		367			1 967	1 609	708
1983	58	435			2 910	2 343	1 073
1984	179	671			3 869	3 064	1 484
1985	285	482			4 861	3 857	1 862
1986	279	507	84		5 800	4 657	2 217
1987	284	543	84		6 354	5 117	2 408
1988	410	528	84		7 115	5 715	2 754
1989	533	475	84		7 923	6 451	3 103
1990	548	567	84		8 619	6 996	3 426
1991	651	643	84		9 405	7 618	3 737
1992	983	981	84		10 643	8 571	4 247
1993	1 022	1 374	84		12 261	9 888	4 798
1994	1 196	1 702	84		13 853	11 034	5 347
1995	1 289	2 079	84		15 591	12 449	6 050
1996	1 328	1 936	84	266	17 925	14 652	7 266
1997	1 589	2 013	150	325	18 553	14 932	7 400
1998	1 593	2 118	150	396	18 707	14 975	7 191
1999	1 600	2 343	150	462	18 841	15 143	7 062
2000	1 633	2 623	150	528	19 691	15 720	7 418
2001	1 623	2 962	150	467	21 362	17 135	8 097
2002	1 789	3 238	150	446	23 100	18 615	7 853
2003	1 789	3 589	150	831	26 178	21 234	8 909
特区　Urban							
1980					732	579	248
1981					925	755	338
1982					1 319	1 043	492
1983					2 333	1 833	861
1984					3 068	2 366	1 180
1985					3 877	2 996	1 477
1986	279	22	84		4 722	3 728	1 800
1987	284	23	84		5 206	4 114	1 969
1988	410	25	84		5 756	4 540	2 183
1989	533	23	84		6 389	5 142	2 501
1990	548	34	84		6 892	5 546	2 764
1991	651	66	84		7 435	5 955	2 963
1992	983	100	84		8 119	6 452	3 221
1993	976	110	84		9 154	7 284	3 611
1994	1 156	130	84		9 833	7 756	3 821
1995	1 229	355	84		10 966	8 699	4 289
1996	1 268	151	84	260	12 198	9 907	4 851
1997	1 489	193	150	230	12 584	10 112	4 964
1998	1 493	201	150	204	12 476	10 031	4 841
1999	1 500	162	150	270	12 698	10 273	4 850
2000	1 533	151	150	290	13 190	10 546	5 035
2001	1 523	219	150	280	14 417	11 672	5 513
2002	1 689	258	150	219	15 522	12 582	5 510
2003	1 571	271	150	489	16 360	13 464	6 034

12-10 续表 3 continued

年 份 Year	执业中医师 Registered Traditional Chinese Medic	2.执业助理医师 Registered Mediatinus	中医执业助理医师 Registered Tradional Chinese Mediatinus	3.注册护士 Registered Nurses	4.药剂人员 Pharmacists	5.检验人员 Assistant Laboratory Technicians	6.其它 Others	2.其他技术人员 Other Technical Personnel
全市 Total								
1979	96			138	22	32	432	
1980	88			186	31	41	392	13
1981	98			237	46	48	421	15
1982	116			323	76	60	442	5
1983	141			551	121	91	507	21
1984	171			716	173	125	566	41
1985	243			997	222	158	618	29
1986	304			1 246	260	211	723	44
1987	341			1 450	292	257	710	48
1988	374			1 734	409	283	535	86
1989	433			1 971	431	321	625	85
1990	463			2 145	475	355	595	118
1991	503			2 372	539	365	605	156
1992	579			2 705	630	375	614	183
1993	650			3 225	744	464	657	169
1994	739			3 625	823	538	701	318
1995	823			4 034	906	612	847	386
1996	1 292			4 654	1 005	664	1 063	427
1997	1 122			4 828	1 063	708	933	519
1998	928			5 025	1 111	760	888	502
1999	879			5 230	1 108	812	931	614
2000	919			5 425	1 130	847	900	689
2001	958			5 945	1 194	871	1 028	605
2002	865	407	28	6 635	1 292	965	1 463	800
2003	939	530	41	7 321	1 499	1 085	1 890	1 056
特区 Urban								
1980								
1981								
1982								
1983								
1984								
1985								
1986	235			1 045	217	180	486	
1987	248			1 225	244	220	456	
1988	260			1 437	189	155	576	
1989	326			1 642	335	267	397	83
1990	341			1 753	368	292	369	104
1991	372			1 909	408	293	382	133
1992	430			2 099	444	293	395	163
1993	497			2 408	506	355	404	133
1994	548			2 560	571	393	411	223
1995	625			2 814	624	434	538	246
1996	885			3 236	684	468	668	254
1997	703			3 367	711	506	564	351
1998	627			3 397	733	523	537	352
1999	646			3 564	636	565	658	406
2000	677			3 682	723	575	531	468
2001	705			4 126	784	602	647	455
2002	663	139	17	4 429	815	660	1 029	554
2003	614	218	16	4 645	887	689	991	619

12−10 续表 4 continued

年　份 Year	3.管理人员 Managerial Personnel	4.工勤人员 Logistics Workers	四、医疗机构诊疗总人数(万人次) Total Patients Treated	五、入院总人数(万人) In Patitents (10 000 persons)	#县及县以上医院 Hospitals at County Level and Above	六、病床使用率(%) Utilization Rate of Beds (%)	七、病床周转次数(次) Turnover of Beds(time)
全市　Total							
1979	123	103					
1980	112	122					
1981	120	109		1.41	0.56		
1982	168	185		1.97	0.88		
1983	193	353		3.44	1.18		
1984	221	543		4.11	2.17		
1985	354	621		4.88	2.82		
1986	394	705		4.68	2.77	66.2	24.4
1987	411	778		5.84	3.58	73.6	22.2
1988	465	849	960.19	6.97	4.43	75.6	28.8
1989	517	870	1 115.71	7.87	5.48	78.4	29.0
1990	463	1 042	1 215.21	8.73	6.18	81.4	29.0
1991	514	1 117	1 424.05	10.08	6.95	85.2	30.3
1992	645	1 244	1 773.17	11.40	7.70	81.9	28.0
1993	965	1 239	1 425.79	12.59	8.32	83.9	24.1
1994	1 108	1 393	1 458.59	12.81	8.65	70.1	23.2
1995	1 195	1 561	1 810.22	13.07	8.78	65.0	20.8
1996	1 252	1 594	1 961.12	14.63	9.65	64.3	21.5
1997	1 426	1 676	1 821.04	16.15	10.74	67.4	21.9
1998	1 381	1 849	1 941.11	19.05	12.72	68.6	24.1
1999	1 386	1 698	2 050.97	21.12	13.85	69.3	24.5
2000	1 479	1 803	2 175.27	26.61	17.36	75.4	28.3
2001	1 729	1 893	2 408.07	30.23	19.97	77.3	29.4
2002	1 753	1 932	2 689.23	35.74	21.65	80.2	31.3
2003	1 807	2 081	3 052.08	41.57	23.71	84.0	33.5
特区　Urban							
1980							
1981							
1982							
1983							
1984							
1985							
1986				2.58	2.54	67.5	18.8
1987				3.24	3.20	73.8	21.5
1988				3.87	3.79	73.9	22.5
1989	434	730	750.28	4.35	4.28	76.3	22.8
1990	381	861	819.23	4.89	4.89	79.0	23.4
1991	439	908	890.23	5.45	5.45	80.9	23.8
1992	515	989	1 045.94	5.99	5.99	79.4	22.2
1993	729	1 008	904.90	6.41	6.41	82.5	23.3
1994	792	1 062	1 031.33	6.59	6.59	78.1	21.2
1995	858	1 163	1 122.21	6.72	6.72	65.0	17.7
1996	850	1 187	1 282.84	7.51	7.51	62.6	18.2
1997	913	1 208	1 119.31	8.70	8.70	63.9	18.6
1998	824	1 269	1 137.21	9.76	9.76	66.8	20.2
1999	875	1 144	1 249.51	10.76	10.76	67.2	20.9
2000	931	1 245	1 245.48	14.05	14.05	74.2	24.9
2001	1 015	1 275	1 368.65	16.45	16.45	79.3	26.9
2002	1 052	1 334	1 603.79	19.53	18.73	80.9	28.2
2003	1 051	1 226	1 707.25	22.05	18.75	85.8	30.4

第十三部分 环境保护和城市建设及公用事业

Environment and Urban Public Utilities

CHAPTER 13

2003年深圳市环境状况公报

深圳市环境保护局

一、总述

（一）国民经济和社会发展

2003年，全市人民在市委、市政府的领导下，战胜了非典带来的不利影响，实现了国民经济的持续快速健康发展，各项社会事业取得全面进步，人民生活水平和质量稳步提高，城市综合实力增强，全面完成了各项预期目标和主要任务，为率先基本实现现代化和全面建设小康社会打下了坚实的基础。

1、国民经济增长加快

国民经济持续快速增长，全年实现国内生产总值2860.51亿元，比上年增长约17%，创近8年来的新高。同时，产业结构在调整中不断优化，高新技术产业产品产值达2482.79亿元，占工业总产值的48.9%，2003年三次产业的比例为0.6:58.9:40.5。

2、城市面貌发生新变化

2003年，全市环保投资总额为61.87亿元，环保投资占全市GDP的比例达2.16%。环保投资的增加，为城市环境基础设施的建设提供了保障。2003年，我市切实落实省政府的"治污保洁工程"，大力实施"净畅宁工程"，市容市貌明显改善，市区交通堵塞有所缓解，年底前社会治安明显好转。

3、获得"广东省环境保护先进城市"荣誉称号

2003年，较好地完成了城市环境综合整治定量考核和环境保护任期目标责任制考核工作，顺利通过省环保局的检查，在省政府1998年—2002年环境保护任期目标责任制先进单位的表彰中，我市被授予"广东省环境保护先进城市"称号。

（二）环境质量概况

2003年，深圳市环境质量总体保持良好水平。环境空气质量符合国家环境空气质量二级标准。主要饮用水源水质良好，符合饮用水源水质要求，饮用水源水质达标率为97.13%。河流污染依然严重，主要河流水质劣于国家地表水水质Ⅴ类标准。近岸海域东部海水水质符合国家海水水质第二类标准；西部海域海水水质劣于第四类标准。城市声环境处于轻微污染水平，与上年相比噪声环境质量略有下降。固体废弃物综合利用和无害化处理程度提高；环境辐射处于安全状态；城市与村镇生态环境继续得到改善。

（三）环境保护和建设

2003年开展了《深圳市生态环境保护与建设'十五'规划》中期评估工作，促进了规划的落实，并为"十一五"环保规划的编制打下了良好的基础；生态市建设规划和空气污染控制规划研究完成了研究大纲的编制，研究大纲通过专家审查，并已正式启动；珠江流域深圳水环境综合整治工作进展顺利，实现"一年初见成效"的目标；工业污染源全面达标试点工作顺利通过省环保局的考核验收，我市成为全国第一个实现工业污染源全面达标的城市；积极推进水源保护工程的建设，建成深圳水库污水截排工程等污水处理工程；环境管理监控中心建成投入使用，污染防治和生态保护工作全面加强。

（四） 环境管理制度改革

环保系统调整了建设项目环保审批管理的市区分工权限。市环保局在下放部分环保审批管理权限后，集中力量加强对大型项目、环保重点项目的环保审批管理，审批时限大幅提速；采取提前介入、专人跟踪的方法，重点加强大型项目的前期审查和研究工作，为政府决策提供环境保护方面的依据。

（五）创建文明行风

2003年，我市环保系统积极落实《深圳市管单位领导集体决策重大问题议事规则》，完善相关的会议制度，并明确了决策程序，所有重大事项都实

行集体决策；开展为大企业提供直通车服务，设置了大企业申报环保审批的服务窗口，向大企业提出了比原来快一倍的服务承诺，其项目审批均在1-2个工作日内批复，受到了企业的一致好评。

二、空气环境

2003年全市环境空气质量达到国家环境空气质量一级(空气质量优)和二级标准(空气质量良)的天数占全年的95.6%，其中达到一级标准的天数占40.5%，达到二级标准的天数占55.1%。超过二级标准的天数占4.4%。空气中主要污染物为可吸入颗粒物和二氧化氮。

(一) 环境空气质量

空气中二氧化硫年日平均浓度为0.020毫克/立方米，比上年上升0.002毫克/立方米；二氧化氮年日平均浓度为0.057毫克/立方米，比上年上升0.007毫克/立方米；全市可吸入颗粒物年日平均浓度为0.070毫克/立方米，比上年上升0.009毫克/立方米。

全市降水pH年平均值为4.93，比上年上升了0.31，酸雨发生频率为52.8%。与2002年比较，降水酸性减弱，酸雨频率上升了14.3个百分点。

2003年全市降尘量年平均浓度为7.48吨/平方公里·月，达到广东省推荐标准，比2002年上升1.70吨/平方公里·月。最大值为31.0吨/平方公里·月，超标2.9倍，全市月测值超标率为34.6％，1月、3月、11月、12月降尘量较高。

(二) 废气排放

全年纳入环境统计的有污染物排放工业企业废气排放量为820.64亿标立方米，废气中主要污染物二氧化硫排放量为4.09万吨，烟尘排放量为0.49万吨，工业粉尘排放量为129.1吨。

(三) 措施与行动

市环保局牵头拟定了《"关于治理我市机动车尾气污染问题的议案"办理方案》，组建了深圳市机动车排污监管中心，建立了市政府有关部门参与的协调工作机制；加大了路检和抽检的执法力度，先后检查抽查车辆两万多车次；开展了车用燃油清净剂的筛选工作；在人大代表、政协委员和社会各界人士中聘请了100名机动车环保社会监督员，拓宽了对冒黑烟车辆的监督管理渠道；制定了"深圳市符合环保排放标准车型推荐目录"和"机动车环保分类标志"的实施方案；加强了对机动车排气污染防治工作的宣传力度；实施南山热电集中供热工程，严格控制油品含硫量；全面开展工业废气的整治工作，促进企业产生的工业废气达标排放；继续加强对建筑施工工地扬尘管理，对各类违法施工造成扬尘污染的工地加大了查处力度，有效地保护了我市的空气环境质量。

三、水环境

2003年，深圳市大力开展水环境污染治理，主要饮用水源水质有所改善，符合饮用水源水质要求；河流污染依然严重，我市主要河流均受到不同程度的生活污染；东部海域水质良好，西部海域水质略差。

(一) 水环境质量

水库水质：全市饮用水源水质达标率为97.13%，比上年提高1.03个百分点。西丽水库、铁岗水库、清林径水库、赤坳水库、松子坑水库、径心水库、铜锣径水库、枫木浪水库和三洲田水库等达到国家地表水水质Ⅲ类标准；深圳水库、梅林水库、石岩水库整体水质比上年改善，个别指标劣于国家地表水III类标准。

河流水质：深圳河、布吉河、大沙河、茅洲河、观澜河、西乡河、龙岗河及坪山河均受到不同程度的污染，水质劣于国家地表水Ⅴ类标准，主要污染物是氨氮、总磷和五日生化需氧量。与上年相比，布吉河、大沙河、龙岗河及坪山河水质有所改善，深圳河、茅洲河、观澜河、西乡河水质有所下降。

近岸海域海水水质：东部海域水质良好，符合《海水水质标准》(GB3097-1997)第二类标准。西部海域水质受到生活污水污染，主要污染物是无机氮和活性磷酸盐，劣于第四类标准，与上年相比，活性磷酸盐浓度有所上升，无机氮浓度有所下降，整体水质略有下降。

(二) 废水排放

2003年全市废水排放总量为98236万吨，其中工业废水排放量为19439万吨，工业废水排放达标率95.2%；生活废水排放量为78797万吨，城市生活污水集中处理率62.3%，比上年提高0.5个百分点。废水中主要污染物化学耗氧量排放量为58326吨，氨氮排放量为11302吨。

(三) 措施与行动

大力保护饮用水源水质安全：深圳水库污水截排工程的沙湾河闸坝及污水通道工程完工通水，梧桐山污水截排工程开工建设，铁岗水库水源保护区九围排污改造工程基本完成，石岩排污支管网工程通水运行，甘坑等人工湿地处理系统建成运行；加强水源保护区内工业污染源的防治与查处；加大饮用水源保护区违法养猪场的清理力度：全年共组织清理行动96次，清除违法养殖生猪5万多头。

全面实施珠江流域（深圳）整治方案的各项任务；加快环境基础设施的建设步伐：建成了观澜污水处理厂、坪山上洋污水处理厂一期工程、污水排海二期工程，牛湖人工快速渗滤处理系统建成并投入运行，华为污水处理厂通水调试，其配套截污干管全线贯通；切实加强重点流域污染整治工作：深圳河完成了干流排污口调查、深圳河治理三期工程全面开工建设，福田河、新洲河流域部分片区的截污工程完工，布吉河流域草埔污水处理厂项目立项，大沙河上游大学城段的分散污水深度处理工程动工建设，坪山河流域坪山上洋污水处理厂配套截污干管工程开工建设，茅洲河流域完成了水污染防治规划、燕川污水处理厂可行性研究和固成污水处理厂的选址。

四、声环境

2003年采取了一系列噪声控制措施，使城市声环境质量基本稳定，但交通噪声和区域环境噪声仍然处于轻微污染水平，部分路段交通噪声超标严重。

（一）状况

2003年全市区域环境噪声平均值56.0分贝，与上年持平，达标率88.7%，比上年下降2.9个百分点。其中：特区区域环境噪声平均值56.1分贝，达标率88.8%。

2003年全市城市交通干线噪声平均值68.5分贝，比上年上升0.3分贝，达标率72.3%，比上年下降12个百分点。其中：特区内交通干线噪声平均值68.8分贝，达标率68.4%。

（二）措施与行动

2003年加大了解决噪声扰民问题的力度。全市环保系统继续做好12369环保热线值班工作和严把施工噪声许可证发放审批关；坚持落实局长接访和约访制度、定期开展信访隐患排查工作；对建筑施工噪声进行专项整治，环保110夜间出动了4200人次，2260车次，查处施工工地1560场次；加强对的士高、歌舞厅等娱乐场所的现场监督管理，对违法行为实行曝光；建立了环保联络员制度；环保部门协调城管、交警部门合理确定运土车辆运营时间，努力为人民群众创造一个安宁的工作和生活环境。

五、固体废物污染防治

2003年我市继续加强固体废弃物处理工作，危险废物得到有效处置。

（一）状况

全市工业企业固体废物产生量为58.63万吨，比上年增加16.39万吨，综合处置利用率为82.25%；其中危险废物产生量10.04万吨，较上年增长2.64万吨，其中综合利用量为8.19万吨，安全处置量为1.85万吨。

全市垃圾清运量为324.5万吨，其中特区内生活垃圾清运量为145.6万吨，特区内生活垃圾无害化处理率100%。

（二）措施与行动

重点加强对危险废物产生单位和经营单位的环境监督管理，对燃油电厂、电镀线路板厂、一类汽车修理厂、医疗机构，以及拆解、焚烧电子废物、露天焚烧生活垃圾行为进行了专项检查，首次开展了全市印刷行业危险废物管理情况专项检查；加大对危险废物非法收集加工窝点的查处力度，依法查扣各类危险废物900多吨，查处地下窝点32个；协助做好剧毒化学品的收缴上交工作；认真做好危险废物的接收和处理工作，全年收集处理危险废物10.04万吨，比上年增加35.7%，处理处置率达100%；全力做好医疗废物集中收运工作，90%的医疗废物得到集中处置；继续加大生活垃圾的分类收集、回收和集中处理力度。

六、辐射环境状况

2003年，全市陆地γ辐射完全吸收剂量率处于正常天然本底水平，环境介质中的各种放射性核素含量未见异常变化。放射性污染源周围地区的环境γ辐射空气吸收剂量率、气溶胶等的放射性水平在天然涨落范围内。全市电磁辐射环境基本良好。

七、绿化建设和生态保护

2003年我市以改善生态环境为目标，坚持污染防治和生态保护并重的方针，积极开展生态示范区的建设，重点加强对自然保护区和水源保护区等特殊生态功能系统的保护，着力解决人为因素造成的生态环境破坏，促进了我市生态环境的不断改善和生态系统的良性循环。

（一）状况

2003年全市绿化覆盖面积999.85平方公里，其中特区内建成区222.91平方公里，建成区绿化覆盖率为43.2%。公共绿地面积84.16平方公里，比上年增加18.4%。全市人均公共绿地面积15.1平方米。园林绿地面积 990.05 平方公里,其中特区内建成区 201.24 平方公里。全市自然保护区面积 170.3 平方公里,自然保护区覆盖率 8.7%。

内伶仃岛—福田红树林自然保护区动植物种类和数量保持稳定,生物多样性得到了有效保护。

(二)措施与行动

2003 年,开展生态环境监察试点工作,制定了《深圳市生态环境监察试点工作方案》;环境优美乡镇、生态示范区创建工作取得新成绩:大鹏镇、坑梓镇、坪山镇、石岩镇、龙华镇通过专家考核并列入国家环境优美乡镇公布名单;南澳镇、坑梓镇、公明镇、新生村、百花村、楼村获省生态示范镇(村)称号;龙岗区开展了创建国家生态示范区活动;积极推动村镇开展绿色村镇的创建工作,完成了两镇两村的审核工作。

加大对采石场的监管力度,2002 年到期关闭的全市 20 多家采石场基本转入整治、复绿阶段;同时,督促未到期关闭的采石场按照采矿的技术规程实施台阶式开采与治理,有效地控制了水土流失等环境污染问题。

大力推广清洁生产和无氟制冷剂的使用,制定了《深圳市清洁生产实施意见》,对污染物产生实行"源头控制",促进了我市生态环境的改善。

八、环境管理

(一)环境法制建设

1、环境立法

2003 年,深圳市环境立法工作稳步推进。市环保部门起草了《深圳市医疗废物集中处置特许经营办法》,对医疗废物处置特许经营主体的产生机制、价格形成机制、服务质量、收费标准等进行法律规范;进一步修改完善了《深圳市城市污水处理市场化实施办法》草案;市政府通过了《深圳经济特区机动车排气污染防治条例(草案)》并提交市人大常委会审议;通过媒体广泛宣传《中华人民共和国环境影响评价法》,加强各部门的沟通和合作,依法将规划环境影响评价纳入政府决策程序。

2、环境执法

2003 年,深圳市加大了环境执法力度,组织了一系列环保专项执法行动。开展公用设施环保专项执法检查;按国家环保总局等六部委的要求,开展清理整顿不法排污企业专项行动;开展坪山河流域工业污染源环保执法检查,查处了一批违法企业,遏制了坪山河六价铬超标现象;开展全市落后生产工艺和设备企业的清查,依法取缔和淘汰 3 家企业,关停 8 家无牌无证的电镀企业。

强化污染源的日常监督管理,加大巡查力度,严格查处偷排和超标排放行为。环保部门全年共完成工业污染源现场检查 6483 厂次,对超标比较严重、设施老化、处理工艺不合理的 96 家超标企业下达了限期治理决定,对管理不善、超标轻微的 91 家企业下达了限期整改决定,作出行政处罚 874 宗,其中责令停产、停业 67 宗,申请法院强制执行 94 宗。

(二)加强环境保护管理

2003 年,环保部门共对 15952 项建设项目进行了环境影响审批,其中编制环境影响评价报告表 1928 份,编制环境影响评价报告书 192 份,否定不符合环保要求项目 1102 项,否定率达 7%;加强建设项目环保审批的后续管理,全年验收环保重点管理项目 149 项,"三同时"合格率 100%;继续加强对房地产开发等建设工程的环保验收工作,全年共对 556 项建设工程进行环保竣工验收。市环境工程咨询服务中心全年共对 79 个项目进行了环境工程技术评估,对 6 个大型项目进行了环境监察审核。

同时,我市在工业污染源全面达标试点工作中探索出以总量控制为基础、以许可证管理为核心、末端治理与源头控制相结合、管理与服务并重、各方齐抓共管的工业污染源长效管理机制。

(三)环境监测

2003 年,环保监测部门全年共取得环境监测数据 44.6 万个,比上年增加 9%。在环境质量监测方面,重点对环境空气、饮用水源、河流、近岸海域海水、区域环境噪声和道路交通噪声质量进行了监测。在污染源环境监测方面,全年共监测废水污染源企业 12103 厂次,监测废气污染源企业 877 厂次,监测噪声污染源企业 2055 厂次,监测饮食业油烟及有机废气污染源企业 484 厂次,监测室内空气环境质量 460 家;建成了深圳河水质自动监测和 15 家产生废气废水企业的在线自动监测系统,环保监测能力进一步加强。市环保监测站通过了中国实验室国家认可委员会评审组的换证/扩项评审,认可监测项目增加至 252 项。

九、公众参与

(一) 人大议案与政协提案

我市人大代表和政协委员积极参与环境保护的监督管理工作,2003 年共提出有关环保的议案、提案 22 件。这些议案、提案均得到了认真承办,促进了环境保护工作的开展和有关环境问题的解决。

（二）来信来访

市民环境意识进一步提高，热心参与各项环境建设活动，积极举报有关环境违法事件，有力地促进了我市污染防治工作。

市、区环保部门共收到群众投诉案件 7 万多宗，立案调查处理 1.5 万宗，结案率 98.3%。在收到的群众投诉案件中，噪声污染类占 64%，废气污染类占 30 %，废水污染类占 4.8%，固体废物污染类及其它占 1.2%，噪声污染问题仍然是群众投诉的热点。

（三）环境宣传教育

2003 年，组织主题鲜明、形式多样的环保宣传、教育活动；组织深圳电视台“今日视点”栏目摄制了《斩断汽车黑尾巴》、《扳倒烟囱工程》等系列电视专题报道；组织全市各大新闻媒体重点对“东部毁林种果”，“观澜违法土地开发”，“蒲芦陂水库违法建筑”、“铁岗水库周边违法开发” 等典型环保违法案件进行集中曝光；市人民广播电台开播了《环保局长信箱》；《深圳特区报》、《深圳商报》 分别开辟了“深圳环保”、“绿色鹏城”栏目，设立了“违法企业曝光台”专栏；我市大学生参加国家环保总局和加拿大政府共同举办的“全国大学生气候变化公益广告设计大赛”，16 名大学生获奖，占全国该奖项获奖总数的 60%。

（四）建我绿色家园系列活动

2003 年，深圳市广泛深入地开展建我绿色家园活动。建立了区一级的创建机构，进一步完善了创建制度，加强了分类指导，扩大了创建面；加大创建工作的宣传力度，在新闻媒体以专题、消息等形式大量报道建我绿色家园活动，在市环保局网页开辟了“绿色家园”专栏；组织了建我绿色家园活动工作培训班，150 多个单位的领导参加了培训。

2003 年，全市有 161 家单位（家庭）获得绿色机关、企业、社区、商场、学校、村镇、家庭、公交、医院等绿色称号。

十、环保科技与环保产业

（一）环保科技

2003 年，深圳市环保科技工作取得新成绩。国家高技术研究发展计划（863）的资源与环境领域重大专项“水污染控制技术与治理工程”的子课题在国家科技部正式立项。组织开展了“垃圾沥滤液资源化研究”、“深圳市大气和水环境容量核定” 等项目的研究，完成了 “大鹏湾区域水质控制策略研究”、“深圳市危险废物污染防治规划”和“深圳市大气颗粒物细粒子污染防治对策研究” 等项目的研究。“以 DOAS 为基本配置的大气自动监测系统开发与应用研究”项目获国家环保科学技术奖三等奖和省环保科学技术奖二等奖，“深圳市环境空气质量主要污染物现状研究”、“深圳市近岸海域环境质量调查”和“二次电池废镍、镉极板中镍、钴、镉的综合利用工艺” 项目获省环境保护科学技术奖三等奖。“LXRF 系列立式旋转热解气化焚烧技术”等五项环保技术被评为年度国家重点环境保护实用技术，“富柏工业（深圳）有限公司线路板废水治理工程”等 3 个项目被评为国家重点环境保护实用技术示范工程。

加强环保科技交流，举办了“城市环境质量管理和控制技术国际研讨会” 等多场学术报告会，组织了第八届环境科学学术论文交流活动。

（二）环保产业

2003 年，开展环保工程技术资格年审工作，确认 161 家企业的环保工程技术资格，注销 19 家企业的环保工程技术资格，对 3 家企业提出了整改要求。市环保产业协会出台《关于制止不正当竞争的决议》，进一步规范了环保产业市场。

2003 年，全市有 15 家环保企业获得《国家环保设施运营资质证书》；11 家环保企业获得国家乙级《环境污染防治工程专项设计资质证书》；8 家环保企业被国家环保产业协会评为“中国环境保护产业骨干企业”；6 家环保企业被省环保产业协会评为“广东省环保产业科技创新先进单位”；4 家环保企业被省环保产业协会评为“广东省环保设施运营先进单位”。

（三）ISO14000 环境管理体系认证

2003 年，积极推介和鼓励企业申请 ISO14000 环境管理体系认证，全年共有 43 家企业通过认证。

说明：本公报部分数据由市发展和改革局、城管办、水务局、农林渔业局和统计局等单位提供。

13-1 城市建设及公用设施

URBAN CONSTRUCTIONS AND PUBLIC UTILITY

(2002-2003)

指 标 名 称	Item	全 市 2002	2003	增幅(%)
一、城市园林绿化	Parks,Gardens and Green Areas in Urban Districts			
绿化覆盖面积(公顷)	Coverage Area of Afforestation (hectare)	103 222.0	99 985.4	-3.1
其中:建成区(公顷)	Developed Areas(hectare)	21 396.1	22 291.2	4.2
建成区绿化覆盖率(%)	Green Coverage Rate in Developed Areas(%)	43.2	43.2	
园林绿地面积(公顷)	Area of Gardens and Green Areas(hectare)	102 018.0	99 004.8	-3.0
其中:建成区(公顷)	Developed Areas(hectare)	19 315.9	20 124.1	4.2
建成区绿地率(%)	Rate of Green Areas in Developed Areas(%)	39.0	39.0	
公共绿地面积(公顷)	Public Green Areas(hectare)	7106.3	8 416.2	18.4
人均公共绿地面积(按常住人口计算)(平方米)	Per Capita Public Green Areas(sq.m)	14.1	15.1	7.2
公园数(个)	Number of Parks(unit)	149	179	20.0
公园面积(公顷)	Area of Parks(hectare)	4 635.7	6 850.9	47.8
二、市政及环卫设施	Public Facilities and Environmental Sanitation in urban Distrecs			
年末实有铺装道路总长度(公里)	Length of Roads(1000 m)	2 902.0	2 917.8	0.6
年末实有铺装道路面积(万平方米)	Area of Roads(10000 sq.m)	6 426.0	7 137.9	11.0
人均道路面积(平方米)	Pera Capita Area of Roads(sq.m)	12.7	12.8	0.5
城市排水管道总长度(公里)	Total Length of Sewer Pipelines(1000 m)	5 585.0	5 809.9	4.0
污水日处理能力(万吨/日)	Capacity of Sewage Disposal(10000 tons/day)	144.2	187.1	29.7
桥梁(人行天桥、立交桥)(座)	Number of Bridges(unit)	700	713	1.9
路灯(盏)	Number of Street Lights(unit)	169 839	147 697	
生活垃圾清运量(万吨)	Volume of Living Garbage Disposal(10000 tons)	285.5	324.5	13.7
生活垃圾无害处理量(万吨)	Volume of Living Garbage Harmless Disposal(10000 tons)	144.0	224.5	55.9
粪便清运量(粪渣)(万吨)	Volume of Excrement Disposal(%)	19.5	21.1	8.2
粪便无害化处理量(粪渣)(万吨)	Volume of Excrement and Urine Harmless Disposal(10000 tons)	19.5	21.1	8.2
垃圾无害化处理率(%)	Rate of Garbage Harmless Disposal(%)	50.0	69.2	38.4
粪便无害化处理率(%)	Rate of Excrement and Urine Harmless Disposal(%)	100	100	

13-2 城市环境保护

URBAN ENVIRONMENTAL PROTECTION

(1996-2003)

项　目	Item	1996	1997
一、环境质量	Environment Quality		
可吸入颗粒物年平均值(mg/m³)	Average yearly Amount of the Inhalable Particles(mg/m³)	⋆0.135	⋆0.095
二氧化硫年平均值(mg/m³)	The Average Yearly Indicators of Sulfur Dioxde(mg/m³)	0.012	0.008
二氧化氮年平均值(mg/m³)	The Average Yearly Amount of Nitrogen Dioxide(mg/m³)	⋆0.064	⋆0.054
集中式饮用水水源地水质达标率(%)	Up-to-Standard Rate of Drinking Water Quality(%)	96.8	96.81
区域环境噪声平均值 dB(A)	The Average Indicator of Urban Noise dB(A)	58.0	57.2
二、环境建设	Environment Improvement		
自然保护区覆盖率(%)	Goverage Rate of Nature Preservation Areas(%)	6.16	6.19
城市生活污水处理率(%)	Rate of Treatment of City Living Waste Water(%)		42.99
生活垃圾无害化处理率(%)	Rate of Living Garbage Harmless Disposal(%)	100	100
三、污染控制	Pollution Control		
工业废水排放达标率(%)	Percentage of Industrial Waste Water up to the Standard For Discharge(%)	89.07	92.81
工业二氧化硫排放量(吨)	Percentage of Industrial Waste Gas Treated(10000 ton)	19 474	20 510
工业二氧化硫排放达标率(%)	Percentage of Industrial Sulfur Dioxide up to the Standards For Discharge(%)		
工业烟尘排放量(吨)	Volume of Industrial Soot Emission(ton)	3661	3452
工业烟尘排放达标率(%)	Percentage of Industrial Soot Emission up to the Standards For Discharge(%)		
工业粉尘排放量(吨)	Volume of Industrial Dust Emission(ton)	113	69
工业粉尘排放达标率(%)	Percentage of Industrial Dust Emission up to the Standards For Discharge(%)		
工业固体废物产生量(万吨)	Volume of Industrial Solid Wastes Produced(10000 tons)	30.11	35.58
工业固体废物处置利用率(%)	Percentage of Wastes Utilized in Industrial Solid Wastes Treatment(%)	82.73	84.96
四、环境管理	Environmental Management		
环境保护投资(亿元)	Environmental Protection Investment(100 million yuan)	17.29	20.82
环境保护投资占 GDP 比重(%)	Percentage of Investment in Environment to GDP(%)	1.86	1.84

注：可吸入颗粒物一栏标“*”者为总悬浮颗粒物年平均值；二氧化氮一栏标“*”者为氮氧化物年平均值。
“⋆”of the Inhalable Particles are the average yearly amount of total suspended particles; “*” of Nitrogen Dioxider are the average yearly amount of nitrogen oxide.

13-2续表 continued

1998	1999	2000	2001	2002	2003
★0.092	★0.087	0.059	0.063	0.061	0.070
0.009	0.013	0.027	0.027	0.018	0.020
★0.062	0.048	0.055	0.058	0.050	0.057
97.20	98.10	98.73	93.45	96.11	97.13
57.2	57.1	57.0	56.1	56.0	56.0
6.19	6.19	8.43	8.43	8.74	8.72
50.87	53.65	53.94	50.31	61.80	62.3
100	100	100	100	100	100
92.81	95.37	97.80	97.85	98.04	95.22
23 344	28 986	38 427	39 264	40 780	40 872
			95	99	99
2923	3396	3258	3421	4227	4923
			97.4	99.6	99.2
68	75	94	56	60	129
			100	100	99.4
32.56	33.32	43.00	43.80	42.24	58.63
85.47	87.24	87.30	87.35	99.93	88.84
23.07	26.62	30.68	42.86	47.44	61.87
1.79	1.85	1.84	2.25	2.12	2.16

13-3 全市用电量、供水量

ELECTRICITY CONSUMPTION AND TAP WATER SUPPLY

(1990-2003)

年 份 Year	用电总量 (万千瓦小时) Total Electricity Consumption (10 000 kwh)	农、林、牧、渔、水利业 Farming, Forestry Animal Husbandry, Fishery and Water Conservancy	工 业 Industry	建筑业 Construction	地质勘查业 Geological Prospecting	交通运输和邮电通信业 Transportation, Post and Tele-communications
1990	359 694	3 837	219 689	9 544	1 064	2 578
1991	472 169	5 475	296 733	12 367	71	6 523
1992	564 005	6 497	350 955	15 649	51	6 333
1993	746 795	9 650	444 328	23 472	212	11 183
1994	879 100	11 609	503 780	26 502	75	14 229
1995	913 600	11 258	499 757	27 081	147	15 877
1996	1 014 427	13 041	547 085	26 138	246	22 364
1997	1 125 781	14 558	617 016	23 974	176	20 571
1998	1 294 332	16 225	644 973	25 805	155	21 982
1999	1 498 759	22 045	749 834	36 735	216	28 215
2000	1 903 494	34 659	1 018 794	42 482	336	24 329
2001	2 122 871	48 247	1 168 146	50 425	175	28 584
2002	2 599 161	114 324	1 472 361	60 653	169	36 477
2003	3 234 299	172 253	1 793 262	57 644	209	37 904

13-3 续表 continued

年 份 Year	商业、饮食、物资供销仓储业 Commerce, Catering Trade, Material Supply, Marketing and Storage	其他行业 Other Sectors	城乡居民生活用电 Residential Consumption	城市 Urban	乡村 Rural	自来水生产能力(万吨/日) Tap Water Production Capacity (10 000 tons/day)	自来水供水总量(万吨) Volume of Tap Water Supply (10 000 tons)
1990	36 668	39 605	46 709	33 152	13 557		
1991	46 957	60 522	43 521	32 509	11 012		
1992	59 646	75 317	49 557	36 180	13 377		
1993	82 664	110 819	64 467	47 038	17 429		
1994	102 166	125 292	95 447	74 387	21 060	243.7	52 308
1995	105 512	128 134	125 834	92 873	32 961	268.2	57 408
1996	121 650	132 108	151 795	117 442	34 351	328.2	64 743
1997	150 755	124 155	174 576	134 001	40 575	328.2	70 194
1998	168 155	150 517	266 520	192 463	74 057	338.7	79 596
1999	176 589	195 198	289 927	188 566	101 361	363.7	86 560
2000	218 196	231 113	333 585	250 338	83 247	380.2	92 068
2001	226 547	248 025	352 722	272 224	80 498	390.2	97 334
2002	347 290	245 553	322 334	231 516	90 818	412.2	108 070
2003	374 271	389 140	409 616	300 455	109 161	442.2	122 795

13-4 全市公共交通

PUBLIC TRANSPORTATION

(1979-2003)

年　份 Year	年末实有公共大巴(辆) Number of Buses (year-end)	年末公共大巴营运线路条数(条) Number of Operating Routes (year-end)	公共大巴客运总人数(万人次) Number of Passengers Carried (10 000 person-times)	的士(辆) Taxi	中小巴(辆) Mini and Medium-Sized Buses
1979	12	2		10	
1980	38	3		160	
1981	44	6		199	
1982	52	7		233	
1983	88	9	1 399	860	
1984	132	19	2 974	1 226	
1985	153	27	5 184	1 700	
1986	171	29	5 827	1 794	
1987	205	32	9 068	1 896	
1988	248	37	16 399	2 305	
1989	305	38	16 747	2 365	
1990	403	42	21 947	2 394	
1991	501	51	19 821	3 152	
1992	507	55	27 248	6 083	
1993	851	61	30 600	6 212	3 600
1994	1 144	68	31 020	7 400	3 850
1995	1 468	80	35 390	8 255	3 823
1996	1 784	89	35 495	8 505	3 327
1997	2 128	125	36 202	8 505	3 306
1998	2 461	137	37 250	8 505	2 752
1999	2 772	145	40 600	8 505	2 825
2000	2 920	131	42 800	8 505	3 100
2001	3 495	138	47 072	8 505	3 057
2002	3 495	291	51 714	9 705	3 049
2003	4 885	402	50 719	10 255	2 204

13-5 深圳市主要年份气象情况

CLIMATE IN SHENZHEN IN MAIN YEARS

(1998-2003)

年 份 Year	平均气温(摄氏度) Mean Air Temperature (℃)	降雨量(毫米) Precipitation (mm)	日照时数(小时) Sunshine Time (hour)	平均湿度(%) Mean Relative Humidity (%)
1990	23.0	1 396.9	1 842.1	76.0
1995	22.5	2 309.8	1 858.2	74.0
2000	23.4	2 533.6	1 939.5	74.9
2001	23.6	2 747.3	1 811.3	73.7
2002	23.9	1 882.8	1 652.3	73.9
2003	23.7	1 608.1	1 975.0	72.3

第十四部分　人民生活

People's Livelihood

CHAPTER 14

居民收支平稳增长　生活质量继续提高

—2003年深圳市200户居民抽样调查综述

2003年,在国际局势动荡、世界经济多变、国内遭受黑色"非典"疫情的复杂情况下,深圳市认真贯彻中央和省始终抓好经济建设的一系列部署,深化改革,盘活内外,振兴百业,使深圳经济形势继续向好,居民收入平稳增长,消费信心增强,借贷收支渐趋活跃,居民总体生活水平继续提高。

一、可支配收入平稳增长,生活质量稳步提高

据200户居民抽样调查资料显示,2003年深圳市居民可支配收入为25935.84元,比上年增长4.0%,剔除物价上涨因素后,实际增长3.3%。深圳市政府加大对民营企业扶持力度,以及帮助受"非典"影响的旅游、餐饮、交通运输、外贸等行业走出低谷,促进经济持续健康发展,居民整体收入水平得到提高。就业者工薪收入仍是深圳市居民的主要来源,同比增长5.5%;就业者经营净收入增长24.0%;由于房屋租金收入、利息及股息增加,人均财产收入增长31.4%。

二、消费支出各有特点,居民购买欲望日渐增强

近年来,随着国家一系列刺激消费政策的出台,在居民收入水平不断提高的情况下,居民消费欲望增强。2003年居民人均消费支出为19960.32元,同比增长5.5%。汽车消费成为主要亮点,从而拉动了整个消费的增长。至2003年底,深圳每百户居民家庭大件商品的拥有量为:家用轿车21.5辆,电脑74.5台,移动电话196.5部。

表中消费构成显示,比重大小排列占前三位的依次是食品、交通通讯和教育文化娱乐服务。从居民八大类消费支出增幅看,增幅居前三位的有交通通讯类、杂项商品和服务类、医疗保健,其次食品类增幅较大为7.4%,衣着类、教育文化娱乐服务类均有所增长,而家庭设备用品及服务类和居住类支出则下降。

2003年深圳市居民消费状况表

项　　目	人均消费性支出(元)	占消费性支出(%)	各类支出同比±%
消费性支出	19960.32	100	5.5
其中:1.食品类	5570.76	27.9	7.4
2.衣着类	1437.00	7.2	2.7
3.设备用品及服务类	1392.12	7.0	-0.2
4.医疗保健类	1162.32	5.8	11.2
5.交通和通讯类	4611.36	23.1	22.9
6.教育文化娱乐服务类	2955.96	14.8	1.9
7.居住类	2100.24	10.5	-19.4
8.杂项商品和服务类	730.56	3.7	14.4

2003年居民消费主要特点:

(一)交通类支出增幅领先,家庭汽车成为居民消费的新热点

随着高新技术应用致成本下降和家用汽车车型日新月异,加之政策相对宽松,各车商纷纷降价促销,不少车型降价达"万元"之多。国产轿车的价位下跌和居民收入水平提高,促使深圳市居民购车不断升温,购买家用汽车呈快速上升态势,而且购买小汽车的平均价格从2002年的13.9万元上升到2003年的18.5万元。2003年居民人均交通类支出3143.04元,增长32.5%。由于交通工具改善,人们出行更加便利,户外活动增加,带来各种费用随之加大。如车辆用燃料及零配件同比增长57.6%,交通工具服务支出同比增长1.8倍。

(二)智力投资日益重视,教育支出增长较快

社会竞争压力增大,对人的综合素质要求越来越高,深圳市居民对智力投资日益重视,教育支出增长较快。据调查资料,2003年居民人均教育支出1420.08元,同比增长15.8%。主要原因:一是居民家庭对子女的教育投资加大。深圳市居民除了重视子女在文化基础方面的培养外,还格外重视对子女技

能方面的培训。每逢节假日让子女参加各种培训班、兴趣班。二是成人教育费用增加。由于知识更新速度越来越快，人们对知识需求日益增强，优胜劣汰的就业机制促使成人不断“充电”，许多在职人员上“电大”、“函大”、远程教育学校，成人教育费用增加。

（三）金银珠宝饰品等个人用品支出增长快

随着生活水平的提高，人们对金银珠宝饰品、化妆品需求相应增加。据调查资料，人均杂项商品和服务类支出730.56元，同比增长14.4%，其中：购买金银珠宝饰品支出增长68.8%，购买化妆品支出增长12.7%。

(四)健康意识增强，医疗保健类消费增多

经历了抗“非典”和防“非典”，居民的健康意识进一步增强，更加注重医疗保健，医疗保健类消费增多。2003年深圳市居民人均医疗保健类支出1162.32元，同比增长11.2%，其中，人均药品费586.08元，增长5.7%，人均医疗费399.96元，增长30.9%

（五）食品支出平稳增长，恩格尔系数略有上升

深圳居民进入小康生活后，食品消费不再是简单生存问题，而是向着食品多样化，营养均衡方面发展。2003年深圳市居民人均食品支出为5570.76元，同比上升7.4%。主要原因是越来越多的家庭为了摆脱繁重家务劳动，讲究时尚洒脱，家庭团聚时多走进茶馆、跨进酒楼，在外饮食消费增多。调查显示，2003年深圳市居民在外饮食消费人均支出1379.04元，同比上升8.2%，加上下半年粮油价格上涨，致使食品消费整体上升，食品类支出占消费性支出27.9%，恩格尔系数比上年略上升0.5个百分点。

（六）居住类支出和家庭耐用消费品减少，家庭服务支出增大

在200户调查资料中，2003年深圳市居民人均居住类支出2100.24元，同比下降19.4%，主要是由于住房类装潢支出下降33.0%所致；人均家庭用品及服务类1392.12元，同比略降0.2%；人均家庭服务支出178.20元，同比增长18.9%，主要是抗“非典”以来居民养成的好习惯，注重家庭卫生，雇用钟点工，请保姆的费用增加。

三、投资选择增多，借贷日趋活跃

随着居民收入增加，以及经济意识越来越多地影响着居民日常生活，居民的消费观念发生了较大的变化，投资选择增强，借贷行为日渐活跃。2003年深圳市居民人均借贷支出19147.92元，比上年增长6.8%。居民银行存款增长较快，但取款额高于存款额。2003年深圳市居民人均银行存款15986.28元，比上年增长16.2%，人均取款额17207.05元，增长6.3%，人均取款高于存款1221元。究其原因，主要是部分居民用于各类投资和购房、买车等支出增长较快，本年度人均购房支出3263.8元，同比增长59.8%。另外，储蓄性保险支出也保持较快增长，2003年深圳市居民人均储蓄性保险支出517.56元，同比增长34.5%。

四、存在的问题

（一）就业人数减少，负担系数增加

2003年深圳市200户家庭平均人口3.38人，比上年增长1.8%，平均每户就业人数1.80人，比上年减少3.2%，负担系数1.88，比上年增长5.0%。

（二）高低收入差距拉大

在2003年200户调查户中，各占10%的最高收入户和最低收入户的人均可支配收入分别为75657.60元和5212.32元，高低相差13.5倍，而上年的最高收入户和最低收入户的人均可支配收入为68428.80元和6662.04元，高低相差9.2倍。两年相比，高低收入差距继续扩大。经计算，2003年深圳市基尼系数为0.32，比上年提高0.02，对贫富差距、分配不公的问题必须引起足够重视。

五、建议

进入二十一世纪以来，我国经济继续保持快速增长，新一轮的增长周期已初现端倪，2003年中国人均GDP首次达到1000美元，城乡人民生活将迈上一个新的台阶。深圳要创建国际化城市和全国文化城市，建议在安排人民生活方面要采取得力措施：

（一）要继续做好再就业工作，建立和健全失业人员资料档案，加大就业指导和培训，提高失业人员素质和技能，引导他们转变就业观念，提高就业率，降低负担系数。

（二）建立新型的社会保障制度，进一步完善社会保障体系，不断健全各项养老、医疗、失业保险制度。有关部门要加强监管力度，确保最低“保障线”顺利实施，逐步缩小高低差距，努力走共同富裕道路。

（三）不断改善投资环境，进一步优化经济结构，保持经济健康快速发展，保障人民生活水平稳步提高。

（四）积极引导市民消费，努力培育消费热点，为国民经济增长提供持久动力。

（撰稿 陈宗放 吕桂琴）

14-1 职工、农民收入及储蓄

WAGES, INCOME AND SAVINGS OF STAFF AND WORKERS AND RURAL RESIDENTS

(1979-2003)

年 份 Year	职工年平均工资(元) Average Annual Wages of Staff and Workers (yuan)	国有单位 State-owned Units	集体单位 Collective-owned Units	其他单位 Other Ownership Units	农民人均纯收入(元) Per Capita Annual Net Income of Rural Residents (yuan)	人均储蓄存款(元) Per Capita Saving Deposits (yuan)
1979	769	785	688		152	118
1980	979	990	922	687	209	160
1981	1 132	1 119	1 211	1 156	230	281
1982	1 366	1 358	1 410	1 363	393	337
1983	1 545	1 571	1 470	1 528	469	403
1984	2 179	2 257	1 805	2 023	656	731
1985	2 418	2 427	1 932	2 753	750	907
1986	2 452	2 476	2 048	2 637	894	1 295
1987	2 677	2 637	3 223	3 021	1 097	1 632
1988	3 388	3 267	2 737	3 615	1 317	1 959
1989	3 858	3 917	2 855	3 733	1 622	2 045
1990	4 304	4 339	3 348	4 203	1 954	2 845
1991	5 016	4 908	3 984	5 240	2 270	3 714
1992	5 931	6 026	4 435	6 270	2 833	5 901
1993	8 145	8 854	5 681	7 633	3 050	5 937
1994	10 572	11 632	7 076	10 208	3 692	8 655
1995	12 276	13 709	7 229	12 184	4 517	13 515
1996	14 507	16 625	8 668	13 685	5 415	16 242
1997	16 531	18 515	10 320	15 872	6 256	18 641
1998	18 381	21 161	11 260	17 204	7 350	21 822
1999	20 714	23 602	13 228	19 530	8 131	23 797
2000	23 039	26 193	13 234	21 974	9 270	25 007
2001	25 941	31 187	13 427	23 981	9 869	29 298
2002	28 218	35 501	16 969	35 986	10 610	34 834
2003	30 611	40 893	17 061	43 719	11 346	39 458

14-2 居民家庭生活基本情况

BASIC CONDITIONS OF URBAN HOUSEHOLDS

(1985-2003)

年 份 Year	调查户数 (户) Households Surveyed (household)	平均每户家庭人口 (人) Average Persons per Household (person)	平均每户就业人口 (人) Average Employees per Household (person)	平均每一就业者负担人口 (人) Persons Supported by Each Employee (person)	家庭总收入 (元/平均每人每月) Average Household Total Income (yuan /per capita monthly)
1985	100	4.07	2.28	1.78	161.26
1986	100	4.01	2.20	1.82	153.39
1987	100	3.94	2.16	1.82	176.28
1988	100	3.90	2.17	1.80	216.75
1989	100	3.92	2.16	1.82	307.21
1990	100	3.81	2.16	1.76	346.89
1991	100	3.78	2.21	1.71	382.92
1992	100	3.73	2.23	1.67	484.16
1993	100	3.59	2.14	1.68	646.23
1994	100	3.60	2.10	1.72	876.69
1995	200	3.61	2.06	1.75	1 064.38
1996	200	3.50	2.06	1.70	1 358.85
1997	200	3.46	2.03	1.70	1 555.61
1998	200	3.48	1.96	1.78	1 620.03
1999	200	3.41	1.89	1.80	1 645.37
2000	200	3.42	1.86	1.84	1 756.22
2001	200	3.43	1.82	1.88	1 923.40
2002	200	3.32	1.86	1.79	2 194.78
2003	200	3.38	1.80	1.88	2 308.45

14-2 续表 continued

年 份 Year	家庭总支出 (元/平均每人每月) Average Household Total Expenditure (yuan/per capita monthly)	平均每人每月可支配收入(元) Per Capita Monthly Disposable Income(yuan)	平均每人每月消费性支出(元) Per Capita Monthly Consumption Expenditures(yuan)	平均每人年末手持现金(元) Per Capita Year- end Holding Cash(yuan)
1985	159.68	159.57	149.20	116.52
1986	144.71	151.45	134.82	126.65
1987	170.66	174.28	159.30	80.01
1988	209.14	214.10	195.45	143.10
1989	326.24	304.71	256.59	263.71
1990	340.85	343.95	305.92	323.63
1991	454.18	380.31	347.98	404.10
1992	459.20	481.94	419.54	505.19
1993	583.38	644.72	515.97	630.15
1994	889.14	875.27	789.43	968.70
1995	1 032.66	1 064.22	919.86	1 232.33
1996	1 234.13	1 357.97	1 087.00	1 478.41
1997	1 399.57	1 548.23	1 217.53	1 186.08
1998	1 506.06	1 601.16	1 230.35	921.36
1999	1 476.09	1 626.70	1 169.48	923.08
2000	1 612.32	1 742.14	1 358.89	970.42
2001	1 769.88	1 896.66	1 418.73	1 040.62
2002	2 078.49	2 078.39	1 577.16	1 084.33
2003	2 287.89	2 161.32	1 663.36	1 252.54

14-3 不同收入水平家庭人均每月消费情况

PER CAPITA MONTHLY CONSUMPTION OF HOUSEHOLD GROUPED BY LEVEL OF INCOME

(2003)

单位:元 (yuan)

项目	Item	总平均 Average	最低收入户 Lowest Income (First Decile)	低收入户 Low Income (Second Decile)	中等偏下户 Medium-low Income (Second Quintite)
消费性支出合计	**Total Consumption Expenditures**	**1 663.36**	**751.66**	**905.64**	**1 366.52**
一、食品	Food	464.23	281.29	356.43	407.08
# 粮食	Grain	28.90	26.82	26.86	29.05
油脂类	Oil or Fat	9.43	6.79	9.68	9.85
肉禽及制品类	Meal,Poultry and Related Products	87.33	72.47	76.60	86.49
蛋类	Eggs	5.82	4.99	4.60	5.69
水产品	Aquatic Products	38.52	33.92	26.85	33.30
蔬菜类	Vegetable	41.71	32.97	36.57	40.98
糖烟酒饮料类	Sugar,Tobacco,Liquor And Beverages	42.59	13.20	29.58	34.71
干鲜瓜果	Dried and Fresh Melons and Fruits	36.73	21.72	22.82	35.42
糕点、鲜奶及制品	Cake, Fresh Milk and Products	33.93	16.55	22.59	30.84
外餐消费	Dining Out	114.92	42.11	61.64	86.09
二、衣着支出	Clothing	119.75	37.81	61.13	91.61
# 服装	Garments	93.78	28.21	46.38	71.24
# 衣着材料	Clothing Materials	0.34	0.05	0.25	0.59
# 鞋袜帽及其它	Shoes, Socks, Hats and others	24.94	9.40	14.27	19.37
三、家庭设备用品及服务	Household Facilities, Articles and Services	116.01	38.79	61.49	80.70
# 耐用消费品	Durable Consumer Goods	50.61	8.54	23.05	24.86
室内装饰品	Interior Decorations	2.84	1.29	0.47	1.36
床上用品	Bed Articles	8.24	1.94	4.78	6.74
家庭日用杂品	Daily Use Household Articles	36.62	18.22	26.77	27.56
四、医疗保健	Medicine and Medical Services	96.86	61.09	48.79	76.04
五、交通和通讯	Transportation and Communication	384.28	70.47	93.77	304.68
1、交通	Transportation	261.92	23.61	28.40	202.12
2、通讯	Communication	122.36	46.86	65.37	102.56
六、娱乐教育文化服务	Recreation, Education and Cultural Services	246.33	106.26	125.43	192.91
1、文娱用耐用消费品	Recreational Durable Consumer Goods	63.19	20.63	39.26	44.70
2、教育	Education	118.34	78.99	64.50	98.96
3、文化娱乐服务	Recreation Service	64.80	6.63	21.66	49.25
# 团体旅游	Team Travel	39.46	0.24	4.70	30.59
七、居住	Residence	175.02	140.85	133.49	178.77
# 房租	Rent	6.93	6.65	15.51	10.46
水、电、燃料及其他	Water, Electricity, Fuels and Others	88.92	61.73	73.68	86.62
八、杂项商品和服务	Other Articles and Services	60.88	15.10	25.11	34.73
# 个人用品	Personal Articles	12.61	4.82	6.51	8.64
个人服务	Personal Services	19.37	3.11	6.47	8.94

14-3 续表　continued

项　　目	Item	中　等 收入户 Medium Income (Third Quintite)	中　等 偏上户 Medium-high Income (Fourth Quintite)	高　收 入　户 High Income (Ninth Decile)	最　高 收入户 Highest Income (Tenth Decile)
消费性支出合计	**Total Consumption Expenditures**	**1488.96**	**1 741.67**	**2 549.47**	**3 786.45**
一、食品	Food	473.20	506.76	635.68	676.89
# 粮食	Grain	30.68	29.56	29.26	30.76
油脂类	Oil or Fat	11.24	6.59	12.45	12.20
肉禽及制品类	Meal,Poultry and Related Products	89.39	89.03	96.62	99.77
蛋类	Eggs	6.11	5.35	8.95	8.61
水产品	Aquatic Products	37.08	45.12	53.58	55.33
蔬菜类	Vegetable	44.53	40.32	48.32	52.23
糖烟酒饮料类	Sugar, Tobacco, Liquor And Beverages	37.79	45.87	84.84	75.94
干鲜瓜果	Dried and Fresh Melons and Fruits	38.68	41.47	37.14	58.56
糕点、鲜奶及制品	Cake, Fresh Milk and Products	33.12	37.73	49.95	49.92
外餐消费	Dining Out	120.26	129.98	189.45	221.46
二、衣着支出	Clothing	115.32	137.62	183.00	268.87
# 服装	Garments	91.74	103.84	142.35	222.25
# 衣着材料	Clothing Materials	0.26	0.64	0.01	0.02
# 鞋袜帽及其它	Shoes, Socks, Hats and others	22.33	32.16	39.57	45.87
三、家庭设备用品及服务	Household Facilities, Articles and Services	104.18	134.55	239.18	228.13
# 耐用消费品	Durable Consumer Goods	44.98	64.36	121.81	111.24
室内装饰品	Interior Decorations	0.85	1.37	10.13	11.98
床上用品	Bed Articles	6.98	10.51	10.77	19.13
家庭日用杂品	Daily Use Household Articles	33.86	45.47	56.98	59.66
四、医疗保健	Medicine and Medical Services	81.28	116.50	158.88	179.89
五、交通和通讯	Transportation and Communication	297.84	329.80	577.35	1451.37
1、交通	Transportation	161.01	181.24	421.54	1242.88
2、通讯	Communication	136.83	148.56	155.81	208.49
六、娱乐教育文化服务	Recreation, Education and Cultural Services	219.80	256.55	396.36	587.39
1、文娱用耐用消费品	Recreational Durable Consumer Goods	56.64	76.11	100.00	139.72
2、教育	Education	113.62	114.78	215.48	203.52
3、文化娱乐	Recreation Service	49.54	65.67	80.89	244.16
# 团体旅游	Team Travel	26.78	29.82	41.81	200.46
七、居住	Residence	127.73	188.67	241.55	266.67
# 房租	Rent	2.26	4.51	11.05	
水、电、燃料及其他	Water, Electricity, Fuels and Others	94.95	93.87	112.10	98.96
八、杂项商品和服务	Other Articles and Services	69.61	71.22	117.47	127.24
# 个人用品	Personal Articles	12.48	15.75	26.91	18.49
个人服务	Personal Services	18.28	19.07	65.62	38.74

14-4 不同收入水平家庭人均每月现金收支情况

PER CAPITA MONTHLY CASH INCOME AND EXPENDITURE OF HOUSEHOLD GROUPED BY LEVEL OF INCOME (2003)

单位:元 (yuan)

项目	Item	总平均 Average	最低收入户 Lowest Income (First Decile)	低收入户 Low Income (Second Decile)	中等偏下户 Medium-low Income (Second Quintite)
一、调查户数(户)	Households Surveyed (household)	200	20	20	40
比重(%)	Proportion (%)	100	10	10	20
二、平均每户家庭人口(人)	Average Household Size (person)	3.38	3.63	3.55	3.69
平均每户就业人口(人)	Average Employees per Household (person)	1.80	1.31	1.57	1.85
平均每户就业面(%)	Percentage of Employees per Household(%)	53.25	36.09	44.23	50.14
平均每一就业者负担人口(人)	Persons Supported by Each Employee (person)	1.88	2.78	2.26	2.00
三、期初手存现金	Holding Cash at the Beginning	1 194.41	1 116.18	810.01	856.04
(一)家庭总收入	Average Household Total Income	2 308.45	618.16	1 015.04	1 407.28
# 可支配收入	Disposable Income	2 161.32	434.36	915.09	1 303.96
<一>工薪收入	Total Income from Work	1 891.38	474.76	828.83	1 181.69
1. 工资及补贴收入	Wages and Subsidies	1 832.53	426.99	789.87	1 133.37
2. 其他劳动收入	Part-time Income	58.85	47.77	38.96	48.31
<二>经营净收入	Net Income of Employers	49.13	40.56	50.38	37.34
<三>财产性收入	Property Income	133.77	31.77	29.20	86.19
<四>转移性收入	Transfor Income	234.17	71.07	106.63	102.06
# 离退休金	Pension	114.19	40.81	60.22	65.78
# 捐赠收入	Income of donation	55.54	5.83	10.13	8.17
(二)借贷收入	Credit Income	1 594.28	628.58	564.90	913.78
(三)家庭总支出	Average Household total Expenditure	2 287.89	965.02	1 100.23	1 611.62
1. 消费性支出	Consumption Expenditure	1 663.36	751.66	905.64	1 366.52
其中:服务性消费支出	Consumption Services Expenditure	539.35	246.25	263.62	421.27
2.购房与建房支出	Housing	271.99		37.98	36.71
3. 转移性支出	Expenditure for transfer	235.51	51.25	65.73	112.32
4. 财产性支出	Expenditure for Property	20.22	1.69	10.09	17.63
5. 社会保障支出	Expenditure for Social Insurance	96.81	160.42	80.79	78.44
(四)借贷支出	Expenditure for Credit	1 595.66	366.55	474.13	707.12
四、期末手存现金	Holding Cash at the End	1 252.54	1 031.35	815.58	858.36

14-4 续表 continued

项 目	Item	中 等 收入户 Medium Income (Third Quintite)	中 等 偏上户 Medium-high Income (Fourth Quintite)	高 收 入 户 High Income (Ninth Decile)	最 高 收入户 Highest Income (Tenth Decile)
一、调查户数(户)	Households Surveyed (household)	40	40	20	20
比重(%)	Proportion (%)	20	20	10	10
二、平均每户家庭人口(人)	Average Household Size (person)	3.29	3.38	2.90	2.94
平均每户就业人口(人)	Average Employees per Household (person)	1.89	2.00	1.74	1.91
平均每户就业面(%)	Percentage of Employees per Household(%)	57.45	59.17	60.00	64.97
平均每一就业者负担人口(人)	Persons Supported by Each Employee (person)	1.74	1.69	1.67	1.54
三、期初手存现金	Holding Cash at the Beginning	885.85	1 236.04	2 814.63	1 599.59
(一)家庭总收入	Average Household Total Income	1 974.59	2 705.48	3 794.93	6 590.84
# 可支配收入	Disposable Income	1 859.54	2 568.59	3 568.67	6 304.80
<一>工薪收入	Total Income from Work	1 684.52	2 247.80	3 157.00	5 102.48
1. 工资及补贴收入	Wages and Subsidies	1 652.55	2 193.50	3 050.81	4 955.53
2. 其他劳动收入	Part-time Income	31.97	54.30	106.20	146.96
<二>经营净收入	Net Income of Employers	50.09	40.39	17.65	137.00
<三>财产性收入	Property Income	88.61	170.13	150.55	506.70
<四>转移性收入	Transfor Income	151.37	247.16	469.73	844.66
# 离退休金	Pension	81.75	179.24	316.95	114.34
# 捐赠收入	Income of donation	18.52	26.06	44.45	452.73
(二)借贷收入	Credit Income	1 294.82	1 350.51	2 884.64	5 698.80
(三)家庭总支出	Average Household total Expenditure	1 794.44	2 110.87	3 934.55	6 943.17
1. 消费性支出	Consumption Expenditure	1 488.96	1 741.67	2 549.47	3 786.45
其中:服务性消费支出	Consumption Services Expenditure	493.57	553.80	945.48	1 199.37
2.购房与建房支出	Housing	21.10	11.65	774.74	2 146.77
3. 转移性支出	Expenditure for transfer	178.94	262.93	463.85	815.98
4. 财产性支出	Expenditure for Property	22.58	8.82	33.61	69.63
5. 社会保障支出	Expenditure for Social Insurance	82.86	85.80	112.88	124.34
(四)借贷支出	Expenditure for Credit	1 479.58	1 932.37	2 605.15	5 191.12
四、期末手存现金	Holding Cash at the End	881.39	1 249.04	2 954.54	1 754.93

14-5 主要年份居民家庭人均每月主要商品购买量

PER CAPITA MONTHLY PURCHASES OF PRINCIPAL GOODS OF URBAN HOUSEHOLDS IN MAIN YEARS

品名	Item	1985	1990	1995	2000	2001	2002	2003
粮食(千克)	Grain (kg)	9.22	8.58	8.00	7.17	7.00	5.63	5.92
食油(千克)	Edible Oil (kg)	0.64	0.67	0.60	0.60	0.60	0.74	0.94
鲜菜(千克)	Fresh Vegetable (kg)	9.86	8.76	8.60	8.60	8.80	9.63	9.93
猪肉(千克)	Pork (kg)	2.58	1.90	1.80	1.70	1.60	2.86	3.03
牛羊肉(千克)	Beef and Mutton (kg)	0.10	0.12	0.10	0.13	0.10	0.22	0.20
家禽(千克)	Poultry (kg)	0.59	0.97	0.90	1.30	1.40	1.47	1.48
鲜蛋(千克)	Fresh Eggs (kg)	0.64	0.61	1.30	0.80	0.70	0.67	0.74
鱼 (千克)	Fishes (kg)	1.63	1.38	1.50	1.50	1.50	1.39	1.49
食糖(千克)	Sugar (kg)	0.27	0.23	0.10	0.10	0.10		
卷烟(盒)	Cigarettes (box)	2.18	1.10	1.20	1.10	1.20		
茶叶(千克)	Tea (kg)	0.02	0.02	0.01	0.01	0.01	0.02	0.03
白酒(千克)	Liquor (kg)	0.16	0.05	0.05	0.05	0.05	0.04	0.06
啤酒(千克)	Beer (kg)	0.20	0.09	0.20	0.20	0.20	0.26	0.27
鲜果(千克)	Fresh Fruits (kg)	2.01	1.89	3.20	4.80	4.30	3.80	3.84
糕点(千克)	Cake (kg)	0.32	0.23	0.30	0.30	0.30	0.42	0.40
鲜奶(千克)	Milk (kg)	0.06	0.08	0.20	0.90	1.00	1.22	1.31

14-6 主要年份居民家庭平均每百户拥有耐用消费品

POSSESSION OF DURABLE CONSUMER GOODS PER 100 URBAN HOUSEHOLDS IN MAIN YEARS

品名	Item	1985	1990	1995	2000	2001	2002	2003
自行车(辆)	Bicycle	168	220	149	116.0	101.5	76.0	71.0
电风扇(台)	Electric Fans	213	330	260	235.5	236.5	219.5	232.0
洗衣机(台)	Washing Machines	69	88	96	98.0	104.5	100.5	101.5
电冰箱(台)	Household Refrigerators	69	97	99	101.0	105.5	104.0	103.0
彩电(台)	Color TV Sets	80	109	124	160.0	163.5	166.0	162.0
摩托车(辆)	Motorcycles		4	13	29.5	31.0	21.0	20.5
照相机(架)	Cameras	25	51	69	93.5	88.0	93.5	95.0
电炊具(个)	Electric Cookers	108	95	80	85.5	88.0	77.5	90.0
立体声收录机(台)	Stereo Radio Cassette Players		27	23	60.0	60.5	57.5	60.5
组合音响(套)	Stereo Systems		36	41	59.5	63.5	63.5	60.0
中高档乐器(件)	Medium and High-Grade Musical Instruments	6	21	15	14.5	10.0	14.5	14.0
空调器(台)	Air Conditioners		26	106	207.0	218.5	232.5	229.0
录相机(台)	Video Recorders		27	39	37.0	33.0	22.0	19.5
微型计算机(台)	Personal Computers				54.0	71.0	75.0	74.5
健身器材(台)	Fitness Appliances				16.5	18.5	15.5	12.0
移动电话(部)	Mobile Telephone				93.0	152.0	195.0	196.5
家用汽车(辆)	Household Cars				7.0	14.5	20.5	21.5
影碟机(台)	VCD Player				65.0	73.5	75.0	74.5

14-7 不同收入水平家庭人均每月主要商品购买量

PER CAPITA MONTHLY PURCHASES OF PRINCIPAL GOODS IN URBAN HOUSEHOLD GROUPED BY LEVEL OF INCOME （2003）

品名	Item	总平均 Average	最低收入户 Lowest Income (First Decile)	低收入户 Low Income (Second Decile)	中等偏下户 Mediumlow Income (Second Quintite)	中等收入户 Medium Income (Third Quintite)	中等偏上户 Medium-high Income (Fourth Quintite)	高收入户 High Income (Ninth Decile)	最高收入户 Highest Income (Tenth Decile)
粮食(千克)	Grain (kg)	5.92	6.77	5.70	6.15	6.20	5.33	5.69	5.57
食油(千克)	Edible Oil (kg)	0.94	0.71	0.95	1.03	1.23	0.66	1.10	0.76
鲜菜(千克)	Fresh Vegetable (kg)	9.93	9.28	8.21	9.54	11.10	9.36	11.03	11.67
猪肉(千克)	Pork (kg)	3.03	3.14	3.16	2.62	3.25	2.86	3.16	3.44
牛羊肉(千克)	Beef and Mutton (kg)	0.20	0.22	0.08	0.14	0.24	0.18	0.39	0.26
家禽(千克)	Poultry (kg)	1.48	1.34	1.44	1.40	1.47	1.73	1.42	1.39
鲜蛋(千克)	Fresh Eggs (kg)	0.74	0.66	0.67	0.60	0.87	0.70	1.08	0.78
鱼 (千克)	Fishes (kg)	1.49	1.73	1.15	1.18	1.69	1.49	2.14	1.38
食糖(千克)	Sugar (kg)								
卷烟(盒)	Cigarettes (box)								
茶叶(千克)	Tea (kg)	0.03	0.04	0.01	0.02	0.03	0.03	0.07	0.03
白酒(千克)	Liquor (kg)	0.06	0.02	0.08	0.05	0.05	0.09	0.03	0.08
啤酒(千克)	Beer (kg)	0.27	0.05	0.05	0.27	0.33	0.47	0.45	0.15
鲜果(千克)	Fresh Fruits (kg)	3.84	2.87	3.25	3.52	4.26	4.21	3.63	5.00
糕点(千克)	Cake (kg)	0.40	0.28	0.26	0.37	0.41	0.53	0.53	0.42
鲜奶(千克)	Milk (kg)	1.31	0.90	0.65	1.29	1.78	1.47	1.43	1.26

14-8 城镇居民家庭平均每百户年底主要耐用消费品拥有量

YEAR-END POSSESSION OF MAIN DURABLE CONSUMER GOODS PER 100 URBAN HOUSEHOLDS (2003)

品名	Item	总平均 Average	最低收入户 Lowest Inome (First Decile)	低收入户 Low Income (Second Decile)	中等偏下户 Mediumlow Income (Second Quintite)	中等收入户 Medium Income (Third Quintite)	中等偏上户 Mediumhigh Income (Fourth Quintite)	高收入户 High Income (Ninth Decile)	最高收入户 Highest Income (Tenth Decile)
自行车(辆)	Bicycle	71	75	120	100	77.5	47.5	30	35
家用汽车(辆)	Private car	21.5		5	10	25	27.5	40	45
电风扇(台)	Electric Fans	232	240	240	245	220	205	250	250
洗衣机(台)	Washing Machines	101.5	95	85	102.5	102.5	97.5	110	120
电冰箱(台)	Household Refrigerators	103	90	100	102.5	105	107.5	105	105
彩电(台)	Color TV Sets	162	130	140	155	167.5	167.5	195	175
摩托车(辆)	Motorcycles	20.5	5	15	27.5	20	22.5	20	25
照相机(架)	Cameras	95	65	95	75	107.5	100	105	120
电炊具(个)	Electric Cookers	90	55	75	80	92.5	92.5	120	120
健身器材(台)	Fitness Appliances	12	5	10	12.5	10	15	20	10
移动电话(部)	Mobile Telephone	196.5	135	145	190	202.5	227.5	220	225
微波炉(台)	Microwave Ovens	58	35	50	47.5	52.5	62.5	85	85
立体声收录机(台)	Stereo Radio Cassette Players	60.5	35	65	75	60	65	65	40
组合音响(套)	Stereo Systems	60	25	45	52.5	65	72.5	75	75
中高档乐器(件)	Medium and High-Grade Musical Instruments	14	5	15	10	17.5	20	15	10
空调器(台)	Air Conditioners	229	135	190	215	232.5	257.5	260	295
录放像机(台)	Video Recorders	19.5	5	5	10	15	30	45	30
微型计算机(台)	Personal Computers	74.5	45	50	65	77.5	80	100	105

14-9 居民物质文化生活提高情况

IMPROVEMENT IN RESIDENTS′ MATRIAL AND CULTURAL LIFE

项目	Item	1985	1990	1995	2000	2001	2002	2003
就业	**Employment**							
城镇登记失业率(%)	Urban Unemployment Rate(%)			2.40	2.45	2.47	2.45	2.61
收入	**Income**							
家庭总收入(元/人)	Average Household total Income (yuan/ Person)	1 935.12	4 162.68	13 060.56	21 794.64	23 862.72	26 337.36	27 701.40
可支配收入(元/人)	Per Capita Disposable Income (yuan)	1 914.84	4 127.40	12 770.64	20 905.68	22 759.92	24 940.68	25 935.84
基尼系数(%)	Gini coefficient (%)	0.17	0.19	0.28	0.30	0.30	0.30	0.32
支出	**Expenditure**							
家庭总支出(元/人)	Average Household total Expenditure (yuan/ Person)	1 916.16	4 090.20	12 679.92	20 067.84	21 238.56	24 941.88	27 454.68
消费性支出(元/人)	Per Capita Consumption Expenditure (yuan)	1 790.40	3 671.04	11 038.32	16 306.68	17 024.76	18 925.92	19 960.32
恩格尔系数(%)	Engel Coefficient (%)	47.5	47.2	39.9	29.4	28.9	27.4	27.9
储蓄	**Savings**							
人均储蓄存款余额(元)	Per Capita Balance of Saving Deposit (yuan)	907	2 845	13 515	25 007	29 298	34 834	39 458
居住	**Residence**							
人均住房使用面积(平方米)	Per Capita Usable floor area (sq.m)	14.73	13.67	16.96	21.74	21.75	21.8	20.94
通讯	**Telecommunication**							
每百人拥有电话(部)	Number of Telephone Sets per 100 Persons		6	24	93	129.5	174.0	208.0
城市公用业	**Public Utilities in Urban Areas**							
人均生活用电量(度)	Per Capita Residential Electicity Consumption(kwh)		237	370	796	782	664	772
自来水普及率(%)	Rate of Access to Tap Water(%)				97.0	97.5	98.5	99.0
全市生活用水量(吨)	Tap Water for Residential Consumption of Total Areas(ton)			20 178	32 835	36 410	42 093	48 056
全市液化石油气销售量(吨)	Liquefied Petroleum Gas Sales of Total (ton)			322 272	742 370	851 665	912 867	981 735
教育娱乐	**Education and Recreation**							
教育文化娱乐服务(元)	Education, Recreation and Cultural Service (yuan)	182.60	263.52	1 400.32	2 508.24	2 782.32	2 901.96	2 955.96
#文化娱乐用品	Cultural Recreational Articles and	134.62	140.84	665.21	746.16	813.48	885.72	758.28
教育费	Education	26.16	83.28	472.32	1 111.56	1 272.84	1 226.28	1 420.08
书报杂志费	Books, Newspaper and Magazines	4.56	8.40	53.52	88.68	79.20	92.28	88.68
卫生	**Public Health**							
每万人拥有医生数(人)	Number of Doctors per 10 000 Persons (person)	21	17	18	17	17	16	17
每万人拥有医院病床(张)	Number of Hospital Beds per 10 000 Persons	21	15	19	23	23	23	23

第十五部分 2003年深圳市企业景气调查报告

Enterprises Prosperities in Shenzhen in 2003

CHAPTER 15

关注企业景气动向，加强政府调控管理

—2003年深圳市企业景气状况综合分析及对策建议

2003年，世界经济开始加快复苏的步伐，为外向性很强的深圳经济带来机遇，深圳市企业抓住机遇，加快生产，企业景气快速提升，企业生产和效益同步增长，为深圳市国民经济快速稳步增长奠定了坚实的基础。

一、企业家信心稳定乐观

2003年企业景气调查结果显示，深圳市企业家对宏观经济信心总体呈稳定乐观态势，在四个季度的调查中，全市481家样本企业对经济总体运行状况持“乐观”态度的保持在40%至50%的比例，除了二季度受SARS影响，乐观的比重有所减低外，其余三个季度持“乐观”态度的企业比例均超过持“一般”和“不乐观”态度的企业比例，并且超过上年同期水平(见图1)。

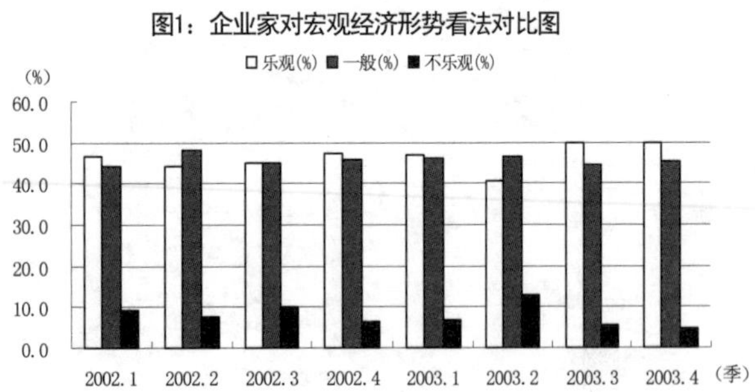

四个季度的企业家信心指数分别为140.20、127.80、144.34、145.00点，其中第一、第三、第四季度的企业家信心指数分别比上年同期上升了2.97、9.48和3.99点，表明企业家的投资信心进一步增强。

从各经济类型来看，四个季度的企业家信心指数高于全市平均水平的是股份有限公司、股份合作企业、国有企业，接近或个别季度达到平均水平的有外商及港澳台投资企业、有限责任公司，低于平均水平的是集体企业、联营企业、私营企业和其它内资企业。

从行业大类来看，全年企业家信心程度较高的是信息传输、计算机服务和软件业，批发和零售业，工业，房地产业。社会服务业，交通运输、仓储及邮政业，住宿和餐饮业在经历了第二季度的SARS冲击后，第三、四季度随着业务的迅速恢复，企业家信心指数也快速提升，并超过了上年同期水平。建筑业的企业家信心程度仍然是八大行业中最低的。

从企业规模来看，大型企业由于规模优势，企业家对宏观经济的感受要明显乐观于中、小型企业，四个季度的大、中、小型企业的企业家信心指数均由高到低呈阶梯状排列(见附表1)。

二、企业景气指数先抑后扬，创下新高

2003年深圳市企业景气状况总体呈先抑后扬态势，企业景气指数大起大落，全年走势呈V字形态。一季度受春节长假影响，企业景气指数比上年第四季度回落1.75点，但高于1999年开展此项调查以来同期水平，二季度在SARS的冲击下，指数下探至127.20，亦为1999年来同期最低点，三季度指数从谷底快速反弹，四季度创历年新高，达151.78点(见图2)，并首次突破了“较景气区间”，进入“较强景气区间”。

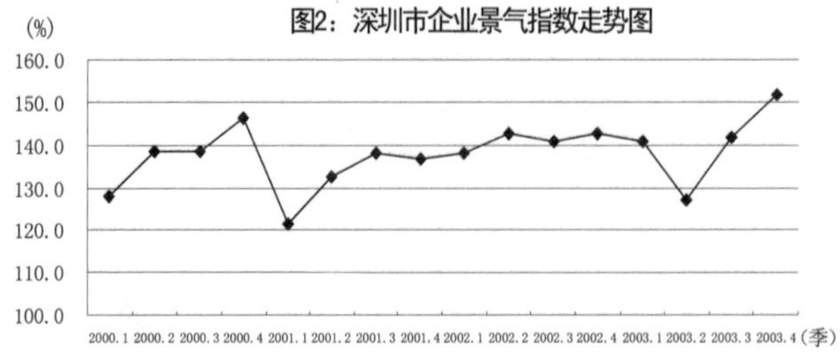

从企业家对本企业生产经营状况总体看法来看，一至四季度判断本企业生产经营状况为“良好”

的企业分别占调查样本总数的49.55%、41.36%、49.77%、56.46%,判断为"一般"的分别占41.52%、44.48%、42.20%、38.87%,"不佳"的为8.93%、14.16%、8.03%、4.67%。企业生产经营状况良好的占调查总数的一半左右。

从各经济类型来看,企业景气度较高的是股份有限公司、国有企业、股份合作企业、其次是有限责任公司、外商及港澳台投资企业、集体企业;从企业规模来看,大型企业位居前列,中型企业次之,再次是小型企业。

从行业大类来看,八大行业的企业景气指数受季节、市场、企业内部因素等各方面影响,景气度强弱不一,行业内分季节的企业景气状况也有所不同。总体而言,信息传输、计算机服务和软件业,房地产业,工业,批发和零售业全年景气指数走势较强,SARS对这些行业的实质性影响不大;社会服务业,交通运输、仓储及邮政业,住宿和餐饮业受SARS影响较大,一些行业的企业景气指数在第二季度跌到了"较强不景气区间",但SARS的影响是短暂的,在控制了SARS疫情后,第三、第四季度受市场复苏及政策扶持刺激,这些行业的企业景气指数强劲反弹,并超过了上年同期水平(见附表2)。

从企业生产经营的主要指标来看,2003年深圳市企业生产、盈利、资金、固定资产投资等主要经营指标景气指数继续提升,企业生产与效益同步增长,这也是支持企业景气指数和企业家信心指数持续上行的主要因素。

一至四季度,深圳市企业生产总量景气指数分别为101.79、116.86、134.81、141.02点,呈前低后高,第三、四季度加速上行的运行态势。工业企业仍是推动全市企业景气上升的强大力量。2003年深圳市工业企业产品订货形势较好,带动企业生产景气指数稳步攀升。一至四季度的工业企业产品订货景气指数分别为117.31、117.59、124.50、145.20点,创下了近年来的最好水平。受宏观经济向好影响,各行业下半年的生产、业务水平均呈快速发展态势。

企业经济效益稳步提高。一至四季度全市企业盈利景气指数分别为102.30、107.88、130.14、130.06点,第三、四季度的企业盈利景气水平也是近年来最好的。虽然能源及原材料价格上涨对部分行业生产经营成本有所影响,但由于市场需求的回升,使企业生产、销售保持同步增长,经济效益明显提高。

流动资金状况继续好转。除了建筑业、房地产业和部分工、贸行业外,大部分行业的流动资金紧张的状况继续好转,景气指数提升。一至四季度全市企业流动资金景气指数分别为118.32、115.90、119.25、123.59点。中小型企业贷款难的现象仍然存在,但有明显改善,第四季度,小型企业的流动资金景气指数从徘徊多年的"不景气区间"进入"景气区间",为102.48点。

企业固定资产投资保持增长。一至四季度全市企业固定资产投资景气指数分别为107.68、112.48、113.00、120.50点,第四季度投资速度有所加快。股份制企业、外商及港澳台投资企业的投资景气指数高于全市平均水平,显示他们对经营前景信心较强,企业的发展后劲较强。

劳动力需求平稳上升。在企业生产快速增长的带动下,深圳市企业对劳动用工的需求平稳上升,表现突出的是工业企业,其四个季度的劳动力需求景气指数比上年同期提升了10至20点。

三、微观经济运行的主要问题

2003年深圳市企业景气指数稳步攀升,创下了近年来最好的成绩。但是从调查结果来看,仍有很多必须注意的地方,主要表现在:

(一)从1999年以来,深圳市企业景气指数一直在"较景气区间"运行,企业景气程度不高。虽然2003年第四季度企业景气指数突破了150点,进入"较强景气区间",但是这个高点能否站稳或者继续强势上行,仍有很多不确定因素。第四季度企业景气指数上行的主要推动力是工业企业,而工业受外部市场需求影响较大。工业企业景气度高的集中在电气机械及器材制造业、通信设备、计算机及其他电子设备制造业、饮料制造业、金属制品业、冶金业、非金属矿物制品业、印刷业、造纸及纸制品业、医药制造业、电力、水的生产供应等行业,还有不少行业的企业景气状况一般。在调查的八大行业中,一些行业的企业景气提升较慢。中小型企业的景气状况与大型企业有相当的差距。

(二)从市场供求关系来看,大部分行业的供求矛盾仍然十分突出,竞争激烈,企业的生产能力不能充分发挥,企业产品销售价格、业务(服务)价格景气低迷,企业盈利空间很小。2003年一至四季度工业企业产品销售价格景气指数分别为78.12、74.03、78.27、75.98点,虽比上年同期提升了5至8点,但仍处在"较不景气区间"。由于消费行为、消费热点的转变,使市场购买热点转向升级换代产品和新兴产业如住宅、汽车、高级视听设备、电脑、手机通信、旅游等,大部分的普通商品、传统服务行业的市场需求增长不快。

(三)从企业的管理运作来看,不少企业存在资金紧张、成本上升、人才不足、机制不活、管理不力、历史负担沉重、设备和技术水平低等经营管理问题。就资金方面来看，反映较为突出的是建筑业、房地产业和出口退税积压较多的工商企业。房地产业是受近期银行信贷紧缩影响，而建筑业资金短缺的状况由来已久，主要是房地产商拖欠工程款、施工企业垫资，三角债等问题。一些出口企业表示，出口退税不能及时、足额返回给企业，增加了企业资金困难和资金运作成本，影响企业的出口积极性。

（四）从企业投资环境来看，国家的政策调整、市场的不规范行为，企业的税费负担、政府的行政效率、环境的配套功能不全等，都在不同程度影响企业的经营发展。如新出台的出口退税制将使一般贸易企业和部分生产出口型企业的税负水平提高，成本上升，影响其产品在国际市场的竞争力。

此外，国内外经济形势的复杂多变，使企业投资方向、经营前景的不确定性增加，对企业的投资信心有一定程度的影响。

四、对策建议

在全面建设小康社会的开局之年，深圳市整体经济运行良好，统计资料显示，多项经济指标达到或超过近年来的最好水平。在受到 SARS 的冲击和磨练后，经济发展的微观经济基础更加牢固，企业家信心稳定乐观，企业景气指数继续上行。

从企业调查和统计工作的视角出发，我们建议：

（一）进一步加强对企业的宏观管理和经济调控，优化产业结构，支持和鼓励企业的科技创新，管理创新，继续创造条件，让支柱产业、优势企业更快、更好地发展，同时，对景气度低的弱势企业采取政策引导、税收优惠等措施，鼓励其重组、改制，或整体转型，转向有市场潜力的行业，寻找市场立足点，为优势产业、大企业配套服务。

（二）抓住 CEPA 正式实施的机遇，主动出击，加强深港两地的经贸合作。为回流的港资企业和国内外知名企业、中介机构在深设立窗口提供便利，利用深港两地运输成本低，交通便利等条件，给予尽可能多的优惠，开设香港产品商贸一条街，促使香港原产地零关税进口的产品在深销售、代理，使深圳成为展览中心、资讯中心、商贸中心，以此带动其它产业的发展。

（三）认真研究当前市场消费热点和消费趋向，抓住有利时机，充分利用消费升级对产业结构调整、新兴产业成长的推动力，推动深圳市产业结构升级。调整投资和消费政策，在做好行业规划的前提下，为各种类型的企业及个人投资广开便利，鼓励发展新的消费热点和服务方式，为企业投资、居民就业提供更多的途径，开拓新的市场空间，为经济发展提供新的动力。

（四）积极开拓国内市场，扩大消费需求。借鉴国外服务业的发展经验，加快服务业的发展。加大旅游、交通等基础服务设施的投资力度，抓住国内开放居民赴港澳个人游机遇及省内自驾游，自助游的旅游热潮，大力宣传，吸引省内外游客来深圳旅游观光。改善消费环境，引导和刺激消费，打造购物天堂，美食天堂，最佳旅游胜地，为企业营造更多的商机。加快做好龙岗、宝安两区城市化工作，努力提高当地居民收入水平，支持鼓励居民尤其是年轻人积极就业，做好商业布局，活跃消费市场，提高消费水平。

（五）加强政府和社会对企业的信息服务，完善投资服务体系，建立资源共享的信息服务平台。大力推动信息产业，以信息化促进企业的发展。鼓励建立为企业经营管理服务的各种商会、行业协会等自律性组织，为企业提供国内外政策、法律、技术、管理、市场信息等服务。

（六）优化投资软环境，切实为企业减轻负担。顺应税制改革，做好地方承担的出口退税工作，及时、足额地退税，减轻企业资金负担。采取措施，增加税收，做到该收的一分不漏，该退给企业的一分不留。削减行政收费，坚决清理“三乱”，进一步减少审批事项，简化办事环节，提高行政效率。加大对市场的管理力度，清理建筑领域的垫资、三角债，坚决打击假冒伪劣商品和非法营运，保障依法守信的投资者和广大消费者的合法权益，增强企业投资信心。

（七）加强促进中小型企业和非公有制企业发展的政策研究，进一步改善中小型企业和非公有制企业的发展环境。

（八）继续做好人才引进和培训工作，积极扩大就业，加强就业指导和培训，帮助新的行业吸纳人才。

（撰稿：曾彩虹）

解读景气指数：

景气指数的数值范围为 0—200，100 为景气指数的临界点。景气度的划分通常为：

非常景气区间：180 以上；较强景气区间：[180　150)；较景气间区：[150　120)；相对景气区间：[120　110)；微景气区间：[110　100))。

微弱不景气区间：[100　90)；相对不景气区间[90　80)；较不景气区间[80　50)；较强不景气区间：[50　20)；严重不景气区间：20 以下。

附表 1：

深圳市企业家信心指数

（2002 年第四季度——2003 年第四季度）

	2002 年第四季度	2003 年第一季度	2003 年第二季度	2003 年第三季度	2003 年第四季度
全　市	141.01	140.20	127.80	144.34	145.00
一、按行业门类分					
1. 工业	135.92	141.78	131.09	144.55	146.22
2. 建筑业	122.03	119.10	119.73	126.57	113.16
3. 交通运输、仓储及邮政业	127.49	135.71	92.78	151.40	139.25
4. 批发和零售业	143.61	147.78	143.43	150.15	151.50
5 . 房地产业	148.38	138.43	137.59	145.21	151.84
6. 社会服务业	150.62	152.11	108.09	145.24	166.38
7. 信息传输、计算机服务和软件业	197.87	150.50	141.42	158.32	148.61
8. 住宿和餐饮业	123.08	107.65	58.60	125.61	136.75
二、按企业登记注册类型分					
1. 国有企业	155.77	154.03	123.23	150.99	150.58
2. 集体企业	118.27	109.07	100.99	118.58	104.30
3. 股份合作企业	200.00	200.00	150.00	200.00	200.00
4. 联营企业	140.00	75.00	50.00	100.00	125.00
5. 有限责任公司	127.73	146.14	128.97	147.81	134.45
6. 股份有限公司	144.19	157.04	141.22	152.82	161.17
7. 私营企业	100.00	113.47	110.00	116.53	130.00
8. 其它内资企业	100.00	100.00	100.00	100.00	100.00
9. 外商及港、澳、台投资企业	131.28	127.81	119.17	140.87	146.88
三、按企业规模分					
1. 大型	151.20	157.97	145.86	164.76	160.26
2. 中型	125.37	134.01	116.33	141.26	140.85
3. 小型	120.95	118.70	103.23	117.07	123.97

附表 2：

深圳市企业景气指数

（2002 年第四季度——2003 年第四季度）

	2002 年第四季度	2003 年第一季度	2003 年第二季度	2003 年第三季度	2003 年第四季度
全市	142.37	140.62	127.20	141.74	151.78
一、按行业门类分					
1. 工业	146.38	139.32	134.25	141.17	157.16
2. 建筑业	119.01	109.88	118.52	109.51	116.56
3. 交通运输、仓储及邮政业	149.20	143.63	90.82	148.80	151.3
4. 批发和零售业	143.50	153.29	132.03	152.64	146.73
5 . 房地产业	151.29	154.49	151.95	148.80	148.86
6. 社会服务业	130.78	134.97	95.70	147.88	152.99
7. 信息传输、计算机服务和软件业	143.36	171.08	124.51	160.36	162.01
8. 住宿和餐饮业	116.74	113.61	48.10	129.91	140.64
二、按企业登记注册类型分					
1. 国有企业	151.59	151.62	126.43	159.32	158.15
2. 集体企业	124.93	128.57	120.49	137.64	144.78
3. 股份合作企业	100.00	100.00	150.00	150.00	150.00
4. 联营企业	100.00	100.0	75.00	125.00	125.00
5. 有限责任公司	129.05	134.59	127.49	138.83	155.86
6. 股份有限公司	155.78	163.55	142.99	164.00	163.73
7. 私营企业	100.00	126.53	100.00	100.00	106.53
8. 其它内资企业	100.00	100.00	100.00	100.00	100.00
9. 外商及港、澳、台投资企业	146.75	131.91	124.03	133.14	149.11
三、按企业规模分					
1. 大型	161.16	160.9	150.48	162.9	174.29
2. 中型	130.6	134.69	117.69	139.16	144.37
3. 小型	126.67	112.2	100.81	115.45	128.93

第十六部分　各区统计公报

General Conditions of Districts

CHAPTER 16

2003年国民经济和社会发展统计公报*

罗湖区统计局

2003年，在区委、区政府的正确领导下，全区人民以邓小平理论和“三个代表”的重要思想为指导，深入学习贯彻党的十六大和十六届三中全会精神，坚持人民利益高于一切，团结奋斗，克服“非典”疫情带来的严重影响，经济继续保持较快增长，各项社会事业发展加快，人民生活水平和质量进一步提高，向建设现代服务强区迈出了坚实步伐。

一、综 合

国民经济保持较快增长。初步核算，全年完成本区生产总值(GDP)364.74亿元，按可比价格计算(下同)，比上年增长11.52%。其中，第一产业增加值0.53亿元，增长2.79%；第二产业增加值60.57亿元，增长10.71%；第三产业增加值303.64亿元，增长11.7%。一、二、三次产业结构由上年的0.15 :16.66 :83.19调整为0.15:16.60:83.25，第三产业所占比重微升。按常住人口(含户籍人口和半年以上暂住人口)计算的人均GDP为47579元，同比增长4.6%。按2003年底的汇率计算，本区生产总值(GDP)达到44.06亿美元，人均GDP 5748美元。

就业结构不断优化。年末全区城镇从业人员24.7万人，与上年基本持平。其中，第一产业从业人员0.18万人，第二产业6.0万人，第三产业18.52万人。一、二、三次产业从业人员结构为0.73:24.29:74.98。全力落实好就业和再就业工作，全区新增就业岗位6158个，899名失业人员实现了就业和再就业。年末城镇居民登记失业率为2.6%。

国民经济和社会发展中存在的主要问题是：一是城区发展空间与经济社会发展的矛盾日益突出；二是服务业结构调整和升级的任务艰巨；三是城区吸引外资的竞争优势有待增创；四是人口、环境、交通、治安等问题还比较突出，城区管理水平适应国际化城市的要求要进一步提高；五是就业和再就业任务日趋繁重。

二、农 业

农业生产规模保持稳定。全年农业增加值5310万元，按可比口径计算，比上年增长2.79%。全年农、林、牧、渔业总产值(现行价格)16269.01万元。其中，水产业产值14456.93万元，牧业产值9万元，种植业产值1684.56万元。

全年农作物播种面积11145亩。其中，蔬菜播种面积 270亩，水果种植面积8640亩，花卉种植面积1235亩。主要农产品产量中，蔬菜瓜果1597吨，水果162吨，水产品产量34664吨。

全年植树造林1500亩，全民义务植树3万株，幼林抚育2300亩。

三、工业和建筑业

工业生产持续快速增长。全年工业增加值36.92亿元，比上年增长13.28%，占本区生产总值(GDP)的比重为10.12%。

全年完成工业总产值(现价，下同)126.06亿元，按可比价格计算，比上年增长15.5%。从经济类型看，国有企业总产值22.83亿元，增长10.79%；民营企业15.11亿元，增长20.41%；股份有限公司12.55亿元，增长11.28%；与港澳台及外商合资企业55.62亿元，增长19.31%；港澳台及外商独资企业19.95

* 由于深圳尚未实施在地统计，各区的统计数据在口径范围、计算方法等方面尚不统一，有关资料在各区之间尚不可比，仅供参考。

亿元，增长 12.51%。从轻重工业结构看，轻工业产值 83.59 亿元，增长 5.84%；重工业产值 42.47 亿元，增长 42.54%。工业产品产销衔接良好，全年工业销售产值 123.92 亿元，增长 13.90%。工业产品销售率 98.3%。

在工业总产值中，通讯设备、计算机及其他电子设备制造业产值 34.67 亿元，比上年增长 25.80%，占工业总产值的 27.5%。主要产品中，电子信息类产品和塑料制品生产增长迅速，而印染布、钟表、录放音机等传统产品产量大幅下降。

工业经济效益明显提高。全年规模以上工业企业实现销售收入 126.66 亿元，比上年增加 17.12%；利润总额 10.49 亿元，增长 11.85%；工业资产负债率 53.54%，工业成本费用利润率 10.14%，工业全员劳动生产率 8.2 万元/人，工业企业经济效益综合指数 164.40%。

建筑业平稳增长。全年建筑业增加值 23.65 亿元，比上年增长 6.62%。

四、固定资产投资

固定资产投资平稳增长。全社会固定资产投资 94.72 亿元，比上年增长 8.87%。其中，基本建设投资 21.30 亿元，同比增长 46.86%；房地产开发投资 63.97 亿元，与上年基本持平。基本建设新开工项目 37 个。

投资结构不断优化。从产业看，第二产业完成投资 5.55 亿元，其中工业完成投资3.82 亿元；第三产业完成投资 89.17 亿元，其中房地产开发完成投资 63.97 亿元，交通运输、仓储及邮电通信业完成投资 7.54 亿元，批发、零售和餐饮业完成投资 4.19 亿元。政府投资力度继续加大，重点建设项目进展顺利，笋岗物流园区市政道路建设和湖贝路拓宽工程改造基本完成，罗湖商务中心、京广软件出口基地重点项目已竣工并投入使用，华润中心一期、莲塘片区防洪工程等重点项目抓紧实施，人民南商业区改造工程动工，万山--水贝黄金珠宝首饰产业聚集地等项目前期工作进展顺利。

房地产销售市场良好。全社会房屋建筑施工面积 578.99 万平方米，其中商品房施工面积 472.85万平方米，基本建设施工面积 106.14 万平方米；全社会房屋建筑竣工面积 163.59 万平方米，其中商品房 155.56 万平方米，基本建设 8.03 万平方米。商品房现楼销售面积 61.84 万平方米，楼花预售面积 65.86 万平方米；现楼合同销售金额 45.91 亿元，楼花预售合同金额 49.15 亿元。

五、商 业

商品销售市场繁荣稳定。全年完成社会消费品零售总额 251.75 亿元，比上年增长 16.1%。其中，批发零售贸易业零售额 223.85 亿元，增长 17.33%；餐饮业零售额 27.90 亿元，增长 7.2%。消费档次逐步提升，消费热点突出，汽车、通讯产品、体育文化产品等持续升温，有效推动全区消费市场的畅旺。

六、财 政

财政收入保持稳步增长。全年完成预算财政收入 13.38 亿元，按可比口径比上年增长 11.05%，其中税收 12.03 亿元，增长 8.52%。税收中，个人所得税、印花税、房产税、增值税分别增长 29.89%、21.25%、20.14%和 16.92%。预算内财政支出 19.33 亿元，增长 19.27%。财税部门通过采取积极有效的措施，加强对主体税种的监管，强化依法治税，加大税收征管力度，强化支出管理，圆满地完成了全年各项收支任务。

七、对外贸易和旅游

对外贸易增幅较大。全年出口总值 58.55 亿美元，比上年增长 27.89%。其中，一般贸易出口 35.51 亿美元，增长 26.98%；加工贸易出口 8.85 亿美元，增长 12.63%；其它贸易出口 14.19 亿美元，增长 42.45%。利用外资有所下降。全年新签合同项目 283 个，比上年增长 1.07%；合同外资金额 6.17 亿美元；实际利用外资 6.30 亿美元，下降 11.17%。

旅游业持续下滑。受“非典”的影响，全年宾馆、酒店共接待过夜游客 257.1 万人次，比上年下降 18.6%。其中，过夜海外游客 73.76 万人次，下降 26.5%；过夜国内游客 183.35 万人次，下降 15.0%。过夜海外游客中，外国游客 21.88 万人，下降 33.4%；港澳台游客 51.88 万人，下降 23.1%。酒店营业收入 16.37 亿元，下降 20.61%。宾馆酒楼平均住房率 55.1%，比上年下降 12.5 个百分点。

八、教育和科学技术

教育事业继续稳步发展。年末全区各类学校 156 所，比上年增加 4 所。其中，成人教育学校 1所，与上年持平；中学 15 所，与上年持平；小学有 51所，比上年增加 5 所；幼儿园有 89 所，比上年减少 1 所。全年共招收学生 25258 人，与上年基本持平。毕业生人数 20509 人，增长 8.92%。在校学生人数 100989 人，增长 8.12%。其中，中学在校学生 28240 人，增长 11.75%；小学在校学生 56843 人，增长 7.17%；在园幼儿 15006 人，增长 5.71%。学龄儿童入学率和小学毕业生升学率达均到 100%，初中和高中毕业生升学率分别达到 98.5%和 85.1%。教职工人数 7798 人，增长 3.93%。教育综合实力进一步增强，年末有国家级学校 1 所、省一级学校(园)16 所、市一级学校(园)31 所、区一级学校(园)41 所。

科技事业不断进步。在第五届中国国际高新技术成果交易会上，共成交项目 66 个，总成交金额为 5.69 亿美元，同比增长 3.08%。全年区财政落实科技三项经费为 2680 万元，比上年增长 24.1%；支持科技开发项目 31 个，同比增长 34.78%。有 23 个项目获深圳市科技进步奖。

九、文化、卫生、体育事业

文化事业日益繁荣。年末有区级艺术表演团体 19 个，文化馆 1 座，图书馆 14 座，藏书量 26.5 万册。全年参加演出节目 1390 个。文艺创作获各类奖项 632 个，其中国家级奖项 62 个，广播剧《我和肖邦的对话》获全国“五个一工程奖”，小品《反仆为主》、《喇叭声声》分别获第十届中国曹禺戏剧奖金奖和银奖，音乐电视散文《走不出外婆的眼光》、《油坊往事》在第五届全国百家电视文艺节目评比中分别获金奖、银奖，舞蹈《没有硝烟的战场》获第十一届全国人口文化奖金奖，小品《警世广告》、话剧《阳光地带》、舞蹈《放飞》均获银奖。

卫生事业成效显著。年末拥有医疗卫生机构 232 个(含个体、私营)，其中：医院 2 间，妇幼保健院 1 间，卫生监管所、疾病防治中心 1 间，门诊部(所) 38 间，其他卫生事业机构 76 间。卫生工作人员 2451 人，比上年增长 1.9%，其中医生 964 人，增长 1.9%。卫生机构病床数 420 张，下降 10.6%。全年医院门诊总人数 136.6 万人次，增长 3.8%；入院总人数 14385 人，增长 19.3%；治愈率 71.6%，下降 2.1 个百分点。体育事业蓬勃发展。全区共举办各种群众性体育活动 28 次。在校中、小学生参加《国家体育锻炼标准》达标率为 90.5%，比上年提高 0.3 个百分点。体育健儿获市级及以上奖牌 116 枚，其中：国家级银牌 1 枚；市级金牌 34 枚，银牌 44 枚，铜牌 37 枚。

十、环境保护

环境质量不断改善。城区居民文教区噪声平均值为 54.1 分贝，比上年下降 0.5 分贝；居住、商业、工业混合区域噪声平均值 56.9 分贝，上升 0.8 个分贝；城市交通干线两侧噪声平均值 57.4 分贝，下降 0.6分贝。区域噪声监控合格率 89.7%，下降 2.6 个百分点。饮用水源水质达标率为 92.9%(按新指标统计)，提高 2.03 个百分点。二氧化硫年平均值为 0.023 mg/m3，增长 8.7%；二氧化氮年平均值为 0.045mg/m3，下降 2.22%；可吸入颗粒物为 0.066 mg/m3，上升 12.12%。

十一、人口、人民生活和社会保障

人口和计划生育考核目标全面完成。年末常住人口 76.66 万人，比上年增长 6.75%。其中，户籍人口 31.43 万人，增长 5.01%；暂住人口 45.23 万人，增长 8.0%。在户籍人口中，出生率为 7.87‰，比上年降低 1.25 个千分点；死亡率为 0.90‰，比上年下降0.09 个千分点；自然增长率为 6.7‰，比上年降低 1.46 个千分点；计划生育率为 98.9%，比上年降低 0.21 个百分点。

职工工资收入水平显著增长。全年城镇在岗职工工资总额 85.92 亿元，增长 13.1%；城镇在岗职工年人均工资 35678 元，增长 13.1%，扣除物价因素，实际增长 12.4%。

社会保障工作进一步加强。年末参加基本养老保险人数为 16 万人，与上年持平；参加失业保险人数为 14.3 万人，增长 58.89%；参加医疗保险人数为 12.43 万人，增长 8.09%。

居民生活水平和质量进一步提高。居民家庭年人均可支配收入为 21809.5 元，按可比口径比上年增长 1.15 %；年人均消费支出 16315.8 元，下降6.85%。恩格尔系数为 29.65%，与上年基本持平。

注：1. 本公报为初步统计数。

2. 本区生产总值(GDP)、各产业增加值绝对数按现行价格计算，增长速度按可比价格计算。

3. 本公报统计数据为辖区口径。

2003年国民经济和社会发展统计公报*

福田区计划统计局

2003年全区人民在区委、区政府的正确领导下，认真践行“三个代表”要思想，围绕“大经济、大文化、大服务”的经济发展战略，营造综合营商最佳城区，打造“中心区经济文化圈”。面对非典疫情，众志成城，一手抓防治一手抓建设，全区经济得到健康、持续发展，各项社会事业发展加快，人民生活水平和质量进一步提高。

一、综合

全区经济快速发展。初步核实，全年实现本区生产总值(GDP)609.10亿元，按可比价格计算，比上年增长16.3%。其中第一产业增加值0.06亿元，比上年增长4.2%；第二产业增加值278.94亿元，比上年增长19.5%；第三产业增加值330.10亿元，比上年增长12.2%。三次产业的结构为0.01:45.80:54.19。人均GDP66448元，同比增长11.1%。按2003年底的汇率计算，本区生产总值(GDP)达到73.59亿美元，人均GDP8028美元。

全区经济和社会发展中存在的主要问题是：工业企业出现持续外迁，对GDP增长的拉动作用减弱；固定资产投资规模接近峰极水平，保持高速增长的难度较大；可供开发利用的土地资源减少，投资成本上升；第三产业的比重有待提高；环境保护、交通安全和社会治安还存在薄弱环节。

二、农业

全区农业出现小幅增长。全年农业总产值0.11亿元(现价)。全年农作物播种面积3750亩，比上年增长15.9%。农作物播种以蔬菜和水果为主，其中蔬菜播种面积1650亩，产量1150.01吨，分别比上年增长13.8%和32.2%；水果种植面积2100亩，比上年增长17.8%。以荔枝、龙眼为主的水果受小年的影响，产量为540吨，比上年下降3.7%。全年完成造林面积101亩。

三、工业和建筑业

在大型工业企业增长的带动下工业生产继续保持高速发展。全年规模以上工业企业实现增加值220.15亿元，比上年增长21.2%，占本区生产总值的比重为36.1%；工业对经济增长的贡献率达42.8%，比上年下降1.9个百分点。

全区规模以上工业企业完成工业总产值(现价)780亿元，按可比口径计算比上年增长23.3%。其中重工业实现产值611.32亿元，轻工业实现产值168.68亿元；电子及通信设备制造业实现产值535.98亿元，占工业总产值的比重为68.7%。全区出口交货值501.70亿元，占工业总产值比重64.3%。产销衔接良好，全年规模以上工业企业实现销售产值774.86亿元，工业产品销售率99.3%。

工业经济效益有所提高。全年规模以上工业企业实现利税总额52.27亿元，比上年增长21.7%；工业全员劳动生产率达202278元，比上年提高15.6%；工业综合效益指数224.1%，增加21个百分点。

建筑业有所增长。全年建筑业实现增加值52.85亿元，比上年增长7.1%。

四、固定资产投资

固定资产投资总体规模较大，保持适度增长。全区完成全社会固定资产投资额255.50亿元，比上年增长9%。其中基本建设投资101亿元，比上年下降

* 由于深圳尚未实施在地统计，各区的统计数据在口径范围、计算方法等方面尚不统一，有关资料在各区之间尚不可比，仅供参考。

9.1%；更新改造投资21.10亿元，比上年增长1.4倍；房地产开发投资118.90亿元，比上年增长6.5%。

在基本建设投资中，完成工业投资11.28亿元，交通运输、仓储及邮电业完成投资12.29亿元，批发和零售贸易、餐饮业完成投资2.54亿元，科学研究和综合技术服务业完成投资1.12亿元，教育、文化、体育和娱乐业完成投资22.04亿元。市民中心、音乐厅、图书馆、青少年宫、彩电中心等项目主体工程已完工，进入收尾阶段；一批市政工程、输变电工程、会展中心、中国联通CDMA项目、地铁工程、赛格日立彩电技改等政府投资和重大项目进展顺利。

全区房屋建筑竣工面积317.46万平方米，比上年增长11.9%。其中基本建设房屋竣工面积23.05万平方米，比上年下降67.2%；商品房竣工面积275.96万平方米。商品房销售面积（含预售，下同）276.46万平方米，比上年增长36.7%；商品房销售额219.57亿元，比上年增长36%；商品房平均售价7943元/平方米，比上年上升4.5%。

五、交通运输和邮政电信业

全区交通运输、邮政电信业实现增加值51.29亿元，比上年增长14%。全社会货运量1149.18万吨，全社会客运量1776.66万人，全年完成邮政电信业务总量33.66亿元（按2000年不变价格计算）。年末全区共有邮电局（所）131处；固定电话交换机总容量69.50万门，比上年增加13.91万门；移动电话交换机容量157.20万门，比上年增加47.90万门；固定电话用户63.71万户，比上年增加14.90万户；移动电话用户156.77万户，比上年增加47.87万户。

六、国内外贸易和旅游

商贸业保持快速增长。全区完成社会消费品零售总额246.21亿元，比上年增长17.8%；规模以上商业企业商品销售额521.83亿元，比上年增长19.5%。其中批发额383.13亿元，比上年增长17.7%。

外贸高速增长。全年进出口总额273.29亿美元，比上年增长48.7%。其中出口总额110亿美元，比上年增长45.3%；进口总额163.29亿美元，比上年增长58.3%。全区对主要贸易伙伴的出口均大幅上升：输往港澳地区的出口货值81.98亿美元，比上年增长32.22%，占出口总额的74.53%；对欧盟出口货值8.49亿美元，比上年增长26%，占出口总额的7.72%；全年远洋贸易出口额达26.96亿美元，比上年增长1.20倍。

全区实际利用外资10.20亿美元，比上年增长1.32倍。

旅游业保持增长。全年接待过夜游客360.01万人次，比上年增长5%；全年旅游收入75.01亿元，比上年增长4%；宾馆、酒店、度假村开房率65%。

七、财政、金融和保险

地方财政收入稳步增长。全年完成地方预算内财政收入22.45　亿元，按可比口径计算比上年增长14.1%。

税收总额141.50亿元，比上年增长19.1%。

全年金融保险业增加值81.40亿元，比上年增长9.2%。

八、教育和科学技术

教育事业全面进步。年末各级各类中小学校73所，比上年增加2所；在校学生数117897人，毕业生25381人，分别比上年增长4.6%和5.9%。年末幼儿园总数101所，在园儿童21313人，分别比上年增加6所和增长4.3%；学龄儿童入学率和小学毕业生升学率均保持在100%，初中毕业生升学率99.8%。

全区高新技术产品产值536.40亿元，比上年增长19.8%。全年区级财政落实科技三项经费4653.70万元，增长85%，共支持科技项目44个。第五届高交会全区签定合同或协议98项，协议金额81.50亿元，比上年增长10.7%。

九、文化、卫生、体育和环境保护

文化事业日益繁荣，文艺精品迭出。原创歌曲（合唱）《在灿烂阳光下》获得中宣部第九届精神文明建设“五个一工程”入选作品奖，儿童音乐电视片《新姐妹》获得第六届中国儿童音乐电视大赛金奖，儿童剧《新守株待兔》获得全国儿童剧普及交流汇演金奖、特殊贡献金奖。全年区级文化系统共获国家级奖15项，省级奖25项；全区共有艺术表演团体109个，比上年增加17个；创作文化艺术作品223件，比上年增长1.10倍；公共藏书量310万册，比上年增长4.2%。

医疗卫生服务能力显著提高。全区共有国有医疗卫生机构146家，其中医院21家，拥有病床3756张；全年各级各类医疗机构完成诊疗总量726.28万人次，比上年增长33.1%。其中门诊量617.66万人次，急诊量47.83万人次；收治住院病人9.60万人次，增长9.1%；病床使用率从上年的80.7%提高到89.9%。

出院病人治愈率为74.1%。

全民体质提高。成年人每周参加三次或以上体育锻炼者占11.4%，比上年下降2.5个百分点。成年人体质评定总合格率达到94.5%，比上年提高1.7个百分点，达到优秀、良好和合格水平的分别占34%、35.3%和25.2%。

全区工业废水处理率98.1%，工业固体废物处理率100 %，综合利用率40.9%，主要饮用水源水质达标率100%，区域环境噪声平均值56.20分贝，城市交通干线噪声平均值68.30分贝。

全区已经建成安全文明小区417个，面积覆盖率逾80%，人口覆盖率达96%以上。270个单位被命名为市"园林式、花园式"达标单位，全区连续五年夺得鹏城环卫杯竞赛优胜奖。

十、人口、人民生活、就业和社会保障

全区年末常住人口94.74万人，同比增加6.15万人，增长6.9%；其中户籍人口38.80万人，占总数的40.9%，同比增加3.20万人，增长8.9%；暂住人口55.94万人，占总数的59.1%，同比增加2.96万人，增长5.6%。人口出生率9.27 ‰，死亡率0.56 ‰，自然增长率8.70‰。

居民生活水平和质量进一步提高。根据居民家庭抽样调查资料，本区城镇居民家庭年人均可支配收入28581元，扣除物价因素，比上年实际增长6.8%；年人均消费性支出23323元，扣除物价因素，比上年实际上升12%；居民人均交通、通讯支出增长46%，人均教育支出增长3.2%，人均医疗保健支出增长42.7%。期末人均存款2651元/人；恩格尔系数25%。

年末全区从业人员72.86万人，其中第二产业从业人员13.61万人，第三产业从业人员59.21万人。一、二、三次产业从业人员结构为0.05:18.68:81.27。落实就业和再就业政策力度加大，全区共有410名失业人员实现了就业和再就业。失业员工基本生活保障率达100%。年末城镇居民登记失业率为2.6%。

年末全区机关、事业、企业单位在岗职工28.59万人，比上年增长9.1%；在岗职工工资总额91.30亿元，增长18.1%；在岗职工年平均工资32699元，扣除价格因素比上年实际增长7.1%。

社会保障进一步加强。全区有33.84万人参加了基本养老保险，比上年增长13.4%；21.46万人参加了失业保险，比上年增长9%；23万人参加了基本医疗保险，比上年增长16.2%；22.47万人参加了工伤保险，比上年增长6.8%。

注：1.本区生产总值（GDP）及各行业增加值、人均GDP、工业总产值和劳动生产率绝对数按现行价格计算，增长速度按可比价格计算。

2.人口出生率、死亡率、自然增长率统计口径改变为现居地统计，无法与上年比较。

2003年国民经济和社会发展统计公报*

南山区统计局

2003 年,全区人民在区委、区政府的正确领导下,高举邓小平理论的伟大旗帜,认真实践“三个代表”的重要思想,继续实施“三个基地一个中心”的发展战略,努力营造市场环境、市政环境、创业环境、法制环境和治安环境 ,创新经济发展思路,整合资源优势。城区综合竞争力明显提高,投资环境进一步改善,全区国民经济在健康平稳的轨道上快速运行,为实现现代化和全面建设小康社会,把全区建设成为最适合创业、发展、安居的现代化海滨城区打下了坚实的基础。

一、综 合

国民经济继续保持持续、快速、健康的发展,综合经济实力大幅提升。

2003 年,全区实现本地生产总值 607.95 亿元,按可比价格计算,比上年增长 19.6%。其中,第一产业完成增加值 0.95 亿元,比上年下降 7.5%;第二产业完成增加值 474.3 亿元,比上年增加 22.1%;第三产业完成增加值 132.7 亿元,比上年增长 11.7%。三产比例为:0.15:78.02:21.83。工业仍然是全区经济发展的主导产业,其累计增长速度为 29.6%,居全区各主要经济指标的增长速度之首,其增加值占 GDP 的比例为 71.9%,在全区国民经济 19.6 个百分点的增长中有 16.6 个百分点是工业拉动的,其贡献率高达 84.9%。

国民经济和社会发展中存在的主要问题是:产业结构有待进一步优化;可供利用开发的土地资源减少;生产经营成本上升,工业企业尤其是大型高新技术企业生产基地外迁趋势增强;第三产业发展相对滞后;城市规划、建设、管理与城市的高速发展不相适应等。

二、农 业

农业生产稳步发展, 农产品结构逐步优化,但比去年有所萎缩。全年农业总产值完成 1.87 亿元,农作物播种以蔬菜和水果为主。2003 年,全区注重大面积环保和美化城市的种植业发展,成为农业经济发展中的一个亮点。

三、工 业

2003 年,全区的工业生产呈现持续、快速的发展态势,工业经济增势强劲。全年完成工业总产值 1410 亿元, 比上年增长 29.6%; 实现工业增加值 437.1 亿元,比上年同期增长 24%,占全区 GDP 的 71.9%。

高新技术产业持续快速发展,继续保持强劲的发展势头,实现高新技术产品产值 800 亿元,增长 38.5%,占全市高新技术产品产值的 31.0%,占全区工业总产值的 56.7%。形成了计算机、通信、微电子、生物工程、机电一体化等高新技术产业群,高新技术产业成为全区工业经济的第一增长点。区委、区政府抢抓跨国公司新一轮产业转移和国际资本流动的机遇,利用政策扶持、环境营造等手段,极大地提升了高新技术企业的科技创造力和竞争力,有力推动全区高新技术产业的长足发展。目前,全区被市政府认定的高新技术企业数目增加到 283 家,比上年增加 113 家, 占全市高新技术企业总数的

* 由于深圳尚未实施在地统计,各区的统计数据在口径范围、计算方法等方面尚不统一,有关资料在各区之间尚不可比,仅供参考。

42.0%。被认定的民科企业32家。新增孵化企业75家。全区列入市知识产权保护重点企业39家,占全市的40.0%。

另外,优势传统产业竞争力不断的增强,在全区优势传统行业中涌现出“百丽”、“富安娜”、“飞亚达”、“依波”等一批中国名牌产品,及“雅芳婷”、“景田”等一批广东省名牌产品。工业30强企业整体规模不断扩大。全年实现工业总产值1120亿元,占全区工业总产值的79.4%,对国民经济增长的贡献率为62.6%。中兴通讯、康佳和中海石油三家企业总产值更是超过百亿元。工业总产值50亿元以上的5家;30亿元以上的企业8家;10亿元以上的企业21家;5亿元以上的企业27家。全区大力实施名牌战略,获得中国名牌和广东省名牌产品11个,20家企业荣获第一届“区长质量奖”。

四、固定资产投资

固定资产投资快速增长,基础设施建设项目进展顺利。全年完成固定资产投资192.3亿元,比上年同期增长18.0%。从其构成来看,完成基本建设投资71.8亿元,比去年同期增长16.6%;房地产投资进入理性调整阶段,其增长速度放缓,全区完成房地产投资100亿元,与去年同期对比增加9.9%。2003年是南山区历年来投资力度最大的一年。港湾大道等9条道路建成通车,南山大道、内环路道路拓宽面貌一新,月亮湾大道改造全面启动,兴海大道、妈湾大道改造前期工作基本完成,“西部通道”的填海项目顺利竣工,侧接线、大桥工程积极开展。

房地产全年新开工面积210.8万平方米,与去年同期对比下降13%;房地产竣工面积278.9万平方米,与去年同期对比增长21.4%;现楼销售面积98.56万平方米,与去年同期对比增长26.29%;现楼合同金额58.86亿元,同比增长45.54%;全区商品房空置面积67.5万平方米,与去年同期对比下降17.3%,其中,空置一年以上面积19.3万平方米,与去年同期对比增长23.9%。

五、商贸旅游

商贸零售业持续快速发展,商贸繁荣,餐饮业火爆,成功克服了“非典”疫情的影响。

第五届南山“荔枝旅游周”如期举办,“购物节”、“十一旅游黄金周”等促销活动的开展,使得零售业、餐饮业、酒店业、旅游业的客源回升,营业额呈现恢复性增长。2003年实现社会消费品零售总额93.2亿元,增长15.8%,全年新增商贸营业面积8万平方米。旅游业充分利用各省市旅游推介会和节假日等旅游旺季,加大全区旅游宣传力度,接待海内外游客851.5万人次,实现旅游业营业收入18.9亿元。

2003年全区积极开展外贸出口扶持工作,采取有效措施鼓励各类企业拓展国际市场,实现了全年出口计划的超额完成。全区外贸出口总额完成60.9亿美元,比上年同期增长39.9%,其中:加工贸易出口50.9亿美元,比上年同期增长114.0%。全年集装箱吞吐量为511.28万标箱,占全市集装箱吞吐量的48%;货物吞吐量为8991.8万吨,占全市散装吞吐量的80%。铁路货物周转量为4014.5万吨公里,公路货物周转量为4.21亿吨公里,水运货物周转量为65.3亿吨公里;旅游周转量20.34亿人公里;邮电业务总量为22.6亿元。

六、财 政

财政收入平稳增长。全年完成地方预算内财政收入19.81亿元,比上年增长14.4%。完成地方预算内财政支出26.32亿元,比上年增长10.0%。其中,南山商业文化中心区上缴区财政地价款近2亿元。

七、对外经济

招商引资再创佳绩。精心组织了2003年深圳市南山区(香港)经贸推介会,积极参加高交会、国际光电博览会等各种招商引资和商品展销活动,成功举办了以跨国公司为重点的招商会。第五届高交会成功签约160个项目,成交金额创历史新高达91.5亿元,连续五年位居全市之首。全市引进外商投资项目235项,实际利用外资5.7亿元美元,比上年增长9.6%,外商直接投资5.4亿美元,比上年增长6.0%。

八、精神文明建设和社会事业

文化事业日益繁荣,文艺创作精品迭出,社会事业全面进步,精神文明建设取得新的成绩。

精神文明建设:深入开展群众性精神文明创建工作,文明示范区创建工作受到市检查验收小组的充分肯定。积极开展创文明活动,涌现出一批文明市民、文明单位、文明社区、文明窗口。

教育:认真落实区委扶持教育发展的12条措施。新建、扩建中小学9所。年末拥有学校69所,其中，上等级学校占中小学总数的86%。拥有教工人数4845人，年末在校学生人数76852人。拥有幼儿园121所，在园儿童人数19756人。深圳大学城西校区竣工启用，清华、北大、哈工大正式入驻办学，深圳大学新增硕士点20个，并开始招收博士生。

卫生：南山医院住院大楼投入使用。拥有医疗机构10所，新建社区健康服务中心6个，社康服务网络日益完善。全区卫生工作人员1844人，其中，卫生技术人员1443人，占总数的78.2%。全年门诊量达到226.7万人次，住院人数为4.2万人次，治愈率为75.3%。全区共有病床位1490个。

科技：科普工作广泛深入，"博士论坛"的社会影响力与日俱增。

文化：成功举办第二届社区文化艺术周，58件艺术作品在第六界鹏城金秋社区文艺节上获奖。体育：全民健身运动广泛开展，成立了老年人体育协会和陈新华乒乓球俱乐部，成功举办了深圳首届名人乒乓球邀请赛、市网协杯网球比赛。羽毛球、乒乓球等传统项目在全国和省市比赛中取得优异的成绩。

九、人口和人民生活

全区年末常住人口62.2万人，其中，户籍人口21.9万人，比上年增长2.6万人。

年末家庭总收入为23254.6元，可支配收入21727.2元，职工月人均工资2270元。

2003年盐田区国民经济和社会发展统计公报*

盐田区统计局

2003年，在区委、区政府的正确领导下，全区人民全面贯彻党的十六大精神，围绕区第二次党代会和区二届人大一次会议确定的奋斗目标和主要任务，不断增强创新意识，积极实施精品战略，扎实工作，锐意进取，努力克服了非典疫情带来的不利影响，港口强区、旅游旺区、工贸兴区、文化立区收到明显成效，盐田的对外吸引力和综合竞争力不断增强，国民经济保持了持续、快速、健康发展，社会各项事业全面进步，城市功能日趋完善，投资环境进一步优化，居民收入平稳增长，人民生活水平和质量进一步提高，顺利实现了国民经济和社会事业发展的预期目标。

一、综 合

国民经济保持快速增长。初步核算，2003年，全区实现本区生产总值99.09亿元，增长26.7%。其中，第一产业完成增加值0.04亿元，下降11.9%，第二产业完成增加值38.43亿元，增长23.9%，第三产业完成增加值60.63亿元，增长28.6%，三次产业结构由上年的0.1:39.6:60.3调整为0.0:38.8:61.2。第三产业特别是港口服务业发展迅猛，是推动盐田经济发展的重要力量，盐田港全年集装箱吞吐量达到544.89万标箱，增长27.4%，有力地带动了全区货代、仓储、运输等港口服务业的发展。

就业人数增加。年末全区各机关、事业、企业单位从业人员共计74528人，比上年末增长9.1%。其中国有单位从业人员16387人，微增1.4%；城镇集体单位从业人员2681人，减少19.8%；私营、股份合作、股份有限、港澳台和外商投资企业等其它单位从业人员55460人，增长13.7%。第一产业从业人员154人，第二产业从业人员55205人，第三产业从业人员19169人，三次产业劳动结构由上年的0.2:74.7:25.1调整为0.2:74.1:25.7。通过积极完善和落实就业再就业政策，大力推行“劳者有其工”就业计划，重点帮扶困难失业人员就业，全年共安置372人再就业，年末登记失业率为3.0%，比年初下降0.3个百分点。全年引进各类人才333人。

经济和社会发展存在的主要问题：工业偏重于加工贸易，企业自主创新能力不强，经济效益和工业增加值率较低，经济增长的质量和效益还需提高；交通瓶颈依然存在，制约了经济和社会各项事业的发展；物流服务设施滞后于港口发展，港口物流业对经济的巨大带动作用尚未得到很好挖掘；旅游配套设施不完善，旅游业对相关产业的带动作用较弱；居民就业层次偏低，收入和消费能力有限，全区消费需求增长乏力。

二、农 业

农业产值继续减少。全区农地资源十分有限，近海渔业资源逐渐减少，农业收益日益低下，农业产量和产值持续萎缩。2003年全区实现农业总产值828.3万元，比上年减少11.8%，实现农业增加值401.7万元，减少11.9%。全年蔬菜复种面积500亩，减少64.3%；蔬菜产量600吨，减少58.3%；水果产量15吨，减少81.3%；茶叶产量11吨，减少8.3%；盆栽观赏植物产量23万盆；水产品捕捞量65吨，减少53.6%。全年完成造林面积3463亩，比上年增长2.32倍，幼林抚育作业面积9278亩。

三、工业和建筑业

工业继续保持快速发展。全年完成工业总产值281.28亿元（现价），实现工业增加值30.28亿元，

* 由于深圳尚未实施在地统计，各区的统计数据在口径范围、计算方法等方面尚不统一，有关资料在各区之间尚不可比，仅供参考。

分别增长 18.7%和 15.5%；工业增加值占盐田区生产总值的比重由上年的 33.5%下降为 30.6%，下降 2.9 个百分点。国有及年销售收入 500 万元以上的非国有工业企业（简称规模以上工业企业）完成工业产值 273.08 亿元（现价），增长 18.7%。工业产销衔接良好，工业产品销售率达 99.5%。

以计算机及其外围设备为主的高新技术产品仍是全区工业生产的主体，高新技术产品和珠宝首饰产品产值增长迅速。全年高新技术产品产值222.79 亿元（现价），增长 20.0%，占全区工业总产值的 80.9%，比上年提高 0.9 个百分点；黄金珠宝加工业产值 22.86 亿元（现价），增长 31.8%，占全区工业总产值的 8.3%，比上年提高 0.8 个百分点。

外商及港澳台投资企业是推动全区工业增长的主要力量，其它经济成分也表现出较强的增长势头。全年"三资"企业完成工业产值 256.94 亿元（现价），增长 17.5%，占全区工业产值的比重高达 91.4%，比上年微降 0.9 个百分点；由于部分国有企业改制，造成国有工业企业产值有所下降，全年完成工业产值 7.89 亿元，减少 44.2%；联营、有限责任、股份制等其它经济成分工业产值增长较快，全年完成工业产值 14.62 亿元，增长 5.8 倍；集体经济完成工业产值 18.29 亿元，增长 8.1%，工业产品内、外销比重有所调整。

我国加入世贸组织后，国家逐步调整了一些外贸和外资企业政策，外资企业逐步扩大了产品内销比例。全年全区工业出口产品产值 246.41 亿元（现价），增长 9.7%，占工业销售产值的比重由上年的 93.0%下降为 87.6%，下降 5.4 个百分点。

工业经济效益有所提高，完成利税总额平稳增长。全年工业经济效益综合指数为 151.58%，比上年提高 7.84 个百分点。工业经济效益七项考核指标中，总资产贡献率、流动资产周转率、成本费用利润率、资本保值增值率、劳动生产率等五项指标比上年有所改善；而产品销售率、资产负债率等两项指标比上年有所下降。年末全区规模以上工业企业 75 家，增加 2 家，实现利润 6.17 亿元，增长 27.9%；规模以上工业企业中亏损 23 家，新亏 2 家，亏损额 3746 万元，增亏 1.14 倍。

建筑业在固定资产投资高速增长的带动下快速发展。全年建筑业实现增加值 8.14 亿元，增长 70.0%。

四、商业和旅游业

克服非典疫情影响，商业和旅游业逐步恢复畅旺。受年初非典疫情影响，商业、餐饮业和旅游业在 4 至 6 月份销售额明显萎缩，随着 6 月份疫情的解除，政府各项扶持政策和措施到位，全区商业、餐饮业、旅游业逐步恢复和热旺，商业网点明显增加，竞争渐趋激烈，百姓普遍受惠。全年实现社会消费品零售总额 13.98 亿元，增长 9.9%。其中批发零售贸易业零售额 9.83 亿元，增长 10.6%；饮食业零售额 4.15 亿元，增长 8.3%。旅游人数增加。全区主要旅游景点全年共接待游客 826.8 万人次，增长 7.8%；宾馆、酒店日平均开房率 44.7%，减少 1.4%；宾馆、酒店接待过夜游客 22.40 万人次，增长 51.7%，其中国内游客 20.23 万人，增长 55.3%，国际游客 2.17 万人，增长 24.7%。

五、固定资产投资

固定资产投资高速增长。2003 年，全区固定资产投资总额完成 54.80 亿元，增长 82.0%，是建区以来固定资产投资规模最大的一年，也是增长最快的一年。其中基本建设投资 46.76 亿元，增长 94.2%，占全区固定资产投资总额的 85.3%；房地产开发投资 7.79 亿元，增长 67.1%。

港口码头、道路交通、仓储设施是全区基本建设投资的主要部分，投资额高达 38.54 亿元。盐田港三期工程年度投资额达 32.66 亿元，占基本建设投资的 69.8%，盐田港明珠立交和盐田港一、二期扩建工程占基本建设投资的 10.8%。盐田港保税区、北山工业园区建设投资为 3.05 亿元，占基本建设投资的 6.5%。工业固定资产投资为 2.35 亿元，占基本建设投资的 5.0%，主要项目为盐田垃圾焚烧发电厂、精茂电脑生产基地、中兴通讯大梅沙研发中心等。教育、文化、体育、社会福利、公共管理等其它行业全年完成固定资产投资 2.81 亿元。

房地产投资快速增长。全年商品房屋施工面积 43.30 万平方米，增长 33.3%；商品房屋竣工面积 17.25 万平方米，增长 96.7%；商品房屋销售面积 14.87 万平方米，增长 24.3%，其中住宅销售面积 13.3 万平方米，增长 24.8%，占全区商品房销售面积的 89.3%。在售商品房销售均价为 6110 元/平方米。

固定资产投资资金来源以企、事业单位自筹资金为主，社会投资增长强劲，政府投资比例适度。企、事业单位自筹资金占资金来源的 73.3%；国内贷款占 11.3%，市、区政府投资占 3.9%，利用外资占 3.6%，上年度结余资金占 4.0%。

六、对外贸易和利用外资

对外贸易持续快速发展，贸易结构逐步优化。

2003年,全区企业出口总值44.40亿美元,增长19.6%。以计算机及其外围设备、微电子产品为主的高新技术产品出口额达28.21亿美元,增长22.1%。“三资”企业进料加工出口和保税仓储企业保税货物出口是全区出口的主要形式。进料加工出口额30.07亿美元,增长20.0%,占全区出口总值的67.7%;保税货物出口额12.22亿美元,增长21.4%,占全区出口总值的27.5%;一般贸易出口额0.49亿美元,增长70.2%;来料加工出口额1.62亿美元,减少5.4%。从贸易结构来看,“三资”企业进料加工贸易主导全区贸易结构的格局仍未改变,但随着盐田港货物吞吐量的迅猛发展以及越来越多的大型跨国公司将物料采购中心设于深圳,全区仓储型企业的代理和保税贸易进入了快速发展的新阶段,其占全区出口的份额越来越大,全区外贸结构正逐步改变加工贸易独大的格局。

利用外资增长迅速,引资结构不断优化。全年实际利用外资2.75亿美元,增长1.16倍。其中外商直接投资0.99亿美元;“三资企业”对外借款1.73亿美元,主要为盐田国际集装箱码头三期工程对外借款;“三来一补”利用外资0.03亿美元。新批准利用外资项目36个,其中“三资企业”项目35个,来料加工项目1个。协议利用外资金额2.80亿美元,增长19.0%。新批准外资项目主要投向计算机设备制造、计算机软硬件研发、仓储运输、生物医药、首饰加工、制衣、教育服务等行业,资金密集、技术密集型项目多,产业层次提高,符合全区重点产业发展引导方向,有助于推动全区的产业升级。

七、财政

财政收支合理稳步增长。区财政全年实现一般预算收入6.27亿元,增长9.8%,快于同期一般预算支出增幅3.6个百分点。其中税收收入5.74亿元,占一般预算收入的91.6%,增长13.9%;营业税、企业所得税、个人所得税、增值税四大主体税种仍然是区财政一般预算收入的主要来源,全年分别完成34422万元、7322万元、5787万元和5686万元,按可比口径计分别增长30.1%、2.3%、17.4%和19.3%。全年区财政一般预算支出8.27亿元,增长6.2%,主要用于基本建设、科教文卫事业、行政管理、公检法司等方面;增长较快且开支较大的主要是社会保障、行政管理、公检法司、卫生事业等方面的支出。

八、科技、教育、文化、体育、卫生

科技事业持续进步。在第五届中国高新技术成果交易会上,盐田区共签订重大项目5个,成交金额6.28亿元人民币。全年区级科技三项费用投入1220万元,增长10.9%,支持科技开发项目30项;获市科技进步奖研究成果1项;年末全区有高新技术企业数23家,比上年增加2家。

教育事业快速发展。高标准顺利通过了“广东省教育强区”督导评估验收;建成了东港小学,全区小学达到10所;完成了区教育网络中心建设,购置了一批教育教学设备,所有学校基本实现了硬件建设标准化。机关幼儿园通过省一级幼儿园评估,实验幼儿园、田心幼儿园通过市一级幼儿园评估,乐群小学、田东小学通过市一级小学评估,全区所有应评级学校(幼儿园)全部上等级。全区年末共有幼儿园15所,在园儿童1963人,小学10所,在校生7994人,中学3所,在校生3883人,小学和中学在校生人数分别比上年增长9.0%和11.2%;专任教师975人,增加52人。教育质量进一步提高,高考再次取得优异成绩,各类学科竞赛成绩突出。普通高考重点上线率、本科上线率和省专上线率均超过省、市平均水平,本科上线进步率连续四年在全市六区中位居第一。全区学生在参加的各类学科竞赛中共获得市级以上奖励378人次,其中,国际奖2人次,国家级奖153人次,省级奖10人次,市级奖213人次。

文化和体育事业蓬勃发展。年末全区共有文化馆5个,公共图书馆2个,图书馆藏书7.2万册,比上年增加2.4万册。全区文化系统共创作文化艺术作品159件,获市级以上奖励47件。表演唱《情系故乡》获第三届全国表演唱汇演银奖和表演银奖。全民健身运动广泛开展,竞技体育水平不断提高。盐田街道顺利通过省级城市体育先进社区检查,成为盐田区第二个省级城市体育先进社区。盐田区成功举办了广东省青少年帆板锦标赛等赛事。帆板、少年足球、体操作为盐田区竞技体育精品,多次参加各级比赛,取得优异成绩。全区体育健儿在各类体育赛事中获市级以上奖牌数98.5枚,比上年增长93.1%,其中国际级奖牌4枚,国家级奖牌12枚。卫生医疗事业进一步加强。全区不断加强公共卫生体系建设,提高疾病预防控制和疫情应急能力,取得了抗击非典型肺炎的重大胜利。年末全区有医疗卫生机构26个,其中医院2个,卫生机构床位数150张,卫生技术人员334人。全年医院门诊和急诊量49.8万人次,增长20.3%,入院人数8509人次,增长30.9%。户籍和暂住儿童“五苗”接种覆盖率等计划免疫工作全面达标。新建成投入使用4个社区健康服务中心,全区社康中心达到7所,区人民医院中英街社康中心被评为省级示范单位。

九、城市建设和环境保护

市政和环保设施不断完善。建成并投产盐田垃圾焚烧发电厂，新建成2个垃圾中转站，全区垃圾中转站达到20个，开展雨污分流管网改造，提高了全区的垃圾和污水处理率。进一步调整完善城区路网结构，开工建设了罗沙公路长岭段和梧桐路改造工程。新建成人行天桥1座，全区人行天桥达到5座。年末全区市政道路面积128.42万平方米，增长10.9%。

环境质量保持良好水平。主要饮用水源水质达标率98.5%；城区区域环境噪声平均值55.6分贝，道路交通噪声平均值69.8分贝，监控合格率达100%；大气环境质量良好，二氧化硫、氮氧化物含量年平均值分别为0.008毫克/立方米和0.054毫克/立方米；工业废水、废气、固体废物排放量分别比上年减少16.0%、5.5%和3.2%，工业“三废”处理达标率均达100%。年末全区有公园8个，公园面积598.47公顷；建成区绿化覆盖面积346.03公顷，比上年增长19.6%，绿化覆盖率69.3%，比上年提高11.4个百分点。

十、人口、人民生活和社会保障

全区年末常住人口15.33万人，比上年增长7.9%，其中户籍人口2.90万人，增长5.3%，暂住人口12.43万人，增长8.5%。户籍人口和暂住人口出生率分别为9.13‰和8.04‰，死亡率分别为1.94‰和0.15‰，人口自然增长率分别为7.19‰和7.89‰，比上年下降1.8个和0.8个千分点。户籍人口和暂住人口计划生育率分别为99.61%和71.51%，一孩率分别为95.37%和75.96%。

居民收入和生活水平不断提高，非消费性支出增长较快。全区各单位在岗职工年平均工资19578元，增长17.8%。据30户居民家庭抽样调查资料显示，全年城镇居民人均可支配收入26531元，增长2.1%，其中工薪收入为20023元，仍是居民收入的主要来源；居民人均消费性支出17743元，减少10.7%，但其中用于食品、家庭设备用品和服务、医疗保健的支出加大，分别增长5.9%、20.7%和20.4%，恩格尔系数为30.8%，比上年上升4.8个百分点；购房、社会保障、赡养老人等非消费性支出为12036元，增长1.95倍；年末人均手存现金1710元，增长5.8%。

社会保障、社会救助和社会福利工作进一步完善。全区年末参加基本养老保险人数为61742人，增长12.0%，其中在职职工参保60753人，增长11.8%，离退休人员参保989人，增长25.4%；参加失业保险人数为31916人，增长6.5%；参加基本医疗保险人数为35461人，增长20.9%，其中在职职工参保34472人，增长20.8%，离退休人员参保989人，增长25.4%。积极开辟最低生活保障和社会救助工作新途径，落实对优抚对象、低保家庭、重残和低保残疾人员的优抚和救助政策，全年发放最低生活保障金100余万元，救济4979人次，安排残疾人就业12人，区社会福利中心建成并开业，接收社会各界人士捐款73万余元和价值46万元的物资。

注：1. 公报中总值指标均按现行价格计算，增长速度按可比价格计算。

2. 按照国家统计局的有关规定，自2004年1月1日起，地区GDP的中文名称改为“地区生产总值”，特定地区的GDP用行政区的名字作定语。为了更加准确和规范地表述地区GDP，全区的GDP中文名称依此改为“盐田区生产总值”。

2003年国民经济和社会发展统计公报*

宝安区统计局

2003 年,全区人民在区委、区政府的正确领导下,认真贯彻党中央“一手抓防止非典不放松,一手抓经济建设不动摇”的方针,以“五年再造一个宝安”为总目标,解放思想,与时俱进,开拓创新,积极推进城市化建设,国民经济实现快速健康稳定发展,社会各项事业全面进步,城乡居民生活水平继续提高。

一、综 合

国民经济持续快速增长。2003 年,全区实现本区生产总值 518.32 亿元,按可比口径计算,比上年增长 19.7%,比全市平均水平高 2.4 个百分点。其中,第一产业增加值 8.43 亿元,下降 10.2%;第二产业增加值 360.47 亿元,增长 29.1%,增长速度居三大产业之首;第三产业增加值 149.42 亿元,增长 3.5%。三次产业构成为 1.63:69.54:28.83。人均本区生产总值 28365.3 元(折 3429.9 美元),比上年增长 5.2%。

市场物价稳中有升。全年居民消费价格总指数比上年上升 0.4%,服务项目价格指数上升 4 个百分点,消费类价格指数下降 1 个百分点。分项目看,食品价格下降 1.4%,烟酒及用品价格与去年持平,衣着价格下降 0.4%,家庭设备用品及维修服务价格下降 0.4%,医疗保健和个人用品价格下降幅度最大,全年下降 3.5%,交通和通讯价格下降 2.8%,娱乐教育文化用品及服务价格上升 5%,居住价格上升 4.1%。

国民经济和社会发展中存在的主要问题是:经济结构不尽合理,第三产业增速减缓;农业转型出现阵痛,部分传统产品增幅回落;区域竞争压力加大,招商引资速度下降;基础设施建设滞后,经济发展渐露瓶颈;社会治安形势严峻,城市化水平有待提高。

二、农 业

农业结构调整成效显著。全年完成农业总产值 67439 万元(90 年不变价,下同),与上年持平。从结构上看,种植业下降最快,完成总产值 22272 万元,比上年下降 11.2%。林、牧、渔业产值有所增长,林业完成产值 355 万元,比上年上升 85.9%;牧业完成产值 27621 万元,比上年上升 6.4%;渔业完成产值 17019 万元,比上年上升 10.2%。

林业生态环境进一步改善。全年完成低产林改造面积 15759.5 亩,比上年增长 62%,其中,生态风景林种植面积 1.5 万亩;封山育林面积 18073 亩,增长 15.4%;林业用地绿化率达 100%,森林覆盖率达 34.9%。

农产品产量有升有降。2003 年蔬菜产量 95708 吨,比上年下降 2.8%;水果产量 15849 吨,下降 14.4%;生猪出栏量 412641 头,下降 2.2%;活鸡上市 828 万只,减少 8.2%;牛奶产量 2.41 万吨,上升 10.2%;水产品产量为 24389 万吨,下降 4.6%;水产品出口 1955 吨,上升 51.1%;海洋捕捞量为 1375 吨,上升 0.3%;海水养殖产量为 18358 吨,下降 1.9%。

三、工业和建筑业

工业生产快速增长。2003 年,全区实现工业总

* 由于深圳尚未实施在地统计,各区的统计数据在口径范围、计算方法等方面尚不统一,有关资料在各区之间尚不可比,仅供参考。

产值 1498.23 亿元(90 年不变价，下同)，比上年增长 30.2%。其中，轻工业实现产值 364.92 亿元，增长 20.3%；重工业实现产值 1133.31 亿元，增长 38.2%。按经济成分划分，国有经济实现产值 3.12 亿元，下降 37.1%；集体经济实现产值 40.41 亿元，增长 17.9%；股份制经济实现产值 6.72 亿元，增长 6.7%；外商及港澳台经济实现产值 1443.48 亿元，增长 32.1%；其他经济类型工业实现产值 4.5 亿元，下降 5.7%。全年工业产品销售产值 1576.44 亿元（现行价），增长 26.9%；工业产品销售率达 100.2%，比上年上升 0.9 个百分点；出口产值达 1288.48 亿元，增长 23.9%。

高新技术产业稳步发展。高新技术产业产值达 603 亿元，占工业总产值的 40.3%。在规模以上工业企业中，微型计算机产量 161.52 万台，比上年增长 55.1%；打印机产量 34.58 万台，增长 7.2%；复印机产量 16.98 万台，下降 6.4%；电话单机产量 2585.22 万部，增长 44.7%；组合音响产量 220.68 万台，增长 4.2%。

规模以上企业经济效益有所改善。经济效益综合指数 127.8%，与上年基本持平；总资产贡献率由 5.3%提高到 5.8%，资产保值增值率由 120.7%提高到 157.4%；工业成本费用利润率由 3.1%上升到 3.4%；工业产销率由 98.4%上升到 100.6%。

建筑业继续发展。建筑企业 416 家，其中建筑业企业 341 家，工程建设监理单位 75 家(比上年增加 15 家)。报建工程 648 项，比上年增加 59 项；造价 56.76 亿元，比上年增加 6.26 亿元，工程验收 404 项。施工招投标备案 98 项，中标价 174019 万元，工程规模 72.79 万平方米。直接发包工程 188 项，造价 282475 万元。

四、固定资产投资

固定资产投资快速健康增长。全年全社会固定资产投资 180.32 亿元，比上年增长 48.6%。从投资方向看，房地产开发投资 668396 万元，占投资总额的 37%；基本建设投资 396408 万元，占投资总额的 22%；更新改造投资 149579 万元，占投资总额的 8%；其它投资 588824 万元，占投资总额的 33%。从投资行业看，住宅投资 817023 万元，占投资总额的 45%；工业投资 599781 万元，占投资总额的 33% ；公共设施投资 54715 万元，占投资总额的 3%；农林牧副渔投资 21545 万元，占投资总额的 1%；其它投资 310143 万元，占投资总额的 18%。从资金来源渠道看，自筹资金投资 826031 万元，占投资总额的 59%；利用外资投资 224471 万元，占投资总额的 16%；国内贷款投资 66944 万元，占投资总额的 5%；其它资金投资 274591 万元，占投资总额的 20%。

房地产持续升温。今年全区商品房共销售 20257 套，比上年增长 41%；实现销售面积 177.7 万平方米，增长 43.7%；销售金额达到 76 亿元，增长 49%。签定土地出让合同 126 宗，总面积 524.6 万平方米(含存量土地完善出让手续)，下降 10%；新报建建筑面积 422.32 万平方米，增长 8.24%。规划验收建筑面积 302.62 万平方米。施工房屋面积 1237 万平方米，竣工房屋面积 706 万平方米。

重点项目建设进展顺利。区行政中心、中心广场、107 国道二期改造、朱坳水厂三期、西海堤加高加固等工程基本完成；宝石公路扩建、宝安大道、区人民医院门诊大楼、龙口—茜坎一期供水工程等项目正抓紧前期工作；在更新改造项目中，宝昌电厂技改扩容工程完工并网发电，富士电机一期工程提前 4 个月完工。

五、交通、运输和邮电业

交通运输业蓬勃发展。全区共有汽车客运站 13 家，机动车辆维护业户、清洗业户和驾驶员培训业户共达 1390 家，比上年增加 76 家；货运车辆达 32320 辆，比上年增加 1342 辆；客运车辆 2970 辆，比上年增加 311 辆；外地驻宝安营运货车约 1.3 万辆。全区已开通长途客运班车线 211 条，其中跨省长途班线 150 条，省内跨市长途班线 61 条，长途客车共有 1009 辆，可达省内每个市，日发班次 644 班。在市内公交方面，全区共有公交线路 90 条，其中城镇大巴线路 36 条，公交小巴线路 54 条；公交车辆 1961 辆，其中公交大巴 623 辆，公交小巴 499 辆，出租小汽车 839 辆。

全区共有交通运输企业 1647 家，比去年增加 131 家，从业人员达 5 万多人，正常行驶的机动车达 26.45 万辆。全区公路客运量达 356.84 万次，比去年增长 2%，旅客周转量达 1.77 亿人公里，比去年增长 3%；货运量 3312 吨，比去年增长 4%；全区公路集装箱运量合计达 33480 个；全区运管费收入为 1844.98 万元，比去年增长 15%。全区公路通车总里程达 1129.102 公里，其中高速公路 77.088 公里，一级公路 375.837 公里，二级以下公路 676.177 公里，公路网密度达到 154.038 公里/100 平方公里，全区市政道路总里程达 1241.08 公里。

邮电业发展迅速。全年固定电话放号净增

179325部，比上年增长68.5%，本地网用户数达68.8万户；年度宽带ADSL用户净增33876部，增长136.2%，累计达到5.7万部；市话通用户达5.4万户；本地网容量达86万门，增长32.5%，ADSL设备容量10.6万户，增长216%。邮政局所259个，邮运汽车52辆；邮政业务总量21679.06万元；全年发送函件3775.75万件，包件76.07万件，特快专递66.03万件；年末邮政储蓄收储余额218697.72万元；定销报纸1301.82万份，定销报纸期发数5.13万份，定销杂志75.99万份，定销杂志期发数5.32万份。

六、商业、旅游业

商业持续兴旺。全年社会消费品零售总额为1236274万元，比上年增长29%。从行业看，批发贸易业完成销售额为901070万元，增长34.4%；饮食业完成销售额113781万元，增长30.3%；农业生产者完成零售额221423万元，增长10.3%。目前全区已拥有3000平方米以上的大中型商场近100家，其中上万平方米的百货商场25家，上万平方米的专业商场（市场）20多家。从限额以上批发零售贸易业商品零售统计数据看，食品、饮料、烟酒类零售额增长44.5%；服装、鞋帽、针织类增长65%；家电类增长106.9%，日用品类增长90.8%，中西药品类增长9.4%；石油及制品类增长46%；化工材料类下降11.9%；种子及饲料类增长0.9%。福永家私商贸城、宝安电子城、宝润装饰材料市场、龙华万众城服装批发市场等一批专业批发市场已初具规模，新安海滨夹板市场、西乡兴农建材市场、龙华万众城家居市场相继开业，辐射能力进一步加强。

旅游业继续保持发展。全区宾馆、酒店、招待所270多家，自然风景区2家，其他景点12家。全年旅游业总收入125031.6万元，比上年增长8.6%。宾馆、酒店接待过夜游客977622人次，增长8.2%，其中，国内游客增长14.2%，国外游客下降3.7%。宾馆、酒店开房率52%，下降10.7%；旅游景点接待2270773人次，增长10.3%。

七、对外经济

外贸进出口快速增长。全年外贸进出口总额419.77亿美元，比上年增长36.3%。其中出口总额238.95亿美元，增长35%，进口总额180.82亿美元，增长37.4%。在外贸出口总额中，加工贸易出口234.03亿元，增长34.7%；一般贸易出口4.25亿美元，增长85.7%；其他贸易出口0.67亿元，增长33.9%。“三来一补”实收工缴费3.97亿美元，增长5%；实收综合费8.53亿美元，增长67.6%。

利用外资再创佳绩。实际利用外资额11.09亿美元，增长19.2%。其中，“三资”企业投资额6.53亿美元，增长14.7%；“三来一补”投资额4.56亿美元，增长26.3%。新批外商投资项目908宗，增长11.3%。其中，“三资”项目791宗，增长26.8%；增资项目308宗，增长17.1%；“三来一补”项目117宗，下降39.1%。合同外商投资额14.97亿美元，下降7.9%。其中，“三资”投资额12.3亿美元，增长49.2%；“三来一补”投资额2.67亿美元，下降52.6%。

招商引资硕果累累。香港投资环境介绍会共签定项目244宗，投资额183.31亿港元，分别比上年增长34.1%和10%。在第五届高交会上共签约成交项目62宗，成交金额73.7亿元，其中设专场签约成交项目达48宗，成交金额67.38亿元，均创宝安历届高交会签约项目新高。

“园区战略”向纵深发展。2003年进驻观澜高新技术产业园区企业共16家，总投资25.19亿元；申请进驻光明高新技术园区企业共6家，总投资27.6亿港元。

出口市场向多元化发展。2003年出口国家和地区达163个，其中对亚洲、欧洲、大洋洲、中东、欧盟的出口增速达30%以上，出口额分别为122.11亿美元、39.6亿美元、3亿美元、2.6亿美元、35亿美元，增速分别为39.8%、35.6%、81.8%、52.3%、36.8%，出口北美洲71.34亿美元，增长27.2%。出口十大国别（地区）依次是：香港、美国、日本、荷兰、德国、台湾省、英国、澳大利亚、加拿大、爱尔兰。

高新技术和机电产品出口比例增大。实现高新技术产品出口96.3亿美元，占外贸出口总额的40.3%；实现机电产品出口197.68亿美元，占外贸出口总额的82.7%。

八、财政、金融和保险业

财政收入稳定增长。2003年全区财政收入总计454282万元，比上年增长17.4%，其中地方财政一般预算收入309146万元，同比增长25%。全区财政支出总计445619万元，比上年增长21%；其中地方财政一般预算支出416614万元，增长21.4%。全区国税、地税共完成总收入83.3亿元，比上年增长24%。国税实现总收入49.33亿元，比上年增长23.1%，其中增值税47.84亿元，比上年增长22.5%，占国税总收入的97.0%。地税收入33.97亿元，比上年增长24.9%，其中营业税14.43亿元，增长18.6%，占地税收入的42.5%，企业所得税(含涉外企业所得税)9.09亿元，增长32.7%，占地税总收入的26.8%。

金融形势保持稳定。全年全区金融机构各项存款余额为740.63亿元，比上年增长27.8%；各项贷款余额为350.93亿元，比上年增长27.5%。现金总收入1582.68亿元，增长23.2%；现金总支出1660.56亿元，增长25.7%，现金净投放77.88亿元，增长111%。

社会保险业不断发展壮大。全年全区社会保险局完成基金收缴任务114717.63万元（其中企业基金100564.91万元，直属基金12699.45万元，农保基金1453.27万元)，比上年增加30231万元，增长35.9%。其中养老保险费74.08万元，增长45.6%；医疗保险费12883.10万元，增长38.0%；工伤保险费12172.30万元，增长17.2%；征缴住房公积金582.25万元；地方补充保险基金678.81万元；失业保险基金163.75万元。

九、科学技术和教育

科学研究和技术开发取得新成果。全区已认定高新技术企业71家、高新技术项目130项，经认定民营科技企业195家，产品产值65亿元。全区共受理科技计划项目申报304项，其中产业类项目129项，科研类项目175项。下达科技计划195项，其中产业类85项，科研类110项。组织申报深圳市科技立项20项，申报并列入国家“863”计划1项；组织鉴定科技成果12项，其中达到国际先进水平的1项，达到国内先进水平11项；获得科技进步一等奖1项；获得2003年深圳市科技进步奖2项。组织申报国家中小企业发展基金项目3项。向社会征集对全区经济与社会发展有重大影响的科研课题19个，经专家评审会确定立项课题2个。全区申报专利1193项，获得批准835项。

教育事业稳步发展。全区有各类学校356所(公办168所、民办188所)，其中，中专1所，职业中学2所，普通中学59所，普通小学129所，幼儿园165所。在校学生245453人（公办学校119709人、民办学校125744人)，其中，中专职高在校生2155人，中学生46423人，小学生160687人，幼儿园学生36188人。教师17425人，其中公办教师7538人，民办教师9887人。全年教育经费17.31亿元，其中预算内教育经费8.45亿元，社会团体和公民个人办学经费6.06亿元。

十、文化、卫生和体育

文化事业繁荣发展。2003年末全区拥有各类专业艺术表演团体1个，群众广场举办文化活动38场。文化馆(站)11个，农村文化室238个，公共图书馆130个，藏书200万册，博物馆1个。全年文化事业获奖24项。送戏下乡50场，举办展览21期。全区拥有广播站8座，影剧院15个，有线电视台9座，有线电视用户40万户，电视人口覆盖率100%。全市各类电影放映单位32个。

卫生保健事业取得新发展。全区有非营利医疗卫生机构30间，其中，公办医疗机构25间，村办卫生院3间，计划生育专科医院1间，营利医院1间；社区健康服务站110间。全区病床数3055张，比上年增加11.9%；病床平均使用率为95.2%，比上年提高7.8个百分点。2003年区、镇两级政府抗击非典专项拨款2170万元，下拨卫生事业费1.55亿元。全区各医疗机构业务收入11.67亿元，增长22.3%；医疗卫生机构支出11.99亿元，同比增长21.3%。全区在编职工3259人，聘用职工2931人；正高职称35人，副高职称395人，博士7人。2003年全区门诊诊疗人数763万人次，同比增长16.2%；住院人次12.26万人，同比增长19.2%；危重病人抢救成功率90.4%；门诊、出院诊断符合率分别为98.0%、99.3%。平均住院日为8.15天。全年急诊出车2.3万次，接获“120”急救2.23万次，其他出车947次。

体育事业再立新功。全区运动员在国际、国内重大比赛中，共获得国际赛事金牌1枚、铜牌5枚；全国赛事金牌1枚；省级赛事金牌21枚、银牌12枚、铜牌20枚。向省、市体工队和体校输送运动员共计20人。各镇(街道办)举办各种赛事80多项。全区新办理体育项目、体育产业执照的企业达22家。共有篮球场1100多个，标准田径场22个，游泳场43个，甲级体育馆1个。全区共销售体育彩票1.1亿元，为国家筹集体育公益金3200万元。

十一、环境保护

环境保护工作继续加强。工业污染源全面达标试点工作顺利通过了省环保局的验收。区环保局监测站获得了“国家认可实验室”称号，成为全省第一个区(县)级获此称号的监测机构。珠江流域(宝安区)水环境综合整治工作进展顺利，基本实现了“一年初见成效”的目标。区环保部门加快了环境基础设施建设进度，运用欧盟资助我国的环保项目建成了我国目前最大的人工湿地污水处理工程-石岩河人工湿地;运用最新专有技术建设完成了牛湖快渗系统;料坑人工湿地投入运行,石岩排污管网、九围排污工程全线贯通,观澜污水处理厂抽取河流污水调试运行。

森林资源保护力度加强。全年营造生物防火林带45.2公里,维修生物防火林带261公里;维修凤凰山、光明农场了望哨2个;建成标准防火器械仓库2个;治理毁林种果面积3430亩。

十二、城市化建设

城市化建设力度加大。全年共完成施工招标51项,标底金额13.1亿元,合同金额10亿元;完成监理招标7项,合同金额2043.68万元;完成建设项目34项,其中国土基金项目21项,财政拨款项目13项。宝安中学初中部、天骄小学、海滨中学功能楼、观澜污水处理厂、朱坳水厂三期、九围排污等项目已竣工;行政中心、中心广场、新中心区吹填、创业路、广场周边道路、留仙二路、观澜污水管网、67和68区土石方工程等项目仍在施工;宝安大道北二段、宝安区血站业务楼、新安中学体艺楼、20区常平以及N27区吹填工程等项目在年内开工。

园林绿化养护继续加强。全区绿化覆盖率达39.1%,人均绿地面积16.71平方米。全区申报各类"星级"街道34条,56个单位(小区)通过"园林式花园式"单位(小区)的考核验收。

十三、人口、人民生活和社会保障

2003年全区年末总常住人口1827302人,比上年增长13.8%。年末全区户籍总人口为308715人,增长6.9%,其中男性158446人,占51.3%;女性150269人,占48.7%。暂住人口1518587人,增长15.3%。全年全区户籍人口出生率为11.01‰,比上年增加0.25个千分点;户籍人口死亡率为2.83‰,比上年减少0.23个千分点;户籍人口自然增长率为8.18‰,比上年上升0.48个千分点。

职工工资收入稳定增加。年末全区城镇在岗职工12.5万人,比上年增加3.1万人;全年在岗职工工资总额289476万元;在岗职工全年平均工资收入23548元,比上年增加2373元,增长11.2%。

人民生活水平继续提高。2003年城镇居民人均可支配收入26539.75元,比上年实际增长4.2%;居民人均消费性支出23211元,比上年实际增长17.6%;居民储蓄存款余额381.22亿元,比上年增长22.1%。农村居民人均纯收入12674元,比上年增长8.0%。建设安居房340套,建筑面积75604平方米,总投资8000多万元。解决了357户干部职工和城镇居民的住房问题。

社会保障进一步加强。年末累计全区参加失业保险人员达26335人,比上年增长26%;参加社会养老保险529740人员,比上年增长18.5%;参加基本医疗保险302285人,比上年增长73.3%;参加工伤保险1640000人,比上年增长2.6%。参加工伤保险企业8300家,参保率90%,支付各种补偿金15128.75万元。为失业员工支付失业保险金、生活困难补助金及缴交住院医疗保险费3125245.43万元。发放最低生活保障金786.5万元,1611户5153人享受低保救济,做到应保尽保。全区城镇特困人员报销医疗救助金84.8万元。救济临时生活困难126人户,金额27.6万元。

注:1、本公报数据为初步统计数。

2、本区生产总值、各产业增加值绝对数按现行价格计算,增长速度按可比价格计算。

2003年国民经济和社会发展统计公报*

龙岗区统计局

2003 年是全区新一届政府施政的第一年，区委、区政府以邓小平理论和“三个代表”重要思想为指导，紧紧抓住发展经济这个中心，大力推进“新型工业化，农村城市化，基本现代化”建设，带领全区人民团结奋斗，克服“非典”疫情等各种困难，全区国民经济和社会事业各项指标快速增长，经济发展进入新的增长周期，社会事业全面进步，人民生活质量日益提高。

一、综 合

国民经济持续快速增长。据统计，2003 年实现本区生产总值 489.82 亿元（现行价），比上年增长 19.7%(按可比价计算，下同）。其中第一产业完成增加值 7.1 亿元，增长 2.1%；第二产业完成增加值 346.95 亿元，增长 22.0%；第三产业完成增加值 135.77 亿元，增长 15.4%。三次产业的比例为 1.5：70.8：27.7。人均地区生产总值 41444 元，比上年增长 10.5%。

物价总水平略有下降。全年居民消费价格总指数为 99.7%，比上年下降 0.3%。按类别分，食品类上升 0.7%，烟酒及用品类上升 1.8%，衣着类上升 1.7%，家庭设备用品及维修服务类下降 3.4%，医疗保健和个人用品类上升 0.7%，交通和通讯类下降 2.5%，娱乐教育文化用品及服务类上升 0.1%，居住类上升 0.3%。

劳动就业规模持续扩大。年末全区从业人数为 84.75 万人，比上年末增长 33.0%。其中城镇单位年末从业人员 7.33 万人，增长 14.7%；镇村企业从业人员 77.43 万人，增长 35%。

国民经济和社会发展中存在的主要问题是：经济的高速增长，凸显全区电力、水力供应相对不足、区内主干道负荷过重，电网、水网、路网等基础设施的建设还需进一步加强和完善；第三产业发展仍相对落后，新兴服务业发展较缓，在国民经济总量中所占比重偏小；随着城市化进程的推进，人口、治安、交通等社会管理方面的压力加大。

二、农 业

农业生产结构进一步优化，在城市化进程逐步加快，耕地逐年减少的情况下，全区加快发展效益好的海水养殖、种苗繁殖和花卉生产，不断推广先进技术，使农产品档次和质量逐步提高，确保了农业生产稳步发展。2003 年农业总产值为 12.48 亿元（现行价），比上年减少 1.5%(按可比价计算，下同）。农村经济持续增长，农民收入稳步增加。2003 年农村经济总收入达 75.74 亿元，比上年增长 5%；净收入为 26.47 亿元，增长 2.7%。

在种植业方面，通过抓生产技术培训，推广先进的种植技术，不断优化品种结构，改善果菜品质。全年蔬菜的种植面积 84633 亩，产量达 94702 吨，比上年减少 2.3%。水果种植面积 64225 亩，产量达 10579 吨，比上年减少 9.0%。花卉业发展迅速，通过引进新品种、新技术、新设施，进一步扩大了生产规模，提高了质量档次。全年花卉生产面积达 5438 亩，产值达 1.26 亿元，比上年增长 52.3%。

在畜牧和水产业方面，调整优化畜牧业生产结构，加快发展畜禽种苗生产和水产种苗培育，已初步形成了东部水产养殖基地的区域优势。全年生猪饲养量 27.59 万头，出栏量 19.48 万头，分别比上年增长 5.2%和 5.8%。活鸡饲养量 731 万只，上市量

* 由于深圳尚未实施在地统计，各区的统计数据在口径范围、计算方法等方面尚不统一，有关资料在各区之间尚不可比，仅供参考。

627万只，分别比上年减少21.9%和20.2%。全年水产品养殖面积达15051亩，水产品总产量8724吨，比上年减少0.6%。

三、工业和建筑业

工业继续保持快速增长。全年实现工业总产值924.60亿元(现行价)，比上年增长24.9%(按可比价计算，下同)。规模以上企业837.70亿元，占工业总产值90.6%，比上年增长24.1%。其中国有经济产值为5.97亿元，比上年减少5.4%；集体经济产值为8.03亿元，比上年减少9.7%；股份制经济产值为326.14亿元，比上年增长32.6%；港澳台、外商投资经济产值484.55亿元，比上年增长16.9%；其他经济产值13.01亿元，比上年增长91.4%。

规模企业经济效益持续增长。规模以上企业全年实现增加值为289.01亿元，比上年增长22.8%。产品的销售率为95.6%。总资产贡献率为13.78%，成本费用利用率为16.57%，分别比上年高2.79个百分点和3.4个百分点；劳动生产率为86401元/人，比上年增长13.6%。经济效益综合指数达192.26，比上年高出16个百分点。实现利润115.72亿元，增长52.1%；实现利税总额149.99亿元，增长35.4%。

高新技术产品产值快速增长。全年高新技术产品产值为405亿元，比上年增长41%，占工业总产值比重为43.8%。其中电子信息行业产品产值298.24亿元，比上年增长30.4%；新材料新能源行业产品产值为85.75亿元，比上年增长67.5%；机电一体化行业产品产值为12.88亿元，比上年增长67.5%。

建筑业发展良好。全年建筑业实现增加值34.44亿元，比上年增长19.3%。全年共监督在建工程项目511项，建筑面积约为570万平方米；达标验收241项，安全防护合格241项，合格率为100%，优良率为15.4%；文明施工合格241项，合格率为100%，优良率为17.8%。全年房屋施工面积1078.44万平方米，竣工面积567.42万平方米。

四、固定资产投资

固定资产投资规模继续扩大。全社会固定资产投资总额为168.8亿元，比上年增长40.7%。其中，基本建设完成投资77.88亿元，比上年增长77.7%；房地产开发完成投资52.49亿元，比上年增长28.6%；更新改造完成投资5.27亿元，比上年增长4.9%；其他投资完成33.16亿元，比上年增长9.3%。

在基本建设和更新改造中，工业投资主导地位突出，投资总额达46.6亿元，占基建和更改投资总额的56%。工业投资中又以通信、计算机及电子设备制造业为主，完成投资28.87亿元，占工业投资额的62%。第三产业投资也明显增长，交通运输、仓储业完成投资4.98亿元；教育、卫生、社会保障、文化、体育和娱乐业完成投资4.61亿元；水利、环境和公共设施管理业完成投资4.07亿元。

重大投资项目完成较好。全年50个重大建设项目，年计划投资额为34.75亿元，实际完成投资30.05亿元，完成年计划的86.5%。其中农业投资项目完成1.09亿元；工业投资项目完成7.60亿元；商贸旅游、物流投资项目完成9.61亿元；文教卫体投资项目完成1.52亿元；城建环保投资项目完成10.24亿元。已竣工的有回龙埔鸵鸟养殖场、龙岗区出口家私物流中心、华润万佳深圳配送中心、深圳集银皮革综合广场、君逸大酒店等项目。

五、商贸、旅游和房地产业

商业建设步伐加快，消费环境明显好转，社会消费持续畅旺。2003年全区新开3000平方米以上的大中型商场17家，新增营业面积14万平方米。全区现有万佳、龙新天虹、布吉新万佳、好百年等大中型商场38家，总营业面积达40万平方米。全年社会消费品零售总额为100.99亿元，比上年增长19.2%。其中批发零售贸易业的零售额为85.64亿元，比上年增长19.5%；餐饮业的零售额为14.52亿元，比上年增长17.9%；其他行业零售额为10.83亿元，比上年增长11.4%。

建设了一批有特色的旅游项目和配套设施，东部滨海旅游、郊野旅游日益兴旺。全区旅游景点接待游客184.20万人次，比上年增长31.0%。宾馆、酒店接待过夜旅游者59.14万人次，比上年增长36.0%；全年旅游部门营业收入6.20亿元，比上年增长37.8%。其中宾馆、酒店营业收入5.02亿元，比上年增长48.5%；旅游景点营业收入1.19亿元，比上年增长5.6%。

房地产业保持良好发展势头。全年商品房销售25161套，比上年增长21.3%；商品房销售面积196.26万平方米，比上年增长15.3%；商品房销售金额80.63亿元，比上年增长15.5%。

六、交通运输业和邮电业

交通运输业持续平稳发展。2003年末，全区的社会营运车辆达23311辆，比上年增加1867辆，增长8.7%；其中载客汽车3035辆，比上年减少498辆；载货汽车20276辆，比上年增加2365辆。全年货运总量为1460万吨，比上年增长14.2%；货物周转量为87592万吨公里，比上年增长13.8%。受载客营运车辆减少等因素的影响，全年客运总量为3229万人次，比上年减少16.5%；旅客周转量为35293万人公里，比上年减少16.6%。

邮政电信业稳步发展。全年邮政业务总量为1.42亿元，比上年增长20.5%。按业务划分，函件1419万件，比上年减少2.27%；包件48万件，比上年减少5.5%；汇票金额40.41亿元，比上年增长0.2%；订销报纸1049万份，比上年减少21.5%；订销各类杂志59万份，比上年增长13.1%；邮政储蓄期末余额15.83亿元，比上年增长50.9%。全年电信业务总量为7.51亿元，比上年增长2.8%。其中中央国营业务总量3.07亿元，比上年增长6.4%；地方国营业务总量4.44亿元，比上年增长0.4%。全区现有固定电话用户55.20万户，比上年增长24.4%。

七、对外经济

招商引资形势较好，引进的大项目多，高新技术项目多，增资企业多。全年新引进外资项目479宗，比上年增长6.4%。其中来料加工宗数195宗，比上年减少1.5%；外商直接投资宗数284宗，比上年增长12.7%。合同外资金额8.15亿美元，比上年减少27.0%。其中来料加工合同金额0.91亿美元，比上年增长25.8%；外商直接投资合同金额5.67亿美元，比上年增长减少45.7%。全年实际利用外资金额9.54亿美元，比上年减少7.4%。其中来料加工投资金额2.17亿美元，比上年减少39.2%；外商直接投资金额5.80亿美元，比上年减少13.8%。全年实收工缴费2.60亿美元，比上年增长1.0%。

贸易出口保持良好的增长，出口大户对外贸出口带动作用明显，贸易伙伴以亚洲、北美洲、欧洲国家为主。全年贸易出口总额101.04亿美元，比上年增长22.7%。其中一般贸易出口11.03亿美元，比上年增长37.4%；来料加工出口47.76亿美元，比上年增长16.6%；进料加工出口42.25亿美元，比上年增长26.6%。

八、财政和金融

地方财政收入高速增长，各主要收入项目全面增长，区、镇财力同步增长。全年预算内地方财政收入25.07亿元，按可比口径计算比上年增长31.4%。其中工商税收24.26亿元，比上年增长33.3%。支出结构进一步合理化，支出项目主要集中在城市基础设施建设、教育、医疗保健、政权运作和社会治安方面，支出结构进一步向公共财政方面迈进。全年预算内地方财政支出33.56亿元，比上年增长19.7%。其中基本建设支出5.57亿元，比上年减少25.6%；科技三项费用支出0.45亿元，比上年增长12.5%；教育事业费支出4.28亿元，比上年增长39.9%；卫生事业费支出2.94亿元，比上年增长51.7%。

金融机构存贷款稳步增加。全年金融机构人民币各项存款余额489.06亿元，比上年增长29.0%。其中银行存款余额400.05亿元，比上年增长30.0%；信用社存款余额89.01亿元，比上年增长25.0%。全年金融机构人民币贷款余额256.53亿元，比上年增长37.3%。其中银行贷款余额207.72亿元，比上年增长40.4%；信用社贷款余额48.81亿元，比上年增长25.4%。全年金融机构现金净投入24.22亿元，比上年增长568.5%。

九、科技、文化、教育和卫生

全区广泛开展科普活动，全民科技素质不断提高，科技企业创新能力益增强，科技综合实力显著提升。2003年，全区组织企业实施的国家863计划5项，国家火炬计划6项，市级以上重大科技推广项目达到10多项。2003年全区经市科技局新认定的高新技术企业18家，新认定的高新技术项目52项。截止到2003年底，全区经市科技局认定的高新技术企业达38家，高新技术项目达90项。全区各类科技人才达8万多人。

文化、体育事业蓬勃发展，群众文化活动日益丰富，文艺精品不断涌现，广播电视事业迅速发展，群众体育活动全面普及。全区有文化站11个，有线电视台(站)11座，有线电视用户33万户，影剧院21间，图书馆(室)89间，公共藏书165万册，书刊零售点193个，博物馆5间，全民健身广场(苑)55个，标准体育馆23个，标准田径场59个，世界一流的国际自行车赛场1座。

各类教育不断发展，成功创建省教育强区。全区拥有各类学校157所，比上年增长12.9%。其中小学104所，普通中学52所，中专1所。全区在校学生17.64万人，比上年增长21.4%。其中小学学生13.49万人，比上年增长18.5%；普通中学学生3.85万人，比上年增长32.9%；中专学生3056人，比上年增长21.1%。专任教师4685人，比上年减少7.7%。

卫生事业健康发展，医疗管理体制进一步规范，医疗卫生服务水平不断提高。全区有卫生医疗机构197家，其中医院24家。医院病床1727张，比上年增长3.2%。全区卫生工作人员5679人，其中专业卫生技术人员4464人，执业医生1538人。全区现有社区健康服务中心65家，比上年增加了9家。

十、市政建设和环境保护

市政设施日趋完善，水电供应量不断提高。全区2003年供电量为76.5亿千瓦时，比上年增长29.9%；自来水生产量为28627万吨，比上年增长19.3%。

环境保护工作成效显著。在河流污染治理、生态环境保护、环境监督管理等方面取得较好成绩。环境质量有所提高，饮用水源水质平均达标率为98.8%，比上年提高0.6个百分点；区域环境噪音平均值为54.9分贝，仍控制在60分贝以内。污染治理取得一定成绩，全区生活污水处理率为68.2%，比上年提高4.2个百分点；工业废水排放达标率为99.48%。

十一、人口与人民生活

全区年末总人口1241042人，比上年增长10.5%。其中户籍人口246769人，比上年增长8.1%；外来人口994273人，比上年增长11.2%。

人民收入保持增长。根据全区户籍城镇居民家庭抽样调查资料显示，全年城镇居民人均可支配收入为24871元，比上年增长3.8%。农民人均所得9898元，比上年增长4.6%。人均储蓄存款余额21976元，比上年增长19.1%。

社会保障体系进一步完善，社会保障覆盖面继续扩大。在抓好最低生活保障、扶贫奔康、农村社会养老保险、职工养老、医疗保险、优抚安置等方面取得了优异成绩。全区20.11万人参加了社会基本养老保险，比上年增长18.3%；有12.85万人参加了医疗保险，比上年增长114.2%。

注：1、本公报部分统计数据为初步统计数，如有调整，则以《深圳市龙岗区统计年鉴(2003)》为准。

2、本公报所有指标均为在地口径。

指标解释

主 要 统 计 指 标 解 释

Explanatory Notes to Major Statistical Indicators

【国内生产总值】 是按市场价格计算的国内生产总值的简称。它是一个国家(地区)所有常住单位在一定时期内生产活动的最终成果。国内生产总值有三种表现形态,即价值形态、收入形态和产品形态。从价值形态看,它是所有常住单位在一定时期内所生产的全部货物和服务价值超过同期投入的全部非固定资产货物和服务价值的差额,即所有常住单位的增加值之和;从收入形态看,它是所有常住单位在一定时期内所创造并分配给常住单位和非常住单位的初次分配收入之和;从产品形态看,它是最终使用的货物和服务减去进口货物和服务。在实际核算中,国内生产总值的三种表现形态表现为三种计算方法,即生产法、收入法和支出法。三种方法分别从不同的方面反映国内生产总值及其构成。

Gross Domestic Product refers to gross domestic product calculated at market prices, which is the final products of all resident units in a country(or region)during a certain period of time. Gross domestic product is expressed in three different forms, i. e. value added, income, and products respectively. The form of value added refers to the total value of all products and services produced by all resident units during a certain period of time minus total value of input of materials and sevices of the nature of non-fixed assets or the summation of the value added of all resident units; the form of income includes all the income created by all resident units and distributed primarily to all resident and non-resident units; the form of products refers to all final goods and services minus imports of goods and services. In the practice of national accounting, gross domestic product is calculated with three approaches, i. e. product approach, income approach, and expenditure approach respectively to reflect gross domestic product and its composition from different aspects.

【可比价格】 指在进行不同时期的价值指标对比时,扣除了价格变动的因素,以确切反映物量的变化。按可比价格计算有两种方法:一种是直接用产品产量乘某一年的不变价格计算;另一种是用价格指数换算。

Comparable Prices are applied when comparing indicators of value over time to reflect accurately the changes in real term. Two methods are used for calculating comparable prices: 1. Multiplying the output of products by their constant prices of certain year; 2. Conversion of the data in current prices by relevant price index.

【不变价格】 指用同类产品某一基期年份的年平均价格作为固定价格来计算各年产品价值。按不变价格计算的产品价值消除了价格变动因素,不同时期对比可以反映生产的发展速度。新中国成立后,随着工农业产品价格水平的变化,国家统计局先后五次制定了全国统一的工业产品不变价格和农业产品不变价格,从1949年到1957年使用1952年工(农)业产品不变价格,从1957年到1971年使用1957年不变价格,从1971年到1981年使用1970年不变价格,从1981年到1990年使用1980年不变价格,从1990年开始使用1990年不变价格。

Constant Price refers to the average price of a given product in certain year, which is used for comparison of output value over time. As the output value at constant prices removes the factor of price changes, it reflects the trend of production development over time. Since 1949, with the changes in general price level, the State Statistical Bureau has issued nationally unified constant prices five times: the 1952 constant prices for 1949–1957; the 1957 constant prices for 1958–1970; the 1970 constant prices for 1971–1981; the 1980 constant prices for 1981–1990; and the 1990 constant prices have been used since 1991.

【平均每年增长速度】 在我国计算平均增长速度有两种方法,一种是习惯上经常使用的"水平法",又称几何平均法,是以间隔期最后一年的水平同基期水平对比来计算平均每年增长(或下降)速度。另一种是"累计法",又称代数平均法或方程法,是以间隔期内各年水平的总和同基期水平对比来计算平均每年增长(或下降)速度。

在一般正常情况下,两种方法计算的平均每年增长速度比较接近,但在经济发展不平衡,出现大起大落时,两种方法计算的结果差别较大。

本年鉴内所列的平均每年增长速度,均用"水平法"计算。从某年到某年平均增长速度的年份,均不包括基期年在内。如1980—1997年的平均增长速度,是以1979年为基期计算的。

Average Annual Growth Rate Two methods for calculating average annual growth rate are applied in China, one is often called"level approach"or the method of calculating geometric average, which is derived by comparing the level of the last year of the interval with that of the beginning year; the other is called "accumulative approach" or algebraic average or equation method, which is derived by the summation of the actual figure of each year in the interval divided by the figure in the base year.

Usually the results calculated by the two methods are fairly close, but they differed sharply when uneven economic development occurred with striking fluctuations in growth.

The average annual growth rates listed in this statistical yearbook are all calculated by "level approach". The base years are not listed when the years are listed for average annual growth rates. For instance, the average annual growth rates since 1980–1997 are calculated with the year 1979 as the base year.

【各个计划时期】 本年鉴内所用各个"时期"代表的年份如下:第六个五年计划时期(简称六五时期)为1981年到1985年;第七个五年计划时期(简称七五时期)为1986年到1990年;第八个五年计划时期(简称八五时期)为1991年到1995年。

Various Planning Periods The conventional division of time period in this statistical yearbook is as follows: The sixth five–year plan period, 1981–1985; The seventh five–year plan period, 1986–1990; The eighth five–year plan period, 1991–1995.

【国有经济单位】 指生产资料归国家所有的各种企业、事业单位,以及各级国家机关、人民团体等单位。

State–owned Economic Units refer to various enterprises, institutions, and government administrative organizations at various levels, social organizations and etc., with state ownership of production means.

【集体经济单位】 指生产资料归公民集体所有的各种企业、事业单位。包括农村各种经济组织经营的农、林、牧、副、渔业,乡、村经营的企业、事业单位;城市、县、镇以及街道举办的集体经济性质的企业、事业单位。

Collective –owned Economic Units refer to various enterprises and institutions with collective ownership of production means, including various rural economic organizations engaged in farming, forestry, animal husbandry, sideline production, and fishery, enterprises and institutions run by townships and villages; collective enterprises and institutions run by cities, counties, towns and subdistrict offices.

【私营经济单位】 指生产资料归公民私人所有的单位。包括私营独资企业、私营合伙企业和私营有限责任公司。

Private-owned Economic Units refer to economic units owned by private individuals, including individual owned private enterprises, jointly owned private enterprises, and private owned companies, Ltd.

【联营经济单位】 指不同所有制性质的企业之间或者企业、事业单位之间共同投资组成新的经济实体。包括紧密型联营企业,半紧密型联营企业和松散型联营企业。

Joint Owned Units refer to economic entities jointly invested by enterprises of different types of ownership or by enterprises and institutions, and the partnerships among the joint owned units can be close ,half close, or loose.

【外商投资经济单位】 指外国投资者根据中华人民共和国有关涉外经济的法律、法规,以合资、合作或独资的形式在中国大陆境内开办企业。包括中外合资经营企业、中外合作经营企业和外商独资企业。

Foreign Owned Economic Units refer to enterprises established by foreigners in the territory of mainland China according to related economic laws and regulations of the People´ s Republic of China as joint ventures, cooperative corporations, or ventures exclusively with sole investment, including joint ventures, cooperative enterprises, and foreign enterprises.

【港、澳、台投资经济单位】 指港、澳、台地区投资者参照中华人民共和国有关涉外经济的法律、法规,以合资、合作或独资的形式在大陆举办企业,包括合资经营企业、合作经营企业和独资企业。

Economic Units Funded by Entrepreneurs from Hong Kong, Macao, and Taiwan refer to enterprises established by entrepreneurs from Hong Kong, Macao, and Taiwan in the territory of mainland China according to related economic laws and regulations of the People´ s Republic of China as joint ventures, cooperative corporations and ventures exclusively with sole investment, including joint ventures, cooperative enterprises, and exclusively invested enterprises.

【三次产业】 根据社会生产活动历史发展的顺序对产业结构的划分,产品直接取自自然界的部门称为第一产业,对初级产品进行再加工的部门称为第二产业,为生产和消费提供各种服务的部门称为第三产业。它是世界上通用的产业结构分类,但各国的划分不尽一致。我国的三次产业划分是:

第一产业:农业(包括种植业、林业、牧业和渔业)。

第二产业:工业(包括采掘业,制造业,电力、煤气及水的生产和供应业)和建筑业。

第三产业:除第一、第二产业以外的其他各业。由于第三产业包括的行业多、范围广,根据我国的实际情况,第三产业可分为两大部门:一是流通部门,二是服务部门。具体又可分为四个层次。

第一层次:流通部门,包括交通运输、仓储及邮电通信业, 批发和零售贸易、餐饮业。

第二层次:为生产和生活服务的部门,包括金融、保险业, 房地产业,地质勘查业,水利管理业,社会服务业,综合技术服务业。

第三层次:为提高科学文化水平和居民素质服务的部门, 包括教育、文化艺术及广播电影电视业,科学研究,卫生、体育和社会福利业等。

第四层次:为社会公共需要服务的部门,包括国家机关、政党机关、社会团体以及军队和警察等。

Three Industries Industry structure has been classified according to the historical sequence of development. Primary industry refers to extraction of natural resources; secondary industry involves processing of primary products; and tertiary industry provides services of various kinds for production and consumption. The above classification is universal although it varies to some extent from country to country. Industry in China comprises:

Primary industry: agriculture (including farming, forestry, animal husbandry and fishery).

Secondary industry: industry (including mining and quarrying, manufacturing, production and supply of electricity, gas and water) and construction.

Tertiary industry: all other industries not included in primary or secondary industry.

Due to the fact that tertiary industry involves in a large variety of industries in China, it is divided into two sectors: circulation sector and service sector and further into four levels:

The first level: circulation sector, including transportation storage, postal and telecommunications services, wholesale and retail sale trades, catering trade.

The second level: service sector providing services for production and consumption, including banking, insurance, real estates, geological prospecting and survey, water conservancy, social services and polytechnical services.

The third level: service sector for upgrading scientific, educational and cultural level of the people, including education, culture, arts, radio,film and television, scientific research, public health, sports, and social welfare, etc.

The fourth level: sector providing services for public needs, including government agencies, party agencies and social organizations, armies, and policemen.

【人口数】 指一定时点、一定地区范围内的有生命的个人总和。

年度统计的年末人口数是指每年12月31日24时的人口数。

Total Population refers to the total number of people alive at a certain point of time within a given area.

The annual statistics on total population is taken at midnight, the 3lst of December.

【出生率(又称粗出生率)】 指在一定时期内(通常为一年)平均每千人所出生的人数的比率,一般用千分率表示。计算公式:

$$出生率=\frac{年出生人数}{年平均人数}\times1000‰$$

出生人数是指活产婴儿,即胎儿脱离母体时(不管怀孕月数),有过呼吸或其他生命现象。

年平均人数是年初、年底人口数的平均数,也可用年中人口数代替。

Birth Rate (or Crude Birth Rate) refers to the ratio of the number of births to the average population during a certain period of time (usually a year), which is often expressed in ‰. The following formula is used:

$$\text{Birth Rate}=\frac{\text{Number of Births}}{\text{Average Number of Population}}\times1000‰$$

Number of Births refers to live births, i. e. the births when babies had showed any vital phenomena regardless of the length of pregnancy.

Annual Average Number of Population is the average of the number of population at beginning of the year and that at the end of the year. Sometimes it is substituted for with the mid-year population.

【死亡率(又称粗死亡率)】 指在一定时期内(通常为一年)一定地区的死亡人数与同期平均人数(或期中人数)之比,一般用千分率表示。计算公式:

$$死亡率=\frac{年死亡人数}{年平均人数}\times1000‰$$

Death Rate (or Crude Death Rate) refers to the ratio of the number of deaths to the average population (or mid-year population) during a certain period of time (usually a year), which is often expressed in ‰. The following formula is used:

$$\text{Death Rate}=\frac{\text{Number of Deaths}}{\text{Annual Average Number of Population}}\times1000‰$$

【人口自然增长率】 指在一定时期内(通常为一年)人口自然增加数(出生人数减死亡人数)与该时期内

平均人数(或期中人数)之比,一般用千分率表示。计算公式:

$$人口自然增长率=\frac{本年出生人数-本年死亡人数}{年平均人数}\times1000‰$$

$$人口自然增长率=人口出生率-人口死亡率$$

Natural Growth Rate of Population refers to the ratio of natural increase in population (number of births minus number of deaths) in a certain period of time (usually a year) to the average population (or mid-year population) of the same period, which is often expressed in ‰. The following formulas are applied:

$$\text{Natural Growth Rate of Population}=\frac{\text{Number of Births}-\text{Number of Deaths}}{\text{Average Number of Population}}\times1000‰$$

$$\text{Natural Growth Rate of Population}=\text{Birth Rate}-\text{Death Rate}$$

【从业人员】 指从事一定社会劳动并取得劳动报酬或经营收入的人员。包括:

(1)全部职工

(2)再就业的离退休人员

(3)私营业主

(4)个体户主

(5)私营和个体从业人员

(6)乡镇企业从业人员

(7)农村从业人员

(8)其他从业人员(包括民办教师、宗教职业者、现役军人等)

这一指标反映了一定时期内全部劳动力资源的实际利用情况,是研究我国基本国情国力的重要指标。

各单位的从业人员是指在各级国家机关、政党机关、社会团体及企业、事业单位中工作,并取得劳动报酬的全部人员。包括职工、再就业的离退休人员、民办教师以及在各单位中工作的外方人员和港、澳、台方人员。

各单位的从业人员反映了各单位实际参加生产或工作的全部劳动力。

Employed Persons refers to the persons who are engaged in social labour and receive remuneration payment or earn business income, including:

(1) total staff and workers,

(2) re-employed retirees,

(3) employers of private enterprises,

(4) employers of individual economy,

(5) employed persons in private enterprises and individual economy,

(6) employed persons in the enterprises in the urban areas,

(7) employed persons in the rural areas,

(8) other employed persons (including teachers in the schools run by the local people, people engaged in religious profession and the servicemen, etc.).

This indicator reflects the actual utilization of total labour force during a certain period of time and is often used for the research on China´ s economic affairs and national power.

Persons employed in various units refer to all the persons working in government agencies of various levels, political and party organizations, social organizations, and enterprises and institutions and receiving payment, including staff and workers, re-employed retirees, teachers in schools run by the local people, foreigners, and Chinese compatriots from Hong Kong, Macao, and Taiwan working in various units. This indicator reflects the total number of laborers actually engaged in production or other operations in various units.

【经济活动人口】 指在16岁以上,有劳动能力,参加或要求参加社会经济活动的人口。包括:从业人员和失业人员。

Economically Active Population refers to the population, the members of which are aged 16 and over, capable to labour, participating in or desirous to participate in the social and economic activities, including employed persons and unemployed persons.

【职工】 指在国有经济、城镇集体经济、联营经济、股份制经济、外商和港澳台投资经济、其他经济单位及其附属机构工作,并由其支付工资的各类人员。

Staff and Workers refers to the persons who work in (and receive payment therefrom) enterprises and institutions of state ownership, collective ownership, joint ownership, share holding, foreign ownership, and ownership by entrepreneurs from Hong Kong, Macao, and Taiwan, and other types of ownership and their affiliated units.

【职工工资总额】 指各单位在一定时期内直接支付给本单位全部职工的劳动报酬总额。

工资总额的计算原则应以直接支付给职工的全部劳动报酬为根据。各单位支付给职工的劳动报酬以及其他根据有关规定支付的工资,不论是计入成本的还是不计入成本的,不论是按国家规定列入计征奖金税项目的,还是未列入计征奖金税项目的,不论是以货币形式支付的还是以实物形式支付的,均包括在工资总额内。

Total Wages of Staff and Workers refers to the total remuneration payment to staff and workers in various units during a certain period of time.

The calculation of total wages is based on the total remuneration payment to the staff and workers. Therefore, all the wages and salaries and other payments to staff and workers are included in the total wages regardless of their sources, category, and forms(in kind or cash).

【职工平均工资】 指企业、事业、机关单位的职工在一定时期内平均每人所得的货币工资额。它表明一定时期职工工资收入的高低程度,是反映职工工资水平的主要指标。计算公式为:

$$\text{职工平均工资}=\frac{\text{报告期实际支付的全部职工工资总额}}{\text{报告期全部职工平均人数}}$$

Average Wage of Staff and Workers refers to the average wage in money term per person during a certain period of time for staff and workers in enterprises, institutions, and government agencies, which reflects the general level of wage income during a certain period of time and is calculated as follows:

$$\text{Average Wage of Staff and Workers}=\frac{\text{Total Wages of Staff and Workers in Reference Period}}{\text{Average Number of Staff and Workers in Reference Period}}$$

【职工平均实际工资】 指扣除物价变动因素后的职工平均工资。计算公式为:

$$\text{职工平均实际工资}=\frac{\text{报告期职工平均工资}}{\text{报告期居民消费价格指数}}$$

Average Real Wage of Staff and Workers refers to average wage of staff and workers after removing the effects of price changes, which is calculated as follows:

$$\text{Average Real Wage of Staff and Workers}=\frac{\text{Average Wage of Staff and Workers in Reference Period}}{\text{Consumer Price Index of Urban Residents in Reference Period}}$$

【农林牧渔业总产值】 是以货币表现的农、林、牧、渔业全部产品的总量,它反映一定时期内农业生产的总规模和总成果。

农业总产值的计算方法通常是按农林牧渔业产品及副产品的产量分别乘以各自单位产品价格求得,少数生产周期较长,当年没有产品或产品产量不易统计的,则采用间接方法匡算其产值,然后将四业产品产值相加即为农业总产值。

Gross Output Value of Farming, Forestry, Animal Husbandry and Fishery refers to the total volume of products of farming, forestry, animal husbandry and fishery in value terms, which reflects the total scale and total result of agricultural production during a given period of time.

Gross output value of agriculture is obtained by first multiplying the output of each product or by–product by its price, resulting in the output value of each single item. For a small number of products, annual output of which is not available or difficult to get due to the long production/growing process involved, the output value is estimated through an indirect approach. The sum of output value of all products of farming, forestry, animal husbandry, and fishery is then equal to the gross output value of agriculture.

【粮食产量】 包括国有经济经营的、集体统一经营的和农民家庭经营的粮食产量,还包括工矿企业办的农场和其他生产单位的产量。粮食除包括稻谷、小麦、玉米、高粱、谷子及其他杂粮外,还包括薯类和豆类。

Grain Yield refers to the yield in the whole country including grains produced by state farms, collective units, rural households, industrial enterprises and mines. Grain includes rice, wheat, corn, sorghum, millet and other miscellaneous grains as well as tubers and beans.

【水产品产量】 指人工养殖的水产品和天然生长的水产品的捕捞量。包括海水的鱼类、虾蟹类、贝类和藻类以及内陆水域的鱼类、虾蟹类和贝类,不包括淡水生植物。

Output of Aquatic Products refers to catches of both artificially cultured and naturally grown aquatic products, including fish, shrimps, crabs and shellfish in sea and inland water as well as seaweed. Freshwater plants are not included.

【耕地面积】 指年初可以用来种植农作物、经常进行耕锄的田地,除包括熟地、当年新开荒地、连续撂荒未满三年的耕地和当年的休闲地(轮歇地)外,还包括以种植农作物为主并附带种植桑树、茶树、果树和其他林木的土地,以及沿海、沿湖地区已围垦利用的"海涂"、"湖田"等面积。但不包括属于专业性的桑园、茶园、果园、果木苗圃、林地、芦苇地、天然或人工草地面积。

Cultivated Area(Area under cultivation) refers to farmland which is plowed constantly for growing crops, including cultivated land, newly cultivated land in the current year, farmland left without cultivation for less than three years and fallow land in the current year, rotation land, farmland with some mulberry trees,tea trees,fruit trees, and other trees and cultivated seashore land, lake land, and etc. The land of mulberry plantation, tea plantations, orchards, nurseries of young plants, forest land, reed land, natural and man–made grassland are not included in cultivated land.

【农作物播种面积】 指实际播种或移植有农作物的面积。凡是实际种植有农作物的面积,不论种植在耕地上还是种植在非耕地上,均包括在农作物播种面积中。在播种季节基本结束后,因遭灾而重新改种和补种的农作物面积,也包括在内。

Sown Area of Crops refers to area of land sown or trans planted with crops regardless of being in cultivated area or non–cultivated area. Area of land resown due to natural disasters is also included.

【工业】 指从事自然资源的开发,对采掘品和农产品进行加工和再加工的物质生产部门。具体包括:(1)对自然资源的开采,如采矿、晒盐、森林采伐等(但不包括禽兽捕猎和水产捕捞);(2)对农副产品的加工、再加工,如粮油加工、食品加工、轧花、缫丝、纺织、制革等;(3)对采掘品的加工、再加工,如炼铁、炼钢、化工生产、石油加工、机器制造、木材加工等,以及电力、自来水、煤气的生产和供应等;(4)对工业品的修理、翻新,如机器设备的修理、交通运输工具(包括小卧车)的修理等。

Industry refers to the material production sector which is engaged in extraction of natural resources and processing and reprocessing of minerals and agricultural products, including (1)extraction of natural resources, such as mining, salt production, logging(but not including hunting and fishing); (2)processing and reprocessing of farm and sideline products, such as rice husking, flour milling, wine making, oil pressing, cotton ginning, silk reeling, spinning and weaving, and leather making;(3)manufacture of industrial products, such as steel making, iron smelting, chemicals manufacturing, petroleum processing, machine building, timber processing; water and gas production and electricity generation and supply;(4)repairing of industrial products such as the repairing of machinery and means of transport (including cars).

【轻工业】 指主要提供生活消费品和制作手工工具的工业。按其所使用的原料不同,可分为两类:(1)以农产品为原料的轻工业,是指直接或间接以农产品为基本原料的轻工业。主要包括食品制造、饮料制造、烟草加工、纺织、缝纫、皮革和毛皮制作、造纸以及印刷等工业;(2)以非农产品为原料的轻工业,是指以工业品为原料的轻工业。主要包括文教体育用品、化学药品制造、合成纤维制造、日用化学制品、日用玻璃制品、日用金属制品、手工工具制造、医疗器械制造、文化和办公用机械制造等工业。

Light Industry refers to the industry which produces consumer goods and hand tools. It consists of two categories, depending on the materials used:

(1) Industries using farm products as raw materials. These are branches of light industry which directly or indirectly use farm products as basic raw materials, including the manufacture of food and beverages, tobacco processing, textile, clothing, fur and leather manufacturing, paper making, printing, etc.

(2) Industries using non-farm products as raw materials. These are branches of light industry which use manufactured goods as raw materials, including the manufacture of cultural, educational articles and sports goods, chemicals, synthetic fiber, chemical products for daily use, glass products for daily use, metal products for daily use, hand tools, medical apparatus, and the manufacture of cultural and clerical machinery.

【重工业】 是指为国民经济各部门提供物质技术基础的主要生产资料的工业。按其生产性质和产品用途,可以分为下列三类:(1) 采掘(伐)工业,是指对自然资源的开采,包括石油开采、煤炭开采、金属矿开采、非金属矿开采和木材采伐等工业;(2)原材料工业,指向国民经济各部门提供基本材料、动力和燃料的工业。包括金属冶炼及加工、炼焦及焦炭化学、化工原料、水泥、人造板以及电力、石油和煤炭加工等工业;(3)加工工业,是指对工业原材料进行再加工制造的工业。包括装备国民经济各部门的机械设备制造工业、金属结构、水泥制品等工业,以及为农业提供的生产资料如化肥、农药等工业。

根据上述划分原则,修理业中以重工业产品为修理作业对象的划为重工业,反之划为轻工业。

Heavy Industry refers to the industry which produces capital goods, and provides various sectors of the national economy with necessary material and technical basis. It consists of the following three branches according to the purpose of production or the use of products:

(1)Mining, quarrying and logging industry refers to the industry that extracts natural resources, including extraction of petroleum, coal, metal and non-metal ores and logging.

(2)Raw materials industry refers to the industry that provides various sectors of the national economy with raw materials, fuels and power. It includes smelting and processing of metals, coking and coke chemistry, chemical materials and building materials such as cement, plywood, and electric power, petroleum refining and coal processing.

(3)Manufacturing industry refers to the industry that processes raw materials. It includes machine-building industry which equips sectors of the national economy, industries of metal structure and cement products, industries producing means of agricultural production, such as chemical fertilizers and pesticides.

According to the above principle of classification, the repairing trades which are engaged in repairing products of heavy industry are classified into heavy industry while these engaged in repairing products of light industry are classified into light industry.

【工业总产值】 是以货币表现的工业企业在一定时期内生产的已出售或可供出售的工业产品总量,

它反映一定时间内工业生产的总规模和总水平。它包括:在本企业内不再进行加工,经检验、包装入库(规定了不需包装的产品除外)的成品价值,工业性作业价值,自制半成品、在产品期初期末差额价值(生产周期较长的企业计算)。工业总产值采用"工厂法"计算,即以工业企业作为一个整体,按企业工业生产活动的最终成果来计算,企业内部不允许重复计算,不能把企业内部各个车间(分厂)生产的成果相加。但在企业之间、行业之间、地区之间存在着重复计算。

轻重工业总产值的划分也是按"工厂法"计算的,即一个工业企业在正常情况下生产的主要产品的性质属于轻工业,则该企业的全部总产值作为轻工业总产值;一个工业企业生产的主要产品的性质属于重工业,则该企业的全部总产值作为重工业总产值。

Gross Industrial Output Value is the total Volume of industrial products sold or available for sale in value terms which reflects the total achievements and overall scale of industrial production during a given period. It includes the value of the finished products, which are not to be further processed in the enterprises and have been inspected, packed and put in storage, the value of industrial services rendered to other units and the changes in the value of the semi–finished products and products in process between the beginning and closing of the period (only the enterprises with long production cycle are required to calculate the changes). The gross industrial output value is calculated with "factory method". No double calculations are to be made within the same enterprise. However, double counting does occur among different enterprises.

Output value of light and heavy industries is also classified with the "factory" method. Under normal conditions, if the major products of an industrial enterprise belong to light industry products, the gross output value of that enterprise is classified wholly into light industry; the same principle applies to heavy industry.

【工业增加值】 指工业企业在报告期内以货币表现的工业生产活动的最终成果。

Value Added of Industry refers to the final results of industrial production of the industrial trade in money terms during the reference period.

【固定资产原价】 固定资产原价指企业在建造、购置、安装、改建、扩建、技术改造某项固定资产时所支出的全部货币总额。它一般包括买价、包装费、运杂费和安装费等。

Original Value of Fixed Assets refers to the original value of all fixed assets owned by industrial enterprises, calculated at the cost paid at the time of construction, purchase, installation, reconstruction, expansion, and technical innovation and transformation of the said assets, which includes expenses on purchase, package,transportation, and installation, etc.

【固定资产净值】 是指固定资产原价减去历年所提折旧后的净额。

Net Value of Fixed Assets is obtained by deducting depreciation over years from the original value of fixed assets.

【流动资产】 流动资产是指可以在一年内或者超过一年的一个营业周期内变现或者耗用的资产,包括现金及各种存款、短期投资、应收及预付货款、存货等。

Working Capital (Circulating Assets) refers to assets which can be cashed in or spent or consumed in an operating cycle of one year or over one year, which includes cash, various deposits, short term investment, and receivable payments, and advance payments, stock, etc.

【利税总额】 指企业利润总额、产品销售税金及附加和应交增值税之和。

Total Value of Profit and Tax (Pre–tax Profits) refers to the sum of the total profits, products sales tax and surcharges and the value added tax payable of industrial enterprises. It is also called pre–tax profits.

【工业成本费用利润率】 指在一定时期内实现的利润与成本费用之比,是反映工业生产成本及费用

投入的经济效益指标， 同时也是反映企业降低成本的经济效益指标。计算公式为:

$$工业成本费用利润率(\%)=\frac{利润总额}{成本费用总额}\times100\%$$

Ratio of Profits to Total Industrial Costs refers to the ratio of profits realized in a given period to the total costs in the same period, which reflects the economic efficiency of input cost and is calculated as follows:

$$\text{Ratio of Profits to Total Industrial Cost (\%)}=\frac{\text{Total Profits}}{\text{Total Costs}}=\times100\%$$

【工业增加值率】 指报告期工业增加值占工业总产值的比重,是反映工业生产降低中间消耗的经济效益指标。计算公式为:

$$工业增加值率(\%)=\frac{工业增加值(现价)}{工业总产值(现价)}\times100\%$$

Value Added Rate of Industry refers to the ratio of value added of industry in a given period to the gross output value in the same period, which reflects the economic efficiency of cutting down the intermediate input and is calculated as follows:

$$\text{Value Added Rate of Industry (\%)}=\frac{\text{Value Added of Industry (at Current Prices)}}{\text{Gross Output Value (at Current Prices)}}\times100\%$$

【流动资产周转次数】 指一定时期内流动资产完成的周转次数,是反映流动资产的周转速度。计算公式为:

$$流动资产周转次数=\frac{产品销售收入}{全部流动资产平均余额}$$

Number of Times of the Turnover of Working Capital refers to the number of times of turnover of working capital in a given period of time, which reflects the speed of the turnover of working capital and is calculated as follows:

$$\text{Turnover of Working Capital}=\frac{\text{Sales Revenue of Products}}{\text{Average Balance of Total Working Capital}}$$

【产品销售率】 指一定时期内销售产值与同期全部工业总产值之比,反映工业产品生产已实现销售的程度。计算公式为:

$$工业产品销售率(\%)=\frac{报告期现价工业销售产值}{报告期现价工业总产值}\times100\%$$

Sales Rate of Industrial Products refers to the ratio of total sales in a given period to the gross output value in the same period, which reflects the extent of industrial output sold and is calculated as follows:

$$\text{Sales Rate of Industrial Products(\%)}=\frac{\text{Total Sales (at Current Prices)}}{\text{Gross Output Value(at Current Prices)}}\times100\%$$

【产品销售收入】 指企业销售产品的销售收入和提供劳务等主要经营业务取得的业务总额。

Sales Revenue of Industrial Products refers to the revenue from the sales of products by industrial enterprises and the revenue from services provided and etc.

【产品销售成本】 指企业销售产品和提供劳务等主要经营业务的实际成本。

Sales Cost of Industrial Products refers to the actual cost of products sales of industrial enterprises and industrial servies provided, etc.

【产品销售税金及附加】 指企业销售产品和提供工业性劳务等主要经营业务应负担的城市维护建设

税、消费税、资源税和教育费附加。

Tax and Extra Charges on Sales of Products refer to the tax on city maintenance and construction, consumption tax, resources tax and extra charges for education, which should be borne by the enterprises in selling products and providing industrial services.

【产品销售利润】 指企业销售产品和提供工业性劳务等主要经营业务收入扣除其成本、费用、税金后的利润。

Sales Profits of Products refers to the profits gained by the enterprises by deducting cost, charges and taxes from the business income of the enterprises obtained in selling products and providing industrial services.

【利润总额】 指企业实现的利润。

Total Profits refer to the profits gained by the enterprises.

【应交增值税】 指企业在报告期内应交纳的增值税额。

Value Added Tax Payable refers to the amount of the value added tax which should be paid by the enterprises in the reporting period.

【产值利税率】 指报告期已实现的利润、税金总额(包括利润总额、产品销售税金及附加和应交增值税)占同期全部工业总产值的百分比，计算公式为：

$$\text{产值利税率}(\%)=\frac{\text{利税总额}}{\text{工业总产值}}\times 100\%$$

Ratio of Pre-tax Profits to Gross Output Value refers to the ratio of the total amount of pre-tax profits gained (including total profits, sales tax and extra charges of products as well as the value added tax payable) in the reporting period to the gross output value in the same period (the ratio is expressed in percentage). The formula is as follows:

$$\text{Ratio of Pre-tax Profits to Gross Output Value}(\%)=\frac{\text{Total Amount of Pre-tax Profits}}{\text{Gross Output Value}}\times 100\%$$

【全员劳动生产率】 指根据产品的价值量指标计算的平均每一个职工在单位时间内的产品生产量。是考核企业经济活动的重要指标，是企业生产技术水平、经营管理水平、职工技术熟练程度和劳动积极性的综合表现。目前我国的全员劳动生产率是将工业企业的工业增加值除以同一时期全部职工的平均人数来计算的。计算公式为:

$$\text{全员劳动生产率}=\frac{\text{工业增加值}}{\text{全部职工平均人数}}\times 100\%$$

Overall Labour Productivity of Industrial Enterprises refers to the average output per staff and workers in industrial enterprises in value terms. At present, the value added and the average number of staff and workers of an industrial enterprises in a given period are used to calculate the overall labour productivity. The formula used is:

$$\text{Overall Labour Productivity}=\frac{\text{Value Added of Industry}}{\text{Average Number of Staff and Workers}}\times 100\%$$

【资本金】 指企业在工商行政管理部门登记的注册资金合计。企业资本金按投资主体分为国家资本金、法人资本金、个人资本金以及外商资本金等。资本金合计包括企业各种投资主体注册的全部资本金。

Capital refers to the corporation′ s capital registered in the departments of administration for industry and commerce. According to the different nature of investors, corporations′ capital can be divided into state capital, legal person′ s capital, personal capital, foreign capital, etc. Total capital includes total registered capital of all investors in the corporation.

【总资产】 指企业拥有或控制的全部资产。包括流动资产、长期投资、固定资产、无形及递延资产、其他长期资产、递延税项等,即为企业资产负债表的资产总计项。

(1)流动资产 指企业可以在一年内或者超过一年的一个生产周期内变现或耗用的资产合计。包括现金及各种存款、短期投资、应收及预付款项、存货等。

(2)固定资产 指企业固定资产净值、固定资产清理、在建工程、待处理固定资产损失所占用的资金合计。

(3)无形资产 指企业长期使用而没有实物形态的资产。包括专利权、非专利技术、商标权、著作权、土地使用权、商誉等。

Total Assets refer to all assets which are owned or controlled by enterprises, including circulating assets, long-term investment, fixed assets, intangible assets and deferred assets, other long-term assets, and deferred taxes, etc. The summation of above items is equal to total assets shown in the balance sheets of the enterprises.

(1) Circulating assets (working capital) refer to assets which can be cashed in or spent or consumed in an operating cycle of one year or over one year, including cash, all kinds of deposits, short term investment, receivables, advance payment, stock, etc.

(2) Fixed assets refer to the net value of fixed assets, clearance of fixed assets,project under construction, fixed assets losses in suspense. These are corporations´ fund holdings.

(3) Intangible assets refer to the assets without material form used by enterprises over a long time, such as patents, non-patent technologies, trade marks, copyright, land use right, business reputation, etc.

【总负债】 指企业承担并需要偿还的全部债务。包括流动负债和长期负债、递延税项等,即为企业资产负债表的负债合计项。

(1) 流动负债 指企业在一年内或者超过一年的一个营业周期内需要偿还的债务合计, 其中包括短期借款、应付及预收款项、应付工资、应交税金和应交利润等。

(2)长期负债 指企业在一年以上或者超过一年的一个生产周期以上需要偿还的债务合计,其中包括长期借款、应付债务、长期应付款项等。

Total Liabilities refer to the debts that enterprises are responsible for repayment, including liquid liabilities, long-term liabilities and deferred taxes, etc. Total liabilities correspond to the summation item of liabilities shown in the balance sheets of the enterprises.

(1) Liquid liabilities (also called quick liabilities or immediate liabilities) refer to enterprises total debt payable within an operating cycle of one year or over one year, including short term loans, payables and advance receipt, wages payable, taxes payable and profit payable, etc.

(2) Long-term liabilities refers to total debt payable within an operationg cycle of one year or over one year, including long-term loans, payable liabilities, long-term payables, etc.

【所有者权益】 指企业投资人对企业净资产的所有权。企业净资产等于企业全部资产减去全部负债后的余额,其中包括投资者对企业的最初投入,以及资本公积金、盈余公积金和未分配利润,对股份制企业即为股东权益。

Creditors´ Equity refers to investors´ ownership of net assets of the enterprise. It is equal to the total assets of the enterprise minus its total liabilities, including the primary input from investors, capital accumulation fund, surplus accumulation fund and undistributed profit. It is the stock holders´ equity in stock companies.

【货(客)运量】 指在一定时期内,各运输部门实际运送的货物(旅客)数量。是反映运输业为国民经济和人民生活服务的数量指标,也是制定和检查运输生产计划,研究运输发展规模和速度的重要指标。货运按吨计算,客运按人计算。货物不论运输距离长短,货物类别,均按实际重量统计;旅客不论行程远近或票价多少，均按一人一次作为客运量统计。半价票、小孩票也按一人统计。

Freight (Passenger) Traffic refers to the volume of freight (passenger) transported with various means. Freight transport is calculated in tons and passenger traffic is calculated in the number of persons. Despite the type of freight and travelling distance, the freight transport is calculated in the actual weight of the goods: and despite the travelling distance and ticket price, the passenger traffic is calculated by the principle that one person can be counted noly once in one travel. The passenger who travel with a half-price ticket or a child ticket is also calculated as one person. The freight (passenger) traffic provides a quantitative measure to show how the transport industry serves the national economy and people, and is also an important indicator for planning the transport industry and for studying the development scale and speed of the transport industry.

【货物(旅客)周转量】 指在一定时期内，由各种运输工具运送的货物(旅客)数量与其相应运输距离的乘积之总和，是反映运输业生产总成果的重要指标，也是编制和检查运输生产计划，计算运输效率、劳动生产率以及核算运输单位成本的主要基础资料。通常以吨公里和人公里为计算单位。计算货物周转量通常按发出站与到达站之间的最短距离，也就是计费距离计算。

Freight Ton-kilometers (Passenger-kilometers) refers to the sum of the product of the volume of transported cargo (passengers) multiplying by the transport distance, usually using ton-kilometer and passenger-kilometer as units for measurement. Normally, the shortest distance between the departure station and the destination station(i. e., the payable distance)is the basis to calculate the freight ton-kilometers. This is an important indicator to show the total results of the transport industry, to prepare and examine the transport plan and to measure the efficiency, the labour productivity and the unit cost of transport.

【沿海主要港口货物吞吐量】 指由水运进出沿海主要港区范围，并经过装卸的货物数量，包括邮件及办理托运手续的行李、包裹以及补给运输船舶的燃、物料和淡水。其计量单位为吨。货物吞吐量的货种分类及其主要流向流量，反映了港口在国内外物资交流和对外贸易运输中的地位和作用。吞吐量可以分为进口、出口，又可以分为国内贸易、对外贸易。

Volume of Freight Handled in Major Coastal Ports refers to the volume of cargo passing in and out the harbor area of the major coastal ports and having been loaded and unloaded. The volume includes that of the postal matters, registered luggages and fuels, materials and fresh water as supplies of the ships. The volume of freight handled may be classified as import, export, or as domestic trade and foreign trade. The volume of freight handled by type of cargo and by main flow direction and volume reflects the position and function of the ports in the flow of Chinese and foreign goods and in the transportation for foreign trade.

【邮电业务总量】 指以货币表现的邮电部门用于传递信息和提供其他邮电服务的总数量。它综合反映了一定时期邮电工作的总成果，是研究邮电业务量构成和发展趋势的重要指标。根据邮电管理体制不同，分为中央国营业务总量和地方国营业务总量。它用各种邮电分类业务量，如函件件数、电报份数、长话张数、市内电话和农村电话的年均户数、订销报刊累计份数等，分别乘以相应的平均单价(不变价)，加总后再加上出租电路和设备的收入、代用户维护电话交换机和线路等设备的收入、其他业务收入求得。

Business Volume of Post and Telecommunications refers to the total amount (in money terms) of the information delivered and other post and telecommunications services provided by the post and telecommunications departments for the customers. It is derived by first multiplying the business volume of different types, such as number of letters, telegrams, long distance calls, city and rural telephone subscribers and accumulated number of newspapers and journals subscribed and sold, etc. by their respective average unit price (fixed price) and then adding these products together:plus the income from maintenance of telephone exchanges and lines, and the income from other business operations. The business volume of post and telecommunications indicates the total achievements made by the post and telecommunications department during a given period of time in a comprehensive way, and is an important indicator to study the composition and development of the post and telecommunications business.

【全社会固定资产投资】 固定资产投资是社会固定资产再生产的主要手段。通过建设和购置固定资产的活动,国民经济不断采用先进技术装备,建立新兴部门,进一步调整经济结构和生产力的地区分布,增强经济实力,为改善人民物质文化生活创造物质条件。这对我国的社会主义现代化建设具有重要意义。

固定资产投资额是以货币表现的建造和购置固定资产活动的工作量,它是反映固定资产投资规模、速度、比例关系和使用方向的综合性指标。全社会固定资产投资包括国有经济单位投资、城乡集体经济单位投资、各种经济类型的单位投资和城乡居民个人投资。按照我国现行计划管理体制,国有经济单位固定资产投资总额分为基本建设、更新改造、房地产开发投资和其他固定资产投资四个部分;城乡集体经济单位投资包括城镇集体所有制单位投资和农村集体投资;各种经济类型的单位投资包括联营经济、股份制经济、中外合资经营、中外合作经营、外商独资、与大陆合资经营、与大陆合作经营、港澳台独资及其他经济类型的单位投资。城镇居民个人投资包括城市、县城、镇、工矿区所辖范围内的个人建房和农村个人建房及购买生产性固定资产的投资。

Total Investment in Fixed Assets in the Whole Country: Investment in fixed assets is the main means for social reproduction of fixed assets. By means of construction and purchase of fixed assets, more advanced technologies and equipment are adopted in the national economy, and new sectors are established, which promote the adjustment of economic structure and regional distribution of productive forces and enhance the economic strengths so as to provide the material conditions for improving people´s livelihood. This is significant for speeding up the drive of socialist modernization in China.

Amount of investment in fixed assets refers to the volume of activities in construction and purchases of fixed assets in monetary terms. It is a comprehensive indicator which shows the size, pace, proportional relations and use orientation of the investment in fixed assets. Total investment in fixed assets in the whole country includes the investment by the state-owned units, the investment by the urban and rural collective units, the investment by the units of other types of ownership and the investment by the individuals in the urban and rural areas. According to China´s current planning management system, the investment is fixed assets in the whole country is classified into the following four parts:investment in capital construction, investment in innovation, investment in real estates development and other investment in fixed assets. The investment by the urban and rural collective units includes the investment by the urban collective units and the investment by the rural collective units. The investment by the units of other types of ownership includes the investment by the units of joint-owned economy, share-holding economy, Sino-foreign joint economy, Sino-foreign cooperative economy, economy exclusively with foreign investment, Mainland-Hong Kong or Mainland-Macao or Mainland-Taiwan joint economy, Mainland-Hong Kong or Mainland-Macao or Mainland-Taiwan cooperative economy, and economy exclusively with investment of Hong Kong or Macao or Taiwan. The investment by the individuals in the urban and rural areas includes the investment in personal house building in the areas under the jurisdiction of city, county, town and special industrial and mining areas as well as the investment in personal house building and purchase of productive fixed assets in the rural areas.

【基本建设投资】 基本建设是企业、事业、行政单位以扩大生产能力或工程效益为主要目的的新建、扩建工程及有关工作。包括(1)列入中央和各级地方本年基本建设计划的建设项目,以及虽未列入本年基本建设计划,但使用以前年度基建计划内结转投资(包括利用基建设备材料)在本年继续施工的建设项目;(2)本年基本建设计划内投资与更新改造计划内投资结合安排的新建项目和新增生产能力(或工程效益)达到大中型项目标准的扩建项目,以及为改变生产力布局而进行的全厂性迁建项目;(3)国有单位既未列入基建计划,也未列入更新改造计划的总投资在5万元以上的新建、扩建、恢复项目和为改变生产力布局而进行的全厂性迁建项目,以及行政、事业单位增建业务用房和行政单位增建生活福利设施的项目。

Investment in Capital Construction Capital construction refers to the new construction projects or extension projects and the related work of the enterprises, institutions or administrative units mainly for the purpose of expanding production capacity or improving project efficiency. It includes:(1) projects listed in the capital construction plan of the current year of the central government and the local governments at various levels as well as the projects, though not listed in the capital construction plan of the current year,but continued to be constructed in this year, using the investment listed in the plan of capital construction of previous years and carried forward to this year (also using the equipment and materials kept in stock of the capital construction); (2) new construction projects arranged both in the plan of capital construction and the plan of innovation; extension projects with the newly increased production capacity (or project efficiency) up to the standard of a large and medium-sized project; and the projects of moving the whole factory to a new site so as to improve the distribution of productive forces; (3) new construction projects, extension projects or restoration projects with the total investment more than 50 thousand RMB yuan by the state-owned units, though listed neither in the plan of capital construction nor in the plan of innovation; the projects in the state-owend units of moving the whole factory to a new site so as to improve the distribution of productive forces; and the projects of building additional business houses by the administrative units and institutions and builing welfare facilities by the administrative units.

【更新改造投资】 更新改造是指企业、事业单位对原有设施进行固定资产更新和技术改造，以及相应配套的工程和有关工作(不包括大修理和维护工程)。包括:(1)列入中央和各级地方本年更新改造计划的项目和虽未列入本年更新改造计划,但使用上年更新改造计划内结转和投资在本年继续施工的项目;(2)本年更新改造计划内投资与基本建设计划内投资结合安排的对企、事业单位原有设施进行技术改造或更新的项目,和增建主要生产车间、分厂等其新增生产能力(或工程效益)未达到大中型项目标准的项目,以及由于城市环境保护和安全生产的需要而进行的迁建工作;(3)国有企、事业单位既未列入基建计划也未列入更新改造计划,总投资在5万元以上的属于改建或更新改造性质的项目,以及由于城市环境保护和安全生产的需要而进行的迁建工程。

Investment in Innovation: Innovation refers to the renewal of fixed assets and technological innovation of the original facilities by the enterprises and institutions as well as the corresponding supplementary projects and the related work (excluding major overhaul and maintenance projects). It includes:(1)projects listed in the innovation plan of the current year of the central government and the local governments at various levels as well as the projects, though not listed in the innovation plan of the current year, but continued to be constructed in this year, using the investment listed in the plan of innovation of previous years and carried forward to this year;(2)projects of technological innovation or renewal of the original facilities, arranged both in the plan of innovation and in the plan of capital construction; extension projects (main workshops or a branch of the factory) with the newly increased production capacity (or project efficiency) not up to the standard of a large and medium-sized project; and the projects of moving the whole factory to a new site so as to meet the requirements of urban environmental protection or safe production;(3)projects of reconstruction or technological innovation with the total investment more than 50 thousand RMB yuan by the state-owned units, though listed neither in the plan of capital construction nor in the plan of innovation; the projects in the state-owned units of moving the whole factory to a new site so as to meet the requirements of urban environmental protection or safe production.

【房地产开发投资】 包括各种经济类型的房地产开发公司、商品房建设公司及其他房地产开发单位统一开发的包括代建、拆迁还建的住宅、厂房、仓库、饭店、宾馆、度假村、写字楼、办公楼等房屋建筑物和配套的服务设施、土地开发工程,如道路、给水、排水、供电、供热、通讯、平整场地等基础设施工程的投资。包括非房地产企业实际从事房地产开发或经营活动,不包括单纯的土地交易活动。

Investment in Real Estate Development: It includes the investment by the real estate development companies, commercial buildings construction companies and other real estate development units of various types of ownership in the construction of house buildings, such as residential buildings, factory buildings, warehouses, hotels, guesthouses, holiday villages, office buildings, and the complementary service facilities and land development projects, such as roads, water supply, water drainage, power supply, heating, telecommunica-tions, land levelling and other projects of infrastructure. It covers the activities of the non-real estate companies in real estate development or management, but excludes the activities in simple land transactions.

【其他固定资产投资】 全社会固定资产投资中未列入基本建设、更新改造和房地产开发投资的建造和购置固定资产的活动。包括：

(1)国有单位按规定不纳入基本建设计划和更新改造计划管理，总投资在5万元以上的以下工程：①用油田维护费和石油开发基金进行的油田维护和开发工程；②煤炭、铁矿、森工等采掘采伐业用维简费进行的开拓延伸工程；③交通部门用公路养路费对原有公路、桥梁进行改建的工程；④商业部门用简易建筑费建造的仓库工程。

(2)集体经济单位固定资产投资：包括城镇集体经济单位和农村集体经济单位建造和购置固定资产计划总投资在5万元以上的项目。

(3)联营经济、股份制经济、外商投资经济、港澳台投资经济及其它经济类型的企、事业单位建造和购置固定资产其计划总投资在5万元以上的、未列入基本建设计划和更新改造计划的项目。

(4)城镇和工矿区私人建房投资和农村个人投资。城镇和工矿区私人建房包括市、县城、镇、工矿区所辖范围内的全部私人建房，不论其房主是否系本地的常住户口均应包括；农村个人投资包括农村个人建房及购置生产性固定资产的投资。

Other Investment in Fixed Assets refers to the construction and purchases of fixed assets not listed in the investment in capital construction, investment in innovation and investment in real estate development. It includes:

(1) The following projects of the state-owned units with the total investment more than 50 thousand yuan, which are not included in the plan of capital construction and the plan of innovation: ① projects of oil fields maintenance and exploitation with the oil fields maintenance funds and petroleum development funds; ② opening and extending projects with the maintenance funds in coal, ore and other mining enterprises and logging enterprises; ③ project of reconstruction of the original highways and bridges with the highway maintenance funds in the department of transportation; ④ projects of construction of warehouses with the funds of simple construction in the commercial department.

(2) The investment in fixed assets by the collective units: including the projects of construction and purchases of fixed assets by the urban and rural collective units with the planned total investment more than 50 thousand yuan.

(3) The projects of construction and purchases of fixed assets by the enterprises or institutions of joint-owned economy, share-holding economy, foregn-funded economy, economy funded by the entrepreneurs form Hong Kong, Macao and Taiwan and other economy with the planned total investment more than 50 thousand yuan, which are not included in the plan of capital construction and the plan of innovation.

(4) The private investment in house construction in the urban areas and industrial and mining areas as well as the individual investment in the rural areas; The private house construction in the urban areas and industrial and mining areas includes all the private house construction under the jurisdiction of cities, countries, towns and industrial and mining areas, no matter whether the owner of the house is registered as the permanent resident in the locality or not. The individual investment in the rural areas includes the investment in house construction and purchase of producitive fixed assets by the individuals in the rural areas .

【新增生产能力】 指通过固定资产投资活动而增加的设计能力或工程效益，它是用实物形态表示的固定资产投资的成果。新增生产能力的计划，是以能独立发挥生产能力或效益的单项工程(或项目)为对象。当单项工程(或项目)建成，经有关部门鉴定合格，正式移交投入生产，即可计算新增生产能力。

新增生产能力或工程效益有以下几种表现形式：

(1)以建设项目或单位工程建成后的年产能力表示。如煤炭开采、石油开采等。

(2)以建设项目或单项工程建成后处理原料的能力表示。如选矿工程的年处理矿石能力,洗煤厂年洗原煤能力等。

(3)以新增的主要设备数量或容量表示。如棉纺锭枚数,发电机组容量等。

(4)以建筑物容积、容量、面积或长度表示。如水库容量、铁路公路里程等。

新增生产能力的数量一般按设计能力计算。设计能力是指设计文件中规定的正常情况下能够达到的生产能力,而不论投产后的实际产量如何。以设备数量、建筑物容积、面积、长度等表示的新增生产能力(或效益),则按建成的实际数量计算。

Newly Increased Production Capacity refers to the increase of designed capacity and project efficiency through investment in fixed assets, which reflects the accomplishment of investment in fixed assets in kind. The calculation of newly increased production capacity is based on individual projects wich operate independently. When an individual project is completed and checked and accepted and put into production, it is counted as newly increased production capacity.

The newly increased production capacity and project efficiency are usually expressed in one of the following forms:

(1)annual production capacity, such as extraction of coal and petroleum;

(2)raw material processing capacity, such as ore dressing capacity of ore dressing projects, the dressing capacity of a coal washery;

(3)number or capacity of major equipment increased, such as the number of cotton spindles increased and the capacity of generating sets increased;

(4)physical measures of construction, such as volume, capacity, area, and length, for instance, the capacity of reservoirs, the length of railways or highways.

Newly increased production capacity in terms of quantity is calculated in designed capacity in general, which refers to the production capacity of a project under normal conditions designed in construction documents regardless of the actual output.

【施工和竣工房屋建筑面积】 房屋建筑面积是从房屋外墙线算起的各层平面面积的总和,包括房屋结构(如柱、墙)占用的面积和地下室面积。多层建筑按各自然层面积总和计算,包括房屋内的楼隔层,突出墙面的眺望间、门斗、有柱雨罩的面积。不包括突出墙面结构的构件、艺术装饰等所占的面积,如台阶等。凹阳台、挑阳台按其水平投影面积一半计算建筑面积。

Floor Space of Buildings Under Construction and Completed refers to total floor space in each story of buildings calculated from the outside line of building walls, including the space occupied by constructions like pillars or walls and basements. The floor space of multi-story building includes the total floor space of each story, including area occupied by separating walls, watching rooms, doorways, and pillars, but excluding protruding wall structures, artistic decoration, etc. (for example, flight of steps). The space of balcony is counted by half of the projection area.

【住宅建筑面积】 指施工和竣工房屋建筑面积中供居住用的施工和竣工房屋建筑面积。

Floor Space of Residential Buildings refers to the floor space of the residential buildings under construction and completed among the total space of buildings under construction and completed.

【竣工面积】 指在报告期内房屋建筑按照设计要求已全部完工,达到住人和使用条件,经验收鉴定合格,正式移交使用单位的建筑面积。

Floor Space of Buildings Completed refers to the floor space of buildings completed in the reference period, which have come up to the designed standards and have been put into use.

【房屋建筑面积竣工率】 指一定时期内房屋竣工面积占同期房屋施工面积的比率。这是从房屋建筑施工速度的角度反映投资效果和建筑业经济效益的指标。

Completion Rate of Floor Space of Buildings refers to the ratio of the floor space of buildings completed in certain period of time to the floor space of buildings under constrution in the same period, which reflects the investment result and economic efficiency of the construction industry from the angle of the speed of project construction.

【新增固定资产】 指通过投资活动所形成的新的固定资产价值。包括已经建成投入生产或交付使用的工程价值和达到固定资产标准的设备、工具、器具的价值及有关应摊入的费用。它是以价值形式表示的固定资产投资成果的综合性指标，可以综合反映不同时期、不同部门、不同地区的固定资产投资成果。

Newly Increased Fixed Assets refer to the newly increased value of fixed assets through investment, including the value of projects completed and put into production, the value of equipment, tools, and vessels considered as fixed assets, as well as the relevant expenses as investment in fixed assets. This is a comprehensive indicator of investment in fixed assets, reflecting the achievements of investment in fixed assets in different periods, different sectors, and different regions.

【建设项目投产率】 指一定时期内全部建成投入生产项目个数占同期正式施工项目个数的比率。它是从项目建设速度的角度反映投资效果的指标。

Rate of Construction Projects Completed and Put into Use refers to the ratio of the number of construction projects completed and put into use in certain period of time to the number of projects under construction in the same period. This reflects the investment efficiency from the angle of the speed of projects construction.

【固定资产交付使用率】 指一定时期新增固定资产与同期完成投资额的比率。它是反映各个时期固定资产动用速度，衡量建设过程中投资效果的一个综合性指标。

Rate of Projects of Fixed Assets Completed and put into Operation refers to the ratio of the newly increased fixed assets to the total investment made in the same period. This is a comprehensive indicator, reflecting the speed of the employment of fixed assets and the investment efficiency.

【社会消费品零售额】 指各种经济类型的批发零售贸易业、餐饮业、制造业和其他行业对城乡居民和社会集团的消费品零售额。这个指标反映通过各种商品流通渠道向居民和社会集团供应的生活消费品，是研究人民生活、社会消费品购买力、货币流通等问题的重要指标。社会消费品零售额包括:(1) 售给城乡居民作为生活用的商品；(2)售给机关、团体、学校、部队、企业、事业单位的职工食堂和旅店(招持所)附设专门供本店旅客食用，不对外营业的食堂的各种食品、燃料；企业、事业单位和国营农场直接售给本单位职工和职工食堂的自己生产的产品；(3)售给部队干部、战士生活用的粮食、副食品、衣着品、日用品、燃料；(4)售给来华的外国人、华侨、港澳台同胞的消费品；(5)居民自费购买的中、西药品、中药材及医疗用品；(6)报社、出版社直接售给居民和社会集团的报纸、图书、杂志，集邮公司出售的新、旧纪念邮票、首日封、集邮册、集邮工具等；(7)旧货寄售商店自购、自销部分的商品零售额；(8)煤气公司、液化石油气站售给居民和社会集团的煤气灶具和罐装液化石油气；(9)农民售给非农业居民和社会集团的商品。不包括售给国民经济各部门企业、事业单位(包括国有经济的农场)生产经营用的各种原材料、燃料、设备、工具等和售给批发零售贸易业、餐饮业作为转卖用的商品，旧货寄售店受托寄售卖出的商品，服务业的营业收入，邮局出售邮票的收入，自来水、电力、煤气生产(供应)单位的产品供应收入，也不包括农民之间的商品销售。

Total Retail Sales of Consumer Goods refer to the sum of retail sales of consumer goods by the establishments in wholesale trade, retail sale trade, catering trade, manufacturing industry and other industries of different types of ownership, to urban and rural residents and social groups. This indicator is used to show the supply of consumers goods through various channels to households and institutions to meet their demands, and is therefore very important for the study of the issues on people´ s livelihood, on the purchasing power of consumer goods and on the circulation of money. The retail sales of consumer goods include:(1) commodities sold to urban and rural residents for residential use and building materials sold to them for the construction or repair of houses;(2) food and fuels sold to canteens of institutions, enterprises, schools, military units and to canteens of hotels and hostels that only serve their guests, and commodities produced by enterprises, institutions or state farms and sold directly to their employees or their canteens; (3) grain and non-staple food, clothing, daily articles and fuels sold to military personnel; (4) consumer goods sold to foreigners, overseas Chinese, and Chinese compatriots from Taiwan, Hong Kong and Macao during their stay in the mainland of China; (5) Chinese and western medicines, herbs and medical facilities purchased by residents;(6) newspapers, books and magazines directly sold to residents and social groups by publishers, new and old commemorative stamps, special stamps, first-day covers, stamp albums and other stamp-collection articles sold by stamp companies; (7) consumer goods purchased and then sold by second-hand shops; (8) stoves and other heating facilities and liquified gas sold by gas companies to households and institutions; (9) commodities sold by farmers to non-agricultural residents and social groups. Excluded under this heading are: raw materials, fuels, equipment, tools sold to enterprises, institutions and state farms for production purpose; commodities sold to trade establishments for re-selling; commissioned sales at second-hand shops; operational income of urban public utilities; stamps sold at post offices; income of water, power, gas production and supply establishments from the supply of their products; and sales of commodities among farmers.

【批发零售贸易业商品购、销、存总额】 指以各种经济类型的批发、零售贸易业(不包括个体)为总体的商品购、销、存。

Purchase, Sales and Stock of Commodities by Wholesale and Retail Trade refer to the purchase, sales and stock of commodities by wholesale and retail establishments of different ownership (excluding individual sellers).

【商品购进总额】 指从本企业(单位)以外的单位和个人购进(包括从国外直接进口)作为转卖或加工后转卖的商品。这个指标反映批发零售贸易业从国内、国外市场上购进商品的总量。商品购进总额包括:(1)从工农业生产者购进的商品;(2)从出版社、报社的出版发行部门购进的图书、杂志和报纸;(3)从各种经济类型的批发零售贸易企业(单位)购进的商品;(4)从其他单位购进的商品,如从机关、团体、企业、单位购进的剩余物资,从餐饮业、服务业购进的商品,从海关、市场管理部门购进的缉私和没收的商品,从居民收购的废旧商品等;(5)从国(境)外直接进口的商品。不包括企业(单位)为自身经营用,和未通过买卖行为而收入的商品以及销售退回、商品升溢等。

Total Purchases of Commodities refer to the purchases of commodities by the establishments from other establishments or individuals (including direct import from abroad) for the purpose of re-selling, either with or without further processing of the commodities purchased. This indicator is used to show the total value of purchases of commodities by wholesale and retail establishments from domestic and overseas markets. The total purchases include:(1) agricultural and industrial products purchased from producers; (2) books, magazines and newspapers purchased from distribution departments of the publishers;(3) commodities purchased from wholesale and retail establishments;(4) commodities purchased from other units, such as surplus materials purchased from government agencies, enterprises or institutions, commodities purchased from catering and service establishments, confiscated goods purchased from customs authorities or market management agencies, second-hand goods and wastes purchased from residents; (5) commodities directly imported from abroad. Excluded are commodities purchased by establishments (units) for use in their-own business operation, commodities obtained without buying or selling procedures, rejected commodities, etc.

【商品销售总额】 指对本企业(单位)以外的单位和个人出售(包括对国(境)外直接出口)的商品。这个指标反映批发零售贸易业在国内市场上销售商品以及出口商品的总量。商品销售总额包括:(1)售给城乡居民和社会集团消费用的商品;(2)售给工业、农业、建筑业、运输邮电业、批发零售贸易业、餐饮业、服务业等作为生产、经营使用的商品;(3)售给批发零售贸易业作为转卖或加工后转卖的商品;(4)对国(境)外直接出口的商品。不包括:出售本企业(单位)自用的废旧包装用品,未通过买卖行为付出的商品,经本单位介绍,由买卖双方直接结算,本单位只收取手续费的业务,购货退出的商品以及商品损耗和损失等。

Total Sales of Commodities refer to selling of commodities by the establishments to other establishments and individuals (including direct export). This indicator is used to show the total value of sales of commodities at domestic markets and export. The total sales include:(1) commodities sold to urban and rural residents and social groups for their consumption; (2)commodities sold to establishments in industry, agriculture, construction, transportation, post and telecommunications, wholesale and retail trades, catering trade and public utility for their production and operation;(3) commodities sold to wholesale and retail establishments for reselling, with or without further processing; (4) commodities for direct export to other countries. Excluded are selling of waste packaging materials used by the establishments (units) themselves, commodities transferred without buying or selling procedures, commission income from brokerage in transactions whose settlement is directly handled by buyers and sellers, rejected commodities in the purchase, loss in commodities, etc.

【批发零售贸易业年末库存】 指年末各种经济类型的批发零售贸易企业(单位)已取得所有权的商品。它反映各地区、各批发零售贸易企业(单位)的商品库存情况,和对市场商品供应的保证程度。期末库存包括:(1)存放在批发零售贸易业经营单位(如门市部、批发站、经营处)仓库、货场、货柜和货架中的商品;(2)挑选、整理、包装中的商品;(3)已记入购进而尚未运到本单位的商品,即发货单或银行承兑凭证已到而货未到部分;(4)寄放他处的商品,如因购货方拒绝承付而暂时存放在购货方的商品和已办完加工成品收回手续而未提回的商品;(5)委托其他单位代销(未作销售或调出)尚未售出的商品;(6)代其他单位购进尚未交付的商品。不包括所有权不属于本单位的商品、拨付除批发零售贸易业以外的其他行业所属独立核算加工厂等加工生产尚未收回成品的商品、代国家物资储备部门保管的商品等。期末库存总额计算方法是:农副产品采购单位按购进价计算,批发单位按进货价计算,零售单位按什么价格核算就按什么价格计算。

Commodity Stock of Wholesale and Retail Enterprises at Year-end refers to total commodities possessed by wholesale and retail enterprises (units) of various types of ownership, which reflects the commodity stock level of various wholesale and retail enterprises and the potential for market supply. It includes:(1) commodities deposited in storage, counters, and shelves of operating units (such as sale stores, wholesale centers, and operating offices) of wholesale and retail enterprises;(2) commodities in the process of selecting, sorting, and packing;(3) commodities not arrived but recorded as purchase in the account, i. e. commodities not arrived but payment receipts for the commodities from the sellers or the banks arrived;(4) commodities deposited in other places rather than places mentioned above, for instance:commodities in the hold of purchasers temporarily due to the refusal of payment and commodities not taken back after going through the formalities;(5) commodities entrusted to other units to sell but not sold yet;(6) commodities purchased for other units but not delivered yet. Commodities not included as stock are those not owned by the enterprises (units), those allocated to financially independent factories rather than wholesale and retail enterprises for processing but not taken back yet, and finally those put in stock by wholesale and retail enterprises on behalf of the state material reserves units. In the calculation of the value of commodities stock at the end of period, the value is calculated at purchasing prices in agricultural goods purchasing units and wholesale units, and at the accounting prices in retail units.

【零售价格指数】 是反映城乡商品零售价格变动趋势的一种经济指数。零售物价的调整变动直接影响到城乡居民的生活支出和国家的财政收入,影响居民购买力和市场供需平衡,影响消费与积累的比例。因此,计算零售价格指数,可以从一个侧面对上述经济活动进行观察和分析。

Retail Price Index reflects the general change in retail prices of commodities. The change and adjustment in retail prices directly affect the living expenditure of urban and rural residents, government revenue, purchasing power of residents and the equilibrium of market supply and demand, and the ratio of consumption to accumulation. Therefore, the calculation of retail price index is useful to analyse the changes of the above economic activities.

【居民消费价格总指数】 是反映一定时期内城乡居民所购买的生活消费品价格和服务项目价格变动趋势和程度的相对数。是综合了城市居民消费价格指数和农民消费价格指数计算取得。利用居民消费价格指数,可以观察和分析消费品的零售价格和服务价格变动对城乡居民实际生活费支出的影响程度。

Consumer Price Index reflects the relative change in prices of consumer goods and services purchased by urban and rural residents, and is a composite index derived from the urban consumer price index and the rural consumer price index. Consumer price index can be used to analyse the impact of consumer price change on actual expenditure for living cost of urban and rural residents.

【利用外资】 指我国各级政府部门、企业和其他经济组织通过对外借款、吸收外商直接投资以及用其他方式筹措的境外现汇、设备、技术等。

Utilization of Foreign Capital refers to remittance, equipment and technology financed from abroad, by loans, foreign direct investment and other forms undertaken by the Chinese governments at all levels, by various departments, enterprises and other economic units.

【对外借款】 是我国利用外资的主要部分。包括我国通过外国政府贷款,国际金融组织贷款,外国银行商业贷款,出口信贷以及对外发行债券,股票等方式,从境外筹措的资金。

Foreign Loans a major part of China´ s utilization of foreign capital, refer to funds borrowed from abroad, including loans of foreign governments, loans of international financial institutions, commercial loans of foreign banks, export credit, and funds raised by Chinese bonds and shares issued abroad.

【外商直接投资】 是指外国企业和经济组织或个人(包括华侨、港澳台胞以及我国在境外注册的企业)按我国有关政策、法规, 用现汇、实物、技术等在我国境内开办外商独资企业、与我国境内的企业或经济组织共同举办中外合资经营企业、合作经营企业或合作开发资源的投资(包括外商投资收益的再投资)以及经政府有关部门批准的项目投资总额内,企业从境外借入的资金。

Direct Investment by Foreign Entrepreneurs refers to the investments inside China by foreign enterprises and economic organizations or individuals (including overseas Chinese, compatriots from Hong Kong, Macao and Taiwan, and Chinese enterprises registered abroad), following the relevant policies and laws of China, for the establishment of ventures exclusively with foreign own investment, Sino–foreign joint ventures and cooperative enterprises or for co–operative exploration of resources with enterprises or economic organizations in China. It includes the re–investment of the foreign entrepreneurs with the profits gained from the investment and the funds that enterprises borrow from abroad in the total investment of projects which are approved by the relevant department of the government.

【对外承包工程】 包括各对外承包公司以招标议标承包方式承揽的下列业务(1)承包国外工程建设项目;(2)承包我国对外经援项目;(3)承包我国驻外机构的工程建设项目;(4)承包我国境内利用外资进行建设的工程项目;(5)与外国承包公司合营或联合承包工程项目时我国公司分包部分;(6)以服务成果向业主收费的技术服务项目(包括承担地形地貌测绘;地质资源勘探与普查;建设区域规划;提供设计文件、图纸、生产工艺技术资料和工程技术经济咨询;工程项目的可行性考察、研究和评估;进行技术指导和培训人员等);(7)对外承包兼营的房屋开发业务。对外承包工程的营业额是以货币表现的本期内完成的对外承包工程的工作量,包括以前年度签订的合同和本年度新签订的合同在报告期完成的工作量。

Contracted Projects with Foreign Countries refer to projects undertaken by Chinese contractors (project contracting companies) through bidding process. They include:(1)overseas civil engineering construc–

tion projects financed by foreign investors;(2) overseas projects financed by the Chinese government through its foreign–aid programs; (3) construction projects of Chinese diplomatic missions, trade offices and other institutions stationed abroad; (4) construction projects in China financed by foreign investment;(5) sub–contracted projects to be taken by Chinese contractors through a joint umbrella project with foreign contractor (s); (6) technical assistance projects in the form of service results and chargeable to the owners (such as topographic surveying, geological prospecting, development zone programming, provision of designing documents, blueprint, materials on production process, technical consultation, project feasibility studies and evaluation, personnel training, etc.); (7)housing development projects. The Business income from international contracted projects is the work volume of contracted projects completed during the reference period, expressed in monetary terms, including completed work on projects signed in previous years.

【对外劳务合作】 指以收取工资的形式向业主或承包商提供技术和劳动服务的活动。我国对外承包公司在境外开办的合营企业,中国公司同时又提供劳务的,其劳务部分也纳入劳务合作统计。劳务合作营业额按报告期内向雇主提交的结算数(包括工资、加班费和奖金等)统计。

Service Co–operation with Foreign Countries refers to the activities of providing technology and labour services to employers or contractors in the forms of receiving salaries and wages. Labour services providing by contractual joint ventures of Chinese international contraction corporations should be included in the statistics of service co–operation with foreign countries. The business income of labour service co–operation is the income in the form of wages and salaries, overtime pay ,bonuses and other remuneration received from the employers during the reference period.

【旅游人数】 指来我国参观、访问、旅行、探亲、访友、休养、考察、参加会议和从事经济、科技、文化、教育、体育、宗教等活动的外国人、华侨、港澳台胞的人数。不包括外国在我国的常驻机构,如使领馆、通讯社、企业办事处的工作人员;来我国常驻的外国专家、留学生以及在岸逗留不过夜人员。

Number of Tourists refers to the number of foreigners, overseas Chinese, and compatriots from Hong Kong, Macao and Taiwan coming to China for sightseeing, visits, tours, family reunions, vacations, study tours and other activities of an economic, scientific and technological, cultural, physical culture and religious nature. This does not include the number of employees of foreign organizations stationed in China such as embassies, consulates, news agencies, the offices of corporations and enterprises and foreign experts and students residing in China and the persons staying briefly in China but not for passing the night.

【国际旅游(外汇)收入】 指入境旅游的外国人、华侨、港澳台同胞在中国大陆旅游过程中发生的一切旅游支出,对于国家来说就是国际旅游(外汇)收入。

Foreign Exchange Earnings from International Tourism refer to the total expenditures of the foreigners, overseas Chinese, compatriots from Hong Kong, Macao and Taiwan in the process of their tourism in the mainland of China. Their expenditures mentioned above are foreign exchange earnings to China.

【进出口总额】 海关进出口总额指实际进出我国国境的货物总金额。包括对外贸易实际进出口货物,来料加工装配进出口货物,国家间、联合国及国际组织无偿援助物资和赠送品,华侨港澳台同胞和外籍华人捐赠品,租赁期满归承租人所有的租赁货物,进料加工进出口货物,边境地方贸易及边境地区小额贸易进出口货物(边民互市贸易除外),中外合资经营企业、中外合作经营企业、外商独资经营企业进出口货物和公用物品,到、离岸价格在规定限额以上的进出口货样和广告品(无商业价值、无使用价值和免费提供出口的除外),从保税仓库提取在中国境内销售的进口货物,以及其他进出口货物。进出口总额用以观察一个国家在对外贸易方面的总规模。我国规定出口货物按离岸价格统计,进口货物按到岸价格统计。

Total Imports and Exports at Customs refer to the value of commodities imported into and exported from the boundary of China. They include the actual imports and exports through foreign trade, imported and exported goods under the processing and assembling trades and materials, supplies and gifts as aid given gratis between governments and by the United Nations and other international organizations, and contributions donated by overseas Chinese, compatriots from Hong Kong Macao and Taiwan and Chinese with foreign citizenship, leasing commodities owned by tenant at the expiration of leasing period, the imported and exported commodities processed with imported materials, commodities trading in border areas (excluding mutual exchange goods), the imported and exported commodities and articles for public use of the Sino–foreign joint ventures, cooperative enterprises and ventures exclusively with foreign own investment. Also included are import or export of samples and advertising goods for whose CIF or FOB value are beyond the permitted ceiling (excluding goods of no trading or use value and free commodities for export), imported goods sold in China from bonded warehouse and other imported or exported goods.The indicator of the total imports and exports at customs can be used to observe the total size of external trade in a country. In accordance with the stipulation of the Chinese government, imports are calculated at CIF, while exports are calculated at FOB.

【存款】 企业、机关、团体或居民根据可以收回的原则,把货币资金存入银行或其他信用机构保管并取得一定利息的一种信用活动形式。根据存款对象的不同可划分为企业存款、财政存款、机关团体存款、基本建设存款、城镇储蓄存款、农村存款等科目。它是银行信贷资金的主要来源。

Deposit is a form of credit by which enterprises, institutions, organizations or residents can put money into banks and other credit institutions for safekeeping and interest earning under the principle of free withdrawal. According to different depositors, deposits are divided into enterprise deposits, treasury deposits, deposits of government agencies and organizations, capital construction deposits, urban saving deposits, rural deposits and other deposits. Deposits are major sources of the credit funds of banks.

【贷款】 银行或其他信用机构根据必须归还的原则,按一定利率,为企业、个人等提供资金的一种信用活动形式。我国银行贷款分为流动资金贷款、固定资产贷款、城乡个体工商户贷款以及农业贷款等科目。

Loan is a form of credit by which banks and other credit institutions provide funds at certain interest rate to enterprises and individuals in the light of the principle of unconditional repayment. Loans from Chinese banks include circulating capital loans, fixed assets loans, loans to urban and rural individuals engaged in industrial and commercial business and agricultural loans.

【普通高等学校】 指按照国家规定的设置标准和审批程序批准举办,通过国家统一招生考试,招收高中毕业生为主要培养对象,实施高等教育的全日制大学、独立设置的学院和高等专科学校、短期职业大学。

Regular Institutions of Higher Learning refer to educational establishments set up according to the government evaluation and approval procedures, enrolling graduates from senior secondary schools and providing higher education courses and training for senior professionals. They include full–time universities, colleges, high professional schools and short–term professional universities.

【研究与发展经费支出】 指报告期内用于研究与实验发展课题活动(基础研究、应用研究、实验发展)的全部实际支出。包括用于研究与发展课题活动的直接支出,还包括间接用于研究与发展活动的一切支出(院、所管理费、维持院、所正常运转的必需费用和与研究发展有关的基本建设支出)。

Total Expenditure on Research and Development refers to all actual expenditure made for R & D (bassic research, applied research and experimental development) in reference period. It includes direct expenditure on R & D and indirect expenditure on R & D (including management expenses, administrative and investment in capital construction ralating to R & D).

【艺术表演团体】 指从事戏曲、音乐、舞蹈、杂技等专业艺术表演,有独立帐户,实行单独核算的团体。不包括半工半艺、半农半艺和民间职业剧团。

Art Troupe refers to the troupe which engaged in drama, opera, music, dance, acrobatics or other art performance, opens independent accounts with banks and has self–supporting accounting system; excluding the troupes which are engaged partly in industrial or agricultural activities, partly in art performance and the professional troupes organized by the people.

【电影放映单位】 指具有放映机器设备、固定或不固定的放映场所与专职或兼职的放映技术人员，经有关部门登记批准，经常为一定的观众对象放映电影的机构。包括经批准对外开放进行营业，并与电影发行放映管理机构分帐的专用放映单位和军委系统租片单位。

Film Projection Units refer to units with film projection equipment, full or part–time projectionists, permanent or non–permanent places, approved by related administrative departments to show films regularly for certain groups of audience, including those film projection units which have been approved to give commercial shows and run business with independent accounting system as well as those film–renting units of the military system.

【医院】 指名称为医院，设有固定床位能收容病人住院并能为病人提供医疗、护理服务的医疗机构。包括县及县以上医院、农村乡卫生院、其他医院三部分。按所属性质分为卫生部门、工业及其他部门，集体经济单位三类。其中县及县以上医院按业务性质分为综合医院和专科医院。

Hospitals refer to medical institutions named as "hospital" with permanent hospital beds, which are able to take in patients and provide them with medical and nursing services. Hospitals are classified into three categories: hospital at or above the county level, hospitals of rural townships, and other hospitals. According to their ownership, hospitals can be classified into three categories:hospitals under the public health departments, hospitals under industrial and other departments and collective–owned hospitals. Hospitals at or above county level are divided into comprehensive and specialized hospitals.

【卫生技术人员】 指卫生事业机构支付工资的全部固定职工和合同制职工中现任职务为卫生技术工作的专业人员。包括中医师、西医师、中西医结合高级医师、护师、中药师、检验师、其他技师、中医士、西医士、护士、助产士、中药剂士、西药剂士、检验士、其他技士、其他中医、护理员、中药剂员、西药剂员、检验员，其他初级卫生技术人员。

Medical Technical Personnel refers to all permanent medical staff and workers employed by medical institutions, including doctors of Chinese and Western medicine, senior doctors who integrate traditional Chinese therapeutics with Western thrapeutics in practice, senior nurses, pharmacists of Chinese and Western medicine, laboratory specialists, other specialists, paramedics of Chinese and Western medicine, nurses, midwives, druggists in Chinese and Western medicine, laboratory technicians, other technicians, other practitioners of Chinese medicine,nursing attendants, pharmacological workers of Chinese and Western medicine, laboratory workers, and other primary medical personnel.

【医生】 指经卫生部门审查合格，从事医疗工作的专业人员。分为中医医生和西医医生。包括卫生技术人员中的中医师、西医师、中西结合高级医师、中医士、西医士和其他中医。

Doctors refer to qualified professional medical workers approved to practice by public health departments. They are classified into doctors of Chinese medicine, doctors of Western medicine, senior doctors who integrate traditional Chinese therapeutics with Western therapeutics in practice, paramedics of Chinese medicine and Western medicine, and other specialists of Chinese medicine.

【工业废水排放量】 指经过企业厂区所有排放口排到企业外部的工业废水量。包括生产废水、外排的直接冷却水、超标排放的矿井地下水和与工业废水混排的厂区生活污水，不包括外排的间接冷却水(清污不分流的间接冷却水应计算在内)。

Volume of Industrial Waste Water Discharged refers to the volume of industrial waste water discharged, through all outlets, to the outside of industrial enterprises, including waste water produced, direct-cooling water, underground water from mines that does not meet the standard of discharge, and the domestic sewage mixed up with industrial waste water when discharged, but excluding discharged indirect-cooling water.

【工业废水处理量】 指报告期内各种水治理设施实际处理的工业废水量,包括处理后外排的和处理后回用的工业废水量。虽经处理但未达到国家或地方排放标准的废水量也应计算在内。计算时,如遇有车间和厂排放口均有治理设施,并对同一废水分级处理时,不应重复计算工业废水处理量。

Volume of Treated Industrial Waste Water refers to the volume of industrial waste water after being treated and purified through various water treatment facilities in the reference period, including the volume discharged or recovered after being treated. The volume of waste water that fails to meet the national or local standards after treatment is also included. If there are treatment facilities both at the outlets of workshops and at the outlets of the factory, and the same volume of waste wate has been treated twice, duplication should be avoided in the calculation of the volume of treated industrial waste water.

【工业废气排放量】 指企业厂区内燃烧和生产工艺过程中产生的各种排入空气的含有污染物的气体的总量,以标准状态[273K,101325Pa]计。

Volume of Waste Gas Emission refers to waste gas emitted from burning of fuels and from production process in the area of the factory,and is measured by 10 000 standard cubic metres each year under normal condition.

【二氧化硫排放量】 指企业在燃料燃烧和生产工艺过程中排入大气的二氧化硫量。

Volume of Sulphur Dioxide Discharged refers to the volume of sulphur dioxide discharged to the air in the process of fuel burning or in the production process.

【工业粉尘排放量】 指企业在生产工艺过程中排放的颗粒物重量。如钢铁企业的耐火材料粉尘、焦化企业的筛焦系统粉尘、烧结机的粉尘、石炭窑的粉尘、建材企业的水泥粉尘等。不包括电厂排入大气的烟尘。

Industrial Dust Discharged refers to the total weight of solid dust discharged by industrial enterprises in the production process, such as dust of refractory materials from iron plants, dust from coke-screening system or from sintering machines of coking plants, dust from lime kilns, cement dust from building material enterprises, etc., but excluding smoke and dust discharged by power plants.

【工业固体废物产量】 指企业在生产过程中产生的固体状、半固体状和高浓度液体状废弃物的总量,包括危险废物、冶炼废渣、粉煤灰、炉渣、煤矸石、尾矿、放射性废物和其他废物等;不包括矿山开采的剥离废石和掘进废石(煤矸石和呈酸性或碱性废石除外)。酸性或碱性废石是指采掘的废石其流经水、雨淋水的pH值小于4或pH值大于10.5者。

Volume of Industrial Solid Wastes Produced refers to the total volume of solid, semi-solid or high concentration liquid residue produced by industrial enterprises in their production process,including dangerous wastes, residues from melting, slag, powdered coal ash, gangue, chemical residues, tailings, radioactive residues and other residues, but excluding stripped or dug stones in mining (except gangue and acid or alkali stones which are stones washed or soaked by water with a pH value smaller than 4 or larger than 10.5.)

【工业固体废物处置量】 指将固体废物焚烧或者最终置于符合环境保护规定要求的场所并不再回取的工业固体废物量(包括当年处置往年的工业固体废物累计贮存量)。处置方法如:填埋(其中危险废物应安全填埋)、焚烧、专业贮存场(库)封场处理、深层灌注、回填矿井等。

Volume of Industrial Solid Wastes Treated refers to solid wastes disposed of in a non-recoverable place that meet the requirement of environmental protection, such as burying (The dangerous wastes should be buried safely), burning, piling in designated sites, pouring water into the deep strata, filling of old mines, etc. (including treatment of solid wastes piled up in the previous years).

【城镇居民家庭就业人口】 指城镇居民从事社会劳动并取得劳动报酬或经营收入的人口。就业人口包括通过国家统筹规划和指导由劳动部门介绍就业,自愿组织起来的就业和自谋职业等方式,在国有制、集体所有制、中外合资、中外合作 、外资在华独资的企事业单位和私营企业单位工作或从事个体劳动的有固定性职业或临时性职业的人口。被聘用和留用的离退休人员也计入就业人口。本指标可以反映城镇居民的就业情况,是计算就业面、负担系统的重要资料。

Employed Population in Urban Households refers to urban residents engagd in certain work and receiving payment for their labour of income from their business operation, including those who work in state-owned or collective units, joint ventures, foreign-owned units and private units with permanent or temporary jobs. The self-employed individuals and re-employed retirees are also included. This indicator reflects the situation of urban employment and is the basic data for calculating employment rate and dependency ratio.

【城镇居民家庭全部收入】 指被调查城镇居民家庭全部的实际现金收入,包括经常或固定得到的收入和一次性收入。不包括周转性收入,如提取银行存款、向亲友借入款、收回借出款以及其他各种暂收款。

Total Income of Urban Households refers to the total actual cash income of the sample households, including regular or fixed income and occasional income. The income of a circulating nature such as withdrawal from bank deposits, loans borrowed from relatives or friends, repayment of loans received and various temporary collection of money is excluded.

【城镇居民家庭可支配收入】 指被调查城镇居民家庭在支付个人所得税之后,所余下的实际收入。

Disposable Income refers to the income of the sample households which can be used for daily expenses, i. e. total income minus income tax.

【城镇居民家庭消费性支出】 指被调查的城镇居民家庭用于日常生活的全部支出,包括购买商品支出和文化生活、服务等非商品性支出。不包括罚没、丢失款和缴纳的各种税款(如个人所得税、牌照税、房产税等),也不包括个体劳动者生产经营过程中发生的各项费用。

Expenditure for Consumption refers to total expenditure of the sample households for consumption in daily life, including expenditure for various commodities and expenses for non-commodity items such as culture and service, etc., but excluding fines and confiscation, loss, tax payments (such as income tax, license tax, real estates tax, etc.) and various expenses by individual laborers for business purposes.

【农村居民家庭纯收入】 指农村常住居民家庭总收入中,扣除从事生产和非生产经营费用支出、缴纳税款和上交承包集体任务金额以后剩余的,可直接用于进行生产性、非生产性建设投资、生活消费和积蓄的那一部分收入。它是反映农民家庭实际收入水平的综合性的主要指标。农民家庭纯收入,既包括从事生产性和非生产性的经营收入,又包括取自在外人口寄回带回和国家财政救济、各种补贴等非经营性收入;既包括货币收入,又包括自产自用的实物收入。但不包括向银行、信用社和向亲友借款等属于借贷性的收入。

Net Income of Rural Households refers to the total income of the permanent residents of the rural households during a year after the deduction of the expenses for productive and non-productive business operation, the payment for taxes and the payment for collective units for their contracted tasks. The net income can be spent for investments in productive and non-productive construction, for consumption in daily life and for savings deposit. It is a comprehensive indicator to show the actual level of the income of the peasants' household. The net income of the rural households includes not only the income from the productive and non–productive business operation, but also the income from the non–business operation, such as the money remitted or brought back by the members of the household who are in other places, the government relief payment and various subsidies. It includes not only the money income, but also the income in kind. But the income from borrowing from banks, friends and relatives is excluded.

中国统计出版社最新资料书简目